路军港说物业

LUJUNGANG

TALKS ABOUT PROPERTY

业主和物业人必须学习的法律知识

路军港／编著

法律出版社
LAW PRESS·CHINA
北京

图书在版编目（CIP）数据

路军港说物业：业主和物业人必须学习的法律知识 / 路军港编著. -- 北京：法律出版社，2021
ISBN 978-7-5197-6125-7

Ⅰ. ①路… Ⅱ. ①路… Ⅲ. ①物业管理—法规—基本知识—中国 Ⅳ. ①D922.181.4

中国版本图书馆CIP数据核字（2021）第220024号

路军港说物业：业主和物业人必须学习的法律知识
LUJUNGANG SHUOWUYE: YEZHU HE WUYEREN BIXU XUEXI DE FALÜ ZHISHI

路军港 编著

策划编辑 朱海波
责任编辑 朱海波
装帧设计 鲁　娟

出版发行 法律出版社
编辑统筹 法律应用出版分社
责任校对 王晓萍
责任印制 吕亚莉
经　　销 新华书店

开本 710毫米×1000毫米　1/16
印张 27　　**字数** 480千
版本 2021年11月第1版
印次 2021年11月第1次印刷
印刷 三河市兴达印务有限公司

地址：北京市丰台区莲花池西里7号（100073）
网址：www.lawpress.com.cn
投稿邮箱：info@lawpress.com.cn
举报盗版邮箱：jbwq@lawpress.com.cn

销售电话：010-83938349
客服电话：010-83938350
咨询电话：010-63939796

书号：ISBN 978-7-5197-6125-7
定价：78.00元

凡购买本社图书，如有印装错误，我社负责退换。电话：010-83938349

编写目的

物业公司1981年从我国香港地区引进内地，走过近四十年的发展历程，理应有一套很成熟的管理方式，但是事实并非如此。从目前“12345”热线（网络数据）的投诉来看，2/3是针对物业管理问题的投诉，95%以上小区业主、业委会、物业公司都有这样或那样的纠纷，一半以上的小区有换掉物业公司的想法，还有部分业主甚至提议取消物业管理这个行业。

到底是物业公司出现问题了？还是物业管理制度出现问题了？还是我们业主出现问题了？因此，有关物业的问题到了大家不得不重视的地步。笔者认为，产生物业问题最重要的原因是大家对物业管理了解不深，不能明确自己和物业公司之间的责任权利，沟通不畅，大家对法律法规认识不够透彻。

本书将从各个角度来分析物业管理存在的问题和解决方案，真正做到权利必争，义务必尽。真正做到物业公司和业主成为一家人，做到大家互相支持和帮助，从而提升我们的生活环境，做到安居乐业。

路军港

2021年10月8日

序言一

物业管理，到底是业主们的物业管理，还是物业服务人（《民法典》生效后，物业服务企业均称为“物业服务人”，下同）的物业管理呢？

多年来，物业服务人一直把物业管理工作看作自己赖以谋生的诀窍。从到底有多少项工作内容、每项作业的标准和考核方法，到每项服务工作的成本核算，都向业主们保密。而大多数业主，也的确没有时间、精力、兴趣了解这份工作的内容。但总是有一些热心业主看到楼宇一天天的老旧、环境一天天的破败、设备一天天的故障而对物业服务人的工作产生怀疑。不知道业主们共同筹集的物业费都去了哪儿，小区内的停车收入、广告收入等业主共有收益都去哪儿了？

物业服务人的“秘密”工作模式与业主的“自主”意识，必然产生激烈的碰撞。业主与物业服务人团队成员的纠纷，居然成了中国城市居民纠纷中最多发的类型！业主群体与物业服务人之间的紧张关系，在有的小区几乎达到了“仇视”的程度。

一部分业主甚至通过成立业主大会并产生业主委员会进行“自我管理”的尝试，一部分业主建立业委会、监事会希望通过对物业服务人进行有效地监督以恢复小区的“青春”。但怎样进行物业管理各项工作的安排，又该如何监督物业服务人的各项工作，其实都有合法、合理、合情的复杂关系。

路军港先生以其自己多年来既做过物业服务人也做过业主组织工作的双

重经验，编写了这本《路军港说物业》。我认为他是希望拥有物业服务人身份的读者们，能从中了解其他机构的优秀管理服务理念、模式和方法，了解物业服务人在小区中的“管理”和“服务”的真正作用，了解业主们的感受、痛点和需求，从而做好小区物业管理服务工作；同时希望拥有业主身份的读者们，能认真了解、理解物业管理服务工作的复杂性、持续性和必要性，即便几个业主组织起来自行管理小区，对广大业主来说其实也是“物业服务人”的角色，也要防止自己重蹈覆辙。

本书汇集了这个领域内的法律摘录、观点分享、专家文章、法院判例和各类值得物业服务人了解和收藏的信息，很有实际操作的指导意义。因此，本书值得对住宅小区物业管理有兴趣的朋友们收藏，也便利学者们从中了解本领域非常接地气的信息。

舒可心

2021年10月15日于成都

序言二

得知路军港先生即将出版《路军港说物业》时，我认为他做了一件非常正确的事情：某种意义上为社区建设、物业管理指明了方向。

小区是业主共同的家，小区里的一砖一瓦一草一木，包括小区规划设计红线范围内的小广场、电梯、道路等所有公共设施设备，都是业主自己花钱购买的，它们的好坏直接影响业主的正常生活、工作秩序。同时物业服务的好坏，更是直接关乎业主的居住幸福感，好小区需要好物业公司加持，优秀的物业服务甚至可以帮助小区房产保值升值。

现实往往是业主虽然对自己依据物业管理法律法规享有哪些具体权利不甚了解，但是在小区设备出现故障、环境一天天老旧时，业主一定会对物业公司的管理、服务提出怀疑。同时，物业公司虽然对业主关心的问题知之甚少，但是在争议产生时，物业公司工作人员一定会对业主微词颇多，认为业主不理解物业公司工作，甚至是在无理取闹。双方的矛盾往往愈演愈烈，逐渐升级。事实上，业主想要小区房产保值升值就要懂法用法，依法成立业委会开展合理合法的维权活动。同时选聘一个好物业公司，签订一份完善的《物业服务合同》，切实保障业主利益。

而物业公司想要拓展业务，得到广大业主的认可，就要严格遵守物业管理相关法律规定，履行法律规定与物业服务合同约定的义务，做到服务公开透明，关注业主感受，及时解决业主关心的问题。

针对前述问题，路军港先生以其物业公司工作从业者与业主组织工作积极参与者的双重身份，结合自身专业知识与工作经验，用通俗易懂的语言编写本书，不仅整理汇编了物业管理相关法律规定与专家文章，还系统研究了业主关心的问题，介绍了物业服务的基本内容与模式，以此打破业主与物业公司之间的信息壁垒。

物业工作从业者与业主共同研读本书，有望能够在两者之间建立良好的信任、合作关系，物业与业主共同努力，方能建设美好家园。

秦　兵

2021年10月12日于加拿大

目 录

Chapter 1

第一章

物业管理
——专家支招

一、为什么物业公司换一个不如一个?

有些小区的业主们，认为自己所在小区的物业公司没有尽职尽责，没有把小区管理好。所以他们为了能有一个好的居住环境，并提升自己小区的生活层次，而经过了重重阻挠和困难，通过业主大会的选举，成立了业主委员会(以下简称业委会)。成立业委会之后，便以业主委员会的各项制度、各种规定解聘了前期物业公司，并通过多方面的考察、谈判、评估，最终重新选聘了新的物业公司。他们本以为小区的一些不理想的状况能就此改善，小区的破损设备能就此修复，小区的环境也能达到高档住宅的标准。

却没有想到，换来的新物业公司和前期的物业公司几乎没有区别，甚至比以前的还要差，他们都是嘴上说得冠冕堂皇，执行力却很差。结果便直接导致业主们对业委会的支持率大大降低，对业委会的工作产生了怀疑，甚至出现了流言蜚语。这样，业委会的工作就很难再开展，业委会就变成了光杆司令。有的委员被物业公司逼迫，承受不了巨大的压力，纷纷辞职。严重的甚至最终导致业委会解体。

虽然换了物业公司，但一切照旧，小区的现状没有改善，破损的设备没有修复，小区的环境也没有任何改观，甚至物业公司更肆无忌惮地侵犯业主们的公共权益，挑战业主们忍耐的底线。

为什么这么多小区换了物业公司以后的结果会是这样呢?

这些物业公司进场的时候承诺得非常好，保证信息公开，阳光服务，公共收益归全体业主所有，会把业委会的意见当成“圣旨”一样执行。结果一进场，立刻显现“原形”了，以前的承诺完全做不到。

要我说，导致以上问题主要有以下几个方面原因：

1.业委会某些委员或者主要负责人有私心，拿了物业公司的“好处”，对其存在的问题势必不敢声张，不敢大胆地去提出整改方案，毕竟吃人家的嘴短，拿人家的手软。

2.业委会委员没有经验，缺少一些相关的专业知识。只有满腔热血，没有清晰的思路和完整的计划去为小区提供一些整改方案。

3.业主大会和业委会制度制定不完善，业委会内部各个委员的分工不明确。

4.物业公司的内部管理模式定位有错误，选择了最容易恶性循环的“包干制”方式。

5.与物业公司签订的服务合同不完善，没有明确的针对性，一味按照文本格式套用。

6.物业公司、业委会工作的各种信息不公开，无法接受单个业主的监督。

针对以上原因，怎么解决问题呢？具体措施如下：

1.杜绝业委会成员或者主要负责人和新的物业公司有任何经济利益瓜葛。

2.业委会成员要充分学习相关法律法规和一些专业知识，必要时请外援帮助（业委会顾问）。

3.建立完善的业主大会和业委会制度，各个委员分工明确。

4.聘用物业公司时，选择酬金制管理模式或自管模式（业委会不请物业公司，自己请管理人员自行管理小区物业服务）。

5.与新选聘的物业公司签订合同时，各项条款一定要明确，各种小细节一定要考虑周全再签订。并且物业公司聘用合同的制定要按照自己小区的实际情况来制定，因为各个小区面积的大小、居住的人群、管理的环境、地理位置等各不相同，所以需要改善和管理的内容也不同。

6.建立公开透明的制度：业主可随时查阅、抄录、复制物业公司和业委会所有规章制度、各条公告和财务状况等文件。

有什么办法来防止（保障）一开始提到的情况（不）发生，和保证以上措施得到适用呢？具体方法如下：

1.业委会要掌控财务大权，也就是说公共收益除了应该付给物业公司的佣金外，其余部分全部存到业委会开立的账户里。另外，把所有业主缴纳的物业费也存入该账户，每个月定期支取当月需要的固定支出和拨付给物业公司的佣金。该账户每月的银行账单在小区内公示，接受全体业主对资金流动情况的监督。

2.充分控制小区的管理大权，在物业合同中必须注明：对本小区的项目经理，业委会有一票无理由否决权。虽然选聘物业公司的权力在业主大会，但这种制度安排可以有效防止项目经理不积极工作的情况的发生。这样物业公司经理就会稍有收敛，做事也时刻保持警惕心，怕随时被出局。

3.小区物权归属明确。小区所有的设备、设施都是全体业主共有的，就连办公设施和工具，哪怕一支笔都是小区的。业主不需要物业公司“学雷锋”，用于小区管理的一切物品的购买，都是业主们自己掏的钱。也就是说，物业公司来的时候“光腚”来，走的时候必须“光腚”走，防止到时因为曾为小区买了一支笔，走的时候来辆大卡车带走了设备。

4.充分利用合理的资源，对外承包合同尽可能多家举荐招标。也就是说，任何和小区有关的支出项目，都需要公布给全体业主，任何人都可以推荐、引荐（当然物业公司也可以）供方来参与投标，但是最终决定权由业委会集体行使，只有业委会盖章同意方可生效，否则业委会不承认物业公司私自签订的外包合同，如果物业公司自己签的，钱由其支付，责任由其承担。

5.要求物业公司必须每天把当天的已经实施的工作内容以及明天的工作计划发给业委会的每位成员，还可以发给任何一个想了解情况的业主。每个月都要公示小区的工作进展情况和下个月的工作计划。

6.严格按照进场之前业委会审批的预算花销开展工作，超出部分由物业公司和执行者承担。

7.有些费用不能节省，如公共责任保险。如果没有保险，一旦发生重大的事故，没有谁能承担这个后果，包括物业。

8.签订没有期限物业合同，只要业主大会觉得物业服务不到位，管理不完善，物业就需无条件撤离小区。这样就不会被某些物业利用高额的违约金来威胁到整个小区了。

9.物业公司的服务佣金押一个月，作为风险抵押。

有人问了，怎样选择这样的物业呢？

1.多向权威专家打听哪家物业公司的信誉好，口碑好。

2.物业的管理人员最好是具备专业的相关知识，有丰富的实践经验以及雷厉风行的执行力，断而敢行的行动力。这样他才能充分理解业主的需求，知道怎样和业委会配合，把物业管理工作做好。

3.要选的物业公司最好有一定知名度，因为它不会因为某一个小区项目把自己的品牌毁于一旦，这样得不偿失，建立一个品牌也不是短时间内能达到的，都是通过日积月累的诚信积累起来的。

4.在社区维权的圈子里有很多权威人员，如专家、媒体、政府。借助这样的有利资源能顺利解决一些小区的问题。

5.物业公司要正义，不畏惧任何黑恶势力，只要是《业主规约》《议事规则》规定的内容都能困知勉行。

6.物业管理佣金，市场比例一般是8%~15%。建议佣金以收费率确定，初步定在收取物业费80%给佣金12%。收费率减少5%则佣金降1%。以8%为底线。类似地，收费率增加5%，则佣金增加1%，以15%为上限。

7.挑选的这个物业公司不仅仅是能帮着看门和打扫卫生的，这个谁都会。要选择有理念的和能帮助业委会、业主大会建立良性循环机制的物业，即使将来物业公司撤离了，它的整体机制还能正常运转，其他物业接手后也能服务管理好本小区。

有人说了，这样的物业至少是一级物业吧！其实笔者个人理解，物业资质级别代表不了什么，笔者见过好多一级的物业，一样没有把项目服务好，它只不过比其他公司服务管理的面积多，多几个中级职称而已。物业公司的好坏不是资质级别的高低才能决定的，要有一个为业主阳光服务的理念，这个理念要贯穿在公司的整体运作模式里，而不是在表面上自吹自擂。一个小区管理的优劣，关键在一个项目经理的能力。

笔者是宏大北园首届业委会主任，也是多家物业和业委会的顾问，曾经担任过小区的物业职业经理人，参与管理过多个小区的自管。以上是本人的个人经验，希望能给不识不知，行之而不知其道的业委会同仁们和满怀热情、满腔义愤的业主们一些启示！

二、探讨物业管理一种良性的小区管理模式

如果物业收费标准一直停滞在一种多年不变的状态，甚至有的小区仍然保持着15~20年前的水平，但是实际上社会总体物价与人力成本一直在上涨，这将导致哪些情况发生呢？对此，笔者经过综合调查了解，总结一般主要有以下几种情况：

1.物业公司不断侵占公共资源，减少对公共设施及设备的保养与服务，最后导致其彻底报废。

2.物业公司不断降低服务标准，直至其无法盈利和生存下去，最后弃管小区。

3.业主们对物业公司越来越不满意，成立业主大会及业委会，最后罢免物业公司，重新选聘新的物业公司。

4.新来的物业公司有时不一定能达到预期的标准，导致业主们对此不满，继续不缴纳物业费，形成一种恶性循环。

5.物业公司如果撤退，会卷走小区很多公共财物，甚至会故意破坏小区的设施，对小区的破坏将更大。

6.如果有很多人不交物业费，那么物业公司就会选择降低服务，一些中小型维修及保养就会理所当然、合理合法地不去做了，造成恶性循环。其实对物业公司来说，尤其是有些无良物业公司，它本身就不想用物业费去做这些事，一是为了省钱，二是等着各种设施坏后动用维修基金。这些物业公司正好一直觊觎业主们的公共维修资金。这下正好可以名正言顺地找到理由，去动用

这笔属于全体业主的钱。

7.尽管很多业主因为物业管理不善而不满，所以拒交物管费，但物业公司依然对业主拥有其债权，最后如果与业主打官司，发起诉讼。这时法院多半会支持物业公司。而在物业公司服务不到位的情况下，业主们又还不得不依法为与物业公司收费标准不对等的服务埋单，这对业主们将是一种更大的伤害。

其实物业公司没有好坏之分，只有令其运作全部透明公开，由业主大会进行充分地监督和制约，它才有可能做好。否则会很艰难，在这种背景下，我们应该寻求一种什么样的良性管理模式呢?

酬金制

1.定义：酬金制是指在预收的物业服务资金中，按约定比例或者约定数额，提取酬金支付给物业管理企业，其余全部用于物业服务合同约定的支出，结余或者不足均由业主享有或者承担。实行酬金制的，预收的物业服务资金包括物业服务支出和物业管理企业的酬金。

2.酬金制的特点：

（1）“酬金制”更加有利于保护业主和物业公司双方的利益，酬金制充分阐释公开透明的重要性。物业公司不会以降低服务水平、减少服务项目来获取更多的利润，损害业主的利益。而“酬金制”下的“酬金”是物业管理企业获得的收入。“酬金制”不会混淆业主与物业管理企业的收入，从而避免全体业主们的公共收益被侵占。

如果采用了酬金制的模式，确定一定的物业费的上涨比率规则，这样物业公司就不必因担心物业费不够，从而变相地降低服务标准及减少对公共设施的维护的频率。这样就会提高业主的满意度，减少对公共设施的损坏，从而大大提高业主们的缴费比率。

（2）“酬金制”提高了物业服务运作过程中的财务透明度，大力推动了物业行业的市场化进程。采用酬金制的物业管理企业在接管某小区时，要向业主委员会和业主大会提交详细的服务期间物业服务费用的财务预算。在预算中明确服务区域内的组织架构、人员编制、服务等级标准、维护保养的等级标准等指标和所需的资金，进而预算出每平方米的物业服务费用，经过业主大会同意后，形成书面合同加以实施。这样的财务预算既要求科学严谨，又要有一定的灵活性，特别是为后期的服务监督提供了依据。

（3）“酬金制”是物业服务收费实现阳光财务的有效途径。“酬金制”下物业管理的财务一方面是物业管理企业的公司财务理财，是为物业管理企业自己的经营行为理财；另一方面是以物业管理服务费用为核心的物业管理处财务理财，即替业主理财。在酬金制下，物业管理企业按照合同约定的比例提取物业管理费的酬金，剩下的钱全部是业主的，所有权也是业主的。酬金制将物业公司的权益与业主的权益严格分离开，更具透明性。

“酬金制”的实际操作

1.由物业公司代收物业费，此费用属于业主大会。这笔费用降价容易，涨价却很难。

2.要做到公开透明，根据人员数目、服务标准来制定预算。先由物业公司作出一个详尽的预算，公布到小区里面，让业主大会与业委会成员来考评此预算是否合理。例如，招聘一名保安，如何按市场价的标准才能招到，以此来判定此报价是否合理。第一年的预算不一定会百分百准确，人员的费用也不一定会非常精准，但第二年会达到90%以上的准确度，因为相关的人员工资、设施保养的费用已经历了一个磨合期。

3.结合当地的物价上涨指数的标准，同等来核定物管费的多少，争取每年的物业费达到10%左右的增幅。

4.酬金制不在乎物业费的收费标准是多少，它主要是看预算的标准是多少。如果定2元/平方米的标准，即提供2元/平方米的服务，如果定得更高，则享受更高的服务标准。物业费无论花多花少，都是花在全体业主的身上，如果有余额，则转入下一年的预算。如果有1000万元物业费，实际只花了700万元，那么余下的300万元就转入下一年的预算。这样的好处是容易形成一个良性循环，不用担心因为物业公司的原因而降低对业主的服务标准。

总　结

物业管理费价格适当上涨并非一定就是坏事，在“酬金制”的管理模式下，如果物业公司在业主大会的监督下进行公开透明地运作，在合理的情况下反而是适当增加或减少物业管理费都会更有利于小区物业工作的良性循环和发展。

三、小区到底是谁的，不交物业费到底损害了谁？

某小区从2005年入住到今天已经十几年了！小区真是“太老了”。要说对，也对，因为已经经历十多年了。

要说不对也不对，原因是我们的产权是70年，才过10年就问题频出，电梯坏了、水泵坏了、二次供水坏了、监控坏了、单元门坏了、消防坏了、道闸坏了、墙体瓷砖脱落、房顶漏水等。

为什么呢？有两个原因：

1.物业为了减少成本进而获取更大的利润，一再删减支出，对设备设施疏于维护保养，甚至不保养导致今天的结果。

2.物业认为这事不能完全怨它，因为物业费低，而且大家都不交物业费，根本没有经费做到百分之百的服务，它们是企业不可能做亏本买卖。听起来也对。

但是换个角度来说，也不完全对，因为物业不公开透明，大家不知道它把钱花哪去了，所以业主不知道物业费到底是不是真正地花到自己身上了。

还有业主笑着说，由于物业是包干制不是酬金制，所以物业活该，自己不交，不是欠全体业主的是欠物业公司的，物业公司包干，自负盈亏，就应该做到百分之百。

物业公司不挣钱，不可能给业主搭钱干活

那今天采取阳光助业模式，财务公开了、透明了，钱放到业主看着的账户。结余都是业主的，那为什么还有小部分业主不缴纳物业费呢？

有些人认为，无所谓反正自己占便宜就行了。自己不交总有人交，小区不会没有人管的。

真的是这样的吗？首先酬金制是“有多少水，和多少泥”。没钱就得删减服务或停止某项服务。有业主又说了：“无所谓，也不是我一家。”

就是这种思想，把大家推向了深渊，这种说法一点也不夸张。

1.物业服务不好，第一点就是房子不能保值，而且会贬值，就算一平方米比周边少1000元，100平方米也将损失10万元，自己算算是多少年的物业费。

2.小部分业主认为设备设施坏了是物业花钱修。这种想法错了，中修、大修是用公共维修资金修，这笔钱是大家的，不是物业的。如果我们的公共维修资金少于30%，政府是要强制要求大家补的。

3.很多公共收益的多少不是看地段，是看房价。举个例子，有的小区电梯广告一部梯一年5000元，而这个小区收益才1000元，而且还是动用个人的关系找来的，甚至有的小区不要钱广告公司都不去。

4.如果设备损坏肯定会影响我们的生活，如电梯不能用、二次供水停了等这些是和我们的生活息息相关的。

5.不缴纳物业费还有个致命的缺点，这个和制度有关，就是业主不交物业费，物业降低服务，其实对物业来说没有损失，而且物业完全可以说，大家不缴费造成服务下降。但是背后隐藏的是什么呢？业主不交物业费，表面上是惩罚物业了，其实是在给物业增加利润。因为物业如果过一年或者走了后起诉业主，业主百分之百输，因为服务好与不好和交不交物业费根本不是一个法律关系，所以官司输后，是要把欠的物业费给物业的，物业拿到这笔钱也不会再为业主服务。

还觉得我说的话，是危言耸听吗？

不交物业费就是在害大家，通过这句话联想以上的话，可能就是正确的了。

总之，小区不是街道的，不是居委会的，也不是建委的，更不是物业公司的，是我们全体业主的，公共部位也是。大家珍惜我们的设备设施，爱护我们的物品，共同努力创造美好家园，不要指望别人帮助和施舍，单单靠物业公司是不行的，遇到负责任的还好点，遇到只会挣钱的物业，我们以后的生活品质就断送给物业公司了。

四、小区物业管理到底该不该“自管”

小区物业管理到底该不该自管，这个话题说起来很大，但是这个话题已经讨论了20多年了，各有各的说法，各有各的观点。

我作为宏大北园首届业委会主任，阳光助业（模式）物业创始人，也想谈谈自己的观点，以下言论只代表个人观点，仅供参考！也算是给正准备自管的业委会提供点参考依据吧！

想要自管，首先弄明白自管和自治的区别：

自管：是业主大会授权的业主委员会作为代表，由业主委员会聘请职业经理人及各种外包单位和专业人员来管理小区，当然风险也要自行（业主大会）承担。

自治：是指业主大会授权的业委会和物业公司或者其他管理人签署物业合同，风险由合同的对方承担，业委会只承担监督和协调的责任和义务。

言归正传，我们已经了解自管和自治的区别了，现在我们讨论一下，我们为什么要自管，个人认为无非有以下几点促使我们往自管的方向努力：

1.找不到好的物业公司，或好的物业公司雇用不起。

2.自管可以由业主（业委会）自己说了算。

3.可以省去管理酬金（佣金）。

4.物业费真正能花到业委会认为的目标上。

5.不会被物业做各种花账把我们的钱“偷走”(但业委会又有可能做花账)。

6.公共收益不被物业公司占为己有(但又有可能被业委会占有)。

7.业委会成员想自己给自己开工资,挣钱,捞点好处,给自己的亲戚朋友找到活干。

暂且不论以上观点是否正确,我们先来考虑一下下面我提出的几个问题:

1.现在虽然有《民法典》赋予了业主大会代表业主自行管理的权利,但是真正让业主大会成为有市场民商事主体资格的手续,还真的不是那么简单。由于没有这个主体资格,很多问题基本办不了,如水、电、燃气、电梯、二次供水、锅炉房等根本没有办法过户。

2.小区有很多特殊行业,是很多物业公司无法自行管理的,怎么办?需要分包给专业的机构,如电梯、化粪池清掏、消防、监控、门禁、中央空调、新风系统、锅炉房等,这些公司几乎不会与无民事主体资格的机构签署合同。

3.还有一些小区的公共收益项目,如电梯广告、灯箱广告等,这个稍微好点,他们给我们钱,但是如果有一个项目人家不愿意和我们签署,等于业主大会就损失了一部分钱。

4.国内鲜有几个业委会成员是有经验的,就更别提物业管理工作经验了,一个外行管理内行,这件事真的靠谱吗?

5.业委会成员基本都是无薪的志愿者,他们能长期坚持下来管理物业的繁杂琐事吗?估计不出半年除主任外的所有委员都该辞职了。

6.可能有人说可以请一个有经验的经理人,先说一下能不能请到好的经理人,因为经理人要找一个有发展前途的公司,而不是摇摇欲坠的业委会作为靠山。有人说了,我们能找到,暂且说能找到,凭我那么多年的经验,一个物业项目所需要的资料、制度、流程、表格少说300份以上多则上千份,这个经理人至少半年不用干别的了，天天在办公室写上面的东西，这半年工作怎样开展。

7.关于物业管理服务的职工，小点的小区20人左右，大点的100多人。这些人怎么找，怎么培训，有人说可以提前找，但是业主是否愿意在老物业还没有走的情况下承担这笔费用呢？有人反问我，物业公司平时不也没有闲人吗？他们不也是现找吗？对，但是物业公司不是就一个项目，他们可以先期从别的项目借调人员过来帮忙，人员陆续配齐，培训好再回调回去。

8.再有，业主大会及业委会都没有承担风险的能力，假定出了问题谁来解决。叫业主自行承担显然是不合适的。有人说上保险，对，保险一定要上，但是保险也不是万能的，所有问题都能解决。

9.另外，能想到自管的业委会，小区的状况可能已经是千疮百孔了，所以第一步就是要投入大量的资金对小区进行改善，这笔钱谁来出？有人说了，找外包单位垫资。说对了，但是问题也随之而来，首先办公家具、家电和第一两个月的人工费和能源费谁来垫付？上面这段话，说得很轻松，但是，垫资是外包单位针对法人机构的，业委会一没有法人资格，二没有任何抵押，有几个会给垫资呢？

10.再有就是人脉、关系。有人说了，这个又和自管有什么关系呢？我说当然有关系，很多资源和项目技术问题不是想找就找得到人的，或者说即使能找到，对方也不一定就愿意帮忙。这些涉及可能需要公关的支出是否能被列入业主预算？

11.最后一点也是最重要的一点，业主及外包单位要发票怎么办？有人说可以去税务局代开。暂且不说好不好开，先说说每天需要排队半天，每天都得去，这点能否承受？

12.当然，如果不谈手续，如果小区业委会或者小区业主相当有经验是可以把小区物业管理好的，但是这里还是有一个问题，大家都知道小区业主可以允许物业公司经理拿工资，甚至高薪，但是就是不允许业委会成员及业主拿。如果不拿钱，这个“高人”是否能够持续奉献下去呢？况且还要遭受很多流言蜚语。

首先我表明一下我的观点，我个人是积极推广社区自管的，但是我想表达的是在现行的体制及法律框架下，暂时还没有达到自管的条件，当然并不代表以后就不行，我和舒可心老师及很多专家及资深业委会成员也在积极推动和探索，希望自管真正早一天到来。

说了那么多，现在有一个折中的方式可以解决以上问题。那就是改成以酬金制为基础，融合自管和信托的最新管理模式来管理小区。究竟怎么做才能解决以上的问题呢？

首先签署一个酬金制的物业合同，约定以下几点就行了：

1.首先收的所有的物业费必须存入本小区专有账户，由业委会控制人签字盖章。

2.物业制订年度预算和年度计划由业委会审批通过，物业公司按照通过的预算和计划执行，超出范围的事项需要业委会审批，否则责任由物业公司承担。

3.项目经理（经理人）业委会有一票否决权。（控制人事）需要提醒的是千万不要对员工有决定权，否则吃不了兜着走。

4.所有外包单位通过招标（招标小区由物业、业委会、业主、街道工作人员共同组成）选定或者三家比价。

5.财务完全公开，业主可以随时抄录、复制、查阅物业公司的账目、制度及决议。

6.酬金制下，以北京为例，以前酬金制是免税的，现在营改增是可以抵扣的。自管就没有那个优越的条件了。聘用物业公司，最起码6%的税可以省了，按照这个思路10%的佣金可以算是4%了。

至于业委会有私心的想法，我就不谈了。不过需要注意的是暂时在没有合适的自管模式下，专业的事交给专业的人来干，如果不专业的人干，可能出发点是好的，但是结果不一定就是好的，而且可能给小区浪费的资金要比支付的佣金还多。

此文一出，我估计会有很多人反对我的看法，有看法是对的，因为每个人站的位置不同、经验不同、学识也不同。所以希望大家理性讨论，共同碰撞出一个合理、合法、实用的物业自管模式。

最后说一句：业委会是裁判员，现在做运动员，势必有不公正的一面。拿全体业主的利益做实验，是对我们全体业主不负责任的表现，而且是不道德的。

五、物业公司怎样走出“人人喊打”的局面

物业公司1981年从我国香港地区引进内地，走过40多年的历程，按道理已经有一套很成熟的管理方式，但是事实并非如此。从目前“12345”热线的投诉的数据（网络数据）来看，2/3是针对物业管理问题的投诉，95%以上小区业主、业委会、物业公司都有这样或那样的纠纷。一半以上的小区有换掉物业的想法，还有部分业主提议取消物业管理这个行业。

到底是物业公司出现问题、制度出现问题，还是我们业主出现问题了？到了大家不得不重视的地步。笔者将会从各个角度来分析物业管理存在的问题和提出解决方案，供大家参考。

（一）不要物业公司是否就可以解决小区存在的各种纠纷

1.如果说小区连服务人员都不要了，像农村一样显然是不现实的，电梯不运行、路灯不亮、化粪池不清掏、绿化不用浇水等，物业公司存在就有它的必要性。

2.如果是业主自管，物业公司存在的问题也会淋漓尽致地体现在自管聘请的服务人员身上，解决不了根本问题，物业管理纠纷矛盾并不是出在那点利润或者佣金身上。更何况专业的物业公司都做不好，我们这些非专业人员就能做好吗？这种概率有没有？有，但是太小了，小到可以忽略不计。

（二）物业费上涨的原因

1.大家都知道随着时间的推移，物价上涨是自然规律，是金钱就会贬值，

可以综观全国小区有几个小区中途都涨过价格。

2.正常来说，物业费每年要上涨5%~8%的价格，才能维持到最初的服务水平，但是多数小区入住时的物业费价格，在十几乃至二十几年后，仍然维持着原来的价格。出现这种情况物业服务水平的下降，就是必然和正常现象了。

3.有人说了，那就涨价吧？可以，但涨价需要经过双过半的业主同意，问题是要达到双过半业主同意涨价，按照目前业主对物业管理的了解，几乎不现实。

4.笔者认为，要解决这个问题就要通过调整政策，以及业委会的正确引导和物业公司的正面宣传才可能实现。

（三）物业管理模式定位错误

1.目前全国95%的小区依旧采用的是包干制的物业服务模式，包干制模式特点是自负盈亏，即便业主欠费，物业公司也不能降低服务标准。但是作为企业，要生存就要盈利。没有几个企业能在现金流没有收回的前提下，继续垫付资金，从而导致服务水平下降。

2.包干制还有一个特点，物业费剩余越多，物业公司盈利越多。这就助长了有很多企业不惜一切代价，减少支出、降低成本，从而降低了物业服务标准。物业降低服务标准，业主就不缴费。业主不缴费，物业就再降低服务，如此就形成了一种恶性循环的尴尬局面。

（四）责任、权利不明确

1.多数业主认为只要在小区发生的问题，都应该由物业公司负责，甚至产权范围内的和红线以外的问题也需要物业公司给予解决，如果物业公司解决不了，业主就以不交物业费作为要挟。

2.这里就谈到了业主对法律知识的欠缺，以及对自己的权利义务不明确的问题。对于物业公司而言，合同约定的是它应该做的，没有约定的项目，物业公司完全可以拒绝提供服务。

3.这里存在的误区，开发商配套不完整，后期维保跟不上，这些是开发商的问题而不是物业公司的问题。房子过保后，大中修项目应该是用公共维修资金维修，也不是物业公司负责维修。小区的基础设施缺失需要增建、改建、扩建。这些也都不是物业公司负责。

4.邻里之间的矛盾，市政问题这些也不是物业公司负责，但是大家经常把物业公司当成“背锅侠”，一股脑全部赖到物业公司身上。

（五）小区规则不明确

1.小区规则的制定，不会让每个人都满意，比如，临时停车车辆是否让进入小区，不让进，想进的不满意；让进了，有车位的不满意。关于类似的纠纷比比皆是。

2.规则本来是全体业主制定的，但是业主不团结，意见不能达成一致。物业公司进退两难，管也不是，不管也不是。

3.业主们应该自己制定好规则，然后委托物业来进行管理，而不是不制定规则或者让物业公司制定规则，物业公司制定规则一定按照对自己有利的来制定，就算制定得再好，别人也会把账算到物业公司头上。

4.物业管理是需要规则的，这就是为什么行政机关执法需要有法可依，而不是按照自己的喜好执法。

（六）物业公司是开发商的“奴才”吗

1.很多物业公司到今天都没有转变观念，物业公司拿到的服务费是全体业主支付的，而不是开发商的。物业公司应该是和业主一起共同努力把小区建设好。

2.而现实生活中很多物业公司和开发商联手侵吞小区公共资源，比如小区的人防车位，地下车位等，导致业主对物业公司恨之入骨。

（七）信息不对等

1.很多业主觉得我们缴纳的物业费，物业公司并没有全部投入本小区的服务上，业主认为物业公司高利润、低服务，觉得物业费缴纳得不值。

2.其实物业服务不是业主看到的，就是物业公司的全部服务。业主看到的是保洁、保安、绿化以及一些零星的上门服务，而这些只占到物业服务的不到30%，还有30%是“地下”工作，比如工程类的工作：化粪池清掏、电梯保养、水电设备维修保养等。这些业主很难看到的部分，另外，还有30%左右是办公室的工作，包括小区的工作方案、收费、统计、上报、制度管理等。这些业主误以为不用干，它自己就能出来。剩下的10%左右就是和各个部门的沟通协调工作。这些协调工作业主可能觉得没有什么困难，但事实上，很多部门都能管理物业公司，而物业公司还必须无条件配合。

3.最后就是水电等能源费用，这些也都是从小区物业费中支出的，不是市政单位免费赠送的。

4.以上这些都是业主看不见，并且不能理解的。这就需要物业公司长期的宣传沟通，才能让业主知道他们的物业费不是打水漂了。

（八）业主放弃自身的权利

1.按照《民法典》第1167条的规定，如果有人侵害了您的利益，您可以起诉到法院要求排除妨害、恢复原状、赔偿损失。依据第280条，业主大会和业委会作出的决议对全体业主有约束力，但业主大会和业委会作出的决议侵害了业主的利益，业主可以申请人民法院予以撤销，这些都是保护我们业主的利益的，但是很多业主甚至超过诉讼时效都不去法院主张自己的权利，反而认为物业公司就能解决这些问题。众所周知，物业公司没有执法权，又不是受害人怎么可能帮业主主张权利呢？

2.但是如果物业公司未能满足业主的这些额外要求，业主就不缴纳物业费。

3.很多权利的行使，我们也不能指望物业公司去解决（代为行使），比如在维保期内房屋出现质量问题，本身应该由业主通知开发商，保留证据，但是偏偏我们（业主）相信物业公司可以帮助解决，结果拖过维保期，物业公司也未能解决。首先这不是物业公司的职责，到时候再起诉到法院，物业公司也无须承担责任；起诉开发商，我们没有证据证明问题出在维保期内，就算有证据证明是在维保期发生的问题，我们也不能证明我们主张权利并告知了开发商，导致最后问题只能自己解决了。

（九）基础设施不完善

1.我一直爱说一个笑话，你请一个保姆，你家如果没有电视，你难道找保姆给你买个电视吗？显然不会，那为什么小区监控没有、道闸没有、车位没有，你要怨物业公司没有给你增加呢？

2.我们在签订的买卖合同中：小区的基本配套设施就已经标注很明确了。如果不满意，我们可以不购买，购买了就说明我们认可小区的现状。

3.如果我们需要在小区增加设备设施，需要动用公维基金或者业主们筹钱来做，而不是要求物业公司给做，物业费中没有这笔费用。《物业管理条例》也明确说明物业费不得做大中修项目。

（十）小区管理需要多方配合

1.一个小区的物业管理要干好，需要物业公司、业委会、业主、基层政府这四个方面的共同努力，单靠一个物业公司是不可能做好物业服务的。

2.试想一下，如果物业公司很努力地按照物业服务合同给业主服务。但有一些业主，就是不缴纳物业费，而且天天在群里散播谣言和进行质疑，您觉得物业服务能做好吗？

（十一）物业公司有时候也要硬气起来

1.笔者认为，物业公司如果不能正常运转，就应该提出上涨物业费或者告诉业主将会降低服务标准，而不是偷偷降低服务标准。如果业主不同意任何一种方案，就应该放弃本小区的管理权。

2.很多物业公司认为小区物业管理撤管是件很丢人的事，笔者很不赞同。市场经济，合同关系，合适就合作，不合适就解约，不存在谁好谁坏的问题。结婚还有离婚的呢，大家性格和理念不合，并不是离婚的都不是好人。

3.物业撤管如果真是业主的不理性造成的，这样也算是变相给业主上了一课。但是，如果物业公司一边喊着赔钱一边打死都不撤场，那只能说明物业公司不亏钱，只是不愿意为小区提供质价相符的服务。

（十二）总结

作为业主要履行自己业主的义务，按时缴纳物业费；作为业委会要合理协调业主与物业之间的关系；作为物业公司不能光傻干活，要把宣传沟通作为一项重要工作来做。

凡事都要按照法理和约定执行，业主们不能自己认为不好，认为物业不行，要拿出证据才能让物业公司心服口服。物业公司也不能说自己干活了，结果又拿不出来任何干活的证据，没有任何的管理痕迹，而是要保留好管理痕迹，公开小区的账目。让大家知道本小区的收支构成，没有一个买东西的认为卖东西的会亏钱卖。

如果大家都能把传统的包干制模式修改成公开透明的酬金制模式，我想纠纷会下降一半。

物业公司和业主本来应该是一家人，不应该是对立面，大家共同的目的是把小区的环境建设好，让我们的房屋增值、保值，业主安居乐业。而不是相互敌对，大家互看都不顺眼，天天研究怎么对付对方。应该把精力放到共同提高小区的品质上，小区才能变得越来越好。

六、业委会的工作，委员们应该如何分工*

业主大会成立后，摆在业委会这个业主大会的理事机构面前的第一要务就是要“为业主做事”。但“为业主做什么事情”“做哪几件事”“怎么为业主做事”等问题几乎是每个刚刚被选出的业委会面临的问题。几个委员应该如何分工，自然摆在了每个业委会，特别是业委会主任面前的一个问题。

而每个建筑区划内业主涉及的问题不同，业主的诉求不同，业委会委员们的能力不同，业委会掌握的资源不同等因素，都将对业委会工作和安排产生重要的影响。因此，业委会委员如何分工，其实没有一定之规。但可以遵循以下几个原则：

1.自愿：业委会委员，不是谁领导谁，没有所谓的“上下级”关系。即便是主任，其实也是全体委员们的一个精神支柱，是业委会的一个象征，是业委会会议的召集人。除业委会主任在大家心目中应该多做事以外，其他委员的工作原则上应该以自愿为前提。在委员“认做”某项工作时，自己也应该考虑自己的专业水平是否能够应付工作内容，是否能不辜负业主们选举自己、对自己的信任。不要全凭激情。

2.团队：尽管有些委员有专业背景，比如会计、律师、厂长……但很多事情一个人很难做得圆满。因此，还可以在自愿的前提下，由某项工作的自荐承担人在业委会内甚至普通业主中招募“合伙人团队”，大家共同完成有关事项。

---

* 舒可心，2009年12月3日。

当然，需要业委会以组织名义给予支持甚至授权时，则应该通过业委会议事规则产生相关决议。

3.业主需要：很多业委会委员都有自己的抱负和想法。但有一些并不是业主们普遍知道和需要的，而暂时只是委员们关心的问题，更有一些是某个委员自己家或自己那几个邻居遇到的问题。如果利用业委会这个“公权力”来实现自己个人的抱负甚至用于自己或小集团的利益，那么早晚会被业主们抛弃。

4.自己能干得了：不同的业主群体所关心的问题不同，尽管业委会可以通过评估甚至抽样调查的方式获得业主们最关心的需要解决的问题。但是，且不要说分工，就是业委会全体委员都扑到这一个工作（比如更换物业服务企业）上都未必驾驭得了。在这个时候，这样的事情就不得不先搁置，甚至可以明确告诉大家我们没有把握能做好，待我们经验丰富了再说，或者留给下一届业委会来做。当然，这种情况下需要业委会有很高的公关技巧。

5.出彩、作秀的事情和基础、背后的事情都要做：很多业委会委员们往往关注物业管理水平提高的根本，即物业管理制度和财务问题。但这样的问题往往需要较长的时间才能见效。而业主群体往往不能忍受业委会选举之后杳无音信的工作，他们需要“出彩”，他们需要一些值得欢呼的事情。因此，业委会要考虑做一些立竿见影的“小事”，以维系人心；更要积极解决物业管理的根本问题，如财务、管理水平等。

6.与发展商的问题：与发展商的问题分为两个方面。（1）发展商与单个业主之间的；（2）发展商侵犯业主共有财产权益的（包括绿地等）。对于第一类的个体、局部问题，业委会必须热心积极地设置或授权设置专门的小组，组织大家通过谈判或募集诉讼费用、推荐、介绍律师事务所协助他们进行共同诉讼程序。对于第二类问题，则应该积极聘请好的律师，认真评估谈判的目标和诉讼的风险，然后作出恰当的决定。

7.处理业主之间问题：这是一个永恒的问题。需要有专门的委员来完成。相比对发展商、物业服务企业甚至政府有关部门等“外人”的问题，处理这类问题需要更高超的公关技巧和人际关系掌控能力。以主任挂帅比较合适。

8.必须做的事情：无论业委会委员们中间是否有这方面的人才，财务和物业管理水平的监管是必须做的。因此，聘请专业顾问或专职专项工作者是方向。这个可以由懂得人力资源管理或有企业管理经验背景的委员牵头并监督。

此外，业委会日常办公事务必须由专人负责，以主任亲自打理为宜。有条件的可以通过聘用一到两名秘书协助完成。日常工作主要有接听业主投诉电话；简单处理投诉；向业主反馈投诉处理结果；收发文件；业委会会议的文秘工作；园区巡视等。

最后就是业委会自身的资金资源——业主大会经费。如果没有钱，就几乎做不了什么。但有钱，也有管理现金的麻烦和后果。

没有业委会，业主的权益肯定会受到侵害。但有了业委会，业委会的权益未必就不受侵害。这完全取决于业委会的组织制度建设和委员自身的能力（建设）。搞不好，业委会自身的腐败和与物业服务企业的勾结可能会导致业主们受到更大的创伤。

总之，业主组织在中国还是新生事物，“业主大会—业委会”的这种组织架构还需要更多的实践来研究其中的规律。当业委会委员，对我们每个委员来说可能都是人生头一遭，光靠热情是不够的，需要理性、睿智、冷静，更需要理想的支撑和技能的辅佐。不过，也大可不必太过紧张。只要问心无愧，一个公益的“工作”，没有必要非逼自己做好。能做，就比不做的人强了。若业主们不喜欢某个业委会委员，提议罢免他并且经过业主大会决议就可以了。

七、业主大会秘书，能为业主们做什么？能为业主委员会做什么？*

由于业委会这个机构寄托了太多业主们的希望，业主们平日各种想法、需要都随时变成了对业委会的要求。导致委员们没有任何报酬，但是责任还不少；没有什么实质的权利，但是义务还挺多；收获不到多少感谢，各种舆论的压力还挺大；不是自己的事情，但不上心做还真不行！很多做过业委会委员特别是做过主任委员的业主都有这个体会。

用属于业主共有的资金雇个帮手，就是请一个秘书，是很多业主委员会运作过程中的选择。但这个岗位常常被称为“业主委员会秘书”，实际上就是业委会主任助理，最终成为业委会主任私人秘书。他只能听命于业委会主任，无法独立地为业委会这个机构服务，更无法独立地为全体业主服务。美其名曰“通过业委会主任的命令为业委会工作，进而为全体业主服务”。这种机制则令这个秘书越来越像业委会主任委员的“答应”或者“仆人”。没有了主任委员，他就什么都不会做。而最终还是累死主任委员，要么秘书和主任委员一起“牺牲”；要么秘书和主任委员一起因腐败、滥权而“殉葬”。

2009年在起草《北京市物业管理办法》及其配套文件时，则对“秘书”到底是属于业主大会还是属于业委会这个问题进行了很多探讨。最终形成了一些主流观点，普遍倾向于“业主大会秘书”且都写进了《北京市住宅区业主大

---

* 舒可心，2016年12月30日。

会和业主委员会指导规则》(京建发〔2010〕739号)中:

第十九条 业主大会议事规则应当规定以下事项:

(一)业主大会会议种类;

(二)业主大会会议召开的形式、程序;

(三)业主大会议事和表决方式;

(四)关于业主小组、业主代表、业主的代理及业主大会解散的规定;

(五)业主委员会委员资格、人数、任期、更换、候补及补充办法;

(六)业主委员会议事规则;

(七)业主大会和业主委员会等执行机构经费的筹集以及、使用和管理制度;

(八)业主大会、业主委员会设置的财务、秘书等专职人员的聘任程序以及职责;

(九)业主大会、业主委员会印章、档案等管理制度等。

第三十九条 业主大会设立业主委员会,可以设立监事会,可以聘用财务人员和秘书等工作人员。相关工作经费具体筹集和使用办法由业主大会决定。

业主大会设立监事会、聘用财务人员和秘书的,应当在业主大会议事规则中约定。

业主委员会委员、监事会监事、应当由业主大会选举产生;财务人员和秘书的聘用方式应当由业主大会议事规则约定。

第五十一条 业主委员会委员空缺达半数以上的,业主委员会应当及时组织召开业主大会会议决定增补委员,在委员增补之前,不得以业主委员会的名义从事组织召开业主大会会议决定增补委员以外的活动。

业主委员会委员集体提出辞职的,应当向业主大会报告工作、说明辞职理由,并将其保管的档案资料、印章及其他财务账目交由监事会指定的人员保管；未设立监事会的，交由业主大会秘书或者其他档案保管人员保管，并以书面形式告知物业所在地的街道办事处、乡镇人民政府。业主大会设立监事会的，监事会应当及时组织召开业主大会会议，选举产生新的业主委员会；未设立监事会或者监事会不履行职责的，街道办事处、乡镇人民政府应当及时协助业主组织召开业主大会会议，选举产生新的业主委员会。

如果说该文件第19条第8项说得不够清楚，那么第39条则明确说业主大会设立业委会的同时，还可以设立监事会和聘用财务人员和秘书。

而第51条第2款干脆写明了这个岗位的称谓是“业主大会秘书”。

为什么要设立业主大会秘书这个岗位，为什么这个岗位的职责要在各个小区的《业主大会议事规则》中规定（见上述第19条），目的就是要让这个岗位的职员根据《业主大会议事规则》规定的工作职责为业主大会服务即为全体业主服务。当然，也一定会为业主委员会服务，但不是只能为业主委员会服务，更不是随时根据业主委员会主任委员的命令工作。

这种设计，就使得小区的业主组织，除了有一个公益成员组成的业主委员会外，增加了一个职业的业主大会秘书岗位，与业主委员会一起共同为业主服务，并且承担了更多甚至全部的日常事务性工作任务。甚至组织召开业主大会会议的工作都可以经业委会决定或满足某种条件时由业主大会秘书及其他工作人员一起完成。这样就将大量的、业主需要的但委员们做不太好的或不愿意做的行政事务，交给这个职业人来做。而让业委会委员们的精力主要用于在小区某些具体事务决策中作出公平理性的表决，而无须担心表决通过的事务由谁具体执行——这是业主大会秘书的重要职责之一。

这就好比联合国，有一个常设的安理会，但秘书长不是“安理会秘书长”而是“联合国秘书长”一样，他和他带领的行政办公团队，主要是服务于安理会的工作，也服务于整个联合国的各个机构。

业主大会秘书，也类似一个公司的办公室主任，这个属于公司的办公室虽然受董事会的领导，但其服务于整个公司的各项行政事务。即便董事会休会期间，其也照常完成各项事务。

因此，业主大会秘书岗位的职员，就不是我们一般理解的“文秘”或“打字员”，而是一个具有对业主群体内部、物业服务企业、业主委员会甚至还包括政府在内的各种机构群体之间的冲突有调解能力的职业人，是业主大会、业委会决议的有力执行人。他有专业的社区治理和行政事务工作经验，在对小区的业主共同治理能从行政办公制度设立、运转以及小区的物业管理工作的监督等各个方面，提供完整执行能力外，还提供有质量的建议、顾问等指导性工作。

更重要的是，业主大会秘书还必须有防止业委会被强势委员或主任委员绑架从而演变成个人独裁机构的能力，即严格执行《业主大会议事规则》中有关业主委员会会议应该遵守的“委员合议制”机制，作为会议的“议长”，公正、严格地掌握会议规则。

根据每个小区所处阶段和工作量的不同，业主大会秘书可以采用“专人专职”方式（从2016年开始，我们还尝试采用机构业主大会秘书，如商业顾问机构、居民委员会和非营利机构等），也可以采用“专人配专职助理”的方式。在小区内的“麻烦”并不是天天有的情况下，后者可以更节省业主大会秘书的聘用成本。即某人为受聘专职秘书，但其派由其辅导并承担责任的专职低级助理到小区坐班，其本人定期或有事务需要处理时来小区办公的模式。

具体地说，业主大会秘书岗位，除了本岗位的考勤和奖惩机制外，其工作职责主要包括如下部分：

业主委员会会议程序的控制者，类似议会的议长。其基本素质应保证业主能公平、正义地维持业主委员会的委员合议制会议机制，防止业委会强势主任或强势委员对业委会的绑架，使业委会始终出在多数人决策的理性机制中。

由于其并非业主，在利益上与本小区业主并无关联关系，故不会与某个特别议案中的业主利益共情，而只需要维持会议秩序即可。

防止业主大会秘书绑架业委会的办法，是禁止业主大会秘书由业委会会议的提案权即可。如果业主大会秘书想（绑架业委会）让自己的观点变成业委会的决议，那么他至少得与一名委员合作并由该委员发起议案。这种机制，能比较好地防止业主大会秘书用“积极、主动的工作态度”包装其自我意志的危险。

业主委员会会议组织和决议的过程服务职责

议题产生（起草）程序

会议表决、决议产生程序

印章管理使用程序

决议、公告、函件发出程序

一般性会议的书面会议纪要

业主委员会日常工作过程服务职责

收文程序

文档电子邮件传阅程序

投诉、监督处理程序

小区及物业管理活动巡视程序

文档归档程序

文档查阅程序

业主大会会议组织（会务）服务职责

集体讨论形式会议程序

书面形式会议程序

秘书工作记录及工作汇报

每日接待业主来业主委员会的访问或投诉

接听业主委员会的电话并记录

完成秘书每日工作汇报，并发送给每个委员

秘书工作周(月)报

业主委员会工作简报与总结起草

业主委员会工作年度总结起草

业主大会秘书顾问、建议、指导

对业主委员会决议文件草稿提出顾问意见或建议

对新上任委员辅导业主委员会的固定工作流程

协调委员之间的分歧和冲突

协调业主与业主委员会之间的冲突

协调业主、业主委员会与物业服务企业之间的冲突

综上所述,一旦建立了上述固定工作流程,业主大会秘书这个由专业人士承担的职业岗位,就可以根据制度规定自动、定期、例行、专业地向业主委员会、业主大会和每个业主提供规范的服务,并保障定期了解和汇报业主委员会作出的决定、业主大会作出的决定的执行进度。有效保障本小区每个业主对小区事务的知情权和监督权的行使,有利于小区事务的公开,有利于建立业主共同治理小区的氛围,实现社区的善治。

当然,业主大会秘书也通过其工作获得一份公开的、符合市场行情的、有尊严的收入。

八、为什么大多数业主都不满意物业公司呢?

首先我来问大家一个问题,你家买房你愿意买毛坯房还是精装房?你家装修你愿意大包,还是轻包,就是他出人工你自己买材料监督施工呢?

估计很多人会选择买毛坯房和采用轻包装修的方式?

因为,买过精装房的都知道,当时说得天花乱坠,但是实际收房,毛病一大堆,出了问题解决起来异常麻烦,还有精装房的装修材料很多是不合格的。部分人干脆拆了重装。

自己家装修大包的同样也存在这种问题,说好的材料和品牌,他给你买的倒是这个品牌,却是这个品牌中最次的材料。

为什么会出现以上问题呢?说白了,你已经确定给他多少钱了,那他钱花得越多,挣得越少;反之花得越少,他挣得越多。

这样说大家估计就明白了,我们物业管理也是这个样子,大家采用的全是包干制就是前面说的装修大包。

模式出现问题,物业公司为了多挣钱肯定干不好。

有聪明人说了,我们为什么不能将轻包的形式运用到物业管理中来呢?

当然能,这就是我经常说的酬金制,酬金制的好处就是物业花多少钱,我们给多少钱,钱省下来是我们全体业主的。这样物业公司就不会刻意来减少成本了,就算他减少成本,剩下的钱他也拿不走。因为酬金制中的钱是大家凑的,所以相当于我们每个业主都是股东,既然是股东我们就有权利随时查账,甚至参与物业管理的决策和运营。

那有人又问了，这么好的酬金制模式，为什么现在市场上没有几个小区在用呢？那是因为你们被物业公司给忽悠了，物业公司是不是告诉你，酬金制需要业委会特别专业，业委会以后会被累死，还需要承担责任。

所以业委会为了省事和怕承担责任，不敢采用酬金制。

其实并不是的，业委会根本不用承担责任，也不用特别专业，要说累，与业委会和物业天天“打架”比，那简直太轻松了。

九、物业公司欺负业主，业主应该怎么办？

很多物业公司经常欺负业主，比如停水，停电、不交物业费不能停车，逼迫办张电梯卡、多交水电费、装修押金不给退，还收装修电梯使用费，把原本属于全体业主的车位，再卖给业主一遍，公共收益拒不归还，等等。

为什么物业会这样干呢？因为小区没有人出头，所以物业公司这么做，只会增加收入，不会损失什么。

那为什么没人出头呢？因为所有人都觉得，如果他去做了，他要支付的律师费、耽误的时间精力等成本远比他要回的权益大很多。

这就导致有些黑物业公司在小区作威作福。

这种问题难道就不能解决吗？

当然能，其实很简单。如果某个业主某件事官司打赢了，可以争取回来每人1000元，一个小区1000户那就是100万元，如果从100万元中拿出2万元打官司，每人才出20元。如果让大家出20元，要回1000元还多吗？

有人觉得不对了，一个人起诉赢了也就是1000元，是的，但是一个人赢了，其他人拿着这个判决书直接找物业公司要钱就可以了，物业公司若不给，就到法院申请先予执行，因为同样的小区同样的案子，已经判决了，剩下的不用判也能拿到钱。

退一万步，如果法院不同意先予执行，那么可以再去立案，因为以前已经做过一次了，这次也不用找律师了，拿着以前的资料改成自己的名字就可以，前面都赢了，按照以前的思路也能赢。

这样物业不但要支付1000元，还要多支付起诉费，哪个多，哪个少，物业公司自己会算账。

总之，大家不要都想着坐顺风车，小区需要大家团结，才能越变越好，不被别人欺负。

被物业公司起诉怎样可以让物业费打折和不用支付违约金？

教你一招，假如物业服务不好，还把你起诉到法院索要物业费，怎样可以让法院免除违约金或者滞纳金，让物业费减免或者打折！

很多物业公司服务不好，业主要求其改正，物业公司拒不改正，业主只能拿不缴纳物业费进行抵制。但是，这种抵制基本无效。

因为物业公司到法院起诉你不缴纳物业费时，即便你说出你的理由也提供相应的证据，却无法被法院采纳。最终结果，法院会判决你支付所欠的所有物业费，而且还要你支付高昂的违约金。

到底问题出在哪儿？我来和大家说说：

1.不是你认为物业服务不好，就是物业服务真的不好，物业公司服务好坏是看物业服务合同中约定了他干什么，责任、义务是什么。所以你需要查看物业服务合同中的服务等级及附件，来确定他是否按照标准提供服务了。如果没有，那就是服务不好，反之就叫“服务好”。服务合同中的服务等级哪里查？去当地房管局索要。物业服务合同怎样要，可以看看我以前的作品。

2.问题没有给你解决，不是你认为所有的问题都是物业公司应该负责的问题，即便物业公司和开发商是一起的，但是法律上是两个独立的个体单位。所以不能混为一谈，比如维保期内房顶漏水、外墙漏水、内墙裂缝、门禁没有启用、消防没水等，还有就是配套不完善、验收没过、房产证没有给办理、水电气没有交付市政管网存在转供等，这些都是开发商的问题，应该找开发商，即便过保出现的大中修的问题，也是需要双2/3业主同意动用公共维修资金修复。

所以到法院，这些问题提都不用提，因为责任不在物业公司。

3.邻里之间的问题、市政的问题，比如他家门口放鞋了，谁家又养鸽子了，楼上两口子晚上声音太大了。门口马路没有修好、门外有摆摊的了，这些也不是物业的问题，所以也不用提，反倒让法官觉得你不懂法，胡搅蛮缠。

4.为什么你提供的证据法院没有采纳？因为第一你提供的证据是物业公司轻微服务不到位的，物业服务涉及很多项，不可能每一项都做到位，所以允许物业有轻微瑕疵，所以提供证据最好提供设备设施没有按照约定维修保养或者出问题不及时修理的。第二提供的证据不是连续性的，什么叫连续性证据呢？比如，合同约定一天拖一遍地，这就是说，一个拖地周期是24小时，它并不能保证，24小时之内不出问题，除非他在你家门口24小时放一个人，否则不能随时干净，它只要保证每天打扫一遍，打扫完干净即可。所以你要证明他不是每天打扫了，就必须连续三天每天同一时间拍照录像，证明同一个污渍或者垃圾这三天一直存在，这个叫连续性证据。

5.证据的有效性，什么意思呢？首先拍照录像最好用水印相机，否则没法证明拍摄时间和地点。其次就是别把照片一打印就给法院了，法院不知道谁拍的，有无后期处理过。所以要把拍照的手机带上，也就是业内人说的原始载体。还有录像不能剪辑，剪辑后就不能作为证据了。

6.最后一点就是让法官知道你是遵纪守法的，履行合约的，你可以说，我第一年收房是按时缴纳物业费的，是物业公司不按照物业服务合同提供相应的服务，我才暂缓缴纳物业费，而不是我先不缴纳物业费，物业公司降低的服务。

如果你按照我以上说的，把证据准备充分，有理有据有节地到法院参加应诉，法院不但不会让你支付违约金，有可能会让物业公司把物业费减免或者打折。

十、成立业委会的优点

什么是业主大会和业主委员会？

业主大会由物业管理区域内的全体业主组成，代表和维护物业管理区域内全体业主在物业管理活动中的合法权利，履行相应的义务。

业主委员会由业主大会依法选举产生，履行业主大会赋予的职责，执行业主大会决定的事项，接受业主的监督。

我们来举一个例子，我们的小区就像一个村庄，我们的业主就是村民，业委会是由全体村民选举的，业主委员会的成员就相当于村委会委员。业委会是专门代表我们的村，物业服务公司就是我们请回来进行服务及管理的一个机构，它所拥有的权利也是由业主大会和业委会所赋予或者合同约定的。

成立业委会的优点在哪里呢？

1.成立业委会是《民法典》《物业管理条例》赋予我们的权利，业委会受到法律保护，是代表广大业主对小区事务进行表决，执行常设理事机构，也就是说单个业主是散沙，业委会可以把大家意见统一，凝聚到一起。

2.业委会是代表业主对物业服务进行监督和建议、并监管物业资金流向的权利机构，甚至代表广大业主选择更换物业以及物业服务的方式。业委会的成立将对物业服务形成一个长期有效的监督机制，有利于物业服务质量的提高，物业管理成本的降低。

3.业委会将对物业服务进行深入的监督和促进，像绿化、保洁、保安等都是一般业主可以感受并可以接受公共监督的，但像小区饮用水质量、设备设施维护保养的频率和标准，都是广大业主所不了解的。

4.业委会将是房屋维修基金的管理者，没有成立业委会的小区，当房屋出现大的修缮，需要动用维修基金时，物业公司由于不能及时得到2/3以上业主的反馈，而拖延或者拒绝修缮。这就是我们的房屋漏雨漏水时，无人问津的原因。

5.房屋大修基金是房子的养老金，在10年或者20年后，当我们的房屋真正需要大的修缮时，可能由于物价上涨，原材料成本提升，现有的资金已经不足够去更换新的电梯，因为目前的房屋大修基金是在公共维修管理中心，他们出入银行的利息是活期利率，也就是说每年都在贬值中。成立业委会后，我们可以根据相关规定，给公共维修基金开设专有账户，对我们的大修基金至少进行定存等保值措施，不但不会贬值，而且还能增值，比如可以购买国债和存入定期。

6.业委会可以让小区公共收益的分配透明化。目前很多小区公共收益如公用电梯广告、地下人防车位出租的收入有多少或用到哪里，我们一无所知，业委会的成立将使该项收入的分配透明化，并决定是否进入大修基金或者冲抵物业费，或者对设备设施进行升级改造等。

7.业委会可以吸纳广大业主对小区建设的意见，对小区进行宜居建设，如增加公共文化娱乐场所、提倡社区公益活动，对公共设施使用过程中的不便利进行建议和及时的改造，有利于促进和谐社区建设。

8.业委会对相关部门可以起到权力制衡，能够避免腐败的滋生，能够促进信息的公开透明化，避免我们业主的资金被贪污或挪作他用。

9.业委会不单纯是为业主维权的机构，更是沟通开发商、物业公司、业主、街道办事处、居委会和派出所的桥梁。

10.在没有成立业主委员会的情况下，当业主与物业管理公司发生纠纷时

（比如认为物业管理公司无法保障小区的安全，门卫形同虚设，对物业管理公司的收费标准、服务质量不满意），业主采取的方式大多是拒绝交纳物业管理费。而物业管理公司在业主不交纳物业管理费的情况下，无心服务，服务质量每况愈下，形成恶性循环。结果损害的还是业主自己的利益，这时业委会可以召开业主大会续聘、选聘、解聘物业管理公司，有效地避免物业不作为光知道收费的情形，给物业公司造成无形的威慑。

11.制定、起草《管理规约》和《大会议事规则》两个小区规范文件，用于约束全小区范围内的业主、居民、物业企业在规定范围内行事，做到有据可依。

最后我也和大家说一句，成立业主大会和业委会是我们全体业主自己的事情，千万不要指着一个人或者一个部门就能成，虽然很艰辛，但是我相信一定能成功。

虽然之前很多人有这样或那样的问题，但是不代表我们这个组织有问题，人员有问题很正常，谁出问题我们就把谁换掉。

有钱的出钱，有力的出力，千万别做给小区拖后腿的业主。

Chapter 2

第二章

物业问题

——法律释疑

一、业主关心的热门问题

01 一楼返水，物业公司应不应该承担责任？

一楼的下水主管道与地下主管道，老房一半都是成直角，所以会造成一楼堵塞后返水，如果遇到经常返水现象，建议与物业公司协商改成独立的下水管道，防止下水道堵塞造成屋里的地板、家具被泡。

1.从法理上讲物业公司有抢险、制止损失的责任。

2.物业服务合同是否约定室内的下水道主管道定期维护、保养的责任。如果有约定，物业公司要承担相应的责任及赔偿损失。如果没有约定，物业公司只是负责先行赔付，最终是共用主管道的全体业主来承担。可以先起诉物业公司，让物业公司先行进行赔偿，然后再由物业公司起诉楼上共用主管道的业主进行赔偿。

02 一楼应不应该缴纳电梯费？

一楼应该缴纳电梯费。

物业服务合同是否列支电梯单独缴纳，如果没有特殊说明列支电梯费，物业费是包含电梯费的，电梯费是需要缴纳的。

电梯并不是2楼、3楼、4楼以上业主的，电梯是1楼、2楼、3楼等所有业主的资产，我们买房的房款其中一部分是包含电梯费用的，电梯是你的，你就有责任去维护保养，有责任去摊这笔钱。按照《民法典》第273条，你可以放弃自己的权利，但你不能不尽自己的义务。可以在业委会与物业公司签署物业服务合同时约定1楼、2楼少交，楼上的多交。

03 室内墙壁裂缝，物业公司不解决可以不缴纳物业费吗？

房屋不是从物业公司购买的，也不是物业公司给您装修的，所以不应属于物业公司负责，因房屋裂缝不可以不缴纳物业费。

分析裂缝造成的原因，如果是装修的问题，就要找装修公司，如果是主体的问题，要看质保期，如在保修期内，由开发商负责，如在保修期外就自己负责。

04 房顶漏水物业公司不处理，可以要求物业公司赔偿吗？

房屋是开发商出售的，房顶漏水了，不应由物业公司负责。如果在5年之内房顶漏水是由开发商负责的，5年之后房顶漏水应该由公共维修资金来处理。过了5年质保期之后，根据《民法典》第278条使用公共维修资金需要双2/3业主参与，参与人的人数和面积需要3/4同意才可以。

有的地方有应急支取预案，可以由物业公司申请，也可以自己直接向房管局申请。

在没有应急支取预案的地方，又不能够达到双2/3业主参与双1/2同意的情况下，自己先修，然后起诉楼下业主。

在5年之内由开发商负责维修，通知开发商后不管或多次维修也没修好，自己自行维修，然后起诉开发商，所产生的维修费及损失（装修、家具、地板、租房费、家电等）由开发商负责赔偿。

05 不买车位不让车进小区合理吗?

对物业公司来讲,进与不进小区,物业公司都是错。90%的小区存在车多车位少的现象,如果物业公司让车进小区,车停在小区的什么地方?车停在绿地?别人家车位?消防通道?挡道显然都不合理。如果接老人、送孩子、拉个货、送个东西等都不让进也不合理。所以小区需要一个停车规则,小区的车位如何分配,租车位方案、费用等,小区停车管理规则应该由业主大会表决,一半以上业主同意,决定权是大家的,一般大家都将决定权下放到物业公司,物业公司两个出发点:(1)为小区好,不让进。(2)为开发商好,为卖车位不让进。

如果是(1)物业公司为小区好,不让进,大家都可以理解,没有问题。如果你反对,反对也需要一半以上业主同意,或者侵害你的利益,可以根据《民法典》第280条去法院起诉撤销。

如果是(2)为开发商好,为卖车位不让进,开发商出售车位,需要开发商拥有独立产权或预销售许可证才可以出售。按照《民法典》规定,红线以内除专有面积和市政道路、市政权属挂名字设备设施房屋、绿地,其余归全体业主。有产权证才是当事人。谁投资,谁受益,在业主没有买(收)房屋之前是开发商投资,随着业主的房屋买卖,产权的转移,整个小区的建设方、投资方就已经转移到业主,业主就是投资方,开发商出售没有产权证的车位,最终业主大会、业主委员会收回车位,车位就不属于你。如果开发商把车位办成产权,需要几个必备条件:(1)车位纳入容积率;(2)缴纳土地出让金;(3)证明车位建设所有成本没有纳入整个楼的基础建设成本中,其实车位的建设成本高于房屋建设的4~7倍,所以一般开发商是不会自己独立出资建设地下车位的。

06 不交物业费物业公司不给授权电梯卡合理吗?

此行为不合理。电梯是业主的,如果业主没有委托物业公司梯控,物业公司属于侵权行为。业主不交物业费可以起诉业主。

为什么不能，如何解决？

如果业主没有缴纳物业费，然后停电梯，被迫让你把物业费交了，或者业主就不交，物业费超过一年不交，物业公司会起诉业主，物业公司起诉业主欠物业费是全额，那物业公司给业主停电梯一个月，说明这一个月没有给业主提供电梯服务费，因停电梯而导致业主没法居住，短期内住酒店，长期租房子产生的费用属于直接损失，根据《民法典》侵权篇要求物业公司赔偿。

小区电梯使用电梯卡的好处：(1)小区安全；(2)减少贴小广告。

是否使用电梯卡也是业主说了算，如果在买房子时，电梯就有梯控设置，对业主来说认为有这个电梯卡不方便不想要，想要撤掉，需要双2/3业主同意后可以停用或撤掉拆除，如果是物业公司进来后新装的梯控，直接到房管局投诉，这属于增加改建设施设备用途，根据《物业管理条例》的规定，可以处罚5万~10万元。还可以根据《民法典》到法院起诉，要求物业公司强制拆除。

07 不缴纳物业费，物业公司停水停电合法吗？

不合法，根据《民法典》第944条，物业公司不得采取停水停电停气停热催交物业费。根据《民法典》第207条，国家、集体、私人的物权和其他权利人的物权受法律平等保护，任何组织或者个人不得侵犯。供水供电是一个单独的合同，业主只有不欠水电费用，业主就享有用水用电的权利，而按照《民法典》第944条，如果物业公司擅自直接断业主的水电，不但要承担民事责任，严重时是要承担刑事责任的。

08 成立业委会社区不给办理怎么办？

成立业委会的主管单位是街道办事处或乡镇人民政府或者房地产主管单位。依据当地物业管理条例规定的单位管理，文件应该给相应的主管部门，成立业委会是有条件的，按照物业管理条例要求进行，参加人数有要求，时间有规定，参照当地的物业管理条例进行，如果超过时间还没办理，对主管单位进行行政诉讼。成立业委会要有法可依，如办事人员要房产证，身份证复印件，要问根据法律哪个法条要求成立业委会要房产证、身份证复印件，如果没有，就是办事人员代表自己个人说话，没有任何效力。如果办事人员代表政府部门说话，麻烦办事人员出份盖公章的文件，然后你就可以去法院起诉了，或到区、县人民政府部门进行行政复议。如果需要帮助成立业主委员会，作者可以全程辅导或者针对性指导。

09 物业公司不把公共收益返还给业主，业主可以不缴纳物业费吗？

1.公共收益是全体业主的，但是不能折抵物业费，公共收益该要得要，物业费该交得交。

2.公共收益，单个业主不能索要，单个业主只能起诉要求公开公共收益，索要需要业委会管物业公司要回，然后根据业主大会的决定进行分配。

3.如果物业公司不同意把公共收益交还给业委会，业主委员会可以起诉要回，但单个委员，不能以业主委员会的名义对物业公司进行起诉。

10 开发商不给办理产权证怎么解决？

要知道开发商为什么不给办理。

其一，开发商的手续不齐就办不了，可以到相关部门投诉、举报，相关部门可以对其进行处罚。

其二，我们在收房时大家都是缴纳公共维修资金和契税的，看似一个人交，没多少钱，但人数多就是一大笔金额。开发商收完再转交公共维修资金管理中心和税务局，延迟交一天就可以利用一天，这钱没有利息，可以起诉开发商违约。如果起诉开发商不办理产权证，可是房产证是房管局进行办理，开发商钱没交，房管局又不能办理。

所以目前最有效的方法：(1)起诉开发商办理初始登记手续，如果开发商办理不了，要求房管局对开发商进行处罚。(2)根据《民法典》规定违约金过少可向法院申请增加违约金，要求开发商赔偿延期办理房产证的违约金提高到3‰。(3)要求退还公共维修资金和契税，自己去相关部门缴纳。

11 人防车位开发商有权买卖吗？

人防车位，开发商没有权利买卖。

人防是国家要求开发商强制配建的，而人防也是纳入整个房屋建设成本当中，人防就是人民防空，暂时归国家统一调配，非战时利于民用，谁投资谁受益，人防投资方属于业主，所以开发商无权买卖，开发商能出租人防车位，但是需要到人防办去办理人防使用证，人防使用证有一个时间限制，出租的时间按照允许你使用多长时间来定的，如果超出这个时间，就属于违法违规，所以人防不能租20年送50年，如果出现这种行为可以起诉开发商，要求把钱退回来。

12 物业公司不给看物业合同怎么办？

房屋买卖合同附件有物业服务合同，像北京地区物业管理条例规定，房屋买卖合同里有物业服务合同，前期物业服务合同不超过2年。也可以到当地房管局申请要，因为物业服务合同需要在房管局备案，可以带着房产证或购房合同、身份证到房管局申请行政公开。

如果物业公司不给查看物业服务合同，在你有证据证明物业公司不给你看物业服务合同的前提下，你可以起诉物业公司要求享有知情权。你可以暂缓交物业费，理由：

（1）没看到物业服务合同，不知道物业公司是否有合法身份在我小区里服务。

（2）因为没看到物业服务合同，不知道服务合同内容，不知道物业公司给我提供服务合同的频率是多少，是一天扫一遍地，还是两天扫一遍地。

（3）不知道服务标准。

（4）不知道服务的价格，不能你要多少就给多少。

13 物业公司可以不给开物业费发票吗？

如果你不要求开发票，物业公司不给你发票，没有问题。但是，如果你要求开发票，物业公司就必须给你开具。如果你要求开发票，物业公司不给你开发票，你可以拨打电话“12366”向税务局投诉举报。物业公司第一次将被罚款，第二次就需要承担刑事责任。

14 物业公司违规到哪个部门投诉最有效？

严格来说是房地产主管部门物业科，也就是房管局或者建设局，因为以前物业公司有个资质的审核办理，年检办，都在房管局，现在停办资质，也不用年检，但它还是主管单位，最严谨的说法是哪个部门都管，主要是针对相应的事件，如消防问题找消防局投诉，增建、违建找城管投诉，打架往派出所投诉，房屋质量问题到房管局投诉，绿化问题找园林部门投诉，所以说最有效的就是找最对的部门，不是所有的问题都找房管局解决。

15 暖气不热怎么解决，可以不缴纳暖气费吗？

暖气不热是有标准的，国家并没有统一规定达到多少摄氏度，大部分地区要求不低于18℃，像北京规定18℃上下2℃，低于16℃可以不交费，高于16℃即使你觉得冷也需要缴纳暖气费。大家都觉得冷，可以改变的办法：看供热站是本小区的还是市政的，如果是本小区的，可以把锅炉包给其他单位，签合同时写上不低于25℃，低于25℃就解除合同。如果属于市政供热，只能投诉举报，如果还不解决，业主大会可以决定都不用他们供暖了，用壁挂炉取暖。

16 物业公司单独收取卫生费和公摊电费合理吗？

说合理不合理都不严谨。首先物业费当中包括能耗维修保养及秩序维护和卫生清洁、绿化费用。如果物业服务合同没有特殊约定卫生费和公摊费及其他的费用单独缴纳的，只需缴纳物业费一种。

如果约定以上费用不包含物业费当中需要单独缴纳，就需要单独缴纳以上的费用了。

17 家里被盗或者电动车、自行车丢失，物业公司需要承担责任吗？

通俗地讲物业公司是不需要承担的，多亏丢的是自行车，如果你的钻石放在那丢了，物业公司也要承担的话，物业公司承担不起，也没有这个能力承担。如果你给物业公司一毛钱看管费了，只要物业公司收钱，丢了他就有责任，物业公司没有收就不承担责任。物业服务合同有个责任叫安保义务，如果你能证明物业公司没尽到安保义务，则物业公司承担20%~30%的赔偿责任；如果你证明不了，就觉得物业公司没有尽到义务，你可以起诉物业公司，让物业公司自行举证尽到安保义务，这叫举证倒置。

物业公司怎么证明自己尽到安保义务呢？首先需要证明和您丢车有关联的围墙是完好的，监控是完好的，门禁是完好的，道闸是完好的，人员是完备的，巡逻是完备的，人员不缺少等，物业公司能证明这些就不需要承担责任。

18 物业公司单方面涨物业费合法吗?

物业公司单方面涨价是不合法的。假设你跟装修公司以10万元签订好合同,装修公司干了一半,说装修成本不够,再加5万元,你同意还是不同意?你不同意,他也不能要求你同意,完工后他也不能起诉你必须支付多的5万元,如果装修公司撂挑子,干一半或者不干都不行,按照合同必须完工。

其实,声明一点,物业费涨价是对的,物业费不涨价就是畸形小区,小区到最后一定会乱的,物价是上升趋势,每年的涨幅5%~8%是较为合理的。如果不涨价,物业服务水平一直保持一致是不可能的,物业服务水平会走下坡趋势,正常的合理逻辑是物价上涨。物业费上涨,物业服务标准才能持平。物业费涨价需要经过双过半业主同意才能涨价,如果物业费涨不上去,物业公司会出现两种情况,一种就是物业服务下降,另一种就是物业公司不干了。不管如何,中途单方面涨价是不对的。物业费涨价需要双方协商一致方可涨价。

二、物　业　篇

01 服务合同终止，物业公司不退出，承担哪些后果？

根据《物业管理条例》第29条、第38条，《民法典》第949条，物业服务合同终止的，原物业服务人应当在约定期限或者合理期限内退出物业服务区域，将物业服务用房、相关设施、物业服务所必需的相关资料等交还给业主委员会、决定自行管理的业主或者其指定的人，配合新物业服务人做好交接工作，并如实告知物业的使用和管理状况。

原物业服务人违反前款规定的，不得请求业主支付物业服务合同终止后的物业费；造成业主损失的，应当赔偿损失。

02 如何防止高空抛物坠物的风险？

《民法典》第1254条规定，物业公司管理人应当采取必要的安全保障措施，防止高空抛物坠物的发生。未采取必要的安全保障措施，应当依法承担未履行安全保障义务的侵权责任。

如果采取了必要的安全保障措施的，就不承担侵权责任。

具体怎么做才算采取了必要的安全保障措施呢？

四个到位：学习宣传到位；警牌提示到位；具体措施到位；协议签订到位。

1.学习宣传到位：充分利用小区公示栏，电梯轿厢，单元等阵地，宣传禁止高空抛物，如抛物应承担后果。

2.警牌提示到位：在楼头、路旁及显著位置挂“严防高空抛物”警示牌，悬挂横幅标语等。

3.具体措施到位：高空施工及发现墙体裂纹起鼓时，挂上警示牌：“墙皮危险，请勿靠近，后果自负。”并用警示绳围挡提示。

对各家窗台、阳台摆放花盆等移动物，提醒业主摆放牢固或移植室内等安全地方，做好提示记录。

4.协议签订到位：为使高空抛物坠物危害达到家喻户晓、人人皆知，物业公司与每个住户签订协议书，明确各自权利义务。

最有效的方法就是安装视频采集装置，抓到就报警处理。

03 能否在小区楼顶架设广告牌?

栋楼内有多个产权人的，如无特殊约定，楼顶是共用部位，属于全体业主共有。如需在小区楼顶上架设广告牌，应征得业主大会、物业公司服务企业同意后，依法办理有关手续。所得收益主要用于补充住宅专项维修资金，也可以按照业主大会的决定使用。

另外，广告牌的设立必须安全，不影响居民生活，符合市政市容要求。如果住在楼的顶层，楼顶上的广告牌的设立影响了房屋的使用功能，可以向侵害人要求排除妨碍并赔偿损失，当然也可以提起诉讼。

04 物业小区共用部位包括哪些?

上下水管道、落水管、水箱、加压水泵、电梯、天线、供电线路、共用照明、消防设施、绿地、道路、沟渠、池井、非经营性停车场、公益性文体设施和共用设施设备使用的房屋等。为了明晰物业共用部位、共用设施设备的产权界限。

根据最高人民法院《关于审理建筑物区分所有权纠纷案件具体应用法律若干问题的解释》第3条的规定，除法律、行政法规规定的共有部分外，建筑区划内的以下部分，也应当认定为物权法第六章所称的共有部分：（1）建筑物的基础、承重结构、外墙、屋顶等基本结构部分，通道、楼梯、大堂等公共通行部分，消防、公共照明等附属设施、设备，避难层、设备层或者设备间等结构部分；（2）其他不属于业主专有部分，也不属于市政公用部分或者其他权利人所有的场所及设施等。建筑区划内的土地，依法由业主共同享有建设用地使用权，但属于业主专有的整栋建筑物的规划占地或者城镇公共道路、绿地占地除外。

05 业主装修拆改承重结构，物业公司需要做什么？

1.物业公司发整改通知书。注意：物业公司权限仅此而已，不能强行拆除，因为物业公司没有执法权。

2.如果物业公司不发整改通知或者建造违章建筑的人拒不整改，直接上报当地住建委。

3.可以起诉人民法院要求排除妨害、恢复原状、赔偿损失。

06 业主欠缴物业费，物业公司的正确处理方式是什么？

明确业主不缴物业费的原因。了解业主拖欠物业费的原因之后主动打电话以及上门沟通，了解双方的诉求，明确业主对缴纳物业费不满意的地方，积极提高服务质量。

明确告知业主不缴纳物业费的后果。首先如果物业管理费晚交，有可能要被收取违约金。其次如果拖欠物业费严重，可能会被物业公司起诉。

07 物业公司应该给业主提供哪些服务?

物业公司应该负责业主户门以外的，红线以内绿化的保养、清洁、卫生、保安的秩序维护、设备设施的维护保养及小修，注意是小修不是中修和大修。中修和大修在维保期之内应该是开发商负责，维保期之后是动用小区的公共维修资金进行维修。还需要注意的一点就是户门以外，就是户门以内的不是物业公司应该做的，如果需要物业公司为我们服务，是需要和物业公司单独签一个特约服务的合同，物业公司可以进门给我们服务，但是需要收费的。另外物业公司并不是什么事情都应该做的，物业公司需要给我们提供服务的标准是要看物业合同，物业合同怎么写就怎么执行。

08 室内的房屋门窗损坏，物业公司有义务维修吗?

义务肯定是有的，但不是免费的义务。要看门窗是否在2年的维保之内，如果在2年的维保期之内是开发商负责；2年以后报修给物业公司，物业公司上门是收费的，因为物业公司物业费的服务项目是户门以外，红线以内的设备设施，物业公司有义务维修，但是户门以内的并不是物业公司的义务，要是维修是需要付费的。

09 物业公司不维护、保养设备设施，业主可以要求物业费打折吗?

根据《民法典》第942条，物业服务人应当按照约定和物业的使用性质，妥善维修、养护、清洁、绿化和经营管理物业服务区域内的业主共有部分，维护物业服务区域内的基本秩序，采取合理措施保护业主的人身、财产安全。根据《民法典》第938条，物业服务企业公开作出的服务承诺以及制作的服务细则，应当认定为物业合同的组成部分。

这句话的意思是告诉业主，如果物业公司到法院起诉业主，业主可以证明以上的内容，物业公司没有尽到职责，法院会裁定物业费需要打折或者不用全额缴纳。

10 什么情况下，物业公司可以给业主断水断电呢？

除了紧急抢险、线路故障或者真的欠缴水电费的情况下可以断水断电，其他情况下一律不行，包括欠缴物业费。物业公司如果不是因以上情况给业主断水断电，可以要求其恢复水电。否则其已经违反了《民法典》和《物业管理条例》相应的法律，因无故断水断电所造成的任何损失由物业公司承担。

11 物业小区保安的主要职责是什么？

小区的公共秩序的维护、小区的公共安全管理、各类突发事件预防及应急处理，物业管理始终处在公共服务的位置上。保安工作根据合同提供的约定的安保服务并不对小区的业主个人财产及生命安全起保管、保全的作用，只要物业服务企业根据合同提供相应的服务就没有责任，而且安保服务不可能做到万无一失，只能是通过防范从而降低事故的发生率。

12 物业服务安保不到位，会受到处罚吗？

因为物业公司安保服务不到位，警方要求物业公司进行整改的。物业公司拒不整改，根据《保安服务管理条例》第42条第7款，警方可以对物业公司进行处罚。

13 什么样的物业公司算好的物业公司？

我觉得扣除合理的利润，这个合理的利润在10%~15%，其余的所有钱都花在业主身上叫好物业公司，还有一个就是不改变现状并保持现状（服务一直不下降）。换句话说，能按照物业服务合同约定的内容给业主提供相应的服务可以叫好物业公司。

14 哪些事情不应该由物业公司负责？

维保期之内的房屋质量问题不归物业公司管，属于开发商负责。

维保期过后家里的问题自己负责，如果找物业公司，物业公司可以收工时费的。

公共区域的基础问题，维保期之内的开发商负责，维保期之后的由公共维修资金负责。物业公司只负责维修、保养和小修。

家中被盗、违建、邻里纠纷、占用绿地、刑事案件等这些由地方行政部门负责，物业公司只需要负责登记、取证、上报就可以。

水、电、暖、气、电话、网络等除物业公司转供的或者承包的都归相应的市政部门负责，这个和物业公司无关。

红线以外的事情不归物业公司负责。

总体来说，物业合同约定以外的事情和没有约定的事情和物业公司无关。

15 触犯以下内容将会面临牢狱之灾

第一，对物业管理有恐吓，暴力手段与社会闲散人员插手小区的圈地收费。

第二，以暴力手段强揽材料、供应运输等行为。

第三，采取贿赂、干扰破坏业主委员会换届或者是选举的。

第四，暴力威胁干扰招标新物业公司，老物业公司拒不交接或者不准新物业公司进场的。

有以上等行为可以向当地公安部门或扫黑办举报，经查实将会构成刑事责任。

16 物业公司管理有哪些基本内容？

物业公司应该负责业主户门以外的，红线以内绿化的保养、清洁、卫生、保安的秩序维护、设备设施的维护保养及小修，是小修不是中修和大修。中修和大修在维保期之内应该是开发商负责，维保期之后是动用小区的公共维修资金进行维修，还需要注意的一点就是户门以外，户门以内的不是物业公司应该做的。

如果需要物业公司为我们服务，是需要和物业公司单独签一个特约服务的合同，物业公司可以进门给我们服务，但是需要收费的。另外，物业公司并不是什么事情都应该做的，物业公司需要给我们提供服务的标准是要看物业合同，物业合同怎么写就怎么执行。

按照《物业管理条例》第2条，物业服务应该包括以下内容：

1.房屋的使用、维修、养护；

2.消防设施设备、电梯、机电设备、路灯、连廊、自行车库、园林、绿化、地、沟、渠、池、井、道路、停车场等公用设施、公共场所的使用、维修、养护和管理；

3.清洁卫生（外包体现专业化分工）；

4.车辆行驶及停泊；

5.公共秩序（业主家中失窃是否应由物业服务机构赔偿）；

6.主管部门的相关规定和物业服务合同约定的其他物业管理事项。

17 预收物业费的法律依据是什么？如何约定违约金？

物业费预收与否，应该按照物业合同约定执行，超过合同约定的缴费时间就可以按照合同约定计算违约金了。

按照《民法典》第585条，违约金约定过高或者过低可以申请人民法院予以调整。

18 小区车位是否可以租售？

公共车位：根据《民法典》第275条，建筑区划内，规划用于停放汽车的车位、车库的归属，由当事人通过出售、附赠或者出租等方式约定。占用业主共有的道路或者其他场地用于停放汽车的车位，属于业主共有。

根据《民法典》第276条，（车位、车库的首要用途）建筑区划内，规划用于停放汽车的车位、车库应当首先满足业主的需要。

换句话说，产权车位，由产权人说了算，全体业主的车位根据物业服务合同或者业主大会决定是否可以出租，但是全体业主车位不能买卖。

19 谁负责小区供水、供电、供气等管线设备设施？

国务院《物业管理条例》第51条规定，物业管理区域内，供水、供电、供气、供热、通信、有线电视等单位，应当承担物业管理区域内相关管线和设施设备维修、养护等责任。前期规定的单位因维修、养护等需要，临时占用道路、场地的，应当及时恢复原状。上述单位可以委托物业服务企业负责这些设施设备的维修养护。

20 住宅室内装饰装修有哪些禁止行为？

1.未经原设计单位或者具有相应资质等级的设计单位提出设计方案，变动建筑主体和承重结构；

2.将没有防水要求的房间或者阳台改为卫生间、厨房间；

3.扩大承重墙上原有的门窗尺寸，拆除连接阳台的砖、混凝土墙体；

4.损坏房屋原有节能设施，降低节能效果；

5.其他影响建筑结构和使用安全的行为。

建筑主体是指建筑实体的结构构造，包括屋盖、楼盖、梁、柱、支撑、墙体、连接接点和基础等。承重结构，是指直接将本身自重与各种外加作用力系统地传递给基础地基的主要结构构件和其连接点，包括承重墙体、立杆、柱、框架柱、支墩、楼板、梁、屋架、悬索等。

21 业主在楼顶安装太阳能热水器，物业公司有权限制吗？

根据最高人民法院《关于审理建筑物区分所有权纠纷案件适用法律若干问题的解释》第4条的规定，业主基于对住宅、经营性用房等专有部分特定使用功能的合理需要，无偿利用屋顶以及其专有部分相对应的外墙面等共有部分的，不应认定为侵权。但违反法律、法规、管理规约，损害他人合法权益的除外。

也就是说，统一装的物业管不了，单独装到公共楼顶，物业有权制止。

22 楼房墙皮脱落砸坏汽车，物业公司应当赔偿吗？

根据《民法典》第1253条，建筑物、构筑物或者其他设施及其搁置物、悬挂物发生脱落、坠落造成他人损害，所有人、管理人或者使用人不能证明自己没有过错的，应当承担侵权责任。所有人、管理人或者使用人赔偿后，有其他责任人的，有权向其他责任人追偿。

也就是说，如果不是人为损坏，物业公司需要承担责任。

23 楼上跑水，楼下被淹，物业公司应否担责？

业主已装修入住的或者由于自己施工造成漏水，使楼下被淹，由楼上业主负责。但物业公司需尽到自己的义务，在发现漏水时及时采取应急措施，减少业主损失，并及时通知相关业主的，不用承担责任。如果物业公司没有做到，需要承担连带损失责任。

24 电梯坠落伤人，应由物业公司还是电梯维保公司担责？

如果是个人不当操作，或者是故意损坏造成的结果由个人承担责任，并要承担相应的损失。但如果是设备问题或者维护保养不到位造成的结果，物业公司需要先行承担责任，维保公司按照电梯维保合同承担相应的责任。

25 物业公司在小区里面画个车位就可以收费吗？

不可以。

物业公司利用小区的道路、路面还有绿化进行更改车位的需要，根据《民法典》第278条规定的业主同意才可以更改车位。如果没有达到以上的条件，物业公司强制更改车位收取停车费，业主可以按照《物业管理条例》第63条向房地产主管部门进行投诉，主管部门可以对物业公司进行5万~20万元的罚款，单个业主也可以按照最高人民法院《关于审理建筑物区分所有权纠纷案件适用法律若干问题的解释》第14条起诉到法院要求其排除妨害，恢复原状赔偿损失但如果业主不要求侵权人拆除，物业公司收取的停车费扣除成本，其余的归全体业主所有。

26 物业公司有权利收装修押金，装修垃圾清运费吗？

装修押金：国家对此并没有明确规定，但考虑到有些业主在装修时不按要求行事，对小区公共利益造成损害，因此物业公司收取一定的装修押金是合理的。它可以提醒业主按规定装修。由于该押金是可以退还的，所以对按要求装修的业主没有损害。如果业主与物业公司在物业管理合同中规定业主要支付装修管理费，那么业主就要按合同约定支付管理费；如果双方并没有这种约定，那么物业公司就不能向业主强行收取装修管理费。

同理，装修垃圾清运也不是必须由物业公司清理，业主也可以自行清理，如果没有委托物业公司清理，自行清理，就不需要给物业公司缴纳装修垃圾清运费。

27 什么是物业管理的包干制和酬金制?

包干制是指由业主向物业管理企业支付固定物业服务费用，盈余或者亏损均由物业管理企业享有或者承担的物业服务计费方式。实行包干制时，物业服务费用的构成包括物业服务成本、法定税费和物业管理企业利润。

服务内容+服务标准=约定价格（服务成本+税金+利润）。物业公司依据收费价格标准确定服务内容及标准。

酬金制即物业管理“酬金制”，即预收的物业服务资金中，按约定比例或者约定数额，提取酬金支付给物业公司做人员工资，其余全部用于物业服务合同约定的支出。比如，设施设备维修、日常保洁保安等运行管理费用，实行按实结算，实报实销。结余或者不足均由业主享有或者承担，“酬金制”是很多发达国家物业管理通常采用的模式。

酬金计算方式：约定服务内容和服务标准。

1.（服务内容+服务标准+服务成本+税金）×约定比例；

2.约定数额是指物业公司根据服务要求测算收费标准；物业公司按照标准提供服务，业主支付相应的费用，如果减少或者增加服务，物业费发生变化，费用由业主多退少补。

28 业主缴纳物业费时，物业公司应提供什么？

1.物业公司要在物业接待区域的墙上，公示收费标准、服务频率、组织架构、投诉电话等。

2.物业公司的营业执照，物业公司和开发商签署的前期物业服务合同，或者和业委会签署的正式合同。

3.业主缴纳物业管理费后，物业公司应给予相应的正规发票。

29 物业服务人应该给业主提供几级物业服务标准？

物业服务合同当中会有服务等级，一般分为1~5级的划分。当地也有相应的级别对应的物业服务的内容、项目、频率和标准，如果物业公司没有达到当地的服务等级的标准，那就可以给物业公司发函了，要求其限期整改。如果物业公司拒不改正，那把这些证据保留好，如果物业公司起诉你，你可以申请法院判决物业费打折。

30 物业费是按照购房合同还是房本面积缴纳？

如果房本没有办下来，就按照购房合同缴纳物业费。房本办下来了就按照房本的面积缴纳，但是中间差怎么办呢？有合同约定按照约定执行，没有约定，如果房本下来之后按照差价多退少补就可以。

31 物业公司员工上门维修，应该收费吗？

看物业合同中怎么约定，如果物业合同当中没有特殊约定或者没有包含这一项，就应该收费，因为《物业管理条例》《民法典》以及当地的物业管理办法都没有入户维修这一项，以上只适合包干制，不适合酬金制。

32 阁楼要缴纳物业费吗?

需要知道阁楼在房产证上是否有面积,没有面积就属于开发商附送。开发商附送就要看当地的物业管理办法和物业合同当中有没有约定,如果没有约定就不用缴纳物业费。

33 小区门脸房(底商)要缴纳物业费吗?

肯定要缴纳。感觉没享受到物业服务,并不代表物业公司没有服务,除了小区的环境没有享受到。其他都有,包括设备设施的保养,让底商水、电、燃气、暖气这些后勤有保障才能正常运营。当然如果物业服务合同约定底商不用缴纳或者少缴纳,那就按照物业服务合同执行。

34 物业公司或者开发商可以擅自处分或者变卖物业管理用房吗?

肯定是不可以的。

根据《物业管理条例》第57条,建设单位擅自处分属于业主的物业共用部位、共用设施设备的所有权或者使用权的,由县级以上地方人民政府房地产行政主管部门处5万元以上20万元以下的罚款;给业主造成损失的,依法承担赔偿责任。根据《物业管理条例》第61条,建设单位在物业管理区域内不按照规定配置必要的物业管理用房的,县级以上地方人民政府房地产行政主管部门责令限期改正,应给予警告,没收违法所得,并处10万元以上50万元以下的罚款。根据《物业管理条例》第63条,擅自占用、挖掘物业管理区域内道路、场地,损害业主共同利益的;擅自利用物业共用部位、共用设施设备进行经营的。单位有前款规定行为之一的,处5万元以上20万元以下的罚款。根据最高人民法院《关于审理建筑物区分所有权纠纷案件适用法律若干问题的解释》第14条,建设单位、物业服务企业或者其他管理人等擅自占用、处分业主共有部分、改变其使用功能或者进行经营性活动，权利人请求排除妨害、恢复原状、确认处分行为无效或者赔偿损失的，人民法院应予支持。

物业企业或者开发商必须按照规定配备物业办公用房。物业企业或者开发商不能未经业主大会同意擅自改变用途。物业企业或者开发商不能擅自出售物业管理用房。

如果有以上的行为，可以投诉到房管局主管单位，要求他们改正并可以对他们进行处罚。业主或者业委会可以起诉法院维护自己的权利。如果相关部门不作为，或者违规给他们办理产权证，可以直接对相关部门进行行政复议或者行政诉讼。

35 到法院提出同时履行抗辩权，还用缴纳物业费吗？

七个字帮你搞定物业公司，知道这七个字之后，物业公司因为你的房顶漏水、窗户坏了、卫生不好等没交物业费，然后物业公司起诉你，多半法院会判你赢，这七个字就是“同时履行抗辩权”。

同时履行抗辩权必须得是合同当中约定的物业公司应该履行的义务，比如房顶漏水、窗户坏了这些不是物业公司应该履行的，那你提出这个，法院不会支持。

物业公司合同约定应该履行但没有履行的，你需要自行准备相应的具有证据连续性的证据，到时候提交给法院。而不是光靠嘴说，法院只看证据不看说的内容。

就算证据比较完整，也不会像一些主播说的那样判你赢，我就没听说过一个合法的物业公司有相应的物业服务合同。到法院起诉物业费有输的案例，只能说违约金不再收了，物业费给你相应的减免。

《民法典》中说同时履行抗辩权指的是同时履行，而现实当中多半的物业公司签署的物业合同都要求物业费先付，业主都没有履行自己的义务，怎么能同时履行抗辩权呢？不怕物业公司给业主使用《民法典》当中规定的先行履行抗辩权吗？不过合同中的约定对物业费在执行中或执行后支付可以提出同时或先行履行抗辩权，至少可以不用缴纳违约金了，然后根据证据完整性可以对物业费进行相应的减免或者打折。

36 公摊水电费、电梯费、二次供水费、垃圾清运费等没有约定不用再缴纳

你家小区有没有这种情况：不但收了物业费还单独收取公摊的水电费、电梯费、二次供水费、垃圾清运费等。看看你家的物业服务合同有没有说除了物业费还需要缴纳这些单独列出来的费用，如果没有，这些费用就不用缴纳了。物业公司如果收了属于重复收费，可以起诉到法院要求返还。陕西汉中有一例这种案子就赢了，要求物业公司退还业主的电梯费用300多万元，根据《物业服务收费管理办法》第11条，实行物业服务费用包干制的，物业服务费用的构成包括物业服务的成本、法定税费和物业管理企业的利润。

那物业服务成本或者是物业服务支出构成一般包括以下几个部分：第一，管理服务人员的工资、社会保险和按规定提取的福利等；第二，物业共用部位共用设施设备日常维护运行的费用；第三，物业管理区域的清洁卫生费用；第四，物业管理区域的绿化养护的费用；第五，物业管理区域的秩序维护的费用；第六，办公费用；第七，物业管理企业固定资产的折旧；第八，物业共用部分共用设施设备及公共责任险的费用；第九，经过业主大会同意的其他费用、物业共用的部位、共用的设备设施大修中维修和更新改造的费用，应当通过专项维修资金予以列取，不得计入物业服务支出或者物业成本当中。

37 居民楼的底商可以开餐饮吗?

不可以。《大气污染防治法》第81条和《消防法》第19条都有相应的规定。

如果你家底商正在经营饭馆、餐饮等相关的活动，可以向相关部门进行投诉举报，对其进行罚款、要求其停业。也可以起诉到法院，根据《民法典》中的侵权责任编让其停止一切侵害。

38 物业公司有没有权利售水电呢?

看一下物业公司的水电是不是临时的，如果不是，物业公司没有权利售水电；如果是临时（转供）的，大家也只能把水电费交由物业公司，然后由物业公司整体向自来水公司和供电局来购买。

那就有人问了，能不能业主自己把电费交给供电局，水费交到自来水公司呢？当然是可以的。但是，需要业主委员会起诉开发商，然后让开发商来把我们临时的水电改成正式的水电。因为这本身就是开发商的责任，开发商为了省钱而没有办。或者业主和业主委员会协调自来水公司和相关的部门帮我们办理也可以。

39 物业公司有没有义务帮助业主收发快递?

物业服务属于公共服务，但公共服务并不包括个人的私人服务，包括快递的收发。业主如果要求物业公司帮助收发快递，物业公司是可以拒绝的，因为物业合同当中没有包括这些，如果业主非要物业帮助收发快递，可以和物业公司协商签署一个特约服务协议，支付相关费用。另外，提醒物业公司一下，物业公司不要随便帮助业主收发快递，因为好心不一定办成好事。物业服务的复杂性、人流量的复杂性，各种不确定因素会导致快递的拿错、丢失、损坏。如果没有签署特约服务，以及业主没有发短信确认丢失损坏自负的情况下，物业公司一旦帮助收发快递发生丢失、损坏，是要承担相应的责任的，因为物业公司有保管的责任。

40 物业公司强制不让业主电动车进电梯对不对？

电梯是全体业主的，但是如果电梯发生故障出现安全隐患，被罚款的也是物业公司。因为从物业公司进到小区的那天起，电梯的使用权就在物业公司，所以物业公司完全有权对电梯的安全、使用标准作出规范，所以只要物业公司作出规范即物业公司只要做出了标准不让电动车、自行车进入电梯是没有任何问题的。对于电梯，电动车、自行车进入是有很大的磨损和安全隐患的，另外电动车在楼上充电，消防隐患也是很大的。而且2021年8月1日实施的《高层民用建筑消防安全管理规定》第37条明确规定，禁止在高层民用建筑公共门厅、疏散走道、楼梯间、安全出口停放电动自行车或者为电动自行车充电。

41 前期物业合同的期限是多长时间？没到期可以换物业公司吗？

先了解下什么是前期物业合同，前期物业合同是在没有成立业主大会和业主委员会的时候，我们的小区开发商和一个物业公司签署的合同叫作前期物业合同。

前期物业合同是否有限期呢？这个跟正常物业合同不一样，正常物业合同是有多少限期就按照限期执行，前期物业合同是随着业主大会和业主委员会的成立，由业主大会授权给业主委员会跟新的物业公司签署合同生效起，前期物业合同作废。或者说，业主大会成立后和前面的物业公司重新签合同，之前的前期物业合同也作废。

即便约定合同没有到期，业委会新公司签署合同生效也失效了。换句话说，即便到期了，业委会没有选择新物业公司，前期物业服务合同一直有效。

42 物业公司垄断小区宽带，不让其他宽带进，怎么办？

这种做法不但不合理，而且还有不合法的行为。首先根据《消费者权益保护法》第9条的规定，消费者享有选择的权利，也就是业主想安装哪家宽带都可以，是不受限制的。其次就是2007年信息产业部和建设部下发的《关于进一步规范住宅小区及商住楼通信管线及通信设施建设的通知》的内容上说所有的管道井设备设施都是我们全体业主的，业主可以到消费者协会投诉，还可以到法院起诉，要求物业公司排除妨害然后安装其他的宽带。还有最直接的办法就是成立业主大会、业主委员会，然后引进其他的宽带，如果物业公司还是阻挠，那就可以直接给他换掉。

43 小区业主在小区被狗咬伤或受到惊吓，物业公司要不要承担责任？

首先看当地的养犬条例规定的内容，业主是正常养犬就没问题，业主要承担相应的责任，但业主养的是大型犬、烈犬或者没按指定区域遛狗或不牵绳，物业公司有进行提醒、告知、上报的义务。如果物业公司没有尽到以上几点义务，物业公司是要承担相应的连带责任的。

44 物业公司强制业主在指定单位找装修工人及材料，合理吗？

不但不合理，而且他们还触犯了《刑法》当中的强迫交易罪。其实也是现在扫黑除恶当中的重点对象，如果你遇到了这种行为请大胆地说不，及时报警；也可以向扫黑除恶办公室打电话进行举报。

45 物业公司把小区整体承包给另一个公司这样合法吗？

这样肯定是不合法的。根据《物业管理条例》第39条以及《民法典》第941条的规定，物业公司可以把专业的项目分包给其他单位，但是不得一并转包给其他人。如果遇到这种情况直接到房管局投诉、举报。房管局会对他处以高额罚款，另外物业费根本不用交了，而且都不用召开业主大会去选择用不用这家公司了，直接就可以更换物业公司，找一家新的物业公司。

46 在小区车被划了，物业公司应该承担责任吗？

从下面以下几个方面分析下：第一，交没交停车管理费？如果没交，物业公司不用承担任何责任；如果交了钱，物业公司就一定要承担责任吗？也不一定。如果找到第三人或当事人，那物业公司不用承担任何责任。如果找不到，物业公司要承担相应的责任，因为物业公司收取的停车管理费里包含了停车管理费和占地费。如果物业公司跟你说他没有跟你签停车管理协议或者说只收了占地费，可以告诉他，他已经收了钱，哪怕没有签协议也形成了事实的合同关系。第二，他说收的占地费，你可以问他收的占地费有没有返还全体业主。因为占地费是全体业主的，不是物业公司的。这个管理费用当中包含了人工费、能源费、保险以及车损等，而这些是应该由物业公司来承担的。

47 小区底商门口的停车位是谁的？

不是小区的单个业主的，也不是底商的，更不是开发商的。开发商无权附送或者买卖。如果他这么做，就是违法的。严格地说，小区红线内底商的车位是全体业主的，只有全体业主对底商的车位有处分、收益和决定的权利。任何个人不得私自占有。

48 物业公司或者开发商能出售小区的车位吗？

先说物业公司，小区的任何面积和他没有任何关系，他当然没有权利出售了。如果开发商想出售小区的车位，他必须拥有独立的产权证，如果他正在办理或他说他正在办理，让他拿出预售许可证，或者销售许可证。否则红线以内所有区域的车位都归全体业主所有。也就是说，只要不是专有产权的面积，其他的配套或者是公共车位全是全体业主的。如果你已经购买了，可以起诉到法院要求开发商退钱并承担相应的违约金和利息。

49 物业资质和物业服务等级有什么区别？

物业资质等级是指物业公司可以接管服务的项目的面积多少。在建设部发文暂停资质办理之前，三级只可以接管10万平方米以下的小区，二级可以接管20万平方米以下的小区，一级不受限。资质升级需要看物业服务企业在管的面积及服务人员中级职称有多少来判定。

物业服务等级是指服务的项目对项目的物业服务级别，每个城市不一样，所以规定也不一样，说白了，服务级别越高，频率、标准就越高，所以服务质量越好，当然物业费也就越高。

这两个不是一回事，一个指企业的级别，另一个指服务的级别。当然物业资质等级和他在管的项目物业服务等级没有任何关联。

注：物业资质在2016~2017年就已经陆续停止办理了，因此2018年《物业管理条例》进行了修订，删除了物业资质和接管项目的限制。也就是说，现在没有资质也可以做物业服务了，而且不受到接管项目的面积的限制。

50 没有资质可以接管小区物业管理服务吗？

住房和城乡建设部办公厅《关于做好取消物业服务企业资质核定相关工作的通知》中明确表示，各地不再受理物业服务企业资质核定申请和资质变更、更换、补证申请，不得以任何方式要求将原核定的物业服务企业资质作为承接物业管理业务的条件。

也就是说，物业公司的设立只需要通过工商行政的普通公司注册手续，而不再需要特殊的资质审核。物业公司也不再存在一级、二级的等级之别。物业公司的设立手续进一步简化，有利于降低物业企业的设立门槛，预期将会有更多的社会资本投入到物业服务业，更有利于物业服务行业的充分竞争，并通过市场竞争优胜劣汰，进一步提高全社会的物业服务水平。《物业管理条例》也在2018年修订，把涉及物业管理资质的条款进行删除，所以以后接管小区的物业企业不需要资质了。

三、房地产篇

01 开发商是否有权更换前期物业企业?

无权,一旦业主收房入住,开发商已经不是本小区唯一的业主了,所以更改前期物业的决定权在业主大会,而不是开发商了。根据《民法典》第284条,业主可以自行管理建筑物及其附属设施,也可以委托物业服务企业或者其他管理人管理。对建设单位聘请的物业服务企业或者其他管理人,业主有权依法更换。根据《民法典》第278条,解聘和选聘物业服务企业需要双2/3的业主参与,参与人双1/2以上的业主同意,并没有给开发商任何权利。

02 买房时建设单位广告和宣传资料没有兑现怎么办?

根据最高人民法院《关于审理商品房买卖合同纠纷案件适用法律若干问题的解释》,商品房的销售广告和宣传资料为要约邀请,但是售卖人就商品房开发规划范围内的房屋及相关设施所作的说明和允诺具体确定,并对商品房买卖合同的订立以及房屋价格的确定有重大影响的,应当视为要约。应该说明和允诺即使未载入商品房买卖合同,亦应当视为合同内容,当事人违反的,可以起诉虚假宣传或者要求履行合同并承担违约责任。

03 购房合同和实际面积不符，业主该怎么办？

根据《商品房销售管理办法》按套内建筑面积或者建筑面积计价的，当事人应当在合同中载明合同约定面积与产权登记面积发生误差的处理方式。

合同未作约定的，按以下原则处理：

1.面积误差比绝对值在3%以内（含3%）的，据实结算房价款。

2.面积误差比绝对值超出3%时，买受人有权退房。买受人退房的，房地产开发企业应当在买受人提出退房之日起30日内将买受人已付房价款退还给买受人，同时支付已付房价款利息。买受人不退房的，产权登记面积大于合同约定面积时，面积误差比在3%以内（含3%）部分的房价款由买受人补足；超出3%部分的房价款由房地产开发企业承担，产权归买受人。产权登记面积小于合同约定面积时，面积误差比绝对值在3%以内（含3%）部分的房价款由房地产开发企业返还买受人；绝对值超出3%部分的房价款由房地产开发企业双倍返还买受人。

总结：超出3%部分不用补钱，低于3%部分，低于部分双倍返还。

04 房地产开发商为什么不按照约定给业主办理房本？

第一，有可能是开发商当时“五证两书一表”没有办理完成导致办不了；第二，他拿业主的公共维修资金、契税不用给业主利息可以免费用；第三，就是开发商有可能把业主的房子做抵押了，业主不知道没还清钱之前办不了房本。

05 开发商延迟交房让业主签署放弃赔偿违约金的文件怎么办？

业主高高兴兴地收新房，结果物业公司给你出示一个函件要求业主签署一个放弃开发商延迟交房的违约金，否则不给钥匙，首先房子是开发商那买的，给钥匙是开发商的职责，所以物业公司给不给钥匙无所谓，如果他让你签当然不签，这是业主的权利。开发商应该赔违约金却不赔，如果他不给你钥匙，你就不收了，然后拖一段时间，他会求着你收钥匙。因为拖一天，开发商就要承担一天的违约金，拖得时间越长，他承担得就越多，包括物业费、暖气费等都不用交。

06 新房收房，物业公司让再次签署物业服务合同还需要签署吗？

记住这是一个很大的陷阱，物业公司既然能在这给你办理房产证也就代表物业公司已经直接跟开发商签合同了，这个合同其实在我们当时买房子的买卖合同当中附件上就有了，当然开发商为了卖房一定会把物业合同做得相对公平。如果现在再跟物业公司签合同，一定是合同当中有猫腻，比方说价格、频率、标准等做了修改，否则他没有必要再让业主签一遍，因为跟开发商签订的合同已经代表业主了，再让签一遍，假如一半以上的业主签署，以后执行的就是新合同而不是和开发商签的合同了。

07 开发商附送一楼小花园是否有效？

商品房只有自己的专有面积，也就是房产证标注的面积是自己的，其余的都属于公共面积。任何单位不得附送或不得圈占私有面积，就是说一楼的小花园开发商附送的或自己圈占的都属于无效行为，物业公司或者业主委员会可以随时拆除，也可以起诉到人民法院要求其强制拆除。根据《民法典》第271条，（建筑物区分所有权）业主对建筑物内的住宅、经营性用房等专有部分享有所有权，对专有部分以外的共有部分享有共有和共同管理的权利。

08 开发商承诺业主免除物业费有效吗?

是无效的。因为开发商和物业公司是两个完全不同的主体,开发商无权替第三方作出任何的承诺,除非开发商和物业公司及您签署三方协议,写清楚开发商免除物业费是经过物业公司同意的,当然开发商可以替业主缴纳物业费。

09 开发商凭什么代表业主和物业公司签署合同,这样的合同有效吗?

因为在法律意义上签署买卖合同,不仅要求是业主还需要实际占有房屋。在没有入住之前我们不叫真正的业主,而物业公司必须在业主入住之前就选定,所以开发商在当时是一个大业主,它可以代表全体业主签合同。随着房子的变卖和小业主的陆续入住也只能按照开发商签署的前期物业合同,直到成立业主大会和业主委员会和物业公司重新签署合同。

10 延迟收房,开发商应不应该支付违约金?

首先看一下开发商证件是否齐全,经过各单位的验收,如果不齐全也没有经过验收,到他证件齐全的时候再收房,这期间的违约金应该由开发商承担。如果证件不齐全,业主收了房,按照契约精神,业主同意收房,开发商就不用承担违约金,但是开发商证件齐全。业主因个人原因没有收房,开发商就不用承担任何违约金。

11 暖气、燃气、有线电视开口费,开发商和物业公司有权收取吗?

从2001年国家发文不能收取各种开口费、配套费等文件后,各企业不但不遵守还巧立名目收取业主的各种不合理的费用。

国家发展改革委、财政部、住房和城乡建设部、国家市场监管总局、国家能源局共同发文《关于清理规范城镇供水供电供气供暖行业收费促进行业高质量发展的意见》经国务院同意，此文件在2021年3月1日开始实施。

现在开发商、物业公司及水电气暖公司再也不能随便自立名目收取各种不合理费用了。

这次的文件不像以前写得那么笼统，细节总结得非常到位。

包括水、电、气、暖、工程接入等各种乱收费名头全部给列举出来了。

除废除各种不合理的费用外，还明确不允许对水电气暖等加价、不得以此项目限制其他服务，如物业费等。

通知还包括，水电气暖如果没有接入市政供暖的，尽快接入市政，以后这些项目的维修、保养等费用也不得转加到业主或者物业公司身上。

跟大家分享一个案例，河南省三门峡市湖滨区砥柱大厦，开发商违规收取燃气开口费、电视有线初装费等被业主起诉，结果开发商不但将多收的开口费和开通费给予退还，还向业主支付了相应的利息。

12 开发商没有在买卖合同中约定办理房产证的时间和违约金怎么办？

有约定按照约定执行，没有约定可以根据最高人民法院《关于审理商品房买卖合同纠纷案件适用法律若干问题的解释》第14条的规定，尚未建成的房屋（期房）自房屋交付使用之日起90日之内给业主办房产证，现房要在合同订立之日起90日之内给办理，因出卖人的原因，买受人超过这个时间未能取得不动产权属证书的，出卖人应当承担违约责任，利息按照中国银行规定的金融机构逾期贷款的利率标准来计算。

13 开发商没有按期给业主交房，可以要求退房吗？

其实按照最高人民法院《关于审理商品房买卖合同纠纷案件适用法律若

干问题的解释》第11条、《民法典》第563条规定，如果你跟开发商在买卖合同当中没有特殊约定，买房方经催告3个月之内还未交房的，买房者可以要求退房。

14 商品房“五证两书”有哪些？

1.《国有土地使用证》是证明土地使用者（单位或个人）使用国有土地的法律凭证，受法律保护。所谓的“小产权房”因为是在集体土地上所建设，并未产生土地所有权性质的改变，因此不会有国有土地使用证。

2.《建设用地规划许可证》是建设单位在向土地管理部门申请征用、划拨土地前，经城市规划行政主管部门确认建设项目位置和范围符合城市规划的法定凭证，是建设单位用地的法律凭证。房地产商即使取得建设用地的批准文件，但未取得《建设用地规划许可证》而占用土地的，其建设用地批准文件无效。没有此证的用地单位属非法用地，房地产商的售房行为也属非法，不能领取房地产权属证件。

3.《建设工程规划许可证》是有关建设工程符合城市规划要求的法律凭证，是建设单位建设工程的法律凭证，是建设活动中接受监督检查时的法定依据。没有此证的建设单位，其工程建筑是违章建筑。

4.《建设工程施工许可证》（建设工程开工证）是建筑施工单位符合各种施工条件、允许开工的批准文件，是建设单位进行工程施工的法律凭证，也是房屋权属登记的主要依据之一。

5.《商品房销售（预售）许可证》是市、县人民政府房地产行政管理部门允许房地产开发企业销售商品房的批准文件。开发商若能提供《商品房预售许可证》，说明开发商所预售的期房符合国家政策规定，其他三证已经取得，所售楼盘达到符合国家政策规定的底线。

6.“两书”是指《住宅质量保证书》和《住宅使用说明书》。是开发商在向购房者交付房屋时，房地产开发企业必须提交给购房者的文件。购房者有权索要。

15 商品房土地使用年限50年和70年有什么区别？

70年和50年指的是土地的使用权年限，一般住宅70年的是民宅性质，50年的或者40年的是商业或者商住两用性质。按照《民法典》第357条，住宅建设用地使用权期限届满的，自动续期。续期费用的缴纳或者减免，依照法律、行政法规的规定办理。

16 开发商没有给业主办理房产证，可以不交物业费吗？

您想想您买房子的时候房款给谁了？给开发商了，为什么要找物业呢？开发商和物业公司本身是两个主体，开发商没给办理，不能怪物业公司，业主可以找开发商要求尽快办理，也可以起诉开发商履行合同并赔偿违约金。

17 新买的房屋，开发商没有把配套设施完善，可以不交物业费吗？

不可以。物业公司和开发商是两个主体公司，不是一回事，不能把所有责任都丢在物业公司身上，这样不公平。如果设备、设施不完善可以拒绝收房，这样就不用缴纳物业费了，这部分物业费应该是开发商替业主缴纳，如果一旦收房，就应该缴纳相应的物业费，可以投诉到相关的部门，让相关部门督促他完善设备、设施或者对他罚款，还可以起诉到人民法院，要求他尽快完善设备、设施然后对业主进行赔偿。

18 房屋的产权是70年，超过70年房子还是自己的吗？

其实所谓的产权70年不是指房子是指土地，房子是永久使用的，只有土地使用年限是70年，70年之后土地是自动续期的，按照《民法典》第359条，住宅建设用地使用权期限届满的，自动续期。续期费用的缴纳或者减免，依照法律、行政法规的规定办理。

说白了就是到期给国家交少量的土地出让金即可。

19 房屋契税应该缴纳多少？

契税是指不动产产权发生转移变动时，就当事人所订契约按产价的一定比例向新业主征收的一次性税收。个人购买家庭唯一住房，家庭成员范围包括购房人、配偶以及未成年子女，面积为90平方米及以下的，减按1%的税率征收契税，面积为90平方米以上的，减按1.5%的税率征收契税。个人购买家庭第二套改善性住房，无论多大面积均按3%的税率征收契税。家庭第二套改善性住房是指已拥有一套住房的家庭，购买的家庭第二套住房。

20 小区阳台面积怎么算？

阳台没有封的情况下开发商是给算一半面积的，如果封的情况下是算整个面积的，阳台（平台）没有顶的不算面积，但是当时合同中没有写封，后期开发商自行封上，还算面积或者还要封阳台的费用的话就可以拒绝。

21 二手房买卖“满五唯一”，免20%个税，那怎么确定是满5年呢？

首先看房本下来的日期，还有契税开票日期，这两个哪个在之前就按哪个计算。如果房子是通过继承得来的，不按照继承之后的房本来计算而是按照之前房本的时间来算。

22 购买房屋都要缴纳哪些费用?

首先未满2年的房产缴纳增值及附加税5.3%，还有契税、个人所得税的20%、印花税票的5元、工本费的80元以及公共维修资金，公共维修资金只有买新房交，买二手房不用交。(此标准以北京为例)

23 房屋赠与、继承、夫妻更名需要哪些费用和条件?

首先说下赠与，直系亲属赠予需要缴纳3%的契税和0.5元的印花税，0.5元的印花税双方都要缴纳，80元的工本费这个不需要网签，但是需要资格。继承需要做公证，公证费大概2%，只是说继承部分的费用，工本费80元。夫妻更名只需要80元的工本费。(此标准以北京为例)

24 怎样预防房子被房东“一房二卖”?

根据《民法典》第221条的规定，签署买卖协议或者是其他的买卖手续的情况下，可以到房地产登记大厅先办理预先登记，3个月之内办理，如果你先办理以后，开发商或者房东就不得再卖给其他人了，这样有效地避免“一房二卖”了，或者房子涨价给你带来的损失。

25 开发商出售无产权车位是否合法?

属于违法行为。首先根据最高人民法院《关于审理建筑物区分所有权纠纷案件适用法律若干问题的解释》第3条规定，除法律行政法规规定的共有部分外，建筑区划内的以下部分也应当认定为《民法典》第274条所指的共有部分:“……(二)其他不属于业主专有部分，也不属于市政公共部分或者其他权利人所有的场所及设施等。”这句话说明如果开发商证明这个共有产权不是他的，他没有独立产权，业主也证明不了这个是我们共有产权的情况下，那这个共有产权就归我们全体业主所有。根据《民法典》第274条，建筑规划道路属于业主共有，但属于城镇公共道路除外，建筑区划外的绿地，属于业主共有，但属于城镇公共绿地或者是明示属于个人除外，建筑区划内的其他公共场所、公共设施和物业用房属于业主共有。《民法典》第278条第2款制定修建建筑物及其附属设施的管理规约，其中的第6款，改建、重建建筑物及其附属设施，当中说明这些要经过双2/3或双1/2的业主同意就好，前两条法规说明什么意思呢？就是说明如果我们共有的设施或共有的部分处分或者出售需要我们业主大会同意才行，没有业主大会同意都属于无效的。

既然我们知道这些地方属于我们的共有产权，我们怎么把这个共有产权要回呢？或者已买车位的业主怎么把钱让其退回呢？依据什么呢？是依据最高人民法院《关于审理建筑物区分所有权纠纷案件适用法律若干问题的解释》第14条规定，建设单位或者是其他行为人擅自占用、处分业主共有部分，改变其使用功能或者是经营活动的权利人请求排除妨害恢复原状确认处分行为无效或者是赔偿损失的，人民法院予以支持。

26 楼间的间距怎样才合理？

根据国家标准《建筑设计防火规范》的规定，多层建筑之间的建筑左右间距最少为6米，多层与高层建筑之间为9米，高层建筑之间的间距为13米。这是强制性规定。

建筑间距主要是根据日照（南北向建筑）、通风、采光、防止噪声和视线干扰、防火、防震、绿化、管线埋设、建筑布局形式以及节约用地，综合考虑确定。住宅的布置，通常以满足日照要求作为确定建筑间距的主要依据。

27 新建住宅是否必须进行招标选聘物业服务企业？

是的。按照规定，国家提倡通过公开、公平、公正的市场竞争机制选择物业管理企业；新建住宅物业的建设单位，应通过招标的方式选聘合适物业管理企业。根据《物业管理条例》第3条，国家提倡业主通过公开、公平、公正的市场竞争机制选择物业服务企业。根据《物业管理条例》第24条，国家提倡建设单位按照房地产开发与物业管理相分离的原则，通过招投标的方式选聘具有相应资质的物业服务企业。住宅物业的建设单位，应当通过招投标的方式选聘具有相应资质的物业服务企业；投标人少于3个或者住宅规模较小的，经物业所在地的区、县人民政府房地产行政主管部门批准，可以采用协议方式选聘具有相应资质的物业服务企业。

28 期房，不能按时交房，开发商不给退怎么办？

根据最高人民法院《关于审理商品房买卖合同纠纷案件适用法律若干问题的解释》第15条，出卖人迟延交付房屋或者买受人迟延支付购房款，经催告后在3个月的合理期限内仍未履行，当事人一方请求解除合同的，应予支持，但当事人另有约定的除外。

法律没有规定或者当事人没有约定，经对方当事人催告后，解除权行使的合理期限为3个月。对方当事人没有催告的，解除权应当在解除权发生之日起1年内行使；逾期不行使的，解除权消灭。

说白了，只要在解除权1年内，超过合同约定的3个月没有交房，我们就可以起诉开发商退房并赔偿损失。

29 开发商送业主的物业费有效吗？

很多业主都有这样的经历，我买了房子，由于延迟交房或者房子有质量问题等，开发商送了我2年的物业费来弥补损失，但是后来物业公司不承认开发商的承诺，那到底该不该交呢？开发商送的物业费有效吗？

明确地告诉大家，这种行为它是无效的，因为开发商和物业是两个独立的公司，开发商无权去替第三方公司做出任何的承诺，更何况一旦业委会成立就有可能和前物业解除合同。所以开发商承诺是无效的，如果以上情况已经发生了，建议您起诉开发商要求把物业费以折抵现金的形式支付给您，您再缴纳物业费，未发生的，建议如果开发商提出以折抵物业费的形式来进行赔偿或者补偿，您别同意，让他们直接赔钱，您自己去缴纳物业费。

四、业主大会和业主委员会篇

01 如何理解业主大会和业主委员会决定，对业主具有法律约束力？

按照《民法典》第280条，业主大会或者业主委员会的决定，对业主具有法律约束力。

业主大会或者业主委员会作出的决定侵害业主合法权益的，受侵害的业主可以请求人民法院予以撤销。也就是说，业主大会和业主委员会只要作出决定，所有业主必须遵守，除非您起诉到法院撤销后，才不用遵守。在法院撤销前，也必须遵守以上决定。

02 小区道路停车收费由谁决定？如何分配？

严格来说，由全体业主决定，这个决定可以在议事规则或者业主规约中提现，也可以由业主大会单独做出约定。实践中，一般业主大会成立困难，所以物业公司会根据前期物业服务合同进行执行，也有物业公司自己制定方案，但是物业公司自己制定的方案侵害业主权益，业主可以起诉撤销。

03 物业服务合同中可以约定使用专资的维修项目明细吗？

不可以，物业维修基金的使用是有国家及当地政府下发的使用办法的。

物业合同只能约定公共部分和公共设施维修金额超过多少时可以申请使用维修基金，能不能使用还要看使用办法的规定及业主的意见。

04 业主大会决定不再续聘物业公司了，物业公司拒不进行交接怎么办？

1.可以投诉至房地产主管部门，让他们依据国务院《物业管理条例》第38条规定，物业服务合同终止时，物业服务企业应当将物业管理用房和本条例第29条第1款规定的资料交还给业主委员会。物业服务合同终止时，业主大会选聘了新的物业服务企业的，物业服务企业之间应当做好交接工作，《物业管理条例》第58条规定，违反本条例的规定，原物业服务企业拒不交接，不移交有关资料的，由县级以上地方人民政府房地产行政主管部门责令限期改正；逾期仍不移交有关资料的，对建设单位、物业服务企业予以通报，处1万元以上10万元以下的罚款。

2.可以发布通知告知全体业主不用再缴纳后续的物业费了。

3.可以起诉到法院要求其撤场并赔偿违约金。

05 物业公司撤场应该移交哪些资料？

按照《物业管理条例》第29条规定，在办理物业承接验收手续时，建设单位应当向物业服务企业移交下列资料：

1.竣工总平面图，单体建筑、结构、设备竣工图，配套设施、地下管网工程竣工图等竣工验收资料；

2.设施设备的安装、使用和维护保养等技术资料；

3.物业质量保修文件和物业使用说明文件；

4.物业管理所必需的其他资料。

物业服务企业应当在前期物业服务合同终止时将上述资料移交给业主委员会。

06 业主、业主大会与物业服务企业是什么关系?

业主、业主大会与物业服务企业之间是物业管理市场的甲方和乙方的平等合作关系,是合同关系,是委托和被委托的关系。

业主、业主大会委托物业服务企业服务什么内容、达到什么服务标准,应该通过《物业服务合同》进行明确约定。

一般来说,业主大会可以授权业主委员会代表业主与业主大会选聘的物业服务企业签订《物业服务合同》,在物业服务企业的日常服务工作中,对其工作进行监督。

07 业主或使用人违反小区《管理规约》怎样处理?

业主违反小区《管理规约》的,应该承担相应的违约责任。比如个别业主不按照《管理规约》的规定使用公用部位、公用设施设备,造成损坏,是对其他业主的利益侵害,应该恢复原状或照价赔偿,赔偿款应缴存至业主大会公账或公共维修资金账户。

对业主违反《管理规约》的行为,相关业主、业主委员会,物业服务企业均可以督促其改正;拒不改正的,可以报告有关部门或提起诉讼。

08 一个业主在小区有多套房属于一票还是多票?

《业主大会和业主委员会指导规则》第24条约定:业主大会确定业主投票权数,可以按照下列方法认定业主人数和总人数:业主人数,按照专有部分的数量计算,一个专有部分按一人计算。但建设单位尚未出售和虽已出售但尚未交付的部分,以及同一买受人拥有一个以上专有部分的,按一人计算。

09 小区的公共收益有哪些？

小区的公共收益，是指物业公司利用小区公共部分进行经营所获得的收益，简单来说在物业管理区域内除物业费和代收代付其余所得收入都属于公共收益。比如，

1.小区公共区域广告收益，如电梯广告、户外广告；

2.小区公共区域的停车位收益；

3.小区公共区域内租赁的摊位收益；

4.小区公共区域的充电桩收益；

5.利用小区公共配套如活动场地、会所、游泳池的经营收入；

6.部分通信运营管理费；

7.因损坏小区的公共设施进行的赔偿；

8.自制售水机运营费用；

9.物业管理用房的收益等。

小区公共收益是全体业主共有的，具体由谁支配需要召开全体业主大会，由全体业主投票决定。目前，责成小区物业服务企业代为管理的较多，也可以责成业主委员会代管，但代管方需要提前制订使用计划，使用后必须公示账目。

10 小区地面停车位的收益属于谁？

根据《民法典》第274条规定，建筑区划内的道路，属于业主共有，但是属于城镇公共道路的除外。建筑区划内的绿地，属于业主共有，但是属于城镇公共绿地或者明示属于个人的除外。建筑区划内的其他公共场所、公用设施和物业服务用房，属于业主共有。

根据《民法典》第275条的规定，建筑区划内，规划用于停放汽车的车位、

车库的归属，由当事人通过出售、附赠或者出租等方式约定。占用业主共有的道路或者其他场地用于停放汽车的车位，属于业主共有。

根据《民法典》第276条的规定，建筑区划内，规划用于停放汽车的车位、车库应当首先满足业主的需要。

结论：地上车位归全体业主所有。

11 业主委员会的职责有哪些？

业主委员会的主要职责是代表业主们表达诉求和相关意愿，为业主的利益服务，代表着业主的主要利益。具体来说有以下方面的职责：

《物业管理条例》规定的业主委员会职责：

概括来讲，该方面业委会主要职责为召集业主大会，选定物业管理服务公司，并与之签订服务合同，监督其工作。

《业主大会议事规则》规定的业主委员会职责：

1.召集业主大会会议；

2.定期报告有关决定执行情况，提出物业管理建议；

3.在业主大会作出决定后30日内，代表业主大会与物业服务企业签订、续签、变更或者解除物业服务合同；

4.及时了解业主、物业使用人的意见和建议，监督和协助物业服务企业履行物业服务合同；

5.督促不交纳物业管理服务费的业主限期交纳；

6.组织业主对物业共用部位、共用设施设备的维修、更新、改造方案进行书面确认，并监督实施；

7.监督管理规约的实施；

8.组织筹集专项维修资金；

9.组织业主委员会换届和补选工作；

10.完成业主大会交办的其他事项。

12 业主委员会的前期办公用品和人员津贴谁来支付？

我国《业主大会和业主委员会指导规则》第42条规定："业主大会、业主委员会工作经费由全体业主承担。工作经费可以由业主分摊，也可以从物业共有部分经营所得收益中列支。工作经费的收支情况，应当定期在物业管理区域内公告，接受业主监督。工作经费筹集、管理和使用的具体办法由业主大会决定。"

13 什么叫业主大会双过半？

双过半即人数过半和面积过半，什么叫人数过半？就是小区里有多少业主，业主的总人数过半，并不是户数过半；面积是指专有面积不是指整个小区的面积，什么叫专有面积？就是产权证上有的面积，产权证上没有的包括人防、地下室、配套用房都不属于专有面积。《民法典》生效后，这个双过半就很少用了。

14 业主大会和业主委员会怎样成立？

首先需要业主入住率达到2/3以上，然后由当地规定的人数和专有面积向街道办事处或房管局的主管单位进行申请，以上单位需要在30日之内帮你成立首次业主大会的筹备组并派出组长，然后筹备组需要制定议事规则和业主规约的草案，然后制定选举的办法和选举委员的程序，在90日之内召开首次业主大会。经双过半的业主同意，议事规则和业主规约以及选举的委员在1个月之内向街道办事处进行备案，并刻出公章，业主大会即为成立。（以北京为例，

具体时间参照各地的业主大会和业主委员会指导规则）

15 怎么罢免不作为，出卖业主利益的业主委员会成员？

有一些业主委员会委员不作为怎么办？怎样罢免他？只要召开业主大会，由双过半的业主同意罢免他，召开业主大会的前提是要有双过半的委员同意召开业主大会，要不就是有20%的业主或面积申请召开业主大会，把申请递交业主委员会抄送给街道办事处，规定时间之内必须召开业主大会。如果他不召开，告诉街道办事处，街道办事处会要求他15日之内召开，不召开的话街道办事处协助召开，就属于街道办事处自己召开解决。

16 首次召开业主大会、业委会，开发商应该给筹备组提供什么支持和文件？

第一，成立前开发商应该提供筹备和成立相关的资金；第二，业主清册包括专有的面积和前期的议事规则和业主规约以及前期物业合同；第三，小区管理区域平面图；第四，其他应当提供的资料。成立后首先提供一个不小于30平方米地上独立水电的房屋，移交公共维修资金清册还有竣工平面图，单体结构的竣工图、配套设施、地下管网的竣工图等，还有设备设施的资料和维护保养的基础资料，还有物业公司的保养文件和使用说明书和其他有必要提供的材料。

17 如果开发商和物业公司拒不提供业主清册和产权面积怎么办？

第一种方法，筹备组可以起诉开发商索要，但是这个周期有点长；第二种方法，我们可以到房管局申请调取，房管局不给可以申请行政复议，助业网有案例，这样就可以拿到以上的资料了。

18 达到什么条件可以召开首次业主大会?

按照《业主大会和业主委员会指导规则》第8条，物业管理区域内，已交付的专有部分面积超过建筑物总面积50%时，可以到物业所在地的区、县房地产行政主管部门或者街道办事处、乡、镇人民政府申请。

但是《民法典》生效后，按照《民法典》第278条，召开业主大会需要2/3的人数和面积，所以，最终成立必须有2/3的业主入住才可以成立，就算1/2的业主收房，没有达到2/3的业主收房是不可能成立的，所以申请成立业委会必须达到2/3的收房率。

19 申请成立业主大会并召开首次大会签完字，到哪儿申请?

街道办事处或乡镇人民政府或者房管局（具体哪个单位需要查阅一下你们当地的《物业管理条例》或者《业主大会和业主委员会指导规则》）的某一科室，因为各地的叫法不一样，有的叫物业科，有的叫城建科，有的叫规划科等，上面有明确的部门，到政府问一下管物业公司的业委会的部门在哪里并递交给他就行。

注意：一定要让对方签收或者录像保留对方收到文件的证据。

20 首次业主大会申请需要提交什么资料?

（1）物业管理区域证明；（2）房屋及建筑物面积清册；（3）业主名册，建筑规划总平面图；（4）交付使用共用设施设备的证明；（5）物业服务用房配置证明；（6）其他有关的文件资料。

21 谁有资格申请成立业主委员会？

一般来说是由第一责任人开发商，开发商达到入住时间或者入住率后，就可以报送一些相应的材料递交给街道办事处或者房地产主管部门。开发商申请成立业主委员会的概率非常低，当然开发商不成立的话或者是不想成立，我们还有另外一种办法就是由5%（按照当地的比例）的业主申请，当然这5%（按照当地的比例）可以是5%的面积的业主也可以是5%的人数，然后把书面申请递交给街道或者是房地产主管部门，由他们来协助成立业委会。

22 成立业委会，业主来的不到一半怎么办？

根据《物业管理条例》第12条相关的规定，也就是召开业主大会有两种形式，一种是在现场；另一种就是书面的，工作人员只要把选票做好，大家填写就可以了，并不一定非要到现场。

23 什么是业主大会和业主委员会？

业主大会是小区里全体业主组成的业主自治管理组织。

业主委员会是业主大会的执行机构或者说是一个常设理事机构，业主委员会负责执行业主大会的一些决议，处理具体问题。

24 一个物业管理区域可以成立几个业主大会和业委会？

按照《物业管理条例》第9条的规定，一个小区内只能成立一个业主大会，聘用一个物业管理公司，但是这一个物业管理公司，他可以自己分包给专业的单位，当然现在也有了个例，如业主大会授权的业主委员会也可以分包各项工作内容给其他单位来管理。

25 业主大会有几种形式？

按照《物业管理条例》第12条，常说的有两种形式，一种是书面形式，另一种是现场的形式，如果是按照小区的模式，现场的形式召开业主大会几乎是不可能的。那我们一般是采用书面的形式，书面的形式可以分为几种，可以是纸质的选票，也可以是短信、邮件。但是这个有的人会说短信和邮件是否生效，所以我们就应该在制定业主规约的时候事先在业主规约当中制定这么一条，业主在业委会登记或备案时所留的联系方式如短信或者是邮件可以作为这个投票的一种，这样就有效了。

26 筹备组人数是多少，组员怎样确定？

成立业主大会的筹备组人数是根据当地物业管理条例来确定的，一般由5~11人单数组成，筹备组组长是由街道办事处来任命或者是他来指定，筹备组组长一般由居委会的主任或者是专家或者街道人员来担任，但是筹备组里面需要一半以上是业主。如果人数超多，就要选取合适的人员，最终选择的成员除了筹备组的组长和非业主之外，剩下的人员由业主推选。有的部门想搞一些猫腻，或者有的开发商想来操纵这件事，所以他们找的筹备组人员都是他们的人。解决的办法是，报名的时候他们报十个人业主，这边就报十一个人，推选的时候基本上就是真正的业主来成为筹备组人员，筹备组也是至关重要的。

27 成立业委会的法定依据是什么？

大家可能认为是街道或者房管局给盖章的备案单，其实并不是。按照《物业管理条例》第16条的规定，业主大会选票出来统计完之后，业委会即为成立。备案不是必需条件，那为什么还要备案呢？是因为第三方单位并不知道您的小区是否召开业主大会，您小区的业委会是否是业主选出来的，所以需要一个证明文件，就是上面说的备案单。

业委会成员一般情况下是由5名到11名组成的，单数，具体人数由本小区的议事规则或者业主规约来约定。

28 业委会主任和副主任怎样产生?

根据《业主大会和业主委员会指导规则》第32条，业委会成立后，业主委员会内部召开会议。也就是说，主任和副主任由业委会成员自己推选，不需要再召开业主大会了，委员自己推选主任和副主任。一般情况下主任是一名，副主任可能是一名或者两名。

29 业主委员会成立后应该做什么?

1.制定业委会的各项章程，规章制度；如值班时间、开会时间、财务制度及用章管理等，用制度管理我们自己就可以，让全体业主来查来看。

2.决定业委会委员分工。为防止之后有事情推来推去，谁也不干，所以一定要有分工。比方有人专门管工程，有人专门管安保秩序，还有人专门管理绿化、卫生、财务、对外事务等。这样把业委会工作分开的好处就是让我们的业主知道什么事情该找哪一个委员，这样我们不会推脱，另外会给业委会委员主人翁的感觉。

3.由业委会把制作完成的备案单递到街道办事处或者是镇政府备案。

4.备案之后由街道或者镇政府给你开具一个刻章证明，然后去公安机关刻章，顺便把备案单给区建委、居委会，并公示到整个园区。

5.对业委会的办公室进行装饰、装修，配一些家具、家电。

6.安装或者申请业委会官方电话、微信、QQ群、微博、微信、网站论坛、意见箱等这种通信工具。

7.公示业委会人员名单及联系方式，就是做一个大牌写主任叫什么名字、哪个楼号、电话多少、负责哪一块，副主任、委员同上公示到园区。

8.到银行去开户并把账号公示给全体业主，到银行拿着业委会的章、业委会主任的身份证、他的人名章、财务人员的人名章和身份证原件和复印件就能开了。

9.选取单元的或者是楼栋的代表，或者成立监委会的人员。把这个人名单确认下来，就是说我们要充分地让这些业主参与进来，顺便也能帮我们分担一些业委会的工作。监委会，我个人认为有或没有作用不大，成立监委会是怕业委会腐败，怕业委会徇私舞弊等。但是，成立一个3~5人的监委会就能保证他不跟业委会同流合污吗？所以说，我一直建议全民监督，就不是某个人或者某个部门监督，而是由所有业主都有权利对我们的业委会的账目、制度、决议进行抄录、复制、查阅。这样，我觉得就能避免这些问题。

10.决定是否招聘业主大会秘书、业委会顾问、财务人员。我觉得业委会秘书对业委会的帮助会很大，包括接电话、记录、整理材料、整理资料等这一系列工作量很大，他会每天跟业委会发递邮件、报告相关的情况，因为业委会的人，大部分都是上班的，没有时间盯班，但业委会又需要这么一个人来处理日常事务、收集意见。最好把公章放在业主大会的秘书手里。业主大会的秘书，我建议尽量不要聘用这个小区的人员，聘用外面的人。如果聘用小区的人员，相当于业委会又多了一个委员，而且这个委员就是有一票否决权的委员，业委会作出的决议或者业主大会作出的决议，对他自己不利的情况下他不帮你盖章就变成一票否决权了，只要小区的业委会过半的人员签字，他就可以盖章了。

30 小区成立业委会为什么那么难？

业主不团结说明小区不够乱，业主还能忍受。再者，成立业委会和物业公司、开发商及社区有什么关系？需要他们支持吗？要是街道办事处反对还勉强说得过去，但是它不支持你，不同意你，多半是因为你流程有问题，手续不够健全。个人建议多看看我的抖音和快手视频。如果你的流程和手续没有问题，他还敢明目张胆地反对你，那你就可以直接对他进行行政诉讼或者申请行政复议。

31 成立业委会的经费由谁来承担？

成立首次业主大会是需要经费的，比如我们的宣传、文件的起草、修订、打印、召开业主大会志愿者的补助、办公设备、家具等这些都需要费用。其实这笔费用应该是开发商出，相应的法律法规都有约定的，可以查一下当地的《物业管理条例》，这方面是有明确约定的，如果开发商就是不出怎么办？不用着急，等业主大会成立以后，以业主大会的名义起诉开发商，这笔钱还是能拿到手的。

32 小区规则谁说了算，谁来制定？

毫无疑问，一定是我们全体业主，但是不是一个业主，一定是通过业主大会来制定规则。

有人说，物业公司是否可以制定小区的规则，原则来说不可以，物业公司是接受我们委托来服务的，前提条件是我们委托他们做什么，而不是他们需要做什么，但是实践中，小区做出规则太难，物业公司就制定规则让大家遵守。一般情况下，物业公司制定的规则不侵害大家的利益，大家也就遵守了，但是如果侵害了业主的利益，业主可以起诉到法院要求撤销，并要求赔偿损失。

33 召开业主大会，采用微信投票是否有效？

前一段时间有一些公众号，频繁发布召开业主大会，微信投票有效，并且经过法院判决确认，经过我多方了解最终确认，这个属于标题党文章，事实上他们不是采用微信投票，投票还得采用书面投票，微信只是作为一种传递方式，和信件、快递一个意思，他们只是填写完选票，拍照用微信发给业主大会而已，而不是用微信接龙的形式投票。

所以不要被网上那些营销号给误导，不但劳民伤财，而且业主大会召开完，最后被法院撤销，失去业主的积极性。

召开业主大会有两种方式，一种是现场表决，另一种是纸质投标，纸质分为实物投票和电子投票，电子投票目前只支持邮件、短信和业主大会投票平台（投票平台必须是政府认可的，或者可以确认业主身份的平台，比如助业物业管理平台）。

而且电子投票还必须事先在议事规则里写上，否则也不能作为投标的依据。

这不，前几天石家庄赵县一个小区，业委会召开业主大会解聘物业公司，其中有微信投票，被业主起诉法院要求撤销，一审法院认为，微信不能作为投票的依据，侵害了业主的利益。根据《民法典》第280条，撤销本次业主大会决议。

感兴趣的可以查看（2021）冀0133民初426号判决书。

34 物业公司服务不好，业主有权利换掉物业公司吗？

根据《民法典》第278条第4款的规定，只要业主大会做出决议，同意不再续聘这个公司了，即可换掉这个物业公司。但注意，需要小区有业主大会、业主委员会同意。那有人就会问，没有业主大会和业主委员会怎么办？可不可以换掉物业公司？也可以。但是如果物业公司拒不撤走的情况下，诉讼主体就是个问题，所以最好成立业主大会或业主委员会换掉他。

35 物业公司服务不好，怎样换掉它？

根据《民法典》第278条的规定，有两种办法：第一，申请成立业主大会，由业主大会作出决议，经双1/2的业主同意解聘原来的物业公司再选择新的物业公司即可；第二，申请街道办事处或者居委会帮我们作出业主共同决定，同样采用双1/2的业主做出选票，然后进行选择解聘物业公司，再选择新的物业公司即可。

36 酬金制如何管理钱财物呢？

把钱存在业主委员会的账户上，定期拨给物业公司，也可以在物业公司的账户，让物业公司代收代查，或者说双方开一个联名账户，然后物业公司控制人名章，业主委员会控制公章，不管怎么做最主要的就是公开。

至于钱怎么分，分两部分：一部分是物业费，另一部分是公共收益。物业费这部分叫酬金，酬金基本上在10%左右，或者在8%~15%，具体多少由物业合同的双方协商解决。如果小区物业费总额度非常大，那就酬金相对降低些，如果总物业费少就相对提高一些；公共收益按照包干制的行规是三七分，我觉得酬金制应该按照物业费的标准比例来定，因为酬金制，他不会定物业费和公共收益是谁的。因为户门以外，红线以内所有的收益都是业主的。

37 什么叫业主入住率？

入住率是指实际使用用户的数目占整个建筑的比例，即实际搬到小区内入住的人和小区的总建筑户数的比例。

其实大家想表达的入住率是收房率，收房率不一定就是住进来或装修好，住进来才叫业主收房率，从开发商那拿到钥匙收房就叫收房率。

38 有房的就是业主了吗？

真正意义上的业主按照物权的角度来说只有在房产证上写名字的才可以叫业主，房产证没有下来的，购房合同上需要有名字的才可以称为业主。也就是召开业主大会或者业主委员会只有业主能参与，就是房产证上这个名字的人才能参与，其他人都不可以。

39 业委会成员应该是几个人？

根据《业主大会和业主委员会指导规则》第31条的规定，业主委员会由业主大会会议选举产生，由5～11人单数组成。

业主委员会成员，是指由物业管理区域内的业主被业主大会选举产生，代表全体业主的利益，向社会各方反映业主意愿和要求，并监督物业管理公司管理运作的一个民间组织。

40 业委会有工资吗？

业主委员会成员没有法律禁止不能拿工资，但是实操中，一般业委会成员都是无薪工作，属于义工的一种。

但是很多小区会以津贴或者补助给业委会发放。

具体拿不拿，用什么形式，主要看小区议事规则、业主规约约定。如果没有约定，业委会擅自支取属于违法行为。

但是笔者建议，最好给业委会成员一些补助，免费的不可持续。再说业委会管理一个小区少则几千万元，多则几十亿元的资产，凭什么不给一些补助，要不谁还愿意为小区付出呢？

41 业主委员会成员或者近亲属可以在物业公司或者关联企业任职吗？

严格来说，我说行或不行都是不正确的。

因为国家性的法律法规没有明确约定。要依照各地的物业管理条例或者本小区的议事规则及业主规约才能给出答案。

不过大多数地方物业管理条例都对此有禁止性条款，比如，辽宁省《物业管理条例》第31条第7款明确规定，业委会委员本人、配偶及其亲属未在为本物业管理区域提供服务的物业服务企业任职。那这种肯定是不行的。

不过我个人是不建议业主委员会成员或者近亲属可以在物业公司或者关联企业任职，因为业委会是业主大会的执行和监督机构，不能和物业公司存在利益关系。如果业委会成员或者亲属在物业公司任职，领导让你干违反或者损坏小区的事，你说你干还是不干，不干工作没法干了，干了又对不起全体业主。慢慢地，业委会委员也会被物业公司同化，所以我个人也非常不建议业委会成员或亲属在物业公司任职。

所以强烈建议在议事规则和业主规约中明确，业委会成员或亲属不能在物业公司及关联企业任职。

42 业主大会没有选够业委会成员算成立吗？

看议事规则规定业委会成员总数是多少，如果被选举的委员不足总数的一半，本次业主大会失败，如果本次会议选举的业委会成员超过总委员的一半以上，业委会即为成立。缺少的委员可以在成立后，由业委会组织召开业主大会进行补选。

43 业委会委员任期是多长时间?

根据《业主大会和业主委员会指导规则》第32条，业主委员会委员实行任期制，每届任期不超过5年，可连选连任。

有些地方规定不超过6年。总之，只要不超过当地的最高和最低标准，具体几年由本小区议事规则来确定。

44 业委会成员资格灭失有哪几种情况?

根据《业主大会和业主委员会指导规则》第44条，业主委员会委员有下列情况之一的，由业主委员会1/3以上委员或者持有20%以上投票权数的业主提议，业主大会或者业主委员会根据业主大会的授权，可以决定是否终止其委员资格：

1.以书面方式提出辞职请求的；

2.不履行委员职责的；

3.利用委员资格谋取私利的；

4.拒不履行业主义务的；

5.侵害他人合法权益的；

6.因其他原因不宜担任业主委员会委员的。

45 业委会成员怎样辞职，用不用经过批准?

业委会成员辞职不需要任何单位和个人批准，只需要向业主大会辞职即可。说白了，如果您不想干了，只要把辞职信粘贴到园区的公告栏即可。随后业委会会把您的辞职信和业委会备案变更单递交到街道办事处或房管局主管单位进行备案即可。

46 业委会成员不到一半可以召开业主大会吗?

根据《业主大会和业主委员会指导规则》第46条,业主委员会任期内,委员出现空缺时,应当及时补足。业主委员会委员候补办法由业主大会决定或者在业主大会议事规则中规定。业主委员会委员人数不足总数的1/2时,应当召开业主大会临时会议,重新选举业主委员会。

也就是说,业委会成员不足一半,除了召开业主大会补选成员,剩下的什么事情和决议都不能做了。

47 分期开发的建设项目怎样成立业主大会?

需要看是不是一个物业管理区域,如果是一个物业管理区域,可以成立一个业主大会和业主委员会,如果是两个物业管理区域,可以分别成立业主大会和业主委员会,根据《物业管理条例》第7条,业主大会根据物业管理区域的划分成立,一个物业管理区域成立一个业主大会。

根据《物业管理条例》第16条的规定,划分为一个物业管理区域的分期开发的建设项目,先期开发部分符合条件的,可以成立业主大会,选举产生业主委员会。

说白了,只要在一个物业管理区域,收房人数达到2/3就可以先成立业委会。

48 业主代表大会可以替代业主大会吗?

有些地方物业管理条例规定,小区面积过大或者人数众多,可以采取业主大会制度，就是在小区选择几个到几十个业主代表来作出决议替代业主大会的决议。

但是这种决定严格来说，违反了《民法典》第278条规定，是无效的。

但是很多人不懂，地方法院一般先按照当地的政策和条例判决，所以一般不上诉，只要当地有规定，没人追究，也就“合法”了。

49 物业费公共收益支出收入有哪些？

1.物业费收入项目：物业费、垃圾消纳费，如果物业服务合同约定没有特殊约定，垃圾清运费、公共能耗费、电梯费等是包括在物业费当中的。

2.代收代付费用：水、电、气、暖气、冷气、垃圾消纳费等。

3.公共收益收支项目：地面停车管理费、地下停车管理费及利用本小区红线内，户门以外的物业费和代收代付费用的所有经营收入都属于公共收益。

4.物业管理支出项目：日常运行维护费、工资福利、清洁卫生、绿化养护、时需维护、办公费用、保险费用、固定资产折旧费用、其他费用。

50 没交物业费可以参选业委会委员吗？

需要看看当地的物业管理条例，有没有禁止没有缴纳物业费的业主参加业委会选举，如果有，就不能；反之就可以。不过前段时间全国人大法工委召开会议说，当地物业管理条例限制没有缴纳物业费的业主进入业委会是违法上位法《民法典》的，并督促各地方有此限制的要求删除此要求。

五、业 主 篇

01 前期物业服务合同期间，个别业主能否修改合同条款？

不能。《民法典》第939条规定了物业合同的约束力：

建设单位与物业服务人订立的前期物业服务合同，对业主具有法律约束力。

法院司法解释规定：物业服务合同对业主具有约束力。《民法典》是法律，提出物业服务合同对业主具有法律约束力。

以前拒交物业费是违约，今后不交物业费是违法。

1.业主买房时附件有服务合同，业主100%签字确认的。

2.因此前期服务合同，业主只有履行义务，无修改的权利。

3.只有召开业主大会，重新签服务合同才能修改。

02 业主没与物业公司签合同，可以不交物业费吗？

不可以。物业服务合同有其特殊性，不是物业公司与业主一对一全部签合同。所以规定开发商依法与物业公司签订的合同，以及业委会与物业公司签的合同，对每个业主都具有法律约束力。否则与每个人都签订合同会导致以下问题，第一，标准无法统一；第二，什么条件我都不签，我就可以不交费吗？

因此《民法典》第939条规定，前期服务合同、物业服务合同对业主具有法律约束力。

03 业主住改商遵循什么规则？

根据《民法典》第279条的规定：

1.遵守法律法规；

2.遵守管理规约；（是小区的大法，与法律法规并列的）

3.有利害关系（本栋楼）业主100%同意，一票否决权；

4.不可少数服从多数。（包括本楼和全小区）这是打破常规的规定，还有业主大会，不能召开代表大会。业主大会派代表参加，也叫业主大会。因为代表只是到会，但必须全体业主投票。

04 由于污水管堵塞，二楼返水，物业公司需要赔偿损失吗？

特别是老旧小区，2楼、3楼经常出现污水返水的情况，多数是主管道到污水井中间是直角造成的，容易堵塞。

一旦返水，2楼、3楼最先遭殃。是不是2楼、3楼就得只认倒霉呢？答案肯定是否定的，那谁来承担责任呢？需要我们来一一分析。

首先看看物业服务合同中室内主管在不在物业公司服务范畴中。如果在，毋庸置疑，物业公司需要承担所有的责任。如果不在，业主报修，物业公司没有尽到抢险责任，也需要承担连带责任。但是如果物业公司尽到了紧急避险，也尽到了相应的义务，是不是就不用承担责任了呢？

根据《民法典》侵权责任编，物业公司如果没法证明自己无责，也需要承担责任，即便证明自己无责，也需要先行赔付。

听到这，就知道为啥大家都说物业公司就是背锅侠了吧！也不一定，还有两种办法，如果合同中没有约定物业公司负责，业主可以自己起诉楼上，所有使用堵塞管道的业主进行赔偿，这个也是可以的。但是如果业主执意找物业公司赔偿，建议物业公司把相关联的所有业主拉上被告席。再或者，物业公司也可以单独起诉楼上相关联的业主来对返水当事人的损失进行赔偿。

总结：合同约定了该物业公司管理，物业公司赔偿。合同没有约定物业公司管理，物业公司先行赔偿。随后起诉本楼相关联的业主，把物业公司赔偿的所有费用要回来。

05 业主违章搭建，侵占道路等违规行为，可否收取违约金？

1.根据《民法典》第176条，民事主体依照约定，履行民事义务，承担民事责任。物业公司与业主双方就是这种关系。

2.根据《民法典》第179条第9项，民事责任的承担方式包括支付违约金。

3.根据《民法典》第585条，双方可以约定，一方违约时应当根据违约情况向对方支付一定数额的违约金。本条证明，只要在合同里有约定，就可以收取违约金。

4.各级政府条例规定的小区禁止下列行为均可签到服务合同里，并标明违约金标准。

5.关于违章搭建，可在服务合同中约定明细，物业公司可拆除，有拆除成本的由业主承担。

06 小区业主可以请求公布、查阅哪些情况和资料？

最高人民法院《关于审理建筑物区分所有权纠纷案件适用法律若干问题的解释》第13条规定，业主请求公布、查阅下列应当向业主公开的情况和资料的，人民法院应予支持：

1.建筑物及其附属设施的维修资金的筹集、使用情况；

2.管理规约、业主大会议事规则，以及业主大会和业主委员会的决定及会议记录；

3.物业服务合同、共有部分的使用和收益情况；

4.建筑区划内规划用于停放汽车的车位、车库的处分情况；

5.其他应当向业主公开的情况和资料。

07 业主与物业服务企业发生纠纷怎样处理？

业主拒交物业费大多事出有因，常见的原因主要有四类：

1.因个人利益受损得不到解决引发，如家中失窃，天花板漏水，停在小区里的私家车被划等，由此觉得物业服务企业不尽职；

2.对小区的公共管理不满意，如小区公共卫生不够整洁、停车混乱、小区安保措施不到位，导致外来人员可随意进出等；

3.认为选聘物业服务企业时的程序不规范，质疑甚至否认其管理小区的资格；

4.物业服务企业未经业主大会同意自行提高物业费收费标准，而服务却没有相应跟上，导致业主不满。

业主对抗物业公司应有理有据，只要是合法选聘的物业服务企业，即使业主认为物业服务企业的服务不到位，不交物业费也于理于法不符。较好的解决办法是由业主委员会代表业主或业主直接与选聘的物业服务企业交涉，要求对方改善物业服务质量。

如果物业服务企业存在严重违约的行为，业主们可通过业主大会解除物业服务合同，另聘物业服务企业，并追究物业服务企业的相应违约责任。

08 为什么要按时缴纳物业服务费用？

物业服务费用是《物业服务合同》约定的重要内容之一。它是确保物业管理正常运行的必要前提，是物业服务企业按合同约定对房屋建筑及其设备设施、绿化、卫生，交通、治安和环境卫生等项目开展日常维护、修缮、整治服务及提供其他与业主生活相关服务所收取的费用。物业管理服务行为是一种市场行为，应当遵守等价有偿的市场原则。

业主在享受物业服务企业提供的服务的同时，必须按照合同的约定按时支付一定的对价，即缴纳物业服务费，不得无故拖延和拒交，否则物业服务企业有权依法要求其承担违约责任。

09 业主未及时缴纳物业服务费是否要交违约金？

按照合同法规定，物业服务企业按照物业服务合同提供相应的物业服务，业主无理由拒不缴纳物业费需要支付合同约定的违约金。但是违约金过高可以申请人民法院降低违约金。

10 装修时的电梯使用有哪些注意事项？

1.不得使用电梯运载瓷砖、水泥、沙石、装修建渣等重质、重污染物料。如确需使用，应征得服务中心许可后装袋后进入，物料运出后业主或使用人应立即清扫电梯，严禁超载。

2.不得携带易燃易爆物品乘坐电梯。

3.不得将水或水性物质抛洒在电梯口或电梯内，如有抛洒请立即处理并通知服务中心。

4.不得撕毁电梯召唤盒、电梯门、指示屏、楼层按键上贴覆的保护膜。

5.电梯无障碍运行时不得随意按动指示屏下方的警铃装置。

6.货物或人员进出时不得用物品强行阻挡电梯门的关闭。

7.人员进出电梯时不得长时站立在梯门与轿厢之间的位置。

8.其他未提醒事宜，请阅读轿厢内悬挂的《乘客须知》。

9.不得在电梯内乱涂乱画或擅自书写、粘贴小广告。

11 封闭阳台、安装防护栏或搭建阳光棚有哪些规定？

按照《民法典》第272条，业主对其建筑物专有部分享有占有、使用、收益和处分的权利。业主行使权利不得危及建筑物的安全，不得损害其他业主的合法权益。根据《民法典》第286条，业主应当遵守法律、法规以及管理规约，相关行为应当符合节约资源、保护生态环境的要求。对于物业服务企业或者其他管理人执行政府依法实施的应急处置措施和其他管理措施，业主应当依法予以配合。

业主大会或者业主委员会，对任意弃置垃圾、排放污染物或者噪声、违反规定饲养动物、违章搭建、侵占通道、拒付物业费等损害他人合法权益的行为，有权依照法律、法规以及管理规约，请求行为人停止侵害、排除妨碍、消除危险、恢复原状、赔偿损失。

业主或者其他行为人拒不履行相关义务的，有关当事人可以向有关行政主管部门报告或者投诉，有关行政主管部门应当依法处理。

根据《物业管理条例》第45条，对物业管理区域内违反有关治安、环保、物业装饰装修和使用等方面法律、法规规定的行为，物业服务企业应当制止，并及时向有关行政管理部门报告。

有关行政管理部门在接到物业服务企业的报告后，应当依法对违法行为予以制止或者依法处理。

12 小区树上是否可以拴绳晾晒衣服？

现在小区晾衣服确实是个难题，阳台太小，还有朝西的和朝北的一天也见不到多少阳光，所以晾衣服成了大家必不可少的需求。那可不可以在小区楼下拴个绳子晾晒衣服呢？这个需要按照小区议事规则或者由业主大会决定。如果没有约定，业主是不可以在楼下晾晒衣服的。

13 住房专项维修资金归谁所有，有什么用途？

专项维修资金归全体业主所有。住宅专项维修资金是专项用于住宅共用部位、共用设施设备保修期满后大修、中修及更新、改造的资金，不得挪作他用。住宅共用部位一般包括：住宅的基础、承重墙体、柱、梁、楼板、屋顶以及户外的墙面、门厅、楼梯间、走廊通道等；共用设施设备一般包括电梯、消防设施、道路、下水管、非经营性车场车库、公益性文体设施设备及其使用的房屋、监控系统等。

14 邻居占用了公共楼道怎么办？

首先，业主可要求邻居停止占用行为，恢复楼道原状。其次，如邻居继续占有公共楼道，可向小区物业公司投诉，要求协助解决邻居强占公共楼道问题。再次，如小区业主或物业公司处理无效果，可向业委会投诉反馈，要求敦促邻居停止占用行为，恢复楼道原状。如小区无业委会或业委会处理无效果，可向社区管理部门等投诉。例如，向社区居委会投诉、向房产管理部门投诉等。最后，若依然无法解决纠纷，可收集相关资料至法院提起侵权之诉，要求停止侵害，恢复楼道原状并赔偿损失。

15 怎样拆除小区的电梯梯控?

第一种:物业公司后建的梯控属于增建改建,需要业主大会同意,如果未经过业主大会同意,单个业主可以起诉法院要求撤销。

第二种:开发商原始情况下安装的梯控,需要按照《民法典》第278条规定,由业主大会表决直接停用梯控就行了。因为这个属于全体业主的设备设施,业主有权决定使用或者不使用。

16 物业公司不给业主开发票合理吗?

按照《消费者权益保护法》和《发票管理办法》第35条规定,消费者索要发票,物业公司必须开,否则投诉一回罚1万元。如果特别多没开,就构成了《刑法》当中的偷税漏税行为,是要追究刑事责任的。

17 物业企业能够对业主进行各类罚款吗?

不能。物业公司没有执法权,不能对业主和其他任何单位进行有处罚性质的罚款。但是,如果有合同约定或者业主大会决议及特殊约定,物业公司可以要求赔偿违约金、人工费、卫生费、维修费等。

18 邻居发出的噪声如何制止和维权?法理和情理分别是什么?

可以先与该住户进行协商或沟通,将其不当的行为以及给当事人所造成的不利后果明确告知对方。

如果其无视警告继续发出噪声影响其他居民正常生活,根据我国《民法典》第288条,不动产的相邻权利人应当按照有利生产、方便生活、团结互助、公平合理的原则,正确处理相邻关系。当事人可以利用法律手段进行维权,要求对方立即停止侵害邻居权益的行为。

对于证据部分，当事人可以利用录音、录像或让证人作证的方式对上述告知内容及对方产生噪声的证据进行取证。取证过程中需注重体现取证的时间、地点及双方的身份信息，录音、录像证据一定要清晰、无拼接，同时也不得侵犯他人隐私权。有证人的则需要证人出庭进行做证。

有充分证据证明有造成损失或精神伤害可以主张赔偿，要求对方支付精神损害赔偿，则需要举证证明对方行为给当事人造成严重的后果。

19 业主作为小区的主人应当履行哪些职责?

1.遵守管理规约、业主大会议事规则；

2.遵守物业管理区域内物业共用部位和共用设施设备的使用、公共秩序和环境卫生的维护等方面的规章制度；

3.执行业主大会的决定和业主大会授权业主委员会作出的决定；

4.按照国家有关规定交纳专项维修资金；

5.按时交纳物业服务费用；

6.法律、法规规定的其他义务。

20 非违约方防止损失扩大义务是什么?

根据《民法典》第591条，一方违约给对方造成损失，另一方应当采取措施防止损失扩大。没有采取措施的，扩大损失部分不予赔偿。

举个例子，如果出现漏水，物业公司有能力断水，而不断水扩大损失由物业公司承担。再如，明知漏水，你还不把电器挪挪地方，非让它给泡坏，这个扩大损失由当事人承担。

21 什么情况下可以不交物业费?

1.开发商未通知收房,在收房之前的物业费可以拒交;

2.物业单方面涨价,涨价以上的部分可以拒交;

3.房屋出现质量问题,开发商未修复之前还没有办理入住之前的物业费可以拒交;

4.物业公司服务不好,有证据证明通知物业公司,物业公司拒不改正的可以缓交。

22 房子不住人可以不交供暖费吗?

这得看当地的供暖协议,当地的供暖办法有没有约定,或者说看供暖协议当中有没有这样的约定,或家中是否有单独的阀门可以关闭。如果都没有就应该百分百缴纳供暖费了。

23 物业公司拒不退还装修押金怎么办?

国家并没有对装修押金作出明确规定,是否交多少或者多交少交,一般情况下我们都是跟物业公司签署装修协议,在协议中有相关约定。物业公司收取装修押金是为了控制装修公司私自打隔断、拆承重墙或者是装修垃圾未按规定拉走、随便改动线路等。但是有些物业公司把这种行为当作一种谋财的手段。

如果遇到这种情况,给各业主几个建议:第一,以后再签装修协议时在装修协议上写明什么时候退押金,如果不退有高额的违约金。第二,发生这种情况可以向街道办事处进行投诉。房管局可以责令物业把装修押金退回,甚至进行罚款。第三,也可以到人民法院提起诉讼。

24 没有缴纳物业费，可以限制业主车辆进入小区吗？

不可以。因为没有缴纳物业费并不代表物业公司已经放弃了这部分债权，物业公司是可以随时追诉的。除非业主大会或者业主委员会以此作出规则，没有缴纳物业费的业主禁止进入小区，否则物业公司这么做是侵害了全体业主的利益。小区怎么管理是要听全体业主的，物业公司执行。如果物业公司执意这样，业主可以向房管局和物业科或者市政管委投诉物业公司，房管局和物业科或者市政管委可以对其进行罚款。

注：《民法典》第272条：业主对其建筑物专有部分享有占有、使用、收益和处分的权利。业主行使权利不得危及建筑物的安全，不得损害其他业主的合法权益。

25 物业公司收取装修材料电梯上料费，合理吗？

家里装修需运材料上楼，物业公司收电梯费这种行为不合理。本身物业费当中就包含了能源费用、能耗费用以及设备设施维护保养的费用。物业公司收取电梯费属于重复收费。遇到这种情况怎么办呢？投诉、举报对于他的罚款力度太低。上法院提起诉讼周期太长又太麻烦。其实，大家可以团结起来，物业公司敢收取上料费，全体业主就敢换个物业公司。

26 怎么计算自己家的物业费？

大家都知道每平方米是多少钱，但是你知道总额是多少钱吗？具体应该怎么计算呢？其实很简单，我们的建筑面积×单价×12个月，就等于一年的物业费了。

27 卫生间漏水谁的责任，可以不缴纳物业费吗？

咱们分析一下，卫生间漏水造成的损失应该由谁来承担？如果入住还没满2年的情况下，应该由开发商负责承担责任。但前提是，在装修时没有动过卫生间的防水以及没有改造或者重做过。如果你重新改造或重新做过防水，就由自己来负责承担责任。如果超过2年的，业主自行承担责任。物业公司只负责沟通、协调、紧急抢险与协助，楼下的业主不用承担责任。

28 业主拖欠物业费多久，会被物业公司起诉？

原则来说，超过1个月，物业公司就可以起诉，但是物业公司的起诉不得超过已服务的时间。这个费用，一般情况下在1年以后，也有可能2年或3年，各地的法定立案标准不同，而物业公司也只能欠费一户起诉一户，一次立一个案件，不可能将所有业主打包起诉。再加上各地法院受理的量不同，一般情况下各地法院是一次受理10个案件左右，所以拖再长时间也不足为奇。

29 物业费过高，业主可以要求降低物业费吗？

是可以的。其实我们签署买卖合同的时候就已经有物业费的约定了，您签署买卖合同的同时就代表您认可物业费。

但是物业费实在是太高，可以按照以下两种解决办法操作：

1.一种是召开业主大会共同决议，然后业主共同决定跟物业公司重新协商物业服务价格；另一种是如果物业公司不同意就可以要求更换物业公司，换一家同意这种物业服务费的公司。

假如物业公司合同没有到期，那就要看合同是由哪方签署的，如果是由业主大会签署的，是要等到合同到期；但如果是前期物业合同，就不需要等。一旦成立业主大会和业主委员会，前期物业合同就作废了。

2.前置条件首先需要有业主大会、业主委员会。其次业主大会作出决议，然后要求物业公司降低物业费标准之后，业主就可以再跟物业公司进行谈判和博弈了。要看物业公司是前期物业公司还是业委会自行选聘的物业公司，如果是前期物业公司，可以直接和他谈降低物业费标准。如果同意就继续合作，如果不同意，业委会就可以选择新的物业公司。要是业委会自行选聘的物业公司，业委会需要在物业合同到期之后再和他谈，要求其降低物业费，如果他不同意，就可以选择别的物业公司了。

30 第一年入住，暖气费还用交吗？

各地的地方性法规不一样，有的要求开发商交，有的要求业主交，在地方性法规没有约定的情况下，要看购房合同及物业合同或者暖气供暖协议有没有约定。如果没有约定就是业主来交，因为业主是使用到、享受到的。

31 物业公司停运一部电梯，还用缴纳物业费吗？

一层有两部以上的电梯，物业公司停运一部以上的电梯，业主也得缴纳物业费。因为物业费包含的内容很多，不光是电梯这一项，但是我们可以要求他打折或减免物业费，既然停运一部电梯，这部电梯就不会产生费用。

32 老业主欠的物业费，新业主有义务替他缴纳吗？

首先看一下跟老业主签的买卖合同中有没有约定，有约定按约定执行，没有约定就不用缴纳老业主的物业费。新业主只需要缴纳房本下来的日期以后的物业费，物业公司也不得因此而威胁、卡扣或变相地要求新业主缴纳物业费，但是新业主也是有责任的，新业主应该在买房的时候做房屋交割时，向物业公司做一个交割，然后让物业公司查清事实，否则会给自己造成不必要的麻烦。

33 业主拒绝收房领钥匙，还用缴纳物业费吗？

这要分两块来说，首先是不是开发商的房屋有质量问题或者质量有缺陷的、证件不齐全导致的业主不领钥匙，这种情况下可以不缴纳物业费，这笔物业费由开发商缴纳。其次，如果因为业主自身的原因或者业主故意拖延不领钥匙，那这笔费用是应该由业主缴纳的。

34 回迁房的业主，还用缴纳物业费吗？

对于回迁房，如果存在物业管理的，就应当按照合同约定及相关法律法规支付物业费。回迁房的物业费也会比其他商品房的物业费低一些，因为有些当地政府对物业公司有补贴，照顾回迁房的居民。

35 物业公司收取物业费后再收取电梯费合理吗？

按照《物业管理条例》以及当地物业管理办法，物业费当中是应该包含设备设施的保养以及能源费用的，所以物业公司不应该再单独收取电梯费，这属于重复收费。但如果物业费较低，物业服务合同中约定物业费中不包括电梯的设备设施维护、保养以及能源费用的，物业公司再单独收取电梯费是合理的。

36 小区经常停水、停电，物业费可以打折吗？

这种情况就应该看是谁的责任，是谁的原因造成的，如果是自来水公司和供电所造成的，就应该由自来水公司和供电所负责。如果不是他们的原因，是物业公司的原因，就得分析一下到底是因为物业公司的维护保养不到位，还是因为设备设施的老化。是设备设施的老化，那就和物业公司没关系了；如果是维护保养不到位，物业公司就应该承担相应的责任，怎么证明是不是物业公司维护保养不到位呢？正常情况下，物业公司停水、停电都要事先发通知，写明原因然后说明情况，非正常情况下事后就要写出情况报告，说明情况原因和解决方案。如果连报告都没有，那就知道是谁的责任了，如果是物业公司故意停水、停电，那就不是物业费打折而是需要赔偿了。

37 物业公司代收水电费可以加价吗？

按情理说，物业公司收取5分到1角来做服务费，是合理的，因为这件事情本身不归物业公司来管。但是按照《物业管理条例》第44条的规定，供水、电、气、通信等企业应该向终端用户收费，物业企业接受委托的不得向业主加收其他费用。物业企业想要服务费加收其他费用，应该向以上企业收，而不应该向业主收。

38 邻居扰民怎么办？可以不交物业费吗？

不可以。物业公司只有提醒的义务，物业公司提醒完了还不好使，业主最好跟邻居协商沟通，毕竟是邻居，好事好商量，商量不通的话就报警。报警解决不了，最后的办法就是起诉他，根据《民法典》侵权责任编，然后要求法院判他停止侵权，并赔偿相应损失。

39 如果业主决定不用老物业公司，老物业公司不走，还用缴纳物业费吗？

根据《民法典》第949条，物业服务合同终止的，原物业服务人应当在约定期限或者合理期限内退出物业服务区域，将物业服务用房、相关设施、物业服务所必需的相关资料等交还给业主委员会、决定自行管理的业主或者其指定的人，配合新物业服务人做好交接工作，并如实告知物业的使用和管理状况。

原物业服务人违反前款规定的，不得请求业主支付物业服务合同终止后的物业费；造成业主损失的，应当赔偿损失。

这句话的意思就是，如果说我们不再用这个物业公司了，物业公司还赖着不走给我们提供服务，这期间的物业费是不用缴纳的。

40 物业费应该由业主缴纳还是租户缴纳?

物业公司收取物业费是根据物业服务合同，物业公司按照合同履行相应的服务，然后业主按照合同支付相关的费用，这个是合理的，所以物业公司和业主之间是有合同关系的。物业公司和租户并没有服务合同关系，所以物业费应该由业主来交，而不是租户缴纳。

41 什么情况下可以要求物业费打折或者减免?

当很多物业公司服务不好要求其改正，物业公司拒不改正，业主只能拿不交物业费进行抵制。但是这种抵制基本无效，因为物业公司到法院起诉你不缴纳物业费，即便你说出了理由及提供相应的证据却没有被法院采纳，结果法院判决你不但要交付所欠的物业费还要支付高昂的违约金，到底问题出在哪了?

不是您认为物业服务不好就是物业服务不好，物业服务好坏是要看物业服务合同中约定他干什么，责任义务是什么。所以，第一，您需要查看物业服务合同当中的服务等级及附件来确定他是否按照标准提供了服务，如果没有，那就是服务不好；反之就叫服务好了。物业服务合同中的服务等级去当地的房管局索要。第二，问题没有给您解决，不是您认为的所有的问题都是物业公司应该负责的，即便物业公司和开发商是一起的，但是法律上他们是两个独立的个体，所以不能混为一谈。比如维保期内房顶漏水、外墙漏水、内墙裂缝、门禁没有启用、消防没水、配套设施不完善、验收没过、房产证没有办理、水电气没有交付给市政管网等存在专供的行为等。这些都是开发商的问题，应该找开发商。即便过保，问题是在大中修的范围之内，也需要召开业主大会2/3的业主参与，参与人数2/3的业主同意动用公共维修资金才能修复，所以到法院，这些问题都不用提，因为责任不在物业公司。第三，邻里之间的问题、市政的问题，比如他家门口放鞋、他们家养鸽子、门口的马路没有修好、门外有摆摊的，这些也不是物业公司的问题，所以也不用提，反倒让法官觉得我们不懂法，胡搅蛮缠。

为什么你提供的证据，法院没有采纳？因为你提供的证据存在以下问题：(1)物业公司轻微的服务不到位的，物业服务涉及很多项，不可能每一项都做到位，允许物业公司有轻微的瑕疵，所以提供证据最好提供设备设施没有按照约定维护保养或者出现问题不及时修理。(2)提供证据不是连续性的，比如合同约定一天拖一遍地，也就是说一个拖地周期是24小时，他并不能保证24小时之内不出任何问题，除非在你家门口24小时放一个人，否则就不能随时保持干净，他只要保证每天打扫完之后打扫干净即可，所以你要证明他不是每天打扫，你就必须连续三天每天同一时间拍照录像，证明同一个污渍和垃圾在这里三天一直存在，这叫连续性证据。

证据有效性，首先拍照录像最好用水印相机，否则没法证明拍摄时间和地点，其次就是别把这个照片打印完了就给法院看了，法院不知道这是谁拍的，有没有后期处理，所以你要把手机也带上也就是业内人说的原始载体，还有录像不能剪辑，剪辑了也不能作为证据。最后一点就是让法院、法官知道你是遵纪守法的、履行合约的，比如我第一年收房是按时缴纳物业费的，是物业公司不按照服务合同提供相应服务，他违约在先，我才暂缓缴纳物业费的，而不是我先不交物业费，物业公司降低了服务。如果你按照以上我说的把证据准备充分，有理有据到法院参与诉讼，法院多半不会让你支付违约金，更不会让你缴纳全额物业费，会要求物业公司对物业费进行打折或者减免。

42 自己门口楼道的位置可以封闭吗？

不可以封闭。有人就问了："我花钱购买了，我跟大家公摊了。"既然叫分摊就是大家的公共面积，根据《物业管理条例》第7条第2项，遵守物业管理区域内物业共用部位和共用设施设备的使用、公共秩序和环境卫生的维护等方面的规章制度。

根据《物业管理条例》第50条第1款，业主、物业服务企业不得擅自占用、挖掘物业管理区域内的道路、场地，损害业主的共同利益。所以不能自己私自处理，公共的面积自己不能独享。

根据《物业管理条例》第63条，违反本条例的规定，有下列行为之一的，由县级以上地方人民政府房地产行政主管部门责令限期改正，给予警告，并按照本条第2款的规定处以罚款；所得收益，用于物业管理区域内物业共用部位、共用设施设备的维修、养护，剩余部分按照业主大会的决定使用：

1.擅自改变物业管理区域内按照规划建设的公共建筑和共用设施用途的；

2.擅自占用、挖掘物业管理区域内道路、场地，损害业主共同利益的；

3.擅自利用物业共用部位、共用设施设备进行经营的。

个人有前款规定行为之一的，处1000元以上1万元以下的罚款；单位有前款规定行为之一的，处5万元以上20万元以下的罚款。

43 小区的"沙霸"怎么处理？

"沙霸"就是刚开始入住小区时，物业指定一家卖沙子的在小区销售，不允许业主从别的地方购买。这种行为合法吗？如果价格公道的情况下业主也就不要找麻烦了，直接从他那购买也无可厚非。但如果价格明显高出市场价，建议业主团结起来直接从外面购买，不从他那个地方去购买。如果他禁止你进入小区，那这种行为已经触犯了法律，严重的可以构成犯罪，轻的也将受到治安拘留。

44 什么是容积率？

容积率又称建筑面积毛密度，是指一个小区的地上总建筑面积与用地面积的比率。简单来说，就是小区的总户数、人数和小区面积之间的关系。户数越少，人数就越少，面积就越大，住起来就越舒服。容积率的计算公式：容积率=总建筑面积 ÷ 总用地面积。

按照《建筑工程建筑面积计算规范》，当层高在2.2米及以上的按全面积计入容积率，若层高不足2.2米的按1/2面积计入容积率。总用地面积10万平方米，总建筑面积8万平方米，容积率为0。总用地面积10万平方米，总建筑面积10万平方米，容积率为1。总用地面积10万平方米，总建筑面积15万平方米，容积率为1.5。在建筑层数相同的情况下，容积率越小，居住密度越小，相对舒服。容积率越大则相反。

一般而言，容积率分为：独立别墅为0.2~0.5，联排别墅为0.4~0.7，6层以下多层住宅为0.8~1.2，11层小高层住宅为1.5~2.0，18层高层住宅为1.8~2.5，19层以上住宅为2.4~4.5。住宅小区容积率小于1.0的，为非普通住宅。

45 为什么业主老是被部分物业公司或者开发商欺负呢？

是因为业主不够强大，不够团结。我们的小区没有一个组织能跟这些单位进行对抗和抗衡，来维护我们的权益。能维护业主利益的那就是业主大会和业主委员会，如果有了业主大会和业主委员会，我们的组织就可以代表全体业主跟他们进行谈判，进行抗衡以及解聘物业公司、维权等相关工作。

46 给物业公司发整改函，物业公司不接收怎么办？

正确的发函方式，首先函件打印两份，先给物业公司一份，自己留一份，自己留的一份让物业公司签收收到和日期等，物业公司不接收怎么办？可以选择把函件给他拍个视频或者录音，如果做不到可以给物业公司发快递，用EMS、挂号信等。

47 物业公司不给看公共收益怎么办？

根据2009年3月23日第1464次会议通过的最高人民法院《关于审理建筑物区分所有权纠纷案件适用法律若干问题的解释》第13条，业主请求公布查阅下列内容应当向业主公开的情况资料，人民法院予以支持的，其中第3条，物业服务合同共有部分的使用和收益情况，这个必须给业主提供，否则业主去法院一告一个准。

48 小区里可以不要物业公司吗？

根据《民法典》第284条，业主可以自行管理建筑物及其附属设施，也可以委托其他物业服务企业或其他管理人管理，对建筑单位聘请的物业服务企业或其他管理人，业主有依法公推的权利。也就是说，我们业主可以自治，但得根据《民法典》第278条，需经过双过半的业主同意。但我建议业主超过500户以上就不要自行管理了，因为专业的人做专业的事。如果500户以下对业主委员会的成员要求较高，必须有超高的物业管理经验才能管理，否则不但省不了钱，而且会增加成本。

49 物业公司不给业主分公共收益怎么办？

第一，根据《物业管理条例》第54条，利用物业公共区域、公共设备设施进行经营的，应当在征得相关业主、业主大会，物业服务企业同意后按照规定办理有关的手续，所得的收益应当用于补充专项维修基金，也可以按照业主大会的决定使用。什么叫公共维修资金？公共维修资金就是全体业主的。第二，按照业主大会决议使用。如果物业公司按照以上执行，业委会可以起诉到法院要求物业公司返还公共收益。

50 "黑物业"为什么害怕业主发整改函？

"黑物业"之所以害怕你给他发整改函，是因为如果"黑物业"收到这个函件，他不整改，他一旦因为你不交物业费起诉你了，法院就会要求他进行物业费打折。一旦打折，就意味着之前缴纳物业费的业主，找他退钱，后面没有缴纳物业费的业主，要求他同样打折。

总结：只要他聪明，基本上是不会因为你不交物业费起诉你的，哪怕物业费他不要了。

51 为什么打折的物业费一定要在收据上注明？

很多业主反映，因为物业的服务不好，跟物业公司协商把物业费打折，打完了之后把物业费交了，结果被物业公司起诉了，要求业主补齐前面的欠费，而且法院还支持他们的诉讼请求了。所以以后不管是之前缴纳物业费还是之后缴纳物业费，只要你和物业公司商量好打折，一定要在收据上注明交哪一年的物业费，打了几折，共计多少钱。注明一句话：以上费用已经结清，否则吃亏的是你。

52 业主可以要求物业公司提供什么资料？

可以要求他公开和公示小区里的营业执照、小区的建筑区域总平面图、管理人员持证上岗的上岗证、小区的管理规约、服务人员的基本情况、职责分工、联系方式、投诉机制、物业服务合同、物业服务等级、物业服务内容、服务标准、收费项目、收费依据、收费方式、计费起始时间、价格举报电话、安全生产预案以及小区的公共区域、公共部位、公共设备设施的收益明细、公共区域部位及设备设施的养护记录、设备设施的年检手续、建筑物及其附属设施的维修资金筹集使用情况、配套设施和地下管网工程竣工图、竣工验收的资料、国家的供水供电单位委托被告收取水电的委托书、收费依据、收费标准、收支明细、小区的停车管理方案、人员配置、建筑区划内的车位、车库的处分情况、相关部门的检查合格准许使用的文件、对公共区域的绿化部位的养护记录、对楼体外墙楼顶防水的养护记录、物业公司用房的使用情况等。

53 小区规则谁说了算？

通俗来说肯定是业主说了算，但是这个业主并不是一个业主，而是全体业主，所以小区的规则应该是在物业服务合同、议事规则、业主规约中体现，如果以上部分没有规定的应该按照《民法典》第218条及时召开业主大会（业主共同决定）对小区的规则作出约定。

但是如果以上都没有做，物业服务企业可以先期作出决定，并进行公示。如果单个业主不满意可以召开业主大会作出新的决定，废除物业公司的决定，如果没有召开确实侵害了业主的利益，单个业主可以起诉到法院要求撤销或者更正物业公司的决定。

54 怎样让小区的公共维修资金升值?

在我们购买房屋的时候,我们会缴纳公共维修资金。独立住宅每平方米50元,多层100元、高层每平方米200元(每个地区、每个时间段缴费的额度有所不同)。但我们会把这笔钱存在公共维修管理中心。公共维修管理中心会存入银行,按活期利率来执行,大概是每年会按照0.35%来计算,一年大概35元,如果说我们经过业主大会同意将这笔钱划到我们业主大会专属账户。我们就可以购买国债或存入定期。按一年来计算,大概是1.5%的利息。一年大概150元,完全可以拿这笔钱来做大中修的维修基金,就不用动用公共维修资金了。

各地利率不同,按当地的标准计算。

55 把车停到消防通道会受到什么处罚?

按照《消防法》第60条,如果业主把车停到消防通道,一遇火灾,轻者罚款、拖车,重者直接拘留。为了自己和他人财产及生命安全,不要把车停到消防通道,哪怕临时有急事,车上也一定要留人。

56 小区里的小广告怎样治理?

很多小区,特别是老旧小区,楼道、户门以及车上到处被粘贴上小广告,还有不道德的直接喷上去,很难清理,不但业主怨声载道,物业公司也是非常头疼。

所以很多业主就把这个锅强制安到物业公司头上,认为是物业公司管理不到位。

事实上物业公司也是深恶痛绝，但是毕竟人员有限，没有办法杜绝。更何况，发小广告的把自己装扮得比业主还像业主。

那到底有没有治理小广告的方法呢？有，但是也保证不了彻底治理，下面咱们就说几个。

抓小广告的时候全称录像，不给他（她）诬陷你的机会。

及时报警，要求出卫生费，同时报告城管，要求对其发布的广告进行封号。

业主尽量不要给陌生人尾随进单元门的机会。

业主不要光指望物业公司乙方，要发动起来全员抓乱贴小广告的。抓住后，给物业公司做证并站脚助威。

只要发小广告，看见电话，就打城管电话举报。举报得越多越好，最好是给发小广告的打电话骗过来，让物业公司监督他们把他们张贴的小广告清理干净，即便他不来，大家都打电话也烦死他。让他分不清到底是真的来活了，还是假的来活了。

物业公司把发小广告的人员照片粘贴到小区，让大家随时举报，最少也给他们一个警示。

57 高空抛物，物业公司是否可以先行赔付？

大家所知道的是根据《民法典》第1254条，高空抛物如果找不到人，由全楼业主负责。除非楼上的业主能证明自己不在家中才没有责任，否则大家平摊被砸行人的费用，但是你不知道的是其实可以起诉物业公司。

物业公司作为管理方需要先行赔付，然后由物业公司再起诉上述这些人，受害人起诉物业公司就简单多了，所以建议物业公司一定要上公共责任险，来转移损失。

58 小区邻居把杂物放到楼道引起火灾，物业公司要承担责任吗？

如果有纵火者，那纵火者要承担相应的责任。

如果没有纵火者，属于自燃的情况，谁放的杂物谁来承担。

物业公司如果没有尽到提醒告知的义务，那物业公司要承担相应的连带责任。

59 业主为什么不愿意交物业费？

信息不对等。对于业主而言的物业公司给提供什么样的服务，业主都觉得你赚的钱是不应该这么多的，所以公开财务、做好宣传是解决欠费最好的办法。

60 高空抛物刑罚标准是什么？

最高人民法院专门为高空抛物出台了司法意见，意见指出对于故意高空抛物的，分情况以危害公共安全罪、故意伤害罪、故意杀人罪，从重处罚不得缓刑。另外，我想说，按照力学角度来说，你扔下的可能是一斤的东西，到楼下有可能相当于十斤或者一百斤。想想都后怕，为了你和他人的人身财产安全，请不要高空抛物。

六、收房前、后的法律知识

01 新房入住要有哪些手续才能收房?

很多小区,开发商都没有办法把手续办理完整就着急交房给业主,为了避免出现违约金。需要开发商提供完整的手续。提到手续,开发商必须具备哪些条件,我们才能收房呢?

按照《建设工程质量管理条例》第16条,建设工程竣工验收应当具备下列条件:(1)完成建设工程设计和合同约定的各项内容;(2)有完整的技术档案和施工管理资料;(3)有工程使用的主要建筑材料、建筑构配件和设备的进场试验报告;(4)有勘察、设计、施工、工程监理等单位分别签署的质量合格文件;(5)有施工单位签署的工程保修书。建设工程经验收合格的,方可交付使用。

这些文件一般开发商不给业主看,一般业主也看不懂,其实这些东西具备就会有竣工验收备案表,缺了也不会有备案表,所以这些文件也不重要了。

再往下说就是“五证两书一表”了。

“五证”即《建筑用地规划许可证》《建设工程规划许可证》《国有土地使用证》《建设工程开工证》《商品房销售(预售)许可证》。

其实也没有那么麻烦,最后一个预销售许可证有,前面四个证一定有,要不也不会有预销售许可证。

“两书”就是《住宅质量保证书》和《住宅使用说明书》。

“两书”提供的仅是格式,由开发商自行印制,有的开发商把原先应该列入质量保证范围的内容删减，有的开发商对商品住宅的保修期限随意改变，甚至有个别开发商未向消费者提供“两书”。所以这个很重要，一定注意，这个都是后期我们起诉开发商的依据。

“一表”即竣工验收备案表。这个表通常包括的内容有工程的基本情况，勘察设计，施工监理单位的意见，以及工程竣工验收报告。

这个是最重要的，没有这些，说明房屋还没有验收合格，完全可以拒绝收房。

02 延迟交房怎样赔偿？

延迟交房可以让开发商赔偿吗？

答案是肯定的。那怎样赔，赔多少，法律依据在哪呢？

延迟交房违约金多少是按照《房屋买卖合同》约定执行。也就是说，延期交房，约定违约金多少就赔多少，直到交房截止。

可有些开发商用套路把他们的违约金约定得特别低，怎么办？

按照《民法典》第585条，约定的违约金低于造成的损失的，人民法院或者仲裁机构可以根据当事人的请求予以增加。

还有根据最高人民法院《关于审理商品房买卖合同纠纷案件适用法律若干问题的解释》第16条，当事人以约定的违约金低于造成的损失为由请求增加的，应当以违约造成的损失确定违约金数额。

这两段的意思可以这么理解，开发商延迟交房了，咱们按期没有收到房，没有地方住，所以我要租房住。那租房子是不是需要花钱，房租是不是就叫损失呢？

那有人说，当时不懂，买卖合同上压根就没有约定违约金，怎么办？还能赔吗？

能，您没有听错！

根据最高人民法院《关于审理商品房买卖合同纠纷案件适用法律若干问题的解释》第17条，商品房买卖合同没有约定违约金数额或者损失赔偿额计算方法，违约金数额或者损失赔偿额可以参照以下标准确定：逾期交付使用房屋的，按照逾期交付使用房屋期间有关主管部门公布或者有资格的房地产评估机构评定的同地段同类房屋租金标准确定赔偿。

03 房屋合同面积比实际面积多了还用补钱吗？

很多业主问我房屋合同面积比实际面积不符，怎么办呢？

只要在合同约定面积3%以内，多退少补就可以了，这是符合法律规定的。

那要是超过3%的误差呢？超出3%以上的超出部分，你可以不用补钱了，算开发商送给你的。

如果低于3%，低于以上的部分，开发商需要按照你当时购买价格双倍给你退还房款。

比如，你合同约定100平方米的房子，房价是1万元1平方米，如果开发商给你交房是105平方米，那你只需补给开发商3万元。如果开发商给你交房是95平方米，开发商给你补正常的3平方米，再加上多出的2平方米的1万元的一倍，合计就是开发商应该给你退7万元。

法律依据为最高人民法院《关于审理商品房买卖合同纠纷案件适用法律若干问题的解释》第14条。

04 房屋怎样验收，都应该检查哪些地方？

很多人都是第一次收房，没有经验。往往收房签字后，才发现很多问题，后期处理起来，对方不承认了，给大家造成很多不必要的麻烦。

我来给业主朋友们介绍一下如何正确验收毛坯房，要重点验收哪些地方。

1.“两书一表”是否具备，前面已经说了什么是“两书一表”，我就不再阐述了。

2.楼间距是否符合国家标准，是否按照规划建设，有没有影响采光。

3.公共部分配套是否完善，如监控、门禁、道闸、电梯、消防、绿化、道路等。

4.楼内公共部分：如大厅、楼道、弱电间、大门、消防门、包括瓷砖是否破损、脱落等，这些看看是否按照合同约定，给您安装配建的。

5.周边配套，如当时承诺的车位、学校、幼儿园、商场超市、车站等是否存在虚假宣传。

6.室内部分，检查地面是否平整，对角尺寸是否一致，是否方正，墙面是否平整、有裂痕或者鼓包、空腔，上下楼层间距是否缩水，房顶是否渗水及漏水。

7.检查门窗是否完好，锁具开关把手是否好用，密封是否完好，有无渗水现象。

8.检查水电暖气显示数字是否一致，是否短路、堵塞，泄漏，主水管有无阻火装置。检查卫生间厨房阳台防水有无漏水现象等。

9.再有看看阳台是否给您计算面积，计算多少。阳台没有盖不应该计算面积，有盖但是没有顶，面积计算一半，封闭的可以计算全面积。

10.关于收费，公维、契税、物业费，3%以内的面积差这些应该是正常缴费，但是装修押金、装修管理费、上料费等这些是协商解决的，不应该强制要求业主缴纳。最后就是水电暖、有线等开口费这些属于重复收费，这个我会在下期详细阐述。

11.之后就是合同，签署前期业主公约这个没有问题，再次让您签署一个前期物业服务合同就属于重复签署了。最好别签，这个一定是个坑，我会在下期详细阐述。

12.最后就是先验房后签字，别看都不看，就在收房确认书上签字了。再有就是延迟交房的违约金问题，千万不要为了收房，签署放弃违约金的权利。

以上有任何问题，一定要记录在案、拍照取证，同时让工作人员签字确认，后期给开发商发函要求整改。

如果上面的问题影响您的居住，您可以选择不收房。严重的话可以直接退房。

其实您也都看到了，收房是一个技术活。如果有可能，您可以考虑找验房师帮您验房，毕竟专业的事还得找专业的人。

05 质保期内房屋出现质量问题，物业公司不管怎么办？

由于大家不是专业人士，多数都是头一次买房，所以难免会出现收房后，才发现房子有很多质量问题。之后，找物业公司很多次了，物业公司就是不给解决，应该怎么办？

下面笔者来给大家分析一下：

物业公司要是直接给拒绝了，笔者倒觉得物业公司是一个正规的公司，反倒是有些物业公司，也不说不给解决，但是就是拖延解决，催急了，就去看看，结果就是解决不好。这种物业公司，就要注意了，这很有可能是一个圈套。

因为质保期内，房屋出现质量问题，责任人不是物业公司，而是开发商。在这期间，我们可以随时找开发商来解决。当然最好是书面发函，这样我们就可以证明房屋出现问题的时间是在质保期内，只要我们有证据证明以上的说法，即便开发商不解决或者解决不了，我们可以根据最高人民法院《关于审理商品房买卖合同纠纷案件适用法律若干问题的解释》第9条、第10条的规定处理，即交付使用的房屋存在质量问题，在保修期内，出卖人应当承担修复责任；出卖人拒绝修复或者在合理期限内拖延修复的，买受人可以自行或者委托他人修复。修复费用及修复期间造成的其他损失由出卖人承担。

也就是说，在质保期出现问题，业主告诉开发商房屋有质量问题，开发商不解决，或者长期解决不好，业主可以自己或者找外人来维修，维修费和其他费用由开发商解决。其他费用包括因房子维修不能居住而出去租房的费用。

因此，凡是不告诉维修责任归开发商承担的物业公司，又极力不想让业主找开发商，自己又没有能力解决，使劲往后拖的物业公司，就是为了把质保期拖过去。这样业主就没有证据证明，在保修期内出现的房屋问题了，即便证明了在保修期内出现的质量问题，业主也没法证明其告诉过开发商。到时候开发商就说过了质保期了，他们就不会管了。

损失只能自认倒霉了。

06 物业公司及开发商让缴纳的各种费用是否合理？

新房收房，物业公司给出一大堆费用清单，什么费用应该交，什么费用不用交，我来和大家分析一下：

首先说开发商代收的契税、公共维修资金、印花税、工本费及代办费这些该交。

但是收取的开口费或者叫配套费，比如，水电燃气开通费、暖气费、有线电视费等，这些不该交。这些费用在2001年计价委和财政部颁发的585号文件和2021年1月6日发布3月1日执行的国办函〔2020〕129号文件当中就已经规定了，这些费用全部不允许收取了。因为这笔费已经包含我们的房价中了，全部改为专项配套费，也就是这笔钱由开发商来交，业主不用另行缴纳了。

还有就是物业费应该缴纳，但是装修押金、装修管理费、上料费、砸墙费、装修垃圾清运费等这些不应该强制要求缴纳，这些是协商解决的范畴。业主不用，不装修，可以不用缴纳。当然如自己清运装修垃圾就不用缴纳这笔费用了。

电梯费、清洁费、公共能耗费等这些以合同约定为准。如果合同约定单独分离，以上费用不包括在物业费中，那就需要单独再次缴纳；如果物业服务合同没有约定，物业公司就不能再次收费，因为按照《物业服务收费管理办法》,这些费用没有单独列支,就应该包括在物业费中了。再次收取,属于重复缴纳。

垃圾消纳费、水电费代收的费用这些应该缴纳,这些物业公司只是代收代付,不是物业公司收取的,但是不能超出地方定价标准。

07 由于开发商的原因,不收房,谁来赔偿损失?

开发商按照约定,如期交房,也尽了通知义务,但是由于房屋质量问题或者房屋手续的问题,业主拒绝收房。这个损失谁来承担?

那么,首先明确一下什么是开发商的原因:

1.手续不齐,比如没有房屋竣工验收备案表、房屋使用说明书和质量保修书。那不用问,一定是开发商承担损失。

2.房屋主体和房屋质量有问题,影响居住的这个也是开发商的问题,开发商要承担损失。但是不影响居住的小修小补的问题,不收房不能让开发商赔偿损失。有人说了,您说的损失是什么损失呢?第一,延迟交房的违约金;第二,延迟交房,你就不能准时入住,那就需要租房居住,租房的租金这不也是损失吗?

3.如果已经影响居住了,可以要求退房,退房承担的违约金。

4.没有按期交付房屋,所产生的租房费用。

5.物业费及相关附加费的费用。这些费用都应该由开发商来承担。

08 没收房,还用缴纳物业费吗?

房子我都没有收,当然我就没有住,我也没有产生垃圾,电梯我也没有使用,路灯也没有给我照亮,凭什么缴纳物业费和其他附加费呢?

估计这句话,说出了所有没有收房的业主的心声。你会说,对呀,凭什么让我缴纳物业费呢?

我要说的是,大家的心情我理解,情理上说您说的对,站在您的角度,您分析的没有毛病。但是换个角度,如果开发商已经履行他的义务并通知您收房了,咱们今天说的是他履行义务,而您没有履行您的收房义务。

暂且不说开发商会不会跟您要违约金,但是站在物业公司的角度,他提供了服务,不会因为您没有住,他会减少支出。难道物业公司会因为您没有住,把您那栋楼的电梯每天停两分钟吗?您家门口那一块地,他就不擦了?路灯一年停一天?这些显然是不可能的。

按照法理来讲,根据《民法典》第944条的规定,业主不得以没有享受到服务而拒绝履行自己的义务。

所以按照前面的逻辑,此问题的答案是,不可以。

但是如果您当地有规定,空置房可以打折,那就可以打折。或者物业服务合同约定可以少交,当然按照合同约定执行了,还有就是,您和物业公司经理关系好,他不收您的物业费,那就另当别论了。

09 收房前的物业费,业主是否缴纳?

收房前的费用业主用交吗?这个需要看在什么情况下发生的。

比如,开发商没有通知您收房。按约定到收房时间,您给开发商打电话问他能不能收,他说不能。理所当然收房前的物业费就不用您缴纳,物业费及其附加费由开发商缴纳。

如果开发商通知您收房了,由于您自己的原因没有收房,从开发商通知您收房的那一天起,物业费由您缴纳了。

如果开发商通知您收房了,因为房屋的质量问题或者配套的设施不完善,或者没有竣工验收备案表及《住宅质量保修书》和《住宅使用说明书》,没有达到收房的条件的,您没有收房,直到改正后,收房前物业费是由开发商替您来缴纳的，您不用缴纳。

10 房产证应该什么时候给办理？超期怎样赔偿？

你家房本，开发商给您办理了吗？房子都已经住了好多年了，开发商从答应2年，现在3年、5年甚至有的都八九年了，开发商还没有给办房本，怎么办？

开发商应该什么时候给办理房本呢？超过这个时间有没有违约金，违约金应该是多少呢？我来给大家分析一下。

房产证什么时候应该办？这需要看买卖合同约定的时间。以我的经验，一般都会约定2年以内，当然回迁房按照相关政策，5年之后才能办理。

那开发商没有约定办理房产证的时间呢？我们可以按照最高人民法院《关于审理商品房买卖合同纠纷案件适用法律若干问题的解释》第14条的规定，商品房买卖合同的标的物为尚未建成房屋的，自房屋交付使用之日起90日；商品房买卖合同的标的物为已竣工房屋的，自合同订立之日起90日。

那违约金应该是多少呢？还是按照合同约定违约金执行，但是如果开发商玩文字游戏把违约金约定得特别低，我们可以根据《民法典》第585条，到法院申请增加违约金。

那如果开发商没有在合同中约定违约金呢？可以根据最高人民法院《关于审理商品房买卖合同纠纷案件适用法律若干问题的解释》第14条最后一段，合同没有约定违约金或者损失数额难以确定的，可以按照已付购房款总额，参照中国人民银行规定的金融机构计收逾期贷款利息的标准计算。

11 业主自己是否可以办理房产证？

开发商拖延给我们办理房产证，业主是否可以自己办理？

答案是可以。

我们需要确定开发商是否已经进行初始登记，初始登记是要求房屋交付90日内办理的。

如果没有，我们可以根据《商品房销售管理办法》《不动产登记暂行条例》《不动产登记暂行条例实施细则》投诉到房地产主管部门要求开发商办理初始登记手续，也就是我们所说的大房本，并要求对开发商进行处罚，罚到他办理为止。如果主管部门不处罚不作为，我们可以对主管部门进行行政复议或者行政诉讼，要求他们依法行政。

初始登记办理完成后，我们可以起诉开发商办理房产证或者配合办理房产证，这样一来我们就可以拿到自己办理房产证的必要手续。然后拿着开发商的手续和法院判决书及自己的手续和相应的契税和公维的票据，到办证大厅办理了。

具体什么手续，每个地方有所不同，自己到当地房屋登记大厅问一下就可以了。

12 房子没住还用缴纳物业费吗？

按照法理来讲，根据《民法典》第273条，业主对建筑物专有部分以外的共有部分，享有权利，承担义务；不得以放弃权利为由不履行义务。《民法典》第944条规定，业主不得以没有享受到服务而拒绝履行自己的义务。

所以答案是不可以，当然如果地方性规定有特别规定，空置房可以打折或者物业服务合同另有约定按照约定执行。

13 前期物业服务合同物业费定价高，可以不交物业费或者减少物业费吗？

前期物业服务合同是开发商和物业公司签署的，没有经过我的同意，物业费定那么高，可以不交物业费吗？

答案是已经履行过的合同，不可以。

因为在我们还没有入住之前，还没有实际占有房屋，所以还不能称为法律意义上的业主，所以产权是开发商的，开发商才是大业主。他代表了全体业主和物业公司签署了物业服务合同，是对全体业主生效的。

换句话说，当时咱们签署买卖协议中不也有物业服务合同附件和价格吗？那咱们签署了，就得认。

那可以少交吗？也不是不行，除非您按照《民法典》第278条成立业委员会，重新和物业公司订立合同，重新制定标准、频率和价格。

甚至你们可以决定换掉物业公司，以及干脆根据《民法典》第284条，不要物业公司来服务了。小区不用别人服务，那就压根不用出物业费了。

如果价格真的特别高，服务又不好，建议大家团结起来，抓紧成立业委会改善小区的服务，否则永远是个待宰的羔羊。

Chapter 3

第三章

物业纠纷

——法院裁判

一、业主委员会与物业公司业主共有权纠纷获胜

北京市朝阳区人民法院
民事判决书

（2019）京0105民初29968号

原告：北京市××业主委员会；住所地：北京市朝阳区××大厦

负责人：刘××，主任

委托诉讼代理人：冯×，男，北京××物业管理有限公司员工

被告：北京×物业管理有限公司；住所地：北京市朝阳区×室

法定代表人：宋×双

委托诉讼代理人：蒋×庆，男，北京×物业管理有限公司经理

原告北京××业主委员会（以下简称原告）与被告北京×物业管理有限公司（以下简称被告）业主共有权纠纷一案，本院立案后，依法适用普通程序，公开开庭进行了审理。原告委托诉讼代理人冯×、毕×辉，被告法定代表人宋×双及委托诉讼代理人蒋×到庭参加诉讼。本案现已审理终结。

原告向本院提出诉讼请求：被告向原告移交位于北京市朝阳区×大厦地下一层的高压分界室、热力小室、弱电机房及配电室第二出口通道。事实和理由：被告原系位于×大厦的×酒店项目开发商北京×房地产开发有限责任公司指定的物业服务企业，原告系×酒店于2015年成立并备案的业主委员会。2016年1月，经过×酒店业主大会的决定，终止了与被告的物业管理服务关系，

并通过公开招标的形式重新选聘了北京××物业管理有限公司(以下简称×物业公司),×物业公司自2016年6月1日起负责×酒店项目的物业管理服务。但×物业公司进驻后,业主反映大部分的物业配套管理用房尚未进行交接,包括位于×大厦地下一层的高压分界室、热力小室、弱电机房及配电室第二出口通道(以下简称诉争区域)仍然由被告占用。其中,原告所主张移交的高压分界室、热力小室、弱电机房均为规划设计图纸所标注的区域,而配电室第二出口通道则包含设计图纸所标注的消防值班室东侧南北向通道及南侧东西向通道。原告与被告协商,多次要求被告归还相关物业用房及公共部分,但被告拒不归还,故原告起诉至法院,望判如所请。

被告辩称,不同意原告的诉讼请求。原告的起诉不符合事实,被告是×大厦地下一层的产权单位,被告于2016年6月将×酒店的物业管理服务业务移交给×物业公司,双方已经完成交接,并签订了交接确认书,该确认书经双方签字已经生效。本案中的诉争区域确实由被告占有,但该部分区域在被告的产权区域内,不属于公共部分,被告占有该区域的行为是正常行使权利。

当事人围绕诉讼请求依法提交了证据,本院组织当事人进行了证据交换和质证。对当事人无异议的证据,本院予以确认并在卷佐证。

根据当事人陈述和经审查确认的证据,本院认定事实如下:

被告原系位于×大厦的×酒店物业项目的物业管理服务企业。2016年1月,经×酒店业主大会决定,×酒店终止了与被告的物业管理服务关系,并通过公开招标的形式选聘×物业公司作为该项目的物业管理服务企业。

2016年5月,原告与被告签订《北京市朝阳区×酒店物业项目交接协议》(甲方为原告,乙方为被告),约定:原告代表该小区全体业主与被告进行该小区的物业项目交接工作,双方一致同意本物业项目的交接期间为2016年5月23日至2016年6月1日,交接内容包括物业共用部分的查验及交接、设备交接、资料交接等。此后,原、被告双方在《北京市朝阳区×酒店物业项目交接确认书》中盖章,确认双方于2016年5月23日进行了×酒店物业项目管理权的交接，×物业公司自2016年6月1日起负责×酒店物业项目的管理服务。

被告是位于“朝阳区×号楼-1层-101”的房屋及“朝阳区×号楼-1层-102”的房屋（即：×大厦地下一层“-101号房屋”及“-102号房屋”，以下分别简称负101号房屋及负102号房屋）的所有权人。其中，负101号房屋套内建筑面积为××××平方米，负102号房屋的套内建筑面积为××平方米。

现被告仍占有地下一层的高压分界室、热力小室、弱电机房及配电室第二出口通道等区域，并将该区域进行封闭安装了大门，门上挂有“G102”字样的号牌，门锁及钥匙由被告掌握。

当事人双方有争议的事实主要有：

一、关于被告是否有权占有诉争区域

原告主张×酒店的物业管理服务已由×物业公司负责，被告不再负责该项目的物业管理服务工作，但仍占据负一层的物业管理用房，并安装了门将诉争区域封闭，导致原告及×物业公司无法进入。原告就其主张提交情况说明、北京市规划和国土资源管理委员会朝阳分局（以下简称规划委朝阳分局）提供的设计图纸及诉争区域的实景照片。其中，情况说明由×物业公司出具，说明被告占用物业管理用房的情况；设计图纸显示有原告用红线标注出的一块区域，该区域内有高压分界室、热力小室、弱电机房、消防值班室及消防值班室外南北向、东西向的两条通道，原告主张该区域中的消防值班室系被告所有的产权区域，而其在诉讼请求中所描述的配电室第二出口通道指的就是消防值班室外东侧南北向及南侧东西向的两条通道，红线标注出的区域里除该消防值班室之外的其他区域均为被告违法占有的物业共用部分；诉争区域的实景照片显示了诉争区域的内部实景。

被告对原告提交的上述证据的真实性均予以认可，但主张规划委朝阳分局提供的设计图纸虽标注了物业管理用房的名称，但该图纸并不能体现诉争区域的真实用途，而原告在图纸上所标注的全部区域均属于被告的产权区域。

被告认可其占有诉争区域，且其在与原告办理×酒店物业项目管理权的交接时未向原告移交诉争区域，但主张诉争区域的产权系其所有，故不同意将诉争区域移交给原告。被告就其主张提交房屋所有权证，该房屋所有权证后附房地平面图，被告称原告所要求移交的诉争区域均位于负102号房屋的产权范围内。

原告对房屋所有权证的真实性予以认可，但主张被告所拥有产权的负102号房屋系其所提交的设计图纸中的消防值班室，故只有该消防值班室才属于被告所有的产权区域，而设计图纸上所标注出的其他区域均为物业共用部分，被告无权占有。

经本院将负102号房屋的房地平面图与规划委朝阳分局提供的设计图纸对比，被告所占有的诉争区域不在负102号房屋的区域内。

二、关于诉争区域的用途

原告主张按照设计图纸的规划，诉争区域应分别用于做高压分界室、热力小室、弱电机房，并且还应有可供通行的通道，但实际上诉争区域并未实现上述用途。

被告主张其负责×酒店物业项目的管理服务工作时，诉争区域并未用于做高压分界室、热力小室、弱电机房，而是作为其物业管理用房的一部分，作为办公室使用。其中图纸上规划的热力小室当时作为卫生间使用，但其不再负责该项目的物业管理服务工作后，其将诉争区域作为资料室使用，未再作为物业管理用房。

另，被告称设计图纸上之所以规划有高压分界室，是因为房地产开发商建设楼宇时必须设计高压分界室才能完成竣工验收，所以图纸上就规划了高压分界室，但实际上该区域并未做此用。被告称×大厦目前也没有设置高压分界室，而热力小室设置在地下二层，弱电机房设置在负101号房屋内。

三、关于诉争区域的现场勘验及权属情况调查

本院于2020年5月15日组织原、被告双方对诉争区域进行现场勘验，双方对诉争区域的范围均予以明确，并确认诉争的高压分界室、热力小室、弱电机房为设计图纸所标注的区域，配电室第二出口通道为设计图纸所标注的消防值班室外（即负102号房屋）东侧南北向通道及南侧东西向通道。双方均认可诉争区域的面积估算为140平方米左右。

本院向北京市朝阳区不动产登记事务中心（以下简称朝阳不动产登记中心）调查北京市朝阳区×号楼地下一层的房屋档案登记信息。其中，《北京市房屋建筑工程和市政基础设施工程竣工验收备案表》显示该楼宇在进行工程竣工验收备案时，其工程名称为“×综合楼”；《×综合楼共有共用面积分摊说明》显示全楼共有共用面积分摊部位包括地下一层的高压分界室、热力小室、弱电机房及走道等；《房屋土地测绘技术报告书》中“本楼（功能区）共有共用建筑面积分层汇总表（表3）”显示共有共用面积部位包括高压分界室、热力小室、弱电机房及走道。原、被告双方对上述调查的房屋档案信息的真实性均予以认可。

本院认为，本案主要争议的焦点有二：一是被告占有诉争区域的行为是否属于无权占有；二是若被告无权占有诉争区域，原告是否有权要求被告移交该区域。

一、被告占有诉争区域的行为是否属于无权占有

（一）被告是否拥有诉争区域的所有权

本案中，被告为负102号房屋的业主，其主张诉争区域也位于该负102号房屋的产权范围内，属于其所有的产权区域，并不属于业主共有。但经本院比对×大厦地下一层的设计图纸与负102号房屋的房屋所有权证所附的房地平面图，可以看到诉争区域并不在负102号房屋的产权范围内，且被告并未提交其他证据证明其系诉争区域的所有权人，故本院认为被告对诉争区域不享有所有权。

（二）诉争区域的性质及权属状况

关于诉争区域的性质，规划委朝阳分局出具的设计图纸明确标注了诉争区域包含高压分界室、热力小室及弱电机房，且图纸显示消防值班室外的两条通道也在诉争区域内。被告虽主张设计图纸所标注的名称不能证明诉争区域的实际用途，但其未能提交反证证明诉争区域的用途不为高压分界室、热力小室及弱电机房。并且，本院查询的房屋档案登记信息中的资料亦显示全楼共有共用部位包括该楼地下一层的高压分界室、热力小室、弱电机房及走道，故本院对原告的相关主张予以采信，诉争区域的实际用途应当为高压分界室、热力小室及弱电机房，均属于物业服务用房，且诉争区域中负102号房屋外的通道亦应属于物业共用部分。

《北京市物业管理条例》第二十六条规定，物业管理区域内的建筑物的基础、承重结构、外墙、屋顶等基本结构部分，通道、楼梯、大堂等公共通行部分，消防、公共照明等附属设施、设备，避难层、架空层、设备层或者设备间及物业服务用房和其他公共场所、共用设施属于业主共有。根据该条例规定，本案中的诉争区域应属于全体业主共有。

（三）被告是否有权占有物业共用部分

《北京市物业管理条例》第七十六条第一款规定，业主共同决定解聘物业服务人的，物业服务人应当自接到通知之日起三十日内履行物业共用部分的移交义务，并且退出物业管理区域。被告原系×酒店物业项目的管理服务企业，但原、被告双方于2016年5月23日进行了×酒店物业项目管理权的交接，×物业公司自2016年6月1日起开始负责×酒店物业项目的管理服务工作，被告此后不再是×酒店物业项目的物业服务人，故其无权占有包括物业管理区域在内的物业共用部分。

二、被告是否应当向原告移交诉争区域

其一，《中华人民共和国物权法》第三十四条规定，无权占有不动产或者动产的，权利人可以请求返还原物。因诉争区域经本院认定应属业主共有部分，而被告已不再是×酒店物业项目的物业服务人，其无权占有物业共用部分，故诉争区域的权利人可以要求被告返还该区域。

其二，《北京市物业管理条例》第十一条规定，业主大会和业主委员会，对违法搭建、侵占通道等损害他人合法权益的行为，有权依照法律法规以及管理规约，要求行为人停止侵害、排除妨碍、恢复原状。本案中，被告将诉争区域封闭的行为影响了原告及××物业公司使用物业服务用房，损害了其他业主的合法权益，原告作为业主委员会有权要求被告停止该侵害行为，排除其无法使用物业共用部分的障碍。

其三，《北京市物业管理条例》第七十六条第二款规定，原物业服务人拒不移交有关财物或者拒不退出物业管理区域的，业主委员会可以依法向人民法院提起诉讼。因本院已认定诉争区域的性质属于物业共用部分，而被告对诉争区域不享有所有权，却实际占有诉争区域，并安装大门将其封闭，且拒绝将诉争区域移交于原告。故原告可以依法向人民法院起诉，并要求被告移交物业共用部分。

综上所述，原告关于被告移交包括高压分界室、热力小室、弱电机房及配电室第二出口通道在内的诉争区域的请求并无不当且于法有据，本院对此予以支持。

综上，依照《中华人民共和国物权法》第三十四条，《中华人民共和国民事诉讼法》第六十四条；参照《北京市物业管理条例》第十一条、第二十六条、第七十六条之规定，判决如下：

被告北京×酒店物业管理有限公司于本判决生效之日起二十日内向原告北京市朝阳区×酒店业主委员会移交位于北京市朝阳区××西×号楼×大厦地下一层的高压分界室、热力小室、弱电机房及配电室第二出口通道。

案件受理费70元，由被告北京×酒店物业管理有限公司负担（于本判决生效之日起七日内交纳）。

如不服本判决，可以在判决书送达之日起十五日内，向本院递交上诉状，并按对方当事人的人数或者代表人的人数提出副本，上诉于北京市第三中级人民法院。

二、最高人民法院认定小区地面车位归全体业主所有

中华人民共和国最高人民法院
民事裁定书

（2017）最高法民申2817号

再审申请人（一审原告、二审上诉人）：重庆市×房地产开发有限公司；住所地：重庆市江××杨河二村××××

负责人：刘×红，该公司总经理

委托诉讼代理人：骆×刚，男，该公司员工

被申请人（一审被告、二审被上诉人）：重庆市九龙坡区西彭×业主委员会住所；住所地：重庆市九龙坡区×小区内

负责人：徐×毛，该业主委员会主任

再审申请人重庆市×房地产开发有限公司（以下简称×公司）因与被申请人重庆市九龙坡区西彭×业主委员会（以下简称×业委会）车位纠纷一案，不服重庆市高级人民法院（2016）渝民终7号民事判决，向本院申请再审。本院依法组成合议庭对本案进行了审查，现已审查终结。

××公司申请再审称：（一）原判决适用法律错误。×小区建设用地使用权是××公司出资取得的，×公司是土地使用权人，根据《中华人民共和国物权法》（以下简称物权法）第一百四十二条之规定，×小区建筑区划内规划的地上

停车位应当归×公司所有。原判决未适用物权法第一百四十二条，而适用《重庆市物业管理条例》第六十三条第二款，属于适用法律错误；(二)原判决认定案涉车位系占用业主共有的道路或者其他场地的车位，缺乏事实依据。小区的绿化面积、共有面积、交通道路，经政府相关部门验收合格，备案可查。小区绿化还超过了规划面积，不存在任何占用共有面积的情况。综上，××公司根据《中华人民共和国民事诉讼法》第二百条第二项、第六项规定申请再审。

×业委会提交意见称，案涉车位属于小区业主共有，××公司不享有权利。(一)案涉车位使用的是全体业主共有的土地使用权。×公司给小区业主办理了房屋初始登记及转移登记后业主共同享有小区全部土地使用权。根据《物权法》第七十四条第三款的规定，占用了业主共有道路或场地，车位就应属业主共有。(二)豪苑公司不能取得案涉车位的所有权证，案涉车位不属于专有部分，产权应归全体业主共有。(三)案涉车位未计入容积率，且不参与规划建设用地面积分摊，产权应归业主共有。

本院经审查认为，本案焦点问题是：一、原判决适用法律是否确有错误；二、原判决认定基本事实是否缺乏证据证明。

(一)原判决适用法律是否确有错误

×公司申请再审认为原判决适用法律错误，应适用《物权法》第一百四十二条，而不应适用《重庆市物业管理条例》第六十三条第二款。《物权法》第一百四十二条规定："建设用地使用权人建造的建筑物、构筑物及其附属设施的所有权属于建设用地使用权人，但有相反证据证明的除外"，而《重庆市物业管理条例》第六十三条第二款规定："建设单位依法取得车位、车库权属登记后，可以向业主出售车位、车库。拟出售的车位、车库数量等于或低于物业管理区域的房屋套数时，每户业主只能购买一个车位或车库"，两者并不矛盾。由于××公司向小区业主出售房屋，小区内的土地使用权也转移至小区业主，小区共有部分土地使用权归小区业主共有。故××公司关于适用《物权法》第一百四十二条之规定，本案所涉地上停车位应归其所有的主张不能成立。原判决适用《重庆市物业管理条例》第六十三条第二款之规定，在于明确建设单位只有取得车位、车库权属登记之后才能进行出售，而案涉车位不能取得产权登记，因此不能进行出售。故原判决适用《重庆市物业管理条例》第六十三条第二款并无不当。××公司关于原判决适用法律错误的申请再审事由不能成立，本院不予支持。

（二）原判决认定基本事实是否缺乏证据证明

根据《最高人民法院关于审理建筑物区分所有权纠纷案件具体应用法律若干问题的解释》第二条第一款关于“建筑区划内符合下列条件的房屋，以及车位、摊位等特定空间，应当认定为物权法第六章所称的专有部分：（一）具有构造上的独立性，能够明确区分；（二）具有利用上的独立性，可以排他使用；（三）能够登记成为特定业主所有权的客体”之规定，案涉车位不能办理产权登记，因此其不能成为享有专有权的专有部分。即使×公司在建造×小区时支付了建筑区划内的土地使用权出让金，成为建设用地使用权人。但是小区建设完成之后，随小区内房屋的出售，小区建筑区划内的土地使用权也随之转移，小区的共有部分土地使用权归小区业主共有。由于案涉车位不能办理产权登记，不能成为专有部分，原判决确认该部分停车位属于占用业主共有的道路或者其他场地用于停放汽车的车位并无不当。而开发商建设的小区经验收合格，是开发商的基本义务，且绿化是否超过规划面积对认定停车位是否占用业主共有场地没有必然联系。故××公司关于原判决认定案涉车位系占用业主共有的道路或者其他场地的车位，缺乏事实依据的申请再审事由不能成立。

综上所述，××公司的再审申请不符合《中华人民共和国民事诉讼法》第二百条第二项、第六项规定的情形。依照《中华人民共和国民事诉讼法》第二百零四条第一款，《最高人民法院关于适用〈中华人民共和国民事诉讼法〉的解释》第三百九十五条第二款规定，裁定如下：

驳回重庆市×房地产开发有限公司的再审申请。

三、法院终审判人防车位归全体业主所有

江西省抚州市中级人民法院
民事判决书

（2020）赣10民终991号

上诉人（原审原告）：抚州市××房地产开发有限公司，住所地江西省抚州市××××××

法定代表人：周×兰，该公司总经理

委托诉讼代理人：黄×俊，江西利群律师事务所律师

委托诉讼代理人：饶×高，江西利群律师事务所律师

上诉人（原审原告）：江西××物业管理有限公司，住所地南昌市经济开发区××××××

法定代表人：欧阳××，该公司执行董事

委托诉讼代理人：朱×龙，江西华邦律师事务所律师

委托诉讼代理人：张×，江西华邦律师事务所律师

被上诉人（原审被告）：抚州市临川区×××小区业主委员会，住所地抚州市临川区

负责人：朱×祥，该小区业主委员会主任

委托诉讼代理人：杨×云，江西三松律师事务所律师

上诉人抚州市××房地产开发有限公司、江西××物业管理有限公司因

与被上诉人抚州市临川区×××小区业主委员会侵权责任纠纷一案，不服抚州市临川区人民法院（2019）赣1002民初5037号民事判决，向本院提出上诉。本院于2020年8月25日立案后，依法组成合议庭，于2020年9月23日公开开庭进行了审理，上诉人抚州市××房地产开发有限公司的委托诉讼代理人黄×俊、饶×高，江西××物业管理有限公司的委托诉讼代理人朱×龙、张×，被上诉人抚州市临川区×××小区业主委员会的负责人朱×祥，委托诉讼代理人杨×云到庭参加诉讼。本案现已审理终结。

上诉人抚州市××房地产开发有限公司（以下简称“房产公司”）、上诉人江西美城物业管理有限公司（以下简称“物业公司”）上诉提出：（1）撤销（2019）赣1002民初5037号民事判决，改判支持上诉人的全部诉讼请求；（2）本案一二审诉讼费用均由被上诉人承担。事实和理由：（1）一审法院认定业主委员会提交的《房地产开发项目规划条件公示表格式》及《商品住宅成本公示表格式》，证明人防工程已经纳入小区的建设成本，计入了商品房的价格，由房产公司作为开发商向业主销售房屋后就收回了建设成本，进而认为地下车位的投资者为全体业主，认定被上诉人代表全体业主对地下车位享有使用管理收益权，属认定事实不清，适用法律错误，应予以纠正。购房是消费行为，不是人防工程的投资行为，将购房行为认定为投资行为而确认地下车位的投资者为全体业主，与事实不符。因案涉人防工程并未计入公摊面积，不属于案涉小区商品房买卖合同的标的物，同时现有证据不能证明房产公司已收回了全部的建设成本，建设成本是否收回也不是案涉人防工程权属的依据。（2）一审法院以房产公司与业主签订的《商品房买卖合同》中对案涉人防工程的约定属于格式条款，且该条款明确排除了业主对地下人防车位的收益权，在签订合同时并没有对该条款予以明示，继而认定该条款无效，这样认定是错误的。因为法律已经明确规定地下车位的归属可以由当事人约定，案涉小区的《商品房买卖合同》中对人防工程的约定，房产公司均采取添加下划线、特殊字体等特别标识以引起业主注意，采取了合理的方式予以明示，尽到了对条文内容进行解释、说明义务。(3)抚州市物价局的批复亦不能证明小区业主对案涉人防工程享有收益权。抚州市物价局的《关于制定×××小区物业管理服务费试行收费标准的批复》仅是对收费标准作出的决定,并不是确认所有权权属,且物业服务费不同于案涉人防工程的使用费。(4)一审法院适用法律错误。本案所争议的焦点是地下车位的使用权和收益权,并非所有权,根据《人民防空法》相关规定,人民防空工程平时由投资者使用管理,收益归投资者所有,一审法院适用《最高人民法院关于审理建筑物区分所有权纠纷案件具体应用法律若干问题的解释》以及《物权法》《合同法》相关规定,属于适用法律错误。

被上诉人抚州市临川区×××小区业主委员会(×××小区业委会)答辩称:(1)上诉人物业公司是物业公司,既不是人防地下车位的投资建设者,也不是现在的使用管理者,没有资格同全体业主争夺小区配套设施的用益权。(2)上诉人强调人防工程没有进入商品房公摊面积,所以人防工程建设成本没有计入房价,因此人防工程不会随着商品房出售发生权属转移,这种认识是错误的。商品房公摊面积和销售价格是两个不同范畴的概念,小区道路、绿化等公共场所也不会进入公摊面积,但造价都进入了商品房售价。(3)包括地下车位在内的人防工程建造成本依照相关的法律规定和事实,已经纳入了商品房销售价格。房产公司公示的《房地产开发项目规划条件公示表格式》明确小区人防工程和道路交通等共同作为本小区对市政基础配套设施纳入开发建设项目内容;其公示的《商品住宅成本公示表格式》明示了人防工程和道路交通等基础设施建设费按照每平米215元进入商品住宅成本。既已经进入建设成本,又否认计入了销售房价,没有证据也不符合逻辑。(4)《商品房买卖合同》涉及的地下车位处理的约定,属于无效条款,上诉人欲对地下停车场主张所有权,明显与防空地下室属于国防资产且属于国家所有的法律规定相悖。(5)抚州市人防办向业主委员会颁发了《人民防空工程平时使用证》,且抚州物价局的批复足以证明该地下停车位用益权属于全体业主,管理使用权应当归全体业主。

房产公司、物业公司向一审法院提出的诉讼请求：房产公司于2009年12月取得坐落于抚州市××××××土地一宗，之后，依法开发建设了×××小区，含地下人防工程，建筑面积共计7759.85平方米，使用面积6992.17平方米，规划车位共计200个。2015年4月13日，抚州市人防办向物业公司颁发了人民防空工程平时使用证。2017年3月15日，×××小区业委会未经同意强行占有了全部的地下停车位，并进行商业收费，为此，房产公司、物业公司多次要求×××小区业委会立即停止侵权，并返还人防车位赔偿损失，但×××小区业委会一直不予理会，故依法提起诉讼，请求判令×××小区业委会立即停止侵害，并返还占用的地下人防车位200个；判令×××小区业委会赔偿车位租金损失118万元，从2017年3月15日起计算至2019年8月31日，按每个车位200元每月计算，之后的损失按此标准计算至停止侵害为止；案件受理费由×××小区业委会承担。

一审法院认定的事实：房产公司于2009年12月依法取得了位于抚州市××××××（赣东大道××号）建设用地的使用权，之后经行政审批在该地块上投资开发建设了抚州市临川区×××小区，其中包含了该小区的地下人防设施，地下人防工程建筑面积为7759.85平方米，使用面积为6992.17平方米，共计规划为200个停车位。小区建成交付后，在2017年1月之前，小区物业管理由物业公司抚州分公司进行管理，2015年4月13日，抚州市人民防空办公室向物业公司抚州分公司颁发了抚（2015）人防平字第01号人民防空工程平时使用证，该证载明：×××防空地下室，建筑面积7759.85平方米；工程地址：抚州市赣东大道××号；平时用途：汽车库；使用单位：江西××物业管理有限公司抚州分公司；证书有效期：2015年4月13日至2020年4月13日。2016年9月12日，×××小区依法成立了第一届业主委员会，并办理了业主委员会备案登记。之后，业主委员会决定解聘物业公司抚州分公司，由业主委员会成立管理公司管理小区物业，并于2017年1月解聘物业公司抚州分公司。2018年11月1日，抚州市人民防空办公室向×××小区业主委员会颁发了抚（2018）人防平字第1号人民防空工程平时使用证，该证载明：×××小区防空地下室，建筑面积7759.85平方米；工程地址：抚州市××××××号；平时用途：汽车库；单位：×××小区业主委员会；法定代表人：朱×祥；证书有效期：2018年11月1日至2023年10月31日。2019年5月20日，抚州市人民防空办公室向×××小区业主委员会作出了行政许可撤回决定书，决定书决定撤回2018年11月1日抚州市人民防空办公室向×××小区业主委员会颁发的抚（2018）人防平字第1号人民防空工程平时使用证。之后，×××小区业委会不服该决定向南城县人民法院提起行政诉讼，2019年10月22日，南城县人民法院作出一审判决，认为抚州市人民防空办公室的行政行为侵犯了×××小区业委会的陈述权、申辩权，违反法定程序，判决撤销抚州市人民防空办公室向×××小区业主委员会作出了行政许可撤回决定书。抚州市人民防空办公室不服该判决向抚州市中级人民法院提起上诉，2020年4月26日，抚州市中级人民法院作出二审判决，判决驳回上诉，维持原判。2012年7月5日，抚州市物价局向物业公司抚州分公司发布了关于制定×××小区物业管理服务费试行收费标准的批复，该批复规定地下停车位本小区业主按每月每辆收取停车费60元，小区外单位和个人按每月每辆收取停车费80元，且收取的停车费要单独列账，用于小区道路维修和小区内的公共建设，为小区业主服务。

一审庭审中，房产公司、物业公司提供了抚州市房地产测绘所的人防工程面积测绘成果、抚州市城市规划设计院的抚州市×××小区建筑物指标一览表，证明本案涉及的人防车位没有计算到公摊面积，也没有计算到小区容积率，但人防车位的建设成本计入了小区的开发成本，但没有计入房价中。此外，还提供了与业主签订的商品房买卖合同，证明双方在签订合同时明确约定，向业主出售的房屋不包含地下人防车位，地下停车场的所有权、收益权、使用权归房产公司、物业公司所有。此外，还提供了抚州市临川区人民法院（2019）赣1002民初1435号民事判决书，证明物业公司在小区服务至2017年3月14日止，要求×××小区业委会支付2017年3月15日之后的人防车位租金损失，按每个车位每月200元计算至停止侵害为止。

×××小区业委会提供了《房地产开发项目规划条件公示表格式》及《商品住宅成本公示表格式》，证明人防工程已经纳入小区的建设成本，虽然地下人防车位没有计入公摊面积，但其住宅成本已经包含了人防建设费用，计入了商品房的价格，业主购买了房产后，小区的人防工程也随商品房一并属于全体业主。

以上事实，有房产公司、物业公司提供的商品房买卖合同、人民防空工程平时使用证、民事判决书竣工验收备案表，×××小区业委会提供的房地产开发项目规划条件公示表及商品住宅成本公示表、批复、人民防空工程平时使用证、民事判决书等证据在卷，经庭审质证，足以认定。

一审法院认为，本案争议焦点是房产公司作为开发商向业主出售房屋后地下人防车位归谁使用管理，收益权归谁所有？本案案涉的地下人防车位虽然没有计入小区的公摊面积，房产公司认可地下人防车位的成本计入了小区的建设成本，但否认计入了销售房价，就此法院要求房产公司提供相关的建设成本相关财务证据予以证明，但房产公司表示因为时间较长，相关财务证据没有保留，故对于房产公司否认地下车位没有计入销售房价的诉称不予采信。房产公司作为开发商在向业主销售房屋后，其收回了建设成本后，地下车位的投资者应当为全体业主。×××小区业委会代表全体业主对地下车位享有使用管理、收益权。同时，2012年7月5日，抚州市物价局向物业公司抚州分公司发布了《关于制定×××小区物业管理服务费试行收费标准的批复》亦规定了小区地下人防车位收取的停车费应当为小区业主服务，证明小区业主对该人防车位应享有收益权。房产公司还提出在向业主销售房屋时双方签订了商品房买卖合同对地下人防车位约定了归房产公司方所有，由房产公司管理使用、收益，一审法院认为，该条款虽然约定了地下人防车位的所有权、收益权、使用权归房产公司所有，但该条款属于格式条款，且该条款明确排除了业主对地下人防车位的收益权，在签订合同时并没有对该条款予以明示，该条款应属于无效。故对于房产公司、物业公司要求×××小区业委会返还小区地下人防车位并赔偿损失的诉讼请求，不予支持。《中华人民共和国物权法》第一百四十二条、第一百四十六条，《中华人民共和国合同法》第四十条，《最高人民法院关于审理建筑物区分所有权纠纷案件具体应用法律若干问题的解释》第三条之规定，作出判决如下：驳回抚州市××房地产开发有限公司、江西××物业管理有限公司的诉讼请求。案件受理费15420元由抚州市××房地产开发有限公司、江西××物业管理有限公司承担。

二审中，上诉人房产公司提供了一份《关于抚州市××房地产开发有限公司各业态的定价及成本核算的专项审计报告》，拟证明×××商住项目的住宅、底商及车位的定价互相独立，各自成本都已独立核算，且到目前为止，地下车位没有收益。被上诉人×××小区业委会经质证，认为该份证据系房产公司单方面形成的，且根据形成的时间可知是一审庭审后新制造的证据，故不认可该证据的真实性与合法性。本院认为，该份证据系上诉人房产公司在一审庭审后单方委托会计师事务所制作形成的报告，且该报告尾部注明“本次审计是依据贵公司（房产公司）提供的会计资料进行的，因资料不全、不真实而影响审计结果，本会计师事务所及签字注册会计师不承担任何责任”等相关信息，且上诉人房产公司一、二审诉讼中均明知且认可案涉人防车库不能销售，但该份审计报告的部分内容是以车位的计划销售定价、收入等数据而做出的，故对该份证据中数据的准确性、真实性及证明力存疑，对该证据不予采信。

对于一审认定的事实，上诉人房产公司提出一审法院不应将本应属于证据认定的内容写入案件审理查明的内容。本院经核查认为，一审法院确不应将双方当事人提供的具体证据以及拟证明的目的在案件事实查明部分予以罗列表述，本院对此予以纠正。对一审认定的其他事实，双方当事人均不持异议，且有相关证据佐证，本院予以确认。

本院认为，本案的争议焦点是案涉地下人防车位平时的使用管理和收益归谁所有?

(一)关于案涉地下人防车位的性质和特点

根据《中华人民共和国人民防空法》第十八条“人民防空工程包括为保障战时人员与物资掩蔽、人民防空指挥、医疗救护等而单独修建的地下防护建筑,以及结合地面建筑修建的战时可用于防空的地下室”;第二十二条“城市新建民用建筑,按照国家有关规定修建战时可用于防空的地下室”等规定,可知,(1)根据人防工程与民用建筑的密切度,可分为单建式人防工程和结建式人防工程,开发商新建城市民用建筑时修建人防工程是其法定义务。案涉地下人防车位就是典型的与建筑物密切结合的、依附于结建式人防工程而修建的地下民用停车位。(2)结建式人防工程属于住宅建筑物必备的配套公建,属于住宅小区的附属共有设施。(3)结建式人防工程和主体建筑物具有空间结合关系,在物理上不可独立于主体建筑物而存在,在功能使用上辅助主体建筑物发生经济效益,故结建式人防工程与主体建筑物亦是法律意义上的主从物关系。(4)结建式人防工程一般修建于地面建筑物所在的地下空间,不占有土地的容积率,其土地使用权费用已经摊入了项目主体建设用地使用权费用之内。(5)同时,根据《中华人民共和国物权法》一百三十六条“建设用地使用权可以在土地的地表、地上或者地下分别设立。新设立的建设用地使用权,不得损害已设立的用益物权”,可知土地使用权可以在地下、地表、地上分别设立,且本院认为,地表权并非单单局限于地表,其要吸附一定的地下空间,地表土地使用权权利人可利用必要的地下空间合理行使其权利,如此才能更利于保障权利人的合法权益。

综合以上,本院认为,地下人防车位的性质和特点有:其是依附结建式人防工程修建而来,是住宅建筑必备的附属公用配套设施,属于从物依附于住宅建筑,不占有土地容积率,所占空间属于住宅建筑物地表使用权的合理适度延伸使用范围。本案中诉争的×××小区的地下人防车位也具有以上性质和特征。

（二）关于开发商将房屋出售给业主后，地下人防车位的投资者身份是否发生了变化

本院认为，开发商作为人民防空工程建设的初始投资者，其投资者身份是会随着房屋的售出理应转移且实际转移给全体业主。理由如下：

首先，（1）根据《中华人民共和国物权法》第一百四十六条“建设用地使用权转让、互换、出资……附着于该土地上的建筑物、构筑物及其附属设施一并处分”；第一百四十七条“建筑物、构筑物及其附属设施转让、互换、出资……占用范围内的建设用地使用权一并处分”；《中华人民共和国城市房地产管理法》第三十二条“房地产转让……房屋的所有权和该房屋占用范围内的土地使用权同时转让”。可知，房地产权的形式和特点较为特别，房依地存，地为房载，地转房随，房转地随，房地一体。结建式人防工程所依附的土地与相关建筑物占用范围内的建设用地同一，也具有以上特点。（2）根据《中华人民共和国物权法》第七十条“业主……对专有部分以外的共有部分享有共有和共同管理的权利”；第七十三条“建筑区划内的其他公共场所、公用设施和物业服务用房，属于业主共有”；第七十四条“占用业主共有的道路或者其他场地用于停放汽车的车位，属于业主共有”等规定，本院认为，案涉人防车位是业主共有的“共有部分”、“建筑区划内的其他公共场所、公用设施”以及“占用业主共有的道路或者其他场地用于停放汽车的车位”。故，开发商出售了地面建筑物之后，其占用范围内的土地使用权一并处分，该土地使用权适度的延伸附着物（即业主共有的地下人防车库）也理应一并处分转移给全体业主。

其次，根据《国家计委、财政部、国家国防动员委员会、建设部印发关于规范防空地下室易地建设收费的规定的通知》第一条“结合地面民用建筑修建防空地下室是依法建设人防工程的重要组成部分……防空地下室建设所需资金，纳入建设项目投资计划。建设费用据实列入建设项目开发成本”等相关规定，可知开发商修建人防车位的建设费用已纳入了建设项目的开发成本

中，被上诉人一审提供的房产公司开发×××项目时公示的相关内容等证据也证明了以上内容，本案中上诉人对此也予以认可（只是否认计入了房屋售价之中）——即开发商最初投资修建案涉地下人防车位时，其已经将修建成本纳入了建设项目的总成本之中。在业主支付对价购买了开发商建造的地面住宅建筑之后，地下人防车位因其特定的性质和特点，其投资主体也相应发生了变化，业主即成为了地下人防车位法律意义上的投资者。另，本院认为，因房屋售价受政策、市场、成本等诸多因素影响，本案中只要能证明修建人防车位的建设成本纳入了建设项目总成本之中，就已构成证明投资主体发生了实际转移的前提。无需再进一步举证证明人防车位的建设成本是否纳入了房屋售价之中，且即便需要举证，根据当事人掌握的证据距离和程度原则，该对象也理应由开发商举证，本案中的开发商×××也没有提供任何证据证明其未将成本纳入房屋售价之中。故，其最初的开发商的投资者身份会随着房屋的售出而实际转移给全体业主。

再次，根据《中华人民共和国人民防空法》第五条规定，“国家对人民防空设施建设按照有关规定给予优惠。国家鼓励、支持企业事业组织、社会团体和个人，通过多种途径，投资进行人民防空工程建设；人民防空工程平时由投资者使用管理，收益归投资者所有”。可知，国家对人民防空设施建设按照有关规定给予优惠，配套的结建人防工程是国家强制性要求，属于国防工程，也属于社会公益设施。在开发商出售完房屋后，平时使用管理的主体实际就是全体业主或者受业主委托的物业。如本案中，抚州市人民防空办公室曾先后向物业公司、×××小区业委会颁发人民防空工程平时使用证，说明小区业主享有平时的使用管理权。故，案涉人防车位理应首要为全体业主利益而建，为全体业主服务，且认定其开发商的初始投资者身份会随着房屋售出发生转移，转移给平时使用管理的主体即全体小区业主，也符合法定的“人民防空工程平时由投资者使用管理，收益归投资者所有”的要求。

（三）关于商品房买卖合同中对于地下人防车位相关权益约定的格式条款是否有效

经查，房产公司在出售房屋时，确与买受人有约定"地下停车场由出卖人出资建设，其所有权、使用权、处置权和收益权归出卖方所有"。该条款一方面是没有具体指出是对案涉人防车位的相关权益进行约定，属于约定不明条款。另一方面，即便认为该条文约定涵盖了案涉人防车位，但是开发商隐瞒了案涉车位的人防工程属性，买受人并不知情，且开发商以这种格式条款的方式约定相关权益，甚至欲将依附属于国家资产的人防工程而建的人防车位的所有权直接约定为开发商所有，违反了相关法律的强制性规定，故该条款也是无效条款。

（四）关于物业公司的诉讼主体资格

物业公司不是案涉人防车位的初始投资人，也不是现在的实际使用管理和收益者，其与本案的诉求没有利益关系，故物业公司不具有本案的诉讼主体资格。

综上，本院认为，因案涉地下人防车位固有的性质和特点，其投资主体会随着房屋的售出而实际地发生转移，其后续的实际投资者以及平时使用管理和收益者应是全体业主。上诉人房产公司与物业公司的上诉理由均不能成立，不予采纳。一审判决认定事实清楚，适用法律正确，应予以维持。据此，依照《中华人民共和国民事诉讼法》第一百七十条第一款第（一）项之规定，判决如下：

驳回上诉，维持原判。

二审案件受理费19380元，由上诉人抚州市××房地产开发有限公司、江西××物业管理有限公司负担。

本判决为终审判决。

四、业主未缴纳物业费，物业公司拆暖气，法院判物业公司恢复供暖并赔礼道歉

河南省许昌市魏都区人民法院
民事判决书

（2021）豫1002民初1746号

原告：段×，男，汉族，住许昌市

被告：许昌××物业管理有限公司，住所地许昌市××××××

法定代表人：付×辉，该公司执行董事

委托诉讼代理人：罗×盛，河南万朋律师事务所律师

委托诉讼代理人：李×锋，河南万朋律师事务所律师

原告段×与被告许昌××物业管理有限公司物业服务合同纠纷一案，本院于2021年4月12日立案后，依法适用简易程序公开开庭进行了审理。原告段×、被告许昌××物业管理有限公司的委托诉讼代理人李志锋到庭参加诉讼。本案现已审理终结。

段×向本院提出诉讼请求：1.判令被告××物业管理有限公司捆绑收费行为违法；2.判令被告修复被暴力破坏的暖气管道，及新暖气表一个并能正常使用。以书面形式公开赔礼道歉，并在每个单元入户口显著位置张贴；3.判令被告赔偿供暖之日起2020年11月15日至2021年3月15日停暖期间用其他方式采暖产生的采暖费650元；4.判令被告在继续经营×××小区供热服务期间，每

个采暖季缴费期内不得捆绑拒收小区任何业主的采暖费用；5.被告承担诉讼费用。事实与理由:原告于2020年11月13日向东城区×××小区××物业缴纳2020年冬季供暖费用，被告却因原告未缴纳两季度水费为由拒绝收取，强制捆绑收费，而后又用暴力手段破坏原告入户供暖管道，致使冬季无法使用政府提供的集中供暖服务。基于业主权益受到损害，严重影响原告正常生活，原告向法院提起诉讼。

许昌××物业管理有限公司辩称，1.段×主张捆绑收费理由不成立，应驳回其诉讼请求。除了2020年11月13日的音像资料外，原告没有任何证据证明被告拒收取暖费。其在交费时录音录像，不符合常理。2.无法使用供热服务的原因是原告未缴纳取暖费。3.在被告未将供热管道断开之前，原告存在私自打开暖气阀门盗用暖气的情况。

原告段×为支持其主张提交的证据有：第一组，原告身份证1张、房权证1张、单元楼位置图1张。证明原告本人系×××小区业主。第二组，许昌××物业管理有限公司营业执照1张。证明许昌××物业管理有限公司从事物业经营活动。第三组，原告家被破坏的暖气入户管道照片5张。证明入户暖气管道被暴力破坏，不能正常供暖。第四组，供暖季期间用电采暖缴费记录4张。证明原告供暖季因不能使用集中供暖，用电取暖的电费记录。第五组，缴纳暖气费时拒收视频2段。第一段证明原告前往××物业缴纳暖气费，物业前台拒收的行为。第二段证明物业存在捆绑收费的行为。

被告许昌××物业管理有限公司发表质证意见为：对第一组证明目的无异议，对证据本身真实性因原告提供的均系复印件，被告无法核对，不能确认复印件与原件相符。对第二组真实性及证明目的没有异议。对第三组，1.照片本身是否是原告所处楼层的公共集热区，照片本身不能反映。2.原告未提供照片的原始载体，上述照片是否经过编辑、修改，不能确定，所以不具有真实性。3.不能证明原告的证明目的及暖气管道被破裂暴力破坏的事实。对第四组，真实性没有异议，1.缴费记录只是原告向电力公司交纳电费的凭证，而不是原告所谓的采暖季期间，其用其他方式采暖所支出的费，也就是说这些费用不能证明是纯粹是用于取暖所支出的。2.也不是电力公司开具的，不是上述期间内的真实用电记录，不能证明原告的证明目的。即使上述费用属实，也是原告用电应当交纳的费用，与其主张不能用暖，没有直接因果关系。对第五组，原告未提供两段录音、录像的原始载体，被告对真实性、合法性均有异议，不能证明原告的证明目的，即被告存在捆绑销收费的行为。依据物业服务合同，在被告欠交有关费用就是水费的时候，作为被告服务企业有权终止为其提供服务，代收行为也是物业公司的服务行为之一，该行为首先是基于原告本人不基于诚实信用原则，履行其交纳水费的义务，所以不能成为原告所主张的被告捆绑消费的事实。因为被告要收取的是原告已经享受的服务，饮水七个月之后，一直拒交的水费，而原告喝水以后，被告是把这些水费给交了，所以不存在所谓的捆绑消费，捆绑消费是强加给原告的，原告不应当缴纳的费用，这叫捆绑性强制消费。

被告许昌××物业管理有限公司提交的证据有：第一组，段×业主档案首页，建档时间2011年12月31日，共计31页。证明原告入住小区时已签署业主临时管理规约及承诺书的事实。相关规约及承诺书规定了作为业主的原告应当履行的相关义务，包括在其使用水电之后，享受物业服务之后交纳水费等的事实。第二组，××水业公司2021年4月缴纳水费通知单及物业公司软件显示原告欠缴水费的凭证。证明1.原告自2020年4月至今未缴水费的事实；2.小区六层以上业主供水属二次增压供水，自来水公司针对收费对象是被告公司的情况。第三组，物业服务合同一份。证明。依合同第16条第19款规定，业主欠费时被告有权终止提供服务的情况。

原告段×发表质证意见为：对第一组真实性无异议，该证据与本案无关。对第二组真实性无异议，缴纳的暖气费和水费没有什么关系。对第三组真实性无异议，关于物业合同方面，民法典第944条有明确规定，不得以捆绑供水、供暖来催缴物业费。

经庭审质证，本院确认原告提供的被告无异议的第二组证据和被告提供的原告无异议的第二、第三组证据的证明效力。以上证据客观真实，与本案有关联，可以作为定案依据。原告提供的第一组证据虽系复印件，但结合以前双方的纠纷可以认定该组证据的真实性。该组证据与本案有关联，可以作为定案依据。原告提供的第三组证据，结合被告陈述，能够确认其真实性。能够证明被告对通向原告家的供暖管道进行了部分拆除，对该组证据的证明效力本院予以确认。原告提供的第四组证据系其交电费的凭据，不能单独证明供暖季的电费损失。原告提供的第五组证据真实再现了原告交费时的情形，可以作为证据使用。被告提供的第一组证据与本案无关。

本案在审理过程中，本院依职权调取了原告段×2020年、2021年在×××小区的房产交纳电费的情况。双方对该证据均无异议。本院确认其证明效力。

根据当事人陈述和经审查确认的证据，本院认定事实如下：原告系大正×××小区的业主，被告系该小区选聘的物业服务企业。小区物业服务合同约定，合同期限自2018年6月1日起至2021年5月31日止。物业管理区域内的供暖工作由被告负责。2020年供暖季到来时，原告向被告交纳取暖费，被告以原告未交纳水费为由拒绝接收。后来，被告又将通往原告家的暖气管道拆除一截。原告一家2020年供暖季没有使用暖气。原告家2020年11月至2021年3月供暖季平均月用电41.76元，原告家供暖季前后的电费情况是2020年9月为120元、2020年10月为48.72元、2021年4月为44.24元。

诉讼中，原告没有证据证明采暖季用其他方式采暖造成了损失。

本院认为，该小区的物业服务合同对原、被告均具有约束力，双方应严格履行合同义务。关于原告段×的第一项诉讼请求，原告要求判令被告许昌××物业管理有限公司捆绑收费行为违法，被告许昌××物业管理有限公司负责蓝湾小区的供暖工作，应当接收原告所交暖气费，不得采取停止供暖的方式收取水费，该行为违反了《物业服务合同》的约定，但确认行为违法不属于民事诉讼的请求范围，故对于原告的该项请求，无法律依据，本院不予支持。

关于原告段×的第二项诉讼请求，被告私自将通往原告家的暖气管道拆除，其行为严重侵害了原告段×的合法权益，对段×的生活带来了一定的影响，应当承担承担恢复原状、赔礼道歉等民事责任。故原告段×要求被告修复暖气管道并保证能够正常使用的请求合法，本院予以支持。被告许昌××物业管理有限公司应当向原告段×以书面形式赔礼道歉，并将道歉信张贴于小区公示栏，连续张贴7日。

关于原告段×的第三项诉讼请求，被告的行为导致段×未能在采暖季正常采暖，虽然属于违约行为，但原告段×提供的缴电费的证据不足以证明其实际支出的采暖费，结合本院调取的段×家中2020年11月至2021年3月供暖季平均月用电41.76元的电费使用情况及供暖季前后的电费情况，段×在采暖季的电费并未实际增加，故原告要求被告赔偿采暖费损失650元的请求，证据不足，本院不予支持。

关于原告段×的第四项诉讼请求，要求判令被告在继续经营×××小区供热服务期间，每个采暖季缴费期内不得捆绑拒收小区任何业主的采暖费用。该行为并未实际发生，且原、被告之间的物业服务合同将于2021年5月31日下个采暖季到来前到期，故原告的该项诉讼请求，本院不予支持。

综上所述，依照《最高人民法院关于适用〈中华人民共和国民法典〉时间效力的若干规定》第一条，《中华人民共和国民法典》第一百七十九条第一款第五、第十一项、第五百七十七条、第九百四十二条、第九百四十四条，《中华人民共和国民事诉讼法》第六十四条、第一百六十二条规定，判决如下：

一、被告许昌××物业管理有限公司于本判决生效后十五日内将通往原告段×家中的暖气管道恢复原状；

二、被告许昌××物业管理有限公司于本判决生效后十日内就其拒收暖气费、拆除通往原告段×家中暖气管道的行为向原告段×公开赔礼道歉。道歉信张贴于小区公示栏，连续张贴七日；

三、驳回原告段×的其他诉讼请求。

案件受理费50元，减半收取25元，由被告许昌××物业管理有限公司负担。

本判决为终审判决。

五、街道办事处不给业主大会备案，业委会起诉街道，法院判决街道办事处限期给业委会备案

北京市通州区人民法院

行政判决书

（2014）通行初字第122号

原告：北京市通州区××庄园业主委员会（未备案）；住所地：北京市通州区××庄园小区××××××

负责人：吴××，女，主任

委托代理人：包×，北京市××律师事务所律师

委托代理人：齐×，女，××××年××月××日出生，汉族，无职业

被告：北京市通州区××镇人民政府；住所地：北京市通州区××路××号

法定代表人：邓××，男，镇长

委托代理人：金×，男，北京市通州区××镇人民政府干部

委托代理人：刘××，男，北京市通州区××镇人民政府干部

原告北京市通州区××庄园业主委员会（未备案）（以下简称××庄园业委会）不服被告北京市通州区××镇人民政府（以下简称××镇政府）不予业主委员会备案行为，向本院提起行政诉讼。本院受理后，向××镇政府送达起诉状副本及诉讼通知书。本院依法组成合议庭，公开开庭审理了本案。原告

××庄园业委会的负责人吴××及其委托代理人包×、齐×，××镇政府的委托代理人金×、刘××均到庭参加诉讼。本案现已审理终结。

××庄园业委会诉称，2014年6月14日，××庄园小区召开业主大会会议，对《××庄园小区业主大会议事规则》(以下简称《议事规则》)、《××庄园小区物业管理规约》(以下简称《管理规约》)、业主委员会委员进行表决。同年6月23日，筹备组将《北京市通州区××庄园首次业主大会会议筹备组工作报告》(以下简称《筹备组工作报告》)、《议事规则》、《管理规约》、《业主大会会议决议》及《业主委员会备案单》提交××镇政府，之后虽经多次沟通，但××镇政府仍然拒绝对上述材料进行备案。××庄园业委会认为，××镇政府的行为违反了《北京市物业管理办法》的相关规定，故请求法院判令××镇政府对《筹备组工作报告》、《管理规约》、《议事规则》、《业主大会会议决议》、《业主委员会备案单》进行备案。

××庄园业委会在法定期限内向本院提交了以下证据：

1.签收单，证明××镇政府已实际取得备案所需的全部资料；

2.《业主大会会议决议》，证明××庄园小区业主大会对《议事规则》、《管理规约》、业主委员会委员作出决议；

3.××庄园备案文件(第一部分)；

4.××庄园备案文件(第二部分)；

5.《业主委员会备案单》；

证据3至5证明××镇政府已实际取得备案所需的全部资料；

6.通××字(2014)第5号信访事项答复意见书，证明××庄园业委会与××镇政府相关部门多次协商沟通后得到的回复；

7.《答复意见书》，证明××镇政府不予备案的理由。

××镇政府辩称，依据相关法律法规的规定，其对辖区业主委员会的成立活动进行协助、指导和监督。在××庄园小区业主大会会议进入投票选举阶段后，筹备组便利用侮辱、谩骂、围攻等手段强行阻止物业办、居委会等相关部门的监督。选举投票期间，物业办多次接到××庄园小区业主来电、来访反映投票违规、造假等问题。为核实投票选举过程及结果是否真实有效，××镇政府要求筹备组提供选票及投票委托书原件，但筹备组并未予以配合。物业办根据筹备组提供的电子版选票，核实出虚假选票500余张，故物业办无法对选举结果予以认可。另外，××庄园业委会起诉未得到业主大会授权，违背了全体业主的真实意愿。综上，请求法院驳回××庄园业委会的诉讼请求。

××镇政府在法定期限内向本院提交以下证据：

1.《关于对××庄园首次业主大会流动票箱使用及投票行为规范的通知》，证明流动票箱及书面委托行为规范；

2.《关于按照法律规定进行投票的通知》，证明××镇政府要求筹备组尊重业主真实意愿表达；

3.2014年6月26日《告知书》，证明××镇政府要求筹备组提供投票委托书；

4.2014年7月21日《告知书》，证明筹备组强行阻止××镇政府正常指导和监督，拒不提供原始选票及委托书，故无法证明选举结果真实；

5.××庄园业委会备案事宜洽商会会议纪要，证明筹备组未履行洽商会会议共识；

6.××庄园小区首次业主大会投票选举不真实选票，证明选票不真实；

7.视频，证明筹备组阻碍××镇政府正常工作。

××镇政府为证明其不予备案行为合法向本院提交了《中华人民共和国物权法》、《业主大会和业主委员会指导规则》、《北京市物业管理办法》、《北京市住宅区业主大会和业主委员会指导规则》、《中华人民共和国公益事业捐赠法》作为法律依据。

在举证期限内，××镇政府向本院提交证人出庭申请书，申请其工作人员李×、焦×、部×作为证人出庭作证。本院准许李×、焦×出庭作证。经通知，李×、焦×到庭作证并接受询问。证人李×陈述，2014年5月19日晚6时，××

镇政府工作人员到达××庄园小区，对流动票箱投票进行监督，在与筹备组协商的过程中，部分业主情绪激动对××镇政府的工作人员进行谩骂，因现场混乱，为了不激化矛盾，××镇政府工作人员在请示领导后撤离了现场。证人焦×陈述，2014年5月19日、5月20日××镇政府工作人员到××庄园小区对流动票箱投票进行监督，受到筹备组成员齐×、柴××等人的谩骂和阻挠，为了不引起纠纷，××镇政府的工作人员就撤离了，但筹备组仍继续进行投票工作。

经庭审质证，本院对以上证据作如下确认：

××镇政府提交的证据1至3、5能够证明××镇政府要求筹备组规范投票行为、要求筹备组向其提供全部选票及投票委托书、与筹备组进行协商等事实，本院对上述证据予以认可；证据4可以证明××镇政府对××庄园小区选举结果不予认可，但不能证明筹备组存在阻止××镇政府进行指导和监督的行为，故对其证明问题本院不予认可；证据6系××镇政府单方制作的××庄园小区不真实选票统计表，因××庄园业委会对其不予认可，且××镇政府未提供其他证据进行补强，故本院对该证据的真实性不予认可；证据7不能证明筹备组在选举过程中存在阻碍××镇政府指导和监督的行为，故对其证明问题本院不予认可。证人李×及焦×的证言能够证明2014年5月19日、5月20日××庄园小区部分业主与物业办工作人员产生冲突，但不能证明筹备组存在阻止××镇政府对选举进行指导和监督的行为。××庄园业委会提供的证据能够证明筹备组的产生、筹备组组织召开××庄园小区首次业主大会会议、选举产生××庄园业委会、投票通过《管理规约》、《议事规则》并向××镇政府提交全部备案材料、××镇政府未予以备案等事实，本院对上述证据予以采信。

根据上述有效证据及当事人陈述本院认定事实如下：

2014年2月28日，物业办确定常民秀作为筹备组组长，组织成立筹备组。同年4月1日，物业办确认了以常民秀为组长的筹备组成员名单。4月16日筹备组拟定了××庄园小区首次业主大会会议召开方案，其中，选举方式为现场集中投票和上门投票两种，××镇政府对该选举方式予以认可。5月3日，筹备组在××庄园小区内公告了业主委员会候选人名单及简历、《××庄园小区物业管理规约(草案)》、《××庄园小区业主大会议事规则(草案)》。5月17日,在××镇政府工作人员现场指导和监督下,筹备组组织××庄园小区部分业主进行现场投票。5月19日、5月20日,××镇政府工作人员到××庄园小区,对筹备组上门收取选票进行监督,但由于××庄园小区部分业主与××镇政府工作人员发生争执,××镇政府工作人员离开××庄园小区。之后筹备组继续组织上门投票。5月20日、5月22日,物业办分别向××庄园小区作出通知,要求其规范投票行为、在选举结束后将全部选票报送至物业办。6月1日,筹备组对上门收取的选票在××庄园小区内进行公开唱票。6月14日,××庄园小区业主大会作出《业主大会会议决议》,通过了《管理规约》、《议事规则》,并选举吴×1、吴×2、文××、齐×、王×1、李×1、李×2、牛××、柴××、王×2、周×11人为××庄园业委会委员。6月23日,××镇政府签收了××庄园业委会提交的《筹备组工作报告》、《管理规约》、《议事规则》、《业主大会会议决议》、《业主委员会备案单》及××庄园小区业主大会电子表决统计表光盘,当日××镇政府未对收到的材料进行备案。6月26日,物业办作出《告知书》,要求筹备组向其提供全部选票和投票委托书原件,在核实后决定是否可以备案。后经多次沟通,××镇政府于7月21日作出《答复意见书》和《告知书》,决定对××庄园小区的选举结果不予认可、对提交的材料不予备案。××庄园业委会不服,向本院提起行政诉讼。

本院认为,《北京市物业管理办法》第十七条规定,业主委员会应当自选举产生之日起30日内,持规定材料向物业所在地街道办事处、乡镇人民政府备案。故××镇政府具有为辖区内的业主委员会进行备案的职权。

《最高人民法院关于执行〈中华人民共和国行政诉讼法〉若干问题的解释》第十二条规定,与具体行政行为有法律上利害关系的公民、法人或者其他组织对该行为不服的,可以提起行政诉讼。××庄园业委会与××镇政府不予备案的行为存在法律上的利害关系,其对该行为不服,可以依法提起行政诉讼。

本案中，××镇政府主张筹备组阻止其对××庄园小区业主大会选举进行指导和监督，并拒绝向其提供原始选票及投票委托书，故对××庄园小区的选举结果不予认可，对提交的材料不予备案。但从本案的情况来看，在投票选举前筹备组一直按照××镇政府的指导和监督进行筹备工作，现场投票也是在××镇政府的监督下进行的。在上门投票过程中，虽然××庄园小区部分业主与××镇政府工作人员发生冲突，但××镇政府提交的证据不能证明筹备组存在阻止××镇政府进行指导和监督的行为。《北京市物业管理办法》第十七条规定，业主委员会应当自选举产生之日起30日内，持以下材料向物业所在地街道办事处、乡镇人民政府备案：(一)筹备组出具并由组长签字的业主大会成立和业主委员会选举情况的报告，(二)业主大会决议，(三)管理规约、业主大会议事规则，(四)业主委员会委员名单，材料齐全的，街道办事处、乡镇人民政府应当当场予以备案。根据该条规定，选票及投票委托书不是业主委员会需要提交的备案材料，故××镇政府要求筹备组提交选票和投票委托书并对其真实性进行审查缺乏法律依据。在××庄园业委会已经提交齐全的备案材料后，××镇政府应当予以备案。综上，依据《中华人民共和国行政诉讼法》第五十四条第(三)项之规定，判决如下：

责令被告北京市通州区××镇人民政府于本判决生效之日起五个工作日内对北京市通州区××庄园业主委员会(未备案)提交的《北京市通州区××庄园首次业主大会会议筹备组工作报告》、《××庄园小区物业管理规约》、《××庄园小区业主大会议事规则》、《业主大会会议决议》、《业主委员会备案单》进行备案。

案件受理费五十元，由被告北京市通州区××镇人民政府负担。

如不服本判决，可在判决书送达之日起十五日内，向本院递交上诉状，并按对方当事人的人数提出副本，交纳上诉案件受理费人民币五十元，上诉于北京市第三中级人民法院。如在上诉期满后七日内未交纳上诉案件受理费的，按自动撤回上诉处理。

六、物业公司起诉业主拖欠物业费获胜

北京市朝阳区人民法院

民事判决书

（2018）京0105民初45756号

原告：北京×××物业管理有限公司；住所地：北京市丰台区××××××

法定代表人：路×，执行董事

委托代理人：刘×，住北京市丰台区

委托代理人：冯×，住北京市丰台区

被告：冯×，户籍地广东省深圳市南山区

原告北京×××物业管理有限公司（以下简称原告）与被告冯×（以下简称被告）物业服务合同纠纷一案，本院于2018年5月21日立案后，依法适用普通程序，公开开庭进行了审理。原告的委托代理人冯×到庭参加了诉讼。被告经本院合法传唤无正当理由未到庭应诉。本案依法缺席审判并已审理终结。

原告向本院提出诉讼请求：1.要求被告向原告支付2016年6月1日至2017年5月31日物业费6435.9元及垃圾消纳费200元；2.要求被告向原告支付2016年5月15日至2016年9月15日制冷费2418.3元；3.要求被告向原告支付2016年11月15日至2017年3月15日制暖费2257.08元；4.要求被告向原告支付违约金865.31元。

事实和理由：原告为负责北京市朝阳区×号楼×物业服务的物业公司，被告为该×大厦×室的业主，房屋面积53.74平方米。2016年2月我公司与北京市朝阳区×酒店业主委员会签订《新源里综合楼小区（××）物业服务合同》，约定物业费每平方米每月9.98元，垃圾消纳费每户每年200元。合同第27条约定了违约金条款：业主未能按时足额交纳物业管理费的，应当按照每天万分之五标准向我公司支付违约金。另外涉诉房屋的制冷与制暖均由原告提供服务，收费标准分别为制冷费每供冷季每平方米45元；制暖费每供暖季每平方米42元。被告入住后，原告提供了物业服务，被告也接受了物业服务，目前被告拖欠2016年6月1日至2017年5月31日物业费6435.9元及垃圾消纳费200元；2016年5月15日至2016年9月15日制冷费2418.3元；2016年11月15日至2017年3月15日制暖费2257.08元。故诉至法院，要求支持原告诉讼请求。

被告未到庭应诉亦未答辩。

本院经审理认定事实如下：原告为负责北京市×物业服务的物业公司，被告为该大厦×室的业主，房屋面积53.74平方米。2016年2月原告与北京市朝阳区×酒店业主委员会签订《新源里综合楼小区（××）物业服务合同》，约定物业费每平方米每月9.98元，垃圾消纳费每户每年200元。关于违约金条款，合同第27条约定了违约金条款：业主未能按时足额交纳物业管理费的，应当按照每天万分之五标准向原告支付违约金。另外涉诉房屋的制冷与制暖均由原告提供服务，收费标准分别为制冷费每供冷季每平方米45元；制暖费每供暖季每平方米42元。被告入住后，原告提供了物业服务，被告也接受了物业服务，目前被告拖欠2016年6月1日至2017年5月31日物业费6435.9元及垃圾消纳费200元；2016年5月15日至2016年9月15日制冷费2418.3元；2016年11月15日至2017年3月15日制暖费2257.08元。原告提供物业服务合同、缴费通知单及催缴律师信等予以佐证。

本院认为：依法成立的合同，对当事人具有法律约束力。同时，民事活动应当遵循公平和等价有偿的原则。本案中，被告系涉案房屋产权人，原告为涉案房屋所在小区提供了物业服务，双方之间存在物业服务合同关系。原告向被告提供了物业服务及供冷、暖服务，被告应当向原告支付物业费、制冷费及制暖费。原告主张的物业费、垃圾消纳费、制冷费及制暖费，合理合法，有事实依据，本院予以认可。关于违约金，《物业服务合同》中虽有约定，但原告现有证据不足以证明被告存在恶意拖欠行为，故本院不予支持。被告经本院传唤未到庭，不影响本院根据查明的事实依法进行处理。

综上，依照《中华人民共和国合同法》第八条、第一百零九条；《中华人民共和国民事诉讼法》第一百四十四条之规定，判决如下：

一、被告冯×于本判决生效后七日内支付原告北京×××物业管理有限公司二〇一六年六月一日至二〇一七年五月三十一日的物业费六千四百三十五元九角；

二、被告冯×于本判决生效后七日内支付原告北京×××物业管理有限公司二〇一六年六月一日至二〇一七年五月三十一日的垃圾消纳费二百元；

三、被告冯×于本判决生效后七日内支付原告北京×××物业管理有限公司二〇一六年五月十五日至二〇一六年九月十五日的制冷费二千四百一十八元三角；

四、被告冯×于本判决生效后七日内支付原告北京×××物业管理有限公司二〇一六年十一月十五日至二〇一七年三月十五日的制暖费二千二百五十七元零八分；

五、驳回原告北京×××物业管理有限公司其他诉讼请求。

如未按本判决指定的期间履行给付金钱义务，应当依照《中华人民共和国民事诉讼法》第二百五十三条之规定，加倍支付迟延履行期间的债务利息。

案件受理费104元，由被告冯×负担（原告北京×××物业管理有限公司已预交，被告冯×于本判决生效后七日内给付原告北京×××物业管理有限公司）。

案件公告费560元，由被告冯×负担（原告北京×××物业管理有限公司已预交，被告冯×于本判决生效后七日内给付原告北京×××物业管理有限公司）。

如不服本判决，可于判决书送达之日起十五日内向本院递交上诉状，并按对方当事人的人数提出副本，上诉于北京市第三中级人民法院。

七、业主委员会起诉物业公司归还公共收益获胜

北京市第二中级人民法院
民事判决书

（2018）京02民终10746号

上诉人（原审被告）：北京××物业管理有限公司；住所地：北京市×××××

法定代表人：魏×，总经理

委托诉讼代理人：宋×，女，北京××物业管理有限公司员工

委托诉讼代理人：张×军，北京市××律师事务所律师

被上诉人（原审原告）：北京××业主委员会；住所地：北京市大兴区××7号院（×）室

法定代表人：褚×亮，主任

委托诉讼代理人：徐×珺，女，北京××业主委员会委员

委托诉讼代理人：叶×民，北京××律师事务所律师

上诉人北京××物业管理有限公司（下称××公司）因与被上诉人北京××业主委员会（下称××业委会）物业服务合同纠纷一案，不服北京市大兴区人民法院（2017）京0115民初2637号民事判决，向本院提起上诉。本院于2018年10月15日立案后，依法组成合议庭进行了审理。本案现已审理终结。

××公司上诉请求：撤销一审判决，驳回××业委会的全部诉讼请求，一、

二审案件受理费和因该诉讼引起的所有支出费用均由××业委会负担。

事实和理由:一、××业委会向一审法院提交的认定案件事实的主要证据是电脑主机和由此主机导出的收费累计费用,××业委会称该电脑主机系我公司在××地面停车场收费所用,我公司当庭以该主机和数据来源不明予以否认,请求法庭按照非法证据原则予以排除。我公司在××停车场的收费主机于2016年4月由××业委会授意北京××物业公司采取非法手段强行占有,当时110亦出警处理,但是未追回收费主机。由于电脑主机来源不明,从中导出的数据更无法判断真假,一审法院对该证据直接采信是错误的。二、依据双方于2016年3月签订的物业服务合同约定,地面停车场由我公司经营管理,其收益在扣除成本后按照70%和30%的比例分配。同时又约定,我公司为了应急,本应动用公共维修资金维修而垫付的共用设施、设备的维修费用,由公共收益偿还。我公司进入××小区后发现消防设施瘫痪,多数电梯因设施、设备损坏严重而停运,远不能满足业主的出行需要,为此多次与业委会等沟通尝试动用公共维修资金维修电梯和消防设施,均因业委会阻挠未果。为了确保大厦三个塔楼的业主出行,我公司分别于2015年底和2017年初先行垫付了上百万资金对三个塔楼的近20部电梯逐步修复,至2017年2月,三个塔楼电梯全部修复运行,并通过了质检部门的验收。我公司认为自己先行垫付的资金应该在××业委会70%的停车场收益分配中予以扣除。所以,在双方的物业服务合同已经终止,我公司事实上已经将应付的70%公共收益全部用于××大厦的公共设施、设备的大修的情况下,一审法院判决我公司支付××业委会1119598元停车场收益是显失公平的。三、××地面停车场的正常运行,必然有人员、场地维护、设施设备投入、依法纳税等成本和管理成本,并不能因其他物业服务方面的人员暂时不足而否定停车场管理人员等的成本支出。我公司××项目部的所有资料均被××业委会于2017年4月5日非法强行占有,甚至部分关键资料被恶意损毁、财务保险柜被撬开,近10万元现金不翼而飞。我公司无法获得证明停车场自运行以来日均收费500元的地面停车场收费账本的原始证据。我公司已经将××业委员诉至大兴区人民法院，要求其归还资料、设备和财务账目。一审法院不采信我公司在停车场运行管理中付出的人员工资等成本的理由是不合理的。

××业委会辩称，一审法院认定事实清楚，适用法律正确，同意一审判决，请求驳回上诉，维持原判。一、一审法院采信停车场收费主机及导出的数据正确，××公司申请按照非法证据排除无依据。1.该主机为××停车场使用，财产权归属于广大业主。2016年4月23日，我方已经通知××公司，××小区通过召开业主大会表决通过解聘××公司，终止××公司对小区的物业服务合同，通知××公司当天与业委会及业委会委派的管理公司进行交接。××公司拖着不进行交接，我方取得主机完全合法，不属于非法证据。本案一审法院支持了××公司提出的35000元停车收费系统费用由我方承担，也证明停车场收费系统权属归我方所有。××公司只是管理停车收费的公共设备，其理应将设备移交给我方，我方取得主机合法。2.××公司主张电脑主机来源不明，从中导出的数据无法判断真假的主张没有依据。一审案卷（二）第8页庭审笔录中：一审法官询问××公司主机是你们的吗？××公司答复：是。在××公司诉我方返还原物纠纷（2017）京0115民初8560号民事判决中，××公司主张返还财产中并无该主机，证明该主机不属于××公司，××公司在管理停车场期间使用该主机收费，主机来源清楚。一审开庭时，法院询问是否申请鉴定主机内容是否被修改、更改过，要求××公司3日内给法庭答复，要申请鉴定，3日内提交书面申请，逾期视为放弃。××公司未提交书面申请，放弃进行鉴定。××公司虽然主张该数据来源不合法有被篡改的可能，经法院释明后并未就其主张申请鉴定，××公司无证据证明我方对收费系统的数据进行过修改，一审法院采信该证据正确。二、××公司主张由公共收益偿还垫付费用不能成立。1.××公司没有垫付费用，也不存在垫付资金维修项目。××公司在竞聘物业服务投标书第62页中承诺：项目垫资人民币捌拾万元。公司承诺在经营管理不善的情况下，能保证该项目三年内正常运营。签订的《物业服务合同》第三十五条“本合同签订后一周内，乙方（××公司）向甲方（我方）为××开设的专用账户注资80万元，用于垫付××设备设施修复资金。该账户由甲乙双方共同监管”。第三十六条“乙方所有垫付维修项目均由甲方进行监督执行，乙方垫付资金由××公共收益偿还。”××公司根据其承诺和《物业服务合同》约定应当垫资80万元，但一直未缴纳80万元垫付资金。由于乙方所有垫付维修项目均应当由甲方进行监督执行，不存在垫付资金维修项目，××公司主张垫付资金由××公共收益偿还不能成立。2.《物业服务合同》第三十八条特别约定和原则约定：“8.乙方的垫付资金应有专门用途，使用必须经业主委员会同意。”××公司单方所说垫付资金的使用不能成立。3.共用设施、设备的维修费用规定由物业服务费用支付，不应当由公共收益支付。《物业服务合同》第六条规定，××公司提供的物业服务包括：共用设施设备的日常维修、养护、运行和管理，物业共用设施、设备包括电梯、扶梯、消防设施等。《物业服务合同》第十三条规定，物业服务费用主要用于：服务人员的工资、社会保险和按规定提取的福利费等；物业共同部位、共用设施、设备等日常运行、维护费用；清洁卫生费用；绿化养护费用；维护费用；办公费用、物业共用部位、共用设施设备及公众责任保险费用；法定税费等。根据规定以上费用均应当由物业服务费支付，××公司称为了应急维修本应动用公维基金维修而垫付的公用设施、设备的维修费用，由公共收益偿还的主张没有依据。4.××公司未履行物业服务合同约定的义务，其管理期间维护不善，导致电梯长期停运，消防设施等损毁。上诉状中所谓“多次与业委会等沟通尝试动用公维基金维修电梯和消防设施，均因业委会阻挠未果”完全是××公司推脱责任。我方多次督促××公司履行其在投标书中的承诺和《物业服务合同》中约定的义务，××公司仍不改正。广大业主忍无可忍通过召开业主大会决定解聘××公司，并于2016年4月23日通知××公司进行交接，终止物业服务合同。××公司自称分别于2015年底和2017年初先行垫付上百万资金对三个塔楼的电梯进行修复不是事实。5.××公司主张已经将应付的70%公共收益全部使用于

×小区的公共设施、设备的大修没有依据，也与本案我方主张的停车场收益的地面车位收益的70%返还业主无关，××公司的主张依法不应当支持。三、一审法院不采信××公司在停车场的人员工资的理由合理。××公司在竞聘物业服务管理的投标书中承诺的人员编制是67人，而实际全部服务人员只有15人，××公司在物业服务基本配备严重不足的情况下，没有为停车场增设人员，不存在管理成本增加的问题。《物业服务合同》第十三条规定，物业服务费用主要用于服务人员的工资、社会保险和按规定提取的福利费等；物业共同部位、共用设施、设备等日常运行、维护费用；清洁卫生费用；绿化养护费用；维护费用；办公费用、物业共用部位、共用设施设备及公众责任保险费用；法定税费等。以上项目费用明确规定由物业服务费支付，没有规定由公共收益支付。四、××公司所称“××项目部的所有资料均被我方于2017年4月5日以非法手段强行占有，甚至部分关键资料被恶意毁灭，财务保险柜被撬开，近十万元现金不翼而飞，无法获得证明停车场自运行以来日均收费500元的地面停车场的收费账本的原始证据”的说法无依据。1.××公司将我方诉至大兴区人民法院，要求我方归还资料、设备和财物案。该案二审已经判决，维持了一审判决，并且已经于2018年6月7日执行完毕。2018年6月7日，大兴法院执行局执行返还原物的案件，在法院执行局的谈话笔录证明显示：2017年8月审理该案的霍法官去现场清点了所有的物品，包括保险柜，当时保险柜处于锁闭状态，没有任何人主张过其中的物品，2017年11月天华路派出所、荣华街道办事处工作人员去现场清查物品，搬运中无意打开了一个保险柜，里面存放有现金27876元，此笔现金被派出所扣押，除现金外无其他任何物品，派出所全程进行了录像。我方的委托人陈财认可该结果。我方没有撬开保险柜，没有损毁资料，也根本不存在十万元现金，保险柜中没有地面停车场的收费账本的原始凭证。2.××公司无证据证明停车场自运行以来日均收费500元的地面停车场的收费，而案卷（一）第69页，我方按照××停车系统主机导出数据计算，2014年7月1日至2016年4月22日，××公司660天内收费人民币1634426元，日均收费

2476.4元，我方计算的日均收费标准有依据。3.案卷（二）2017年5月3日庭审笔录，××公司认可事实：××公司自2014年3月6日开始收停车费，自认收费到2017年4月5日，实际收取停车费的时间自2014年3月6日至2017年4月5日，共收费1126天。一审法院根据主机导出的数据支持了2014年7月1日至2016年4月22日660天收费。而剩余的465天的停车费，按照日均收费2476.4元计算涉及停车费用金额1151526元，对于该剩余天数的收费，一审法院未支持我方要求：按照70%返还给业主的要求，该115万余元停车收费款由××公司侵占。五、一审法院依照《中华人民共和国合同法》第九条，《中华人民共和国物权法》第七十四条规定依法判决，适用法律正确。

××业委会向一审法院起诉请求：1.判令××公司支付地面车位收益利润1634426元；2.××公司承担本案全部诉讼费用。

一审法院认定事实：2014年3月，××业委会（甲方）与××公司（乙方）签订《北京市物业服务合同》，合同约定乙方为甲方提供物业服务，服务期限为三年，自2014年3月6日至2017年3月5日。乙方提供的物业服务范围内包括了××地面及地下停车广场的运行管理。合同中还约定了物业共用设施设备明细。合同中对于物业共用部分的经营收益约定如下：××物业共用部分的收益，扣除乙方的经营成本后按照甲方70%，乙方30%的比例分配。物业共用部分的经营收益包括：地面车位收益利润的70%返还业主（成本共同测算）。

2014年3月8日，××业委会、××公司及北京德融物业管理有限公司（下称德融公司）签订交接协议书。协议书中约定，自2014年3月10日起，开始进行××物业管理交接工作。截止2014年3月10日，之前的物业服务收费权益归德融公司，之前的所有××物业服务开支由德融公司承担；之后的物业服务收取权益归××公司，之后的所有××物业服务开支由××公司全部承担。

庭审中，××业委会提交了××公司记录停车场收费数据的主机。根据实时收费记录统计，2014年7月1日至2016年4月22日之间共收费1634426元。××公司自认其于2014年3月6日已经进入小区开始收费，2016年4月23日公司的收费系统主机被扣押。××公司认为因电脑主机被××业委会非法占有，故通过主机导出的数据是非法证据，不排除被更改过，故不予认可。法院释明××公司可对主机数据是否被更改过申请鉴定，其未提出申请。

关于停车场的人工成本支出，××公司主张其有2个门岗，需要雇佣6名保安，每人每月工资3000元，每年工资及各类保险福利合计291600元。需要雇佣两个保洁打扫卫生，每人每月工资2500元，每年工资及各类保险福利合计85200元。为证明其上述主张，××公司提交了劳动合同及自行制作的××项目部工资表。工资表上没有领款人员签字，××公司称其通过现金方式发工资。

××业委会对××公司关于人工成本的主张不予认可，提出两点反驳理由：第一，××公司竞聘物业管理的投标书中记载的人员编制，其中保安部33人，保洁部21人，但服务期间实际人员配备严重不足。业委会多次发函要求其公示人员配备名单并提供在职证明。后在广大业主的施压下，××公司将工作人员的照片公示在物业办公室的公示栏上，全部人员共计15人。其在物业服务基本人员配备不足的情况下，更没有为停车场增设人岗，不存在管理成本增加的问题。××业委会提交了2016年11月25日公示栏照片打印件作为证据。××公司对该证据的真实性不予认可。第二，物业服务合同中第二章（物业服务事项、标准）第六条第5项约定“负责清洁卫生服务，包括物业共用部分、公共区域的清洁卫生，垃圾的收集等”。第7项约定“负责×地面及地下停车场的运行管理”。××业委会主张小区门口保安本身就负责地下车库的车辆进出，兼顾管理地面停车场的车辆进出，并不存在额外的支出。××公司反驳称地下停车场是有产权的，不需要收费，而地面停车场是需要收费的。法院询问××公司能否提交证据，证明其因地面停车场的运营而增加了该岗位保安的工资。××公司表示不能提交。法院询问物业服务合同第六条第7项所约定的运营管理内容，是否包括保洁打扫卫生。双方均回答“包括”。

关于停车场的设备成本，××公司主张其购买停车收费系统支出35000

元，并提交了买卖合同和收据。××业委会认可××公司接手物业后更换过一次道闸。

关于停车场运营收入的报税情况，××公司陈述其公司同时管理3、4个小区，其将所有的物业项目合并后统一报税，没有将××小区单独作为一个项目报税。法院要求其提交停车场项目报税中具体情况资料，××公司未能提交。

经询问，××公司表示其在小区中没有单独公示过停车场的收费情况。

针对停车场经营成本的争议，法院询问××公司是否申请审计核算，其表示不申请审计。

××业委会提交的北京市公共停车场经营备案证显示，××停车场地上车位数共计112个。

一审法院认为，合同双方当事人均应按照合同约定履行义务。××业委会与××公司签订的物业合同中约定，××公司自2014年3月6日至2017年3月5日负责××物业的运行管理工作。对于物业共用部分的收益，应当在扣除成本后将70%分配给××业委会。本案中的停车场收益亦应按照上述分配原则进行分配。关于涉案停车场的收入，××业委会提供了××公司所使用的停车收费系统中导出的数据作为其诉讼请求的依据，××公司虽然主张该证据来源不合法且有被篡改的可能，但经法院释明后，并未就其主张申请鉴定。××业委会提供数据中的统计时间段，包含在××公司认可的其在小区经营停车场的时间范围内，且该收费系统一直由××公司使用。现无证据证明××业委会对收费系统的数据进行过修改，故法院对该数据予以采信。关于××公司所支出的成本，对于人工成本一项，其中停车场属于物业服务合同约定的保洁服务范围，双方亦认可停车场运营管理包括保洁的清扫工作，不应属于额外支出项目，故对于保洁支出的主张，法院不予采信。小区出入口保安同时管理地上和地下停车场。庭审中，××公司自认并未因地面停车场的存在而额外增加保安的工资。××公司主张专为地面停车场增加6名保安，没有合理依据。综上，法院对于××公司关于人工成本的主张不予采信。关于设备成本一项，××提供了买卖合同及收据，法院对此予以采信，该部分支出应作为成本予以扣除。关于纳税成本一项，虽然停车场的经营收入应当依法纳税，但××公司自述在税务申报时，是将其负责的多个物业小区合并报税。并且，其未向法院提交诉争停车费收入的税务申报材料。法院认为，既然没有相关报税材料，且××公司也不申请成本审计，故其主张的税务成本因无证据支持，法院不予采信。同时，法院在此应当指出，纳税是一项基本义务。停车费系物业服务合同中约定的共有部分的经营收益。双方既然分割收益，则在无法确定该部分收益已交税的情况下，法院不宜将应纳税金额归由任何一方保管。本案中比较妥当的方式是，双方仍按照合同约定的比例分割收益（扣除设备成本），再由双方按照各自分得的金额依法补交相应税款。法院对此亦会予以监督。经计算，××公司应返还给××业委会停车费收益1119598元。据此，一审法院判决：一、北京××物业管理有限公司于判决生效之日起十日内返还北京经济技术开发区××业主委员会停车场收益1119598元；二、驳回北京经济技术开发区××业主委员会的其他诉讼请求。如果未按本判决指定的期间履行给付金钱义务，应当依照《中华人民共和国民事诉讼法》第二百五十三条规定，加倍支付迟延履行期间的债务利息。

本院查明的事实与一审一致。另补充查明，××业委会与××公司签订的《北京市物业服务合同》约定，本合同签订后一周内，××公司向××业委会为××开设的专用账户注资80万元，用于垫付××设备设施维修资金。该资金账户由××业委会与××公司共同监管。××公司所有垫付维修项目均由××业委会监督执行，××公司垫付资金由××公共收益偿还。但合同履行过程中，双方并没有建立上述共管账户，故亦不存在向共管账户注资80万元的事实。××公司在二审审理中不再坚持上诉状中关于应分配给业主的公共收益抵扣维修费用的上诉理由。

本院认为，××业委会与××公司签订的《北京市物业服务合同》系双方真实意思表示，不违反法律、行政法规的强制性规定，合法有效，双方均应依约履行。合同约定，××物业共用部分的收益，扣除××公司的经营成本后按照××业委会70%，××公司30%的比例分配。现××业委会要求××公司按照合同约定向其支付地面车位收益利润的70%，符合约定，应予支持。

本案的争议焦点为××公司经营期间的地面车位收费总额和应扣减的经营成本。关于地面车位收费总额，根据××业委会提交的××公司记录停车场收费数据的主机和从中导出的数据，可以看出2014年7月1日到2016年4月22日期间××公司收取地面停车位费用总计为1634426元。××公司上诉认为上述主机系××业委会非法取得，但双方此前纠纷中对此并无定性，上述主机系目前记录该期间停车场收费最客观真实的载体，故可依法作为本案证据。对于从该主机中导出的数据资料，经一审法院释明，××公司并未申请对数据是否被更改进行司法鉴定，故本院对从该主机中导出的数据真实予以确认。在××公司未能提供足以推翻上述认定的证据前提下，一审法院确认××公司收取的地面停车位费用总计为1634426元并无不妥。

关于经营成本，首先，一审法院已经认定了××公司主张的设备成本35000元，并从收费总额中予以扣除；其次，对于人工成本，因××公司未能举证证明为地面停车场配备了区别于小区物业服务的专职保安或因地面停车场的运营而增加了小区原有保安的工资，且地面停车场的保洁包含在小区物业保洁的范围内，不应再额外产生新的保洁费用，故一审法院未支持××公司关于人工成本的主张并无不妥；最后，关于纳税问题，因××公司没有向法院提交地面停车场的税务申报资料及纳税金额证明，故一审法院未预先将应向国家缴纳的税款作为成本扣除，而是要求××公司与××业委会分别按照最终分配所得的收益金额向纳税部门补交税款，该做法亦无不当。

根据上述分析认定，一审法院判令××公司返还××业委会停车费收益1119598元，符合合同约定。关于××公司在上诉状所述为小区垫付的维修费用一节，其可另行主张，本案中未予处理。

综上所述，××公司的上诉请求不能成立，应予驳回；一审判决认定事实清楚，适用法律正确，应予维持。依照《中华人民共和国民事诉讼法》第一百七十条第一款第一项规定，判决如下：

驳回上诉，维持原判。

二审案件受理费14876元，由北京×物业管理有限公司负担（已交纳）。

本判决为终审判决。

八、物业公司擅自给业主停电被判赔偿9900元

广东省惠州市中级人民法院
民事判决书

（2019）粤13民终5597号

上诉人（原审原告）：祖×成，男，汉族，住黑龙江省大庆市萨尔图区

委托诉讼代理人：范×义，广东××事务所律师

被上诉人（原审被告）：惠州市××物业管理有限公司；住所地：惠州市××小区×楼

法定代表人：詹×

委托诉讼代理人：杨×培，广东××律师事务所律师

上诉人祖×成与被上诉人惠州市××物业管理有限公司（以下简称“××物业公司”）排除妨害纠纷一案，因上诉人祖×成不服惠州市惠城区人民法院（2019）粤1302民初7478号民事判决，向本院提起上诉。本院受理后，依法组成合议庭审理了本案。本案现已审理终结。

祖×成上诉请求：1.撤销（2019）粤1302民初7478号民事判决；2.改判支持上诉人的原审全部诉讼请求。事实与理由：上诉人于2014年购买惠州市惠城区××小区2单元802室，面积87.6平方米商品房屋一套，开发商于2015年8月10日交付使用，被上诉人系小区物业管理公司，为小区提供物业服务，上诉人生活用水由自来水公司委托被上诉人代收代缴。2018年7月，因被上诉人物业

服务达不到约定要求，物业又不改进的情况下，上诉人暂停缴物业费。可上诉人在购水时，物业以欠交物业费为由，拒绝上诉人买水，上诉人多次找到被上诉人协商，被上诉人竟然将上诉人的水表直接拆除，问清缘由并发了一份告知函。物业方明确表达不供水。上诉人因生活用水受到限制，给上诉人生活带来极大不便，只能另行租房居住。截至开庭之日前，物业竟把水表安装回去，并改口否认拆除过，拒绝赔偿。上诉人认为，依据《惠州市物业管理办法》，供水属于受托专业服务，物业不能以与上诉人物业费纠纷为由，利用自身优势，限制上诉人使用生活用水，同时被上诉人强行拆除水表的行为，已构成侵权。故诉至法院，要求被上诉人停止侵权，恢复供水，并赔偿损失10800元（停水之日起每个月900元房租直至恢复供水）及承担本案的诉讼费用。

××物业公司辩称，一、被上诉人没有实施本案所谓的侵害行为，上诉人提交的相关证据无法证明被上诉人有加害行为。二、上诉人现有证据无法证明其损害结果是客观真实存在的。三、上诉人也无相关证据证明本案所谓的侵害结果与被上诉人相关行为存在因果关系，故本案一审认定事实清楚，适用法律正确，恳请驳回上诉人全部诉讼请求。

祖×成向一审法院起诉请求：1.要求被告停止侵权，恢复供水，并赔偿损失20000元（停水之日起每个月2000元房租直至恢复供水）；2.要求被告承担本案的诉讼费用。

一审法院查明，原、被告存在物业服务合同关系，被告除向原告提供物业管理服务外，还代为收取水费。2018年5月30日，被告向原告发出《催缴函》，告知原告已拖欠2017年6月至2018年6月期间物业管理费、水费、公共公摊电费及违约金合计4381.01元，要求原告于2018年6月30日前缴清拖欠的物业费及相关费用。原告确认收到该《催缴函》，并称因被告未尽到物业服务义务，其不应承担上述期间的物业费，其有向被告交纳水费，但被告将物业费与水费捆绑收费，拒收水费，并将其水表拆除、不给原告供水。为对此证明，原告向本院提交了其单方制作的《告知函》、照片及视频光盘等证据材料。其中，照片显示2号管没有水表。光盘的视频分为三段内容，其中一段内容显示2号管没有水表，第三段内容为有两工作人员用扳手准备作业，第三段视频显示2号管装有水表，原告在该视频中介绍称，其家水表于2018年7月被拆除，2019年5月22日已恢复。被告对上述证据均不予认可，并否认其有对原告的水表进行拆除与停止供水的行为。

2019年4月8日，原告诉至本院，要求判如所请。

一审法院认为，当事人对其主张有责任提供证据予以证明，人民法院亦仅能根据当事人提供的合法、有效的证据作为定案的依据。本案中，原告主张被告存在拆除其家水表、停止对其供水的侵权行为，并要求被告赔偿其经济损失20000元，但原告提供的《告知函》系其单方制作，无证据显示已送达给被告，原告提供的照片及光盘系视听资料，被告对此又不予认可，不能单独作为定案的依据，仅凭原告提供的现有证据材料不足以证明被告对其实施了侵权行为，且即使案涉水表系被告派人拆除，但根据原告提供的视频及其在视频中的陈述，案涉房屋的水表于2019年5月22日亦已恢复。原告诉请被告停止侵权，恢复供水，缺乏相应的事实依据，本院不予支持。原告在本案中未提供相应证据予以证实其因水表被拆除所造成的具体经济损失，原告要求被告赔偿其经济损失20000元的诉讼请求，亦因缺乏相应的事实依据，本院不予支持。一审法院判决：驳回原告祖×成的诉讼请求。

本院二审期间，双方当事人围绕上诉请求进行了举证，本院组织双方当事人进行了证据交换和质证。

祖×成向本院提交以下五组证据：证据一，微信截图，主要证明被上诉人对上诉人答复不缴费就停水的处理方法；证据二，政府热线拟办单及报警回执，证明上诉人在2018年7月被停水、水表被拆除的事实；证据三，房屋租赁合同及微信转账凭证，证明上诉人租房并每月支付900元房租的事实；证据四，证人证言，证明上诉人水表被拆除的事实；证据五，收据，证明上诉人向房东交房租共7200元的事实。

××物业公司质证意见为，根据现有的证据举证规则和相关证据法规，这五组证据非新证据，我方不予质证。证据一微信截图没有原件，与本案没有关联性，不予认可；证据二拟办单、报警回执的真实性无法确认，与本案事实无关；证据三真实性不认可；证据四对其合法性不予认可；证据五对其真实性、关联性不予认可。

××物业公司提交了《物业服务收费备案表》、《欠费催缴单》、《缴费通知单》，证明祖×成欠缴物业服务费及水电费的事实。

祖×成质证意见为，我方对欠缴物业费没有异议，但对被上诉人提交的材料的关联性有异议，被上诉人并没有提交物业管理服务合同。对此，依据《物业管理条例》第65条规定，物业公司与业主未签订书面服务合同的，业主可以拒绝缴纳物业管理费，因此上诉人欠缴物业费具有一定的正当性。综上，我方对对方提交的证据不予认可。

2019年10月30日，本院向××物业公司调取了《2018年度××首府水表读数》及《2019年度××首府水表读数》，并向××物业公司员工张孝燕、韦新星了解祖×成所在房号抄表情况。2019年11月4日，本院通知双方当事人对上述证据发表书面质证意见。双方均放弃质证。

本院经审理查明的事实：一审法院查明的基本事实属实，本院予以确认。

本院另查明，2018年7月23日，祖×成通过惠州市12345政府服务热线投诉××物业公司私停住户用水问题。惠州仲恺高新技术产业开发区房产管理中心回复称“祖×成：关于您反映的问题，7月24日下午，我中心工作人员当面与您和物业公司协调解决问题，但双方意见不一，协调未果，建议您通过法律程序解决问题”。

2018年7月23日，祖×成通过惠州市厚德居房地产经纪有限公司与黄春燕签订一份《房屋租赁合同》，租期为2018年7月23日至2019年7月23日，每月租金为900元。

2019年4月1日，祖×成提起本诉时，其诉讼请求为要求被告赔偿20000元

（停水之日起每个月2000元房租直至恢复供水）。二审期间，祖×成对赔偿数额由20000元变更为10800元。

2019年10月30日，本院向××物业公司调取了《2018年度××首府水表读数》及《2019年度××首府水表读数》，两份表格显示上诉人祖×成所在房号2018年6月至2019年6月期间，每月水表读数为47，在《2019年度××首府水表读数》上标注“已拆表”，2019年1月至3月期间标注“停”或“停用”。同日，本院在询问张孝燕为何催缴单上2018年6月30日至2019年6月30日没有用水数据，是没有产生水费吗？张孝燕答“是的，没有产生水费系统就没有数据，这个业主有一段时间搬走了，他没有在这里住”，问为什么表格上会备注“停用”？张孝燕答“可能是录表员知道业主不在”。在询问韦新星时问表格上的“停用”是你写的吗？韦新星答“是的，管理层说先停用，具体何时停用我不清楚。‘已拆表’应该是前台标注的，物业是通过对讲机叫我们停水的”。

本院认为，根据《中华人民共和国民事诉讼法》第一百六十八条“第二审人民法院应当对上诉请求的有关事实和适用法律进行审查”、《最高人民法院关于适用〈中华人民共和国民事诉讼法〉的解释》第三百二十三条“第二审人民法院应当围绕当事人的上诉请求进行审理。当事人没有提出请求的，不予审理，但一审判决违反法律禁止性规定，或者损害国家利益、社会公共利益、他人合法权益的除外”的规定，综合本案各方当事人在二审中的上诉和答辩意见，本案的争议焦点为：××物业公司是否应向祖×成赔偿房屋租赁费。

根据《中华人民共和国合同法》第一百七十六条“供用电合同是供电人向用电人供电，用电人支付电费的合同”、第一百八十四条“供用水、供用气、供用热力合同，参照供用电合同的有关规定”的规定，物业管理公司不是供水人，无权擅自停止对业主供水。本案中，祖×成作为业主，享有正常使用水的权利，××物业公司擅自停水构成侵权。由于××物业公司的停水行为导致祖×成无法使用房屋，给祖×成的生活、居住造成不便，产生一定的经济损失，其诉请要求支付停水期间的房屋租赁费应予以支持。2018年7月××物业公司开始停水，祖×成称至2019年5月22日恢复供水，××物业公司虽不认可该时间，但其未提供证据证实具体恢复供水时间，故祖×成所称2019年5月22日恢复供水的时间本院予以认可。鉴于××物业公司恢复供水之后，祖×成搬家需要一定的时间，且根据《房屋租赁合同》的约定，祖×成已经交纳2019年6月的房租，故祖×成租房损失计付至2019年6月较为合适。在此期间，祖×成支付的房屋租赁费为9900元（每月900元，共计11个月），应由××物业公司赔偿给祖×成。

综上，祖×成的上诉理由成立，本院予以支持。依照《中华人民共和国民事诉讼法》第一百七十条第一款第（二）项之规定，判决如下：

一、撤销惠州市惠城区人民法院（2019）粤1302民初7478号民事判决；

二、被上诉人惠州市××物业管理有限公司在本判决生效后七日内向上诉人祖×成支付房租损失9900元。

三、驳回上诉人祖×成的其他诉讼请求。

如果未按本判决指定的期间履行给付金钱义务，应当按照《中华人民共和国民事诉讼法》第二百五十三条之规定，加倍支付迟延履行期间的债务利息。

本案一审案件受理费150元由被上诉人惠州市××物业管理有限公司负担。二审受理费300元，由上诉人祖×成负担25元，被上诉人惠州市××物业管理有限公司负担275元。

本判决为终审判决。

九、物业公司起诉业主缴纳物业费2480元加年利6%，二审判决业主只用缴纳1000元

河南省南阳市中级人民法院
民事判决书

（2020）豫13民终6107号

上诉人（原审被告）：卢××，男，××××年××月××日出生，汉族，户籍所在地河南省方城县，现住河南省方城县

委托诉讼代理人：余××（系卢××妻子），女，××××年××月××日出生，汉族，户籍所在地四川省眉山市东坡区，现住河南省方城县

被上诉人（原审原告）：杨××，男，××××年××月××日出生，汉族，户籍所在地河南省方城县，现住河南省方城县

委托诉讼代理人：王×，河南××律师事务所律师

上诉人卢××因与被上诉人杨××物业服务合同纠纷一案，不服河南省方城县人民法院（以下简称一审法院）（2020）豫1322民初1243号民事判决，向本院提起上诉。本院于2020年11月10日立案后，依法组成合议庭进行了审理。本案现已审理终结。

卢××上诉请求：撤销一审判决，发回重审或依法改判；一、二审的诉讼费用由杨××承担；因本案给卢××带来的经济损失、精神损失、误工损失、车旅费均由杨××承担。事实和理由：1.根据《合同法》第六十六条，卢××享有

同时履行抗辩权。2.业主享有知情权并且拥有行使知情权的权利，卢××要求杨××出示相关证件，杨××一直未出示，现卢××仍要求杨××公开公示相关证件。3.本小区消防箱内没有消防水带、消防水带被私自拆下用电梯挪走、消防通道被各种杂物、垃圾和车辆堵塞、消防疏散通道标识缺失、无消防设施标识和使用指引、楼道内无消防器材。本小区二单元的电梯年检到期时间显示为2020年8月5日，但是到目前并没有再次年检，且电梯频繁出现故障。因此，杨××与业主委员会均没有履行各自职责，给本小区二单元业主的生命财产安全带来了严重的安全隐患。杨××违约在先且严重损害了卢××的合法权益。4.业主委员会这个组织在并不存在的情况下就已经与杨××签订了物业管理服务协议，还发布了物业管理办法。5.杨××与业主委员会签订的物业管理服务协议显示其全权负责本小区的物业管理服务工作并收取物业费，且没有约定物业管理服务协议的终止时间。但卢××的妻子与杨××及其妻子在2020年7月10日的沟通中，杨××与其妻子明确说明并不是全权负责，只是参与一小部分，管理物业的还有好几个人，有事还需要与业主委员会主任耿春龙商量。在2018年8月10日的物业收费收据中显示收费人为业主委员会主任耿春龙，物业费起止时间为2018年5月1日至2019年5月1日。2019年12月20日的物业收费收据也显示收费人为业主委员会主任耿春龙，物业费起止时间为2019年12月20日至2020年4月1日。故杨××所描述的事实与业主委员会的行为不相符，相互矛盾。6.杨××与××锦园业主委员会所签订的《××锦园物业管理服务协议》符合恶意串通、损害集体和第三人利益，以合法形式掩盖非法目的的特征。7.业主委员会主任耿春龙多次带领多名男子在没有表明身份和来意的情况下要求进入卢××家中，卢××及其妻子的生命财产安全受到了严重威胁，特别是卢××的妻子长期生活在恐惧中，遭受了严重的精神和心理创伤，无法工作，更无法照顾家中上学的孩子，家庭经济遭受了巨大的损失。8.卢××的电动自行车停在本小区楼下被高空抛物砸坏了，物业服务企业作为建筑物管理人应当采取必要的安全保障措施防止从建筑物中抛掷物品的情形发生，未采取必要安全保障措施的,应当依法承担未履行安全保障义务的侵权责任。9.业主委员会成员张丙领在名为“邻居们”的业主微信群对卢××的妻子进行辱骂,使得卢××妻子在本小区无法抬头做人,长期遭受精神上和心理上的折磨。望二审法院依法查明事实,判决支持卢××的诉求。

杨××辩称,一审判决认定事实清楚,适用法律正确,请求驳回上诉,维持原判。1.杨××自2018年5月签订了《××锦园物业管理服务协议》后一直为卢××提供物业服务,小区环境有了很大的完善,卢××一直享受着杨××带来的服务,却不支付物业管理费明显显失公平,且违反协议约定。2.虽然杨××无资质,但业主委员会与杨××签订服务合同时就对此明知并予以认可,不能因无资质就否认杨××提供的物业服务,更不能因此不支付物业费,因此双方已经形成了事实上的物业服务合同关系,并已经履行完毕。3.卢××在上诉状中所述内容大部分与本案无关,并非物业管理服务的内容,需要通过其他诉讼解决。而杨××作为一个普通老百姓,不存在组织领导参加黑社会性质组织的行为,业委会主任与卢××妻子之间的纠纷与本案无关,高空抛物并非物业服务原因造成的,系另一个法律关系。

杨××向一审法院起诉请求:依法判令卢××支付杨××物业服务费2480元,并自起诉之日起按年息6%支付利息至款付清止。诉讼费用由卢××负担。

一审法院认定事实:卢××购买有方城县××锦园2单元703房屋一套,面积103.36平方米。2018年5月1日,杨××与方城县××锦园业主委员会签订了《××锦园物业管理服务协议》,约定:杨××向××锦园小区业主提供物业服务,业主向杨××交纳物业服务费用,物业服务费按七楼以上每月每平方米1元收取,物业服务费用定于每年9月10日前交清。协议签订后,杨××依约向卢××提供了基本的物业服务,卢××自2018年5月1日起以杨××未提供完善的物业服务为由拒交物业费至今。杨××经多次催要未果,于2020年4月13日起诉至一审法院,请求依法判令卢××支付杨××自2018年5月1日至2020

年4月30日期间物业服务费2480元，并自起诉之日起按年利率6%支付利息至款付清止。诉讼费用由卢××负担。

一审法院认为，杨××与方城县××锦园业主委员会签订的《××锦园物业管理服务协议》是双方真实意思表示，内容不违反法律规定，为有效合同。卢××作为方城县××锦园小区的业主，该协议对其具有约束力。杨××依约向卢××提供了基本的物业服务，卢××理应依约交纳相关物业管理服务费用。故杨××诉请卢××支付自2018年5月1日至2020年4月30日期间物业服务费2480元的理由成立，一审法院予以支持。卢××未及时交纳物业服务费，现杨××诉请卢××自起诉之日即2020年4月13日起按年利率6%支付利息，符合法律规定，一审法院予以支持。卢××辩称其不认识杨××、没有与杨××签订物业管理协议、杨××没有催缴物业费的辩解意见，与一审法院查明事实不符，一审法院不予采纳。卢××辩称杨××没有提供完善的物业服务的辩解意见，经查，该小区整体物业管理尚可，对业主反映的车辆停放、卫生等问题能够及时整改，杨××应当加大对小区车辆停放的引导、管理，加强楼道堆放物的清理，创造畅通出行环境。故卢××所辩意见、理由不能成立，一审法院不予采纳。依据《中华人民共和国民法通则》第八十四条，《中华人民共和国合同法》第四十四条、第六十条、第一百零七条，《最高人民法院关于审理物业服务纠纷案件具体应用法律若干问题的解释》第一条、第六条之规定，判决：卢××于本判决生效后十日内支付杨××2018年5月1日至2020年4月30日期间的物业服务费2480元。并自2020年4月13日起按年利率6%计付利息至款付清止。如果未按本判决指定的期间履行给付金钱义务，应当依照《中华人民共和国民事诉讼法》第二百五十三条之规定，加倍支付迟延履行期间的债务利息。案件受理费50元，由卢××负担。

本院二审期间，卢××提交两份视频光碟、一组照片以及凤瑞街道办事处南阁社区居委会证明、本小区物业管理办法、物业管理服务协议，拟证明该小区的物业管理不达标，且业委会在未成立的情况下就与杨××签订了物业管理服务协议还发布了物业管理办法。杨××质证称，视频与照片显示的情况均不是杨××从事物业服务期间的状况，杨××于2020年5月就与业委会解除了物业服务合同，杨××从事物业服务期间不存在上述问题，上述证据与本案无关。因杨××与业主不熟悉，期间耿春龙曾代杨××收取物业费，杨××与业委会签订有物业服务协议，其收取物业费合理合法。综合双方举证、质证意见，本院对上述证据认证如下：一审结束后卢××取得的照片、视频资料，是在杨××退出物业服务后取得的，与本案缺乏关联性。其余证据均不属于二审新证据，本院不予采纳。

本院对一审查明的事实予以确认。

本院认为，本案二审争议焦点为：杨××向卢××主张物业管理费能否得到支持。《最高人民法院关于审理物业服务纠纷案件具体应用法律若干问题的解释》第一条规定："建设单位依法与物业服务企业签订的前期物业服务合同，以及业主委员会与业主大会依法选聘的物业服务企业签订的物业服务合同，对业主具有约束力。"《物业管理条例》第三十二条规定："从事物业管理活动的企业应当具有独立的法人资格。"本案中××锦园业主委员会与杨××签订《××锦园物业管理服务协议》，因杨××为个人，不具有物业管理资质，故该协议违反了相关物业管理法规的规定。但协议签订后，杨××依约提供了基本的物业服务，卢××享受了物业服务，双方已构成事实上的物业服务合同关系，现杨××要求卢××支付欠付的物业费有事实依据。本院综合考虑杨××提供物业服务的情况以及杨××不具有物业管理资质等情节，酌情对杨××要求的物业管理费数额扣减一定的比例，酌情支持1000元，对相关利息的请求本院不予支持。本案系物业服务合同纠纷，卢××上诉主张的因对其造成财产损害、精神损害要求赔偿损失的问题与本案并非同一法律关系，本院不予审查处理。

综上所述，卢××的上诉请求部分成立，对成立部分本院予以支持。依照《中华人民共和国民事诉讼法》第一百七十条第一款第二项之规定，判决如下：

一、撤销河南省方城县人民法院（2020）豫1322民初1243号民事判决；

二、卢××于本判决生效后十日内支付杨××2018年5月1日至2020年4月30日期间的物业服务费1000元；

三、驳回杨××的其他诉讼请求。

如果未按本判决指定的期间履行给付金钱义务，应当依照《中华人民共和国民事诉讼法》第二百五十三条之规定，加倍支付迟延履行期间的债务利息。

一审案件受理费50元，二审案件受理费50元，共计100元，由卢××负担。

本判决为终审判决。

十、物业公司起诉业委会身份不合法被驳回

河北省高级人民法院
行政裁定书

（2020）冀行再6号

再审申请人（一审第三人、二审上诉人）：永清县××小区业主委员会；住所地：河北省永清县××××××

负责人：张×宝，该委员会主任

委托诉讼代理人：秦×青，该小区业主

委托诉讼代理人：曲×，北京××律师事务所律师

被申请人（一审原告、二审被上诉人）：都×，女，满族，住河北省廊坊市××××1栋2单元201室

委托诉讼代理人：孙×伟，河北××律师事务所律师

被申请人（一审被告）：永清县韩村镇人民政府，住所地河北省××韩村

法定代表人：李×学，该镇镇长

再审申请人永清县××小区业主委员会（以下简称××业委会）与被申请人都×、永清县韩村镇人民政府（以下简称韩村镇政府）备案纠纷一案，河北省廊坊市中级人民法院于2019年4月3日作出（2019）冀10行终9号行政判决，已经发生法律效力。本院于2019年12月29日作出（2019）冀行申757号行政裁定，对本案进行提审。本院依法组成合议庭，开庭审理了本案。再审申请人

××业委会的负责人张×宝及该业委会的委托诉讼代理人秦×青、曲×，被申请人都×的委托诉讼代理人孙大伟到庭参加诉讼。被申请人韩村镇政府经本院传唤未到庭。本案现已审理终结。都×于2018年9月25日向河北省永清县人民法院起诉请求，撤销韩村镇政府对××业委会的备案。再审法院审理查明，都×于2016年5月2日购买××小区楼房一套，系××小区业主。2017年7月24日，××小区业主张×宝、潘×霞、郝×、高×员、张×光向韩村镇政府提出申请，要求成立业主委员会筹备小组。2017年11月2日，韩村镇政府作出批复，认为××小区符合召开首次业主大会的条件。2018年1月7日，韩村镇政府成立××小区首次业主大会会议筹备组。2018年3月6日，××小区首次业主大会会议筹备组公示首次业主大会业主委员会委员候选人名单。2018年6月21日，××小区首次业主大会会议筹备组作出关于召开首次业主大会会议的通知。2018年7月6日上午9时召开××小区首次业主大会，并对会议情况进行了书面记录，会议记录表中记载"本次召开首次业主大会是采用现场召开业主大会和书面征求意见相结合的形式""截止到今天在现场及邮寄的业主已经投票""经过计票统计业主委员会主任选票为张×宝63票、郝×1票、秦×春3票、高×员0票、李×强0票、赵×庆0票、潘×霞0票，现场的《管理规约》《业主大会议事规则》选票为67票赞成，0票反对，0票弃权"。2018年7月23日，韩村镇政府认为永清县××小区业主委员会业主大会的设立和业主委员会的选举产生，经过韩村镇政府的具体指导、监督，符合《廊坊市业主大会和业主委员会指导细则》规定的合法程序，情况属实。该业主委员会提交的材料齐全，符合成立备案要件，予以备案。

另查明，2018年2月10日10时，张×宝在张贴公示或公告过程中存在张贴拍照后即撕下的行为。××业委会提供的业主委员会委员及主任的选票中填写时间为2018年7月6日的有42张，填写时间为2018年7月3日的1张，填写时间为2018年7月7日至13日的24张。××小区《管理规约》《业主大会议事规则》表决票填写时间为2018年7月6日的有50张，填写时间为2018年7月3日的1张，填写时间为2018年6月22日的2张，填写时间为2018年6月27日13张，填写时间为2018年7月7日至13日的13张。一审法院认为，《物业管理条例》第十六条第一款规定业主委员会应当自选举产生之日起30日内，向物业所在地的区、县人民政府房地产行政主管部门和街道办事处、乡镇人民政府备案。本案中，韩村镇政府具有对在其管辖区域内的业主委员会进行备案的法定职权，依据《业主大会和业主委员会指导规则》第二条和第三条规定，业主大会代表和维护物业管理区域内全体业主在物业管理活动中的合法权利，业主委员会由业主大会依法选举产生，都×认为筹备组没有公示业主大会召开信息、业主委员会组成人员身份不合法、业主委员会成立不合法，进而导致备案行为违法。业主委员会的成立侵害了其作为小区业主参与小区物业管理活动的权利，都×向一审法院提起撤销业主委员会行政备案之诉，一审法院认为从《物业管理条例》《业主大会和业主委员会指导规则》维护业主合法利益的立法目的看，都×作为该小区业主参与物业管理活动的权利应受到法律保护，都×具有本案诉讼主体资格。

行政机关对业主委员会的备案行为实际是物业管理行政主管部门对业主委员会是否依法成立，是否具备主体资格等一系列事实及法定要件的确认，其结果对业主或其他利害关系人的权利义务产生实际影响，因此，备案行政行为属于可诉行政行为。《业主大会和业主委员会指导规则》第三十三条规定，业主委员会应当自选举产生之日起30日内，持下列文件向物业所在地的区、县房地产行政主管部门和街道办事处、乡镇人民政府办理备案手续：（一）业主大会成立和业主委员会选举的情况；（二）管理规约；（三）业主大会议事规则；（四）业主大会决定的其他重大事项。《物业管理条例》第十二条规定，业主大会会议可以采用集体讨论的形式，也可以采用书面征求意见的形式；但是，应当有物业管理区域内专有部分占建筑物总面积过半数的业主，且占总人数过半数的业主参加。本案中，韩村镇政府提交的证据不能证实2018年7月6日召开的××首次业主大会参加的人数超过业主的半数及××小区《管理规约》

《业主大会议事规则》表决票中赞成票超过小区业主半数。且韩村镇政府提供的2018年7月6日首次业主大会的会议记录记载，截止到会议当天现场及邮寄的业主均已投票，共计为67票，与××业委会提交的××小区《管理规约》《业主大会议事规则》表决票及业委会委员及主任选票记载的投票时间及2018年7月6日所投票数明显不一致。且在选票中有两票应由业主选择的主任及委员名字均事先打印在选票上。有一票在委员处填写了六位，属于多选视为无效票。另外，在业主大会选举产生过程中，××业委会未严格按照程序进行公示公告，违反了相关的法律规定，选举程序不合法。综上，××业委会进行备案时提交的料不符合法律规定，且业主委员会成立程序违法，韩村镇政府未尽到必要的审查义务，对业主委员会给予备案，认定事实不清，主要证据不足，依法应当予以撤销。都×请求撤销韩村镇政府为××业委会备案的行政行为，一审法院依法予以支持。

一审法院判决：撤销被告永清县韩村镇人民政府于2018年7月23日为第三人永清县××小区业主委员会备案的行政行为。案件受理费50元，由被告永清县韩村镇人民政府负担。××业委会不服一审判决，向河北省廊坊市中级人民法院提起上诉请求，依法撤销河北省永清县人民法院（2018）冀1023行初56号行政判决，驳回都×的诉讼请求。

二审法院审理查明的事实与一审一致审法院认为，都×作为小区业主参与物业管理活动的权利应受到法律保护，都×具有本案诉讼主体资格。行政机关对业主委员会的备案行为是物业管理行政主管部门对业主委员会是否依法成立，是否具备主体资格等一系列事实及法定要件的确认，其结果对业主或其他利害关系人的权利义务产生实际影响。因此，备案行政行为属于可诉行政行为。《业主大会和业主委员会指导规则》第三十三条规定，业主委员会应当自选举产生之日起30日内，持下列文件向物业所在地的区、县房地产行政主管部门和街道办事处、乡镇人民政府办理备案手续：（一）业主大会成立和业主委员会选举的情况；（二）管理规约；（三）业主大会议事规则；（四）业主大会决定的其他重大事项。《物业管理条例》第十二条规定，业主大会会议可以采用集体讨论的形式，也可以采用书面征求意见的形式；但是，应当有物业管理区域内专有部分占建筑物总面积过半数的业主，且占总人数过半数的业主参加。韩村镇政府提交的证据不能证实2018年7月6日召开的××首次业主大会参加的人数超过业主的半数及××小区《管理规约》《业主大会议事规则》表决票中赞成票超过小区业主半数。韩村镇政府提供的2018年7月6日首次业主大会的会议记录记载，截止到会议当天，现场及邮寄的业主均已投票，共计为67票，与××业委会提交的××小区《管理规约》《业主大会议事规则》表决票及业委会委员及主任选票记载的投票时间及2018年7月6日所投票数明显不一致，在业主大会选举产生过程中，××业委会未严格按照程序进行公示公告，违反了相关的法律规定。韩村镇政府未尽到必要的审查义务，对业主委员会给予备案，认定事实不清，主要证据不足，依法应当予以撤销。一审法院判决撤销永清县韩村镇人民政府于2018年7月23日为××业委会备案的行政行为并无不当。

二审法院判决：驳回上诉，维持原判。二审案件受理费50元，由上诉人永清县××小区业主委员会负担。××业委会申请再审称：请求撤销一二审行政判决，驳回都×的全部诉讼请求。

事实与理由：一、都×不具备作为本案原审原告的诉讼主体资格。1.都×在原审中未能提交确实、充分证据证明其系诉争的××小区的业主，原审法院在一、二审中均未对此关键性问题予以调查核实。2.都×并非本案诉争的业主委员会备案行为的行政行为相对人，备案行为是韩村镇政府针对××业委会所采取的行政行为。行政行为相对人是××业委会而非都×，都×与该行政行为不具备法律上的利害关系。二、本案诉争的备案行为不具备可诉性。韩村镇政府针对××业委会所采取的备案行为，属于行政机关对于业主自治自律组织的行政指导行为，不产生外部法律效力，对都×的权利义务也不产生任何实际影响，不属于人民法院行政诉讼的受案范围。××业委会有新的证据足以证明××业委会的成立程序合法，完全符合《廊坊市业主大会和业主委员会指导规则》的规定，应当予以备案。1.××业委会有新的证据足以证明××业委会成立时的公示公告程序合法正当。2.××业委会有新的证据足以证明××业委会成立时的投票程序及结果合法正当。3.一、二审判决认定××业委会成立程序不合法所依据的证据不具有真实性、关联性及证明力。4.本案一、二审判决未履行其法定调查义务及职责，未对全体投票业主进行调查核实，仅依据都×一人提交的真实性、关联性及证明力均存在问题的视频资料、微信截屏及证人证言，就否定掉小区绝大多数业主的投票意愿和选择，严重侵犯了大多数业主的合法权益，产生了极其恶劣的社会影响。

综上，一、二审行政判决、主要证据不足，适用法律法规确存错误，××业委会有新的证据足以推翻原审判决。都×辩称：1.都×在该小区购买房屋属于小区业主，参与确实、充分证据证明其系诉争的××小区的业主，原审法院在一、二审中均未对此关键性问题予以调查核实。2.都×并非本案诉争的业主委员会备案行为的行政行为相对人，备案行为是韩村镇政府针对××业委会所采取的行政行为，行政行为相对人是××业委会而非都×。都×与该行政行为不具备法律上的利害关系。本案诉争的备案行为不具备可诉性。韩村镇政府针对××业委会所采取的备案行为，属于行政机关对于业主自治自律组织的行政指导行为，不产生外部法律效力，对都×的权利义务也不产生任何实际影响，不属于人民法院行政诉讼的受案范围。××业委会有新的证据足以证明××业委会的成立程序合法完全符合《廊坊市业主大会和业主委员会指导规则》的规定，应当予以备案。1.××业委会有新的证据足以证明××业委会成立时的公示公告程序合法正当。2.××业委会有新的证据足以证明××业委会成立时的投票程序及结果合法正当。3.一、二审判决认定××业委会成立程序不合法所依据的证据不具有真实性、关联性及证明力。4.本案一、二审判决未履行其法定调查义务及职责，未对全体投票业主进行调查核实，仅依据都×一人提交的真实性、关联性及证明力均存在问题的视频资料、微信截屏及证人证言，就否定掉小区绝大多数业主的投票意愿和选择，严重侵犯了大多数业主的合法权益，产生了极其恶劣的社会影响。

综上，一、二审行政判决、主要证据不足，适用法律法规确存错误，××业委会有新的证据足以推翻原审判决。都×辩称：1.都×在该小区购买房屋属于小区业主，参与物业管理活动的权利受到法律保护，具有诉讼主体资格。2.业委会在成立后需向乡镇人民政府等部门办理备案手续，才能向公安机关申请刻制印章，因此本案属于行政诉讼的受案范围。3.××业委会在成立业主委员会和表决过程中程序违法事实清楚、证据充分。没有公示业主大会召开信息，程序不合法；业主委员会的组成人员的身份不合法；备案所依据的选举业主委员会票数不足，备案行为不合法；韩村镇政府作为备案机关，未对备案行为和备案资料尽到充分的审查责任。

本院经审理查明的事实与原审判决认定的事实一致。本院认为，根据《最高人民法院关于适用〈中华人民共和国行政诉讼法〉的解释》第十八条规定："业主委员会对于行政机关作出的涉及业主共有利益的行政行为，可以自己的名义提起诉讼。业主委员会不起诉的，专有部分占建筑物总面积过半数或者占总户数过半数的业主可以提起诉讼。"小区业主委员会系由业主大会选举产生，按照业主大会议事规则确立，业主委员会成立后的报送备案行为，属于全体业主对小区公共事务的决策事项。虽然业主委员会的选举产生及备案与业主个体的利益有关联，但单个业主并不具有独立处分、决策小区公共事务的权利。根据上述法律规定，对涉及业主共有利益的行政行为不服，应由专有部分占建筑物总面积过半数或者总户数过半数的业主提起诉讼。即使都×为××小区业主，但作为单个业主，其并不具有对韩村镇政府准予××业委会备案的行为提起行政诉讼的原告主体资格。故，对都×的起诉，依法应予驳回。

综上所述，××业委会的再审请求成立，应予支持；原判决适用法律错误，应予纠正。依照《中华人民共和国行政诉讼法》第八十九条第一款第二项的规定，裁定如下：

一、撤销河北省廊坊市中级人民法院（2019）冀10行终9号行政判决及河北省永清县人民法院（2018）冀1023行初56号行政判决；

二、驳回都×的起诉。

本裁定为终审裁定。

十一、业主以知情权起诉物业公开信息案胜诉

河南省许昌市魏都区人民法院

民事判决书

（2020）豫1002民初57173号

原告：段×，男，住×××许昌市

被告：许昌××物业管理有限公司；住所地：许昌市×××

法人代表：付×辉，该公司负责人

委托诉讼代理人：郑×，该公司员工

委托诉讼代理人：纪×，河南××律师事务所律师

原告段×与被告许昌××物业管理有限公司（以下简称××物业公司）业主知情权纠纷案，本院于2020年10月27日立案后，依法适用简易程序，公开开庭进行了审理，原告段×、被告××物业公司的委托诉讼代理人郑×、纪×到庭参加诉讼，本案现已审理终结。

原告段×向本院提出诉讼请求：1.判令被告××物业公司在公示栏显著位置公示营业执照、建筑区平面规划图、管理人员持证上岗证书、××小区管理规约、服务人员的基本情况、职责分工、联系方式、投诉机制、物业服务合同、物业服务等级、服务内容、服务标准、收费项目、收费依据、收费方式、收费起始时间、价格举报电话、消防等设施设备安全生产应急预案；2.判令被告公开

2014年1月1日至起诉之日小区公共区域、公共部位、公用设备设施的经营收益明细；公共区域部位的养护记录；建筑物及其附属设施的维修基金的筹备使用情况；配套设施和地下管网工程竣工图等竣工验收资料；国家供电、供水、供暖单位委托被告收取水、电、暖费的委托书收费依据、收费标准、收支明细；小区停车管理方案、人员配置、建筑区划内的车位、车库处分情况；公用专业设备的养护记录及相关部分的检查合格准许使用文件；公共区域的绿化养护记录；楼体外墙、楼顶放水的养护记录；物业服务用房使用情况。

事实和理由：原告在2020年5月27日、2020年9月9日向被告送达整改函，要求被告按照物业服务合同约定进行整改，并对小区历年公共收益进行公示，但被告未做任何答复。为维护原告合法权益，依法提起诉讼。

被告××物业公司辩称：1.原告诉讼请求中公示内容有一部分物业服务合同中明确约定的，原告作为物业服务合同当事人一方是掌握合同内容的，被告不需要再单独另行公示。2.除物业服务等级、国家供电委托手续的委托书以及建筑区划内车位车库处分情况未进行公示外的其他诉讼请求内容已经进行公示。3.根据行业相关法规规定，物业服务等级评定机制已经取消而小区内的电费不是物业代收，建筑区内的车位因为物业并非所有权人，客观情况上难以掌握车位的处分情况，因此无法进行说明也无相应法律义务进行说明。

原告段×围绕诉讼请求依据提供了以下证据：第一组，房产复印件2张，证明原告系××小区业主；第二组，会议记录照片2张，缴费收据一张，证明会议记录显示的内容被告未进行公示；第三组，门禁照片4张，证明被告没有对门禁情况进行整改；第四组，2019年5月6日电梯轿厢框架合同一份，证明被告与电梯公司签订的系无效合同；第五组，媒体报道一张，证明消防器材形同虚设。

被告××物业公司向本院提交证据有，第一组，公示栏展示照片4张，证明被告已履行公开义务。

原告段×发表质证意见，真实性有异议，第一拍摄时间有异议，没有任何时间上的说明。

经审核，原告段×提供的第一组、第二组证据客观，真实，被告以予以认可，对于其他证据本院予以确认；原告提供的第三组、第四组证据与本案没有关联性，不能作为定案依据。原告提供的第五组证明能够证明业主曾向媒体反映小区消防问题，被告提供的证据与本院现场勘查的情况一致，能够证明被告公示了部分内容，可以作为定案依据。

根据当事人陈述和经审查确认的证据，本院认定事实如下：

原告段×系许昌市×××业主，被告××物业公司系小区的物业服务公司，2018年5月21日，××小区业主委员会与××物业公司签订《××小区物业服务合同》，合同第十六条约定：根据法律法规:《××小区管理规约》及本合同约定，制定本物业的各项物业管理规章制度，并根据本物业的管理具体情况，不时制定、增加、删减或修改物业管理规章制度，各项服务管理制度应在本物业管理区域的布告栏上张贴，各业主亦可向××物业公司要求查阅。每季度公布物业服务费的收支情况，每半年公布专项维修资金的收支情况，现原告要求被告对诉讼请求中的事项进行公布，双方发生纠纷，原告诉至本院。

2020年12月16日，许昌市××社区居委会对××小区业主委员会情况，向本院做出说明，自2018年××小区业主委员会因维修资金使用问题与居民产生矛盾并解散，2019年新一届业主委员会换届工作小组成立，负责业委会换届工作，至今仍在筹备中。

诉讼中，本院于2020年1月6日组织原、被告双方到涉案小区对公示情况进行现场勘查，双方对勘查的内容均无异议。××物业公司分别在物业办公室、涉案小区2号楼与3号楼之间的公示栏公示了以下内容：1.物业服务合同3页；2.2020年上半年物业服务收支明细；3.××项目情况；4.营业执照；5.物业服务中心组织架构；6.应急预案目录；7.物业管理人员上岗证；8.小区规划图；9.竣工验收备案表；10.绿化养护记录；11.设备设施维保记录；12.水质质检报告；13.公摊电梯发票；14.日常维护照片。

本院认为，业主对小区公共事务和物业管理的相关事项享有知情权，可以向业委会、物业公司要求公布、查阅依法应当向业主公开，且确由业委会和物业公司掌握的情况和资料。根据《最高人民法院关于审理建筑物区分所有权纠纷案件具体应用法律若干问题的解释》第十三条规定：业主请求公布、查阅下列应当向业主公开的情况和资料的，人民法院应予以支持；（一）建筑物及其附属设施的维修资金的筹集，使用情况；（二）管理规约、业主大会议事规则，以及业主大会或者业主委员会的决定及会议记录；（三）物业服务合同、共有部分的使用和收益情况；（四）建筑区划内规划用于停放汽车的车位、车库的处分情况；（五）其他应当向业主公开的情况和资料。

关于原告段×的第一项诉讼请求中要求被告××物业公司在公示栏显著位置公示的内容，根据本院现场勘查的情况，被告已经公示了营业执照、建筑区分规划图、管理人员上岗证、服务人员基本情况、职责分工、联系方式、消防等设备设施安全生产应急预案。另外，原告段×该项诉讼请求中的物业服务等级、服务内容、服务标准、收费项目、收费方式、计费起始时间属于物业服务合同中的约定内容，被告××物业公司仅公示了3页物业服务合同，没有完整公示物业服务合同的全部内容，故原告段×诉讼请求中的××小区管理规约、物业服务合同、投诉机制、收费依据、价格举报电话，上述内容均属于物业公司应当掌握的情况和资料，××物业公司应当予以公示。同时《××小区物业服务合同》约定："各项物业管理规章制度应在本物业管理区域内的布告栏上张贴，各业主亦可向××物业公司要求查阅，每季度公开物业服务的基本收支情况"，故原告段×要求被告××物业公司在公示栏公开××小区管理规约、物业服务合同、投诉机制、收费依据、价格举报电话的请求合法，本院予以支持。被告关于段×是物业服务合同一方当事人，应当掌握物业服务合同内容的抗辩主张，证据不足，本院不予采纳。

关于原告段×的第二项诉讼请求中要求被告公示国家供水、供电、供暖单位委托被告收取水、电、暖费的委托书、收费依据、收费标准、收支明细，对于居民用水、居民用电、居民供暖的收费标准、与居民息息相关，属于政府已公开的指导价格，重复公开并无实际意义，故原告要求被告公开该项的请求，本院不予支持。除该项请求外，原告段×第二项诉讼请求中的其他诉讼请求事项均属于物业公司应当掌握的资料并向业主公开的事项，业主享有知情权，但公开的方式并不能局限于以在公示栏张贴的方式进行公开，业主也可以通过查阅、复制形式行使业主知情权，故被告××物业公司应协助原告段×查阅、复制上述请求事项涉及的相关资料。

综合上述，依照《中华人民共和国物权法》第七十九条，《最高人民法院关于审理建筑物区分所有权纠纷案件具体应用法律若干问题的解释》第十三条，判决如下：

一、被告××物业公于本判决生效后的三十日内将《××小区管理规约》、《物业服务合同》、投诉机制、收费依据、价格举报电话公布于小区公示栏；

二、被告××物业公司于本判决生效后三十日内协助原告段×查阅自2014年1月1日至2020年10月27日的小区公共区域、公用部位、公用设施设备的经营收益明细，建筑物及其附属设施的维修基金的筹备使用情况，公共区域、部位的养护记录，配套设施和地下管网工程竣工图等竣工验收资料、小区停车管理方案、人员配置、建筑区内的车位、车库处分情况、公用专业设备养护记录及相关部分的检查合格准许使用文件、公共区域绿化养护记录、楼梯外墙、楼顶放水养护记录、物业服务用房使用情况；

三、驳回原告段×其他诉讼请求。

案件受理费100元，减半收取50元，由被告××物业公司承担。

如不服本判决，可在本判决送达之日起十五日内，向本院递交上诉状，并按照当事人的人数提出副本，上诉于河南省许昌市中级人民法院。

十二、业主申请房管局公开物业服务合同，房管局拒不公开，房管局败诉

河南省许昌市中级人民法院
行政判决书

（2020）豫10行初179号

原告：段×，汉族，居民身份证××

被告：许昌市东城区××管理委员会；住所地：新兴路与紫云路交叉口

法定代表人：苏×强，任该管委会主任

委托代理人：杨×萍，许昌市东城区××管理委员会工作人员

委托代理人：刘影，河南××律师事务所律师

原告段×诉被告许昌市东城区××管理委员会政府信息公开纠纷一案，向本院提起行政诉讼。本院于2020年12月25日立案后，依法向被告送达了起诉状副本及应诉通知书。本院依法组成合议庭，于2021年1月29日公开开庭审理了本案。原告段×，被告许昌市东城区××管理委员会的委托代理人扬×萍、刘×到庭参加了诉讼。本案现已审理终结。

原告段×诉称，原告于2020年8月21日通过许昌市政府信息公开网在线提交《信息公开申请表》，要求公开物业服务合同信息，被告拒绝提供后。原告再于2020年8月23日再次申请调阅，被告又以重复申请拒绝提供。被告拒绝理由不当，作为行政机关缺乏对基本法律法规的认知，存在懒政惰政的严重违纪

行为，同时也侵害了原告及小区全体业主的知情权。综上，请求：1.依法公开××小区物业合同备案；2.依法判令被告的政府公开信息（2020年9月10日回复）内容违法，请重新公示；3.判令被告依法承担本案诉讼费。

诉讼中，原告为支持自己的主张提交了下列证据：1.许房权证许昌市字第10046655号及××小区11号楼位置图复印件各一份；证明原告是该小区居住的业主。2.信息公开答复复印件两份；证明被告给其回复的信息存在违法，亦证明被告给其回复的日期。3.（2020）豫1002民初5173号民事判决书一份；证明业主具有知情权和有可向行政机关申请信息公开的权利。

被告许昌市东城区××管理委员会辩称：一、被告在2020年8月21日接受原告信息公开申请后，对原告申请的"申请查看东城区××物业合同及相关材料的备案。物业营业执照、物业服务合同、消防、设施设备附属单等公开备案信息"进行了答复。其中"物业营业执照、消防、设施设备附属单"等非属被告在履行行政管理职能过程中制作或获取的信息，被告依据《中华人民共和国政府信息公开条例》第三十六条第五项告知原告可向有关单位申请；《物业服务合同》经查询在被告内设机构许昌市东城区社区工作管理局经过备案，依据《中华人民共和国政府信息公开条例》第二十七条，原告应当向该内设机构申请信息公开，但为保障其知情权，被告将该信息公开申请转至该内设机构，该内设机构于2020年8 月28日向被告递交关于该申请信息的情况说明，另附第三人许昌正大物业管理有限公司情况说明，因涉及业委会个人信息，第三人拒绝公开，被告依据法律规定告知原告不予公开并说明原因，故被告2020年9月10日所做答复内容正确合法。二、被告在2020年11月23日接收原告信息公开申请后，对原告申请的"再次申请查看××物业服务合同"进行了答复，经查询该申请，被告已作出过答复，被告依据《中华人民共和国政府信息公开条例》第三十六条第六项之规定，被告告知原告因已于2020年9月10日进行过答复，本次不进行重复处理，故被告针对2020年11月23日政府信息公开申请所作答复内容正确合法。综上，被告答复内容正确合法，原告诉请无事实和法律依据，请求法院依法驳回原告的诉讼请求。

被告许昌市东城区××管理委员会在法定期限内向本院提交如下证据：1.许昌市东城区××管理委员会针对段×2020年 8月21日申请信息公开答复网页截图一张；2.许昌正大物业管理有限公司情况说明一份；3.许昌市东城区社区工作管理局情况说明一份；4.许昌市东城区××管理委员会针对段×2020年11月23日申请信息公开答复网页截图一张。上述证据证明被告于2020年9月10日所做信息公开答复内容正确合法。

经质证，原告对被告所举证据质证意见是：对被告所举第1、4份证据真实性无异议。对被告所举第2、3份证据真实性无异议，但认为情况说明是违法的，被告未对业委会成立需要公开的信息进行监督，业委会也未公开相关信息。

被告对原告所举证据质证意见是：被告对原告所举第1份证据真实性不发表意见，但不否认原告是本案适格主体。对原告所举第2、3份证据真实性无异议，但对其证明目的有异议，认为其已通过其他诉讼达到了知情权的保护。

经审核，本院对当事人所举证据作如下确认：

对原告所举证据的确认。虽然被告对原告所举第1份证据不予质证，但结合本案其他证据和案情可以确认原告是本案适格的主体，故本院对该份证据予以确认。对原告所举第 2、3份证据，因被告对其真实性无异议，故本院对该两份证据真实性予以确认。

对被告所举证据的确认。因原告对被告所举证据真实性无异议，故本院对被告所举证据予以确认。

根据以上有效证据，本院查明以下事实：2020年8月21日，原告段×在网上向被告许昌市东城区管理委员会提交政府信息公开申请一份，请求公开“申请查看东城区蓝湾佳苑物业合同及相关材料的备案。物业营业执照、物业服务合同、消防、设施设备附属单等公开备案信息”。同时，原告段×选择政府信息答复的形式是纸质或电子邮件。2020年9月10日，原告段×看到被告许昌市东城区管理委员会在网上对其政府信息公开申请的答复是“段×：……：您申请公开的物业服务合同备案信息，根据《中华人民共和国信息公开条例》第十五条，第三方不同意公开的，不得公开；物业营业执照、消防、设备设施附属单备案信息，非本机关制作或者最初获取，根据《中华人民共和国信息公开条例》第十条，您可向有关单位进行申请”。原告段×在看到上述答复后不服，遂提起本案诉讼。

另查明，2020年11月22日，原告段×在网上再次向被告许昌市东城区管理委员会申请政府信息，要求公开“再次申请查看蓝湾佳苑物业服务合同等公开信息”，被告许昌市东城区管理委员会在收到上述信息公开申请后，作出的答复是：“段×：……：根据《中华人民共和国信息公开条例》第三十六条，行政机关已就申请人提出的政府信息公开申请作出答复、申请人重复申请公开相同政府信息的，告知申请人不予重复处理。你申请查看的蓝湾佳苑物业服务合同备案信息，已于2020年9月10日进行过回复，所以本次不进行重复处理”。

本院认为，一、关于涉案政府信息答复形式和程序是否适当的问题。《中华人民共和国政府信息公开条例》第三十三条第二款载明：“行政机关不能当场答复的，应当自收到申请之日起20个工作日内予以答复……”本案中，根据查明的事实可知，被告许昌市东城区管理委员会在收到原告段×涉案政府信息公开申请后，在法定的20个工作日内在网上向原告段×作出了涉案政府信息答复。因此，被告在法定期限内作出的涉案政府信息答复形式适当，且程序合法。二、关于涉案政府信息答复内容是否适当的问题。根据《中华人民共和国政府信息公开条例》第十条、第三十条、第三十六条的规定，被申请人在收到申请人政府信息公开申请后，应审查申请人申请事项是否明确具体、是否属于政府信息、是否存在该信息、是否属于本机关制作或保存的信息及申请信息内容是否明确等，并区别不同情况作出相应答复。本案中，被告许昌市东城区管理委员会在收到原告段×申请后，首先应依据《中华人民共和国政府信息公开条例》第三十条的规定向原告段×给予指导和释明，让其明确“相关材料的备案、等公开备案信息”指的是什么，并说明需要补正的事项和合理的补正期限；其次，再按照《中华人民共和国政府信息公开条例》第三十六条的规定，区分哪些申请是本机关负责公开的，哪些申请是不属本行政机关负责公开的，并说明理由；最后，根据上述情况再依法一一作出答复。

综上，被告在法定期限内作出的涉案政府信息公开答复形式适当、程序合法，但答复内容不当，证据不足，应予撤销，予以纠正。原告起诉理由成立，本院予以支持。据此，依据《中华人民共和国行政诉讼法》第七十条第一项之规定，判决如下：

一、撤销被告许昌市东城区××管理委员会于2020年9月10日作出的涉案政府信息答复；

二、责令被告许昌市东城区××管理委员会于本判决生效之日起二十个工作日内就原告段×2020年8月21日申请公开的政府信息重新做出答复。

案件受理费50元，由被告许昌市东城区××管理委员会负担。

如不服本判决，可在本判决书送达之日起十五日内，向本院递交上诉状，并按对方当事人的人数递交上诉状副本，上诉于河南省高级人民法院。

十三、业主大会决定不再续聘物业公司，物业公司拒不撤离小区被业委会起诉，法院判决物业公司立即撤离小区并移交资料

云南省昆明市官渡区人民法院
民事判决书

（2019）云0111民初1114号

原告（反诉被告）：昆明市官渡区××小区业主委员会，住所昆明市官渡区日新路××小区

法定代表人：刘×，主任

委托诉讼代理人：尹××，北京市××（昆明）律师事务所律师，特别授权代理

被告（反诉原告）：昆明××物业服务有限公司，住所云南省昆明市

法定代表人：寇×，总经理

委托诉讼代理人：李××，云南万成律师事务所律师，特别授权代理

原告昆明市官渡区××小区业主委员会（以下简称"××小区业委会"）诉被告昆明××物业服务有限公司（以下简称"××物业公司"）物业服务合同纠纷一案，本院于2019年1月23日立案后，于2019年3月27日组织原、被告交换证据和质证，后被告××物业公司提起反诉，本院受理反诉，并决定本诉与反诉合并审理，依法适用普通程序，于2019年5月15日公开开庭进行了审理。原

告××小区业委会的委托诉讼代理人尹××及被告××物业公司的委托诉讼代理人李××到庭参加诉讼。本案现已审理终结。

原告××小区业委会向本院提出诉讼请求：一、判令被告立即退出昆明市官渡区××小区物业区域；二、判令被告向原告移交××巷第4、第5二间物业用房和小区西门处三间保安值班室、监控室；三、判令被告向原告移交××小区业主档案资料及2012年至2019年的业主停车登记表；四、由被告承担本案诉讼费。事实和理由：原告昆明市官渡区××小区业主委员会系依法成立代表××小区业主行使相关权利的组织，被告昆明××物业服务有限公司自2012年起开始为昆明市官渡区××小区提供物业服务。2017年6月8日，原告与被告续签了物业服务合同，约定物业服务合同期限至2018年12月31日止。双方物业服务合同到期，因大部分业主对被告提供的物业服务不满意要求不再续聘被告服务，原告已书面通知被告不再续签物业服务合同，要求被告在合同到期后退出××小区并向原告移交相关物业用房及业主登记资料，但被告在合同到期后拒不退出××小区，强行赖在小区并继续向业主收取物业服务费。原告多次到居委会等部门反映，居委会等部门也数次组织协调，但被告仍拒绝退出小区。被告的行为已经严重违反了双方物业服务合同的约定以及国家有关物业服务的规定，严重侵犯了小区业主的合法权益，给小区业主造成了很大的影响和损失，为维护自己合法权益，现原告依据《中华人民共和国民事诉讼法》的规定提起诉讼，请求判决支持原告的全部诉讼请求。

被告××物业公司辩称，一、原告违反法律、行政法规的强制性规定，擅自提起诉讼于法无据，诉讼主体不适格，依法应当予以驳回。《中华人民共和国物权法》第七十六条第一款规定“下列事项由业主共同决定：……（四）选聘和解聘物业服务企业或者其他管理人；……（七）有关共有和共同管理权利的其他重大事项。决定该等事项，应当经专有部分占建筑物总面积过半数的业主且占总人数过半数的业主同意。”《物业管理条例》第十一条第一款规定“选聘和解聘物业服务企业；有关共有和共同管理权利的其他重大事项。”由业主共同决定。《业主大会和业主委员会指导规则》第十七条第一款第五项规定："业主大会决定选聘和解聘物业服务企业。"第十项规定"法律法规或者管理规约确定应由业主共同决定的事项。"《昆明市××小区业主管理规约》第三章业主的权利和义务第五条第三项明确规定"业主在物业管理活动中享有建议选聘、解聘物业管理企业的权利。"因此，业主委员会提起诉讼且诉请是解聘物业服务企业和有关共有和共同管理权利的其他重大事项，这两项事项均属于业主大会决定事项，原告自我授权，侵害业主法定权利，其诉讼行为不仅仅违反《昆明市××小区业主管理规约》之规定而无效，更因违反法律、行政法规之强制性规定而当然无效。原告未经法定程序授权，不具有法定适格诉讼主体资格，应当依法驳回原告的所有诉讼请求。二、2018年11月昆明市官渡区××小区业主大会决定续聘××物业公司为小区物业提供物业服务。2018年11月小区业主大会以1475名业主投票同意，占业主人数78.7%、专有部分建筑面积占建筑总面积79%以上，决定续聘××物业公司为小区业主提供物业服务。根据有关法律规定，小区业主大会的决定符合法律、行政法规的规定，且对业主委员会具有约束力。三、原告不执行大多数业主续聘××物业服务有限公司的决定，不履行业主委员会的法定义务，违背业主委员会的基本宗旨，滥权失责。

被告××物业公司反诉请求：1.判令反诉被告履行职责，按照业主决定与原告签订2019年-2020年度昆明市官渡区××小区物业服务合同；2.判令反诉被告承担本案诉讼费用。事实和理由：2018年11月昆明市官渡区××小区业主根据《中华人民共和国物权法》、《物业管理条例》、《业主大会和业主委员会指导规则》、《昆明市××小区管理规约》之相关规定，经业主大会会议决定续聘原告提供物业服务。为落实2018年11月业主大会的决议，2018年12月13日经有关部门、原被告派员举行会议，经多方协商、协调，最终达成决议在12月21日之前原、被告双方按照约定签订2019~2020年度物业服务合同。被告在约定期间不按照业主决定和会议约定履行职责，反而于2019年元月违法向法院提起解约之诉。反诉被告违反法律、行政法规、部门规章等规定，违背业主意愿、无视业主决定，损害业主和原告之合法权益。

原告××小区业委会针对反诉辩称，被告反诉无事实和法律依据，双方签订的物业合同已于2018年12月31日到期，但被告在原告通知离场后仍拒不退场，违反法律物业服务条例相关司法解释的违法行为，其诉讼请求不应得到支持。

原告××小区业委会针对本诉主张向本院提交如下证据：第一组证据：《物业服务委托合同》、《物业合同补充附加协议》(2012年签订)、《物业服务委托合同》(2017年签订)，欲证明被告自2012年5月1日起为官渡区××小区提供物业服务，原被告双方于2017年6月8日续订了物业服务合同，约定服务期限至2018年12月30日止。第二组证据：通知，欲证明服务协议到期前，原告已书面通知被告不再续签新的物业服务合同，要求被告依法退场并移交相关资料，但被告至今不愿退出小区。第三组证据：物业用房照片，欲证明××小区日安巷由西向东第四、第五间物业用房系被告入驻，是原告提供给被告是使用的，应依法移交给原告。第四组证据：2017年度住户车辆登记表，欲证明被告提交给原告的2017年度××小区业主车辆收费登记表，被告应依法向原告移交2012年5月1日至实际退场之日的业主车辆收费登记表原件及业主登记资料。第五组证据：情况反映，欲证明在服务协议到期之前，原告组织对小区内931户业主进行相应的满意度调查报告，经调查其中有67%户对被告的物业服务行为不满意，不再要求新聘其作为新的物业服务企业。原告针对本诉及反诉反驳主张补充提交如下证据：第一组证据：照片9张，欲证明被告严重不作为，导致小区业主基本生活严重受到影响；第二组证据：付款单据6张、照片6张，欲证明被告长期不作为，原告不得不自行出钱出力对小区物业进行基本维护。

被告针对本诉反驳主张提交如下证据：第一组证据：业主委员会诉讼主体资格问题探析网络打印资料，欲证明业主为会员提起民事诉讼必须经法定程序授权，原告不具有诉讼主体资格；第二组：××小区业主大会、《××小区业主（书面）入户调查汇总表》附光盘1张，欲证明2018年11月昆明市官渡区××小区业主大会以书面征求意见的形式召开业主大会，以“是否续聘××物业服务有限公司”为会议议题，经××小区业主书面投票，小区业主有1475人、专有面积占建筑物总面积70%以上、占业主总人数78.7%的业主同意续聘××物业公司继续提供物业服务；第三组证据：会议签到表、会议纪要，欲证明2018年12月13日昆明市官渡区住建局物管处、关上街道办事处书记、巫家坝社区主任、××小区业委会、××物业公司有关人员就落实2018年11月业主决定续聘××物业公司等事项达成五项决定，第五项是“最终定于12月21日之前把所有事情，包括打款及2019年的合同的签订等所有的工作落实完毕”。

被告针对其反诉主张向本院提交如下证据：第一组证据：××小区业主（书面）入户调查汇总表（附光盘），欲证明2018年11月昆明市官渡区××小区业主大会以书面征求意见的形式召开业主大会，以“是否续聘××物业服务有限公司”为会议议题，经××小区业主书面投票，小区业主有1475人、专有面积占建筑物总面积70%以上、占业主总人数78.7%的业主同意续聘××物业公司继续提供物业服务；第二组证据：会议签到表、会议纪要，欲证明2018年12月13日昆明市官渡区住建局物管处、关上街道办事处书记、巫家坝社区主任、××小区业委会、××物业公司有关人员就落实2018年11月业主决定续聘××物业公司等事项达成五项决定，第五项是“最终定于12月21日之前把所有事情，包括打款及2019年的合同的签订等所有的工作落实完毕”；第三组证据：物业服务工作汇报、物业服务工作照片和视频（附光盘一张），欲证明反诉原告履行为官渡区××小区业主服务的义务，截至2018年12月12日做了如下工作，大规模清理了小区化粪池，清理粪便90多吨，疏通了小区排污管道，启用吊车处理了安全隐患的大树，调集公司保洁员到日新清理洪涝灾害后遗留下的各种垃圾，外购乔木（香樟和樱花）更换冻死的植物，庭院楼道杂物清理，收集及清运，维修单车棚，并对老化线路进行更换改造，对××小区主干道及庭院内破损路面进行修复，对破损沟盖板和窨井盖进行更换，对路面停车进行划线规划，对屋面防水进行补漏，对损坏楼道灯进行更换及增加路面照明，更换天窗锁及屋顶过滤网，对××小区在安全隐患的区域进行刺绳安装防护，单元门口换青石板，庭院大门维修，刷漆翻新；对小区主管网进行维修，对漏水墙体进行修复处理，对乔木灌木日常修剪，病虫害防治，冬季刷白，反诉原告履行了相应的义务；第四组证据：收费台账、收款收据，欲证明至2019年5月10日，官渡区××小区业主有749户交纳了2019年度物业服务费，占小区业主总户数的52%，交纳2019年度物业服务费的业主专有部分建筑面积占××小区建筑物总面积的52%。

本院对以上证据综合认证如下：原告××小区业委会针对本诉主张提交的第一组是原、被告签订的物业服务合同，被告对真实性无异议，本院予以确认，其中原告提交的2012年签订的《物业服务委托合同》、《物业合同补充附加协议》不是本案审理的原、被告争议的物业服务合同关系，被告对关联性提出异议，本院不予采纳；第二组证据系原告出具的通知，被告不认可，原告未提交该通知送达给被告的依据，本院不予采信；第三组证据，被告对真实性无异议，本院予以确认；第四组证据，被告不认可真实性，原告据此主张被告保管住户车辆登记表，根据原、被告签订的物业服务合同约定内容，被告作为物业企业管理停车问题和收取停车位占（使）用费，故本院认定住户车辆登记表应由被告掌握，对原告××小区业委会的主张予以采纳；第五组证据，被告不认可，该证据系原告××小区作出的情况反映，所反映的内容关于被告××物业公司履行物业服务合同的情况，本案中原告××小区业委会的诉请是针对物业服务合同期满后退出物业服务区域的问题，故不予采信。原告××小区业委会补充提交的证据一系客观真实的照片，内容与本案关联，予以采信；第二组证据客观真实，内容与本案关联，予以采信。被告××物业公司针对本诉提交的证据一不属于原、被告之间客观形成的证据，不予采信，关于业主为会员是否具有诉讼主体资格，本院将在后文说理部分予以阐述；证据二系被告自行制作的统计表以及发放的投票意见表，不能客观反映业主签名的真实性问题，不予采信；第三组证据原告认可真实性，可证明2018年12月13日针对××小区的管理问题由××小区业委会、住建部、街道办事处、巫家坝社区等部门进行过协调的事实，本院予以采信。被告××物业公司针对反诉主张提交的第一组证据与其在本案审理中提交的第二组证据内容一致，本院不予采信；第三组证据中的物业服务工作汇报系被告自行打印的书面报告，不予采信；第三组证据中的照片及视频客观真实，内容与本案关联，予以采信；第四组证据系被告统计的收取物业费的情况以及物业费收据，涉及业主缴纳物业费的情况，不能反向证明被告主张的事实，本院将在后文的说理部分予以阐述。

经审理，本院确认本案法律事实如下：2017年2月8日，××小区业委会是经昆明市官渡区物业管理处批准备案登记。2017年6月8日，原告××小区业委会（甲方）与被告××物业公司（乙方）签订《物业服务委托合同》，约定甲方委托乙方对××小区（总建筑面积130000平方米，住宅1797户）提供物业服务，双方对委托管理服务责任、物业管理服务质量、物业服务费、维修、双方的权利义务、违约责任等内容作出了明确约定，委托管理服务期限为自2017年5月1日起至2018年12月30日止。物业服务期间原、被告对物业服务存在的问题产生争议，2018年12月13日原告××小区业委会、官渡区物业管理处、街道办和社区参与协调，会议约定：一、2017年6月–2018年12月31日的公共收益、办公经费最终以25.5万元了断，减去已经支付的15.5万元，再补10万元作最终了断；二、自2019年1月1日起以每年23万元支付给××小区作为公共的维修基金，由社区监管；三、今后所有停车的部分发生被盗、划伤由物业公司承担，业委会不承担任何风险及税收；四、业委会提取的公共收益部分根据相关的法律法规用于小区的大修及其他（双方协商约定）；五、最终定于12月21日把之前的所有事情，包括打款及2019年的合同签订等所有的工作落实完毕。

本院认为，本案争议焦点为：一、原告××小区业委会是否具有诉讼主体资格；二、被告××物业公司是否应当退出物业区域并移交物业用房及资料；三、被告××物业公司反诉主张有无依据。

关于争议焦点一，原告××小区业委会是依法登记备案的组织，业主委员会作为业主大会的执行机构，具有对外代表全体业主、对内具体实施与物业管理有关行为的职能，其行为的法律效果及于全体业主。根据《中华人民共和国民事诉讼法》第四十八条规定："公民、法人和其他组织可以作为民事诉讼的当事人。"业主委员会属于可以参加民事诉讼的其他组织。《最高人民法院关于审理物业服务纠纷案件具体应用法律若干问题的解释》对业主委员会享有的民事诉讼主体资格作出了规定。故本院认为原告××小区业委会具有民事诉讼主体资格。

关于争议焦点二，《最高人民法院关于审理物业服务纠纷案件具体应用法律若干问题的解释》第十条规定："物业服务合同的权利义务终止后，业主委员会请求物业服务企业退出物业服务区域、移交物业服务用房和相关设施，以及物业服务所必需的相关资料和由其代管的专项维修资金的，人民法院应予支持。物业服务企业拒绝退出、移交，并以存在事实上的物业服务关系为由，请求业主支付物业服务合同权利义务终止后的物业费的，人民法院不予支持。"现原告主张认为原、被告于2017年6月8日签订的《物业服务委托合同》约定的物业服务期限已经届满，故要求被告××物业公司退出物业服务区域并移交物业用房及资料。原、被告于2017年6月8日签订的《物业服务委托合同》明确约定物业服务期限自2017年5月1日起至2018年12月30日止。根据《中华人民共和国合同法》第九十一条规定"有下列情形之一的，合同的权利义务终止：（一）债务已经按照约定履行；（二）合同解除；（三）债务相互抵消；（四）债务人依法将标的物提存；（五）债权人免除债务；（六）债权债务同归于一人；（七）法律规定或者当事人约定终止的其他情形。"原、被告约定的物业服务期限届满，双方之间的权利义务终止，根据上述司法解释的规定，原告××小区业委会有权要求被告××物业公司退出物业服务区域并移交物业用房和资料。庭审中，被告××物业公司对占用物业用房的事实认可，本院对原告××小区业委会诉请要求移交的××巷第4、第5二间物业用房和小区西门处3

间保安值班室、监控室的主张予以支持。针对原告××小区业委会诉请要求被告××物业公司移交业主档案资料及2012年至2019年的业主停车登记表。物业服务企业移交物业服务所必需的相关资料是履行合同附随义务，被告应当履行附随义务，移交相关资料。关于移交相关资料的范围问题，《物业管理条例》第二十九条规定："在办理物业承接验收手续时，建设单位应当向物业服务企业移交下列资料：(一)竣工总平面图，单体建筑、结构、设备竣工图，配套设施、地下管网工程竣工图等竣工验收资料；(二)设施设备的安装、使用和维护保养等技术资料；(三)物业质量保修文件和物业使用说明文件；(四)物业管理所必需的其他资料。物业服务企业应当在前期物业服务合同终止时将上述资料移交给业主委员会。"庭审中被告××物业公司陈述已经将业主停车登记表移交给了原告，但并未提交移交凭证，业主档案资料和业主停车登记表属于物业管理所必须的资料，被告××物业公司应当移交该部分资料，本院对原告××小区业委会的该项诉请予以支持。

关于争议焦点三，被告反诉主张认为其对业主进行投票调查，52%以上的业主愿意继续聘用被告××物业公司，据此拒绝退出物业服务区域，并要求原告××小区业委会与其签订物业服务合同。根据《物业管理条例》第十一条规定："下列事项由业主共同决定：(一)制定和修改业主大会议事规则；(二)制定和修改管理规约；(三)选举业主委员会或者更换业主委员会成员；(四)选聘和解聘物业服务企业；(五)筹集和使用专项维修资金；(六)改建、重建建筑物及其附属设施；(七)有关共有和共同管理权利的其他重大事项。"第十二条对业主大会会议召开形式及决议事项要求作出了规定，业主决定选聘和解聘物业服务企业应当通过业主大会讨论决定，由物业管理区域内专有部分占建筑物总面积过半数的业主且占总人数过半数的业主参加。被告××物业公司提交的投票调查表不能客观反映业主签名的真实性，另外被告××物业公司自行开展的投票调查并不符合业主大会决定事项的方式。原告××小区业委会是执行业主大会的决定事项的机构，其职责包括代表业主与业主大会选聘的物业服务企业签订物业服务合同。原、被告并未提交证据证明××小区的业主大会决定继续选聘被告××物业公司。另，被告××物业公司提交的“2018年12月13日××小区协调会议”，虽协调会议最后记载“最终定于12月21日把之前所有事情，包括打款及其2019年的合同的签订等所有的工作落实完毕”，但该内容并未明确续聘被告××物业公司作为××小区的物业服务企业，且该协调会议并非××小区业主做出的业主大会决议，根据前述分析，选聘和解聘物业服务企业是由业主共同决定的事项，被告××物业公司提交的“2018年12月13日××小区协调会议”并不能作为选聘物业服务企业的依据，被告××物业公司据此主张要求原告××小区业委会与其签订物业服务合同缺乏依据。被告××物业公司的反诉主张缺乏事实和法律依据，本院不予支持。

另外，被告××物业公司以本院受理（2019）云0111民初5929号案件涉及部分业主起诉业主委员会知情权纠纷一案为由申请中止本案审理，因本案的审理与（2019）云0111民初5929号案件的审理无关，并非以该案的审理结果为依据，本院对被告××物业公司提出的中止审理申请不予准许。

综上所述，依照《中华人民共和国物权法》第七十三条，《中华人民共和国合同法》第九十一条、第九十二条，《最高人民法院关于审理物业服务纠纷案件具体应用法律若干问题的解释》第十条，《物业管理条例》第二十九条的规定，判决如下：

一、由被告昆明××物业服务有限公司于本判决生效之日起十日内退出昆明市官渡区××小区物业服务区域；

二、由被告昆明××物业服务有限公司于本判决生效之日起十日内向原告昆明市官渡区××小区业主委员会移交昆明市官渡区××小区物业用房（包括××巷第4、第5二间物业用房和小区西门处三间保安值班室、监控室）；

三、由被告昆明××物业服务有限公司于本判决生效之日起十日内向原告昆明市官渡区××小区业主委员会移交业主档案资料和2012年至2019年的业主停车登记表；

四、驳回反诉原告昆明××物业服务有限公司的诉讼请求。

如果未按本判决指定的期间履行给付金钱义务，应当依照《中华人民共和国民事诉讼法》第二百五十三条之规定，加倍支付迟延履行期间的债务利息。

本诉案件受理费100元，由被告昆明××物业服务有限公司负担；反诉案件受理费50元，由反诉原告昆明××物业服务有限公司负担。

如不服本判决，可在判决书送达之日起十五日内，向本院递交上诉状，并按对方当事人的人数提出副本，上诉于云南省昆明市中级人民法院，并向云南省昆明市中级人民法院交纳上诉案件受理费。在上诉期满后七日内未交纳上诉案件受理费的，按自动撤回上诉处理。

双方当事人均服判的，本判决即发生法律效力。若负有义务的当事人不自动履行本判决，享有权利的当事人可在本判决规定履行期限届满后二年内向本院申请强制执行。

Chapter 4

第四章

物业事务
——文书流程

一、物业服务实用文件范本和物业及开发商来往文件

01 公开小区公共收益账目申请

关于申请公开××小区公共收益的账目

致××物业公司：

本人张三，住某号楼某单元某室，从某年某月某日入住以来，贵司利用本小区对外经营项目有：电梯广告、饮水机、LED灯箱广告、手机信号进场费、宽带进场费、快递柜、房屋出租、停车收入等，未提供本小区公共收益的收支明细。

按照《民法典》第二百七十一条，业主对建筑物内的住宅、经营性用房等专有部分享有所有权，对专有部分以外的共有部分享有共有和共同管理的权利。第二百七十二条，业主对其建筑物专有部分享有占有、使用、收益和处分的权利。业主行使权利不得危及建筑物的安全，不得损害其他业主的合法权益。第二百八十二条，建设单位、物业服务企业或者其他管理人等利用业主的共有部分产生的收入，在扣除合理成本之后，属于业主共有。第九百四十三条，物业服务人应当定期将服务的事项、负责人员、质量要求、收费项目、收费标准、履行情况，以及维修资金使用情况、业主共有部分的经营与收益情况等以合理方式向业主公开并向业主大会、业主委员会报告。

建筑区划内的其他公共场所、公用设施和物业服务用房，属于业主共有。本人作为本小区共有人有权查阅、拷贝、复制本小区的公共收益的支出明细。

请贵司接到本函于7日内配合我对本小区的公共收益部分进行查阅，如贵司未按照上述要求配合，我保留向有关部门投诉举报和诉讼的权利并告知全体业主和媒体参与！

此致

联系电话：

申请业主：

年　　月　　日

抄送：房管局物业科、街道办事处、社区、业主委员会

02 新能源汽车充电桩安装申请

××××小区新能源汽车充电桩安装申请书

××物业服务有限公司：

本人：××，居住：××，因本人于××（时间）购买了××型号的新能源电动汽车，车牌号：××。

根据《国务院办公厅关于加快电动汽车充电基础设施建设的指导意见》等相关规定，现申请在地上/地下本人购买/租赁的× ×号车位，安装充电设施。

本人保证，所安装的充电桩的设备及安装人员都是符合法律法规的有资质的设备及人员，充电桩安装前后所产生能耗费由本人承担，由设备和本人使用不当及线路产生的风险和损失由本人自行承担，和被申请人无关。

附：充电桩品牌和型号。

特此申请。

联系电话：

申请人：

电话：

附件：房产证复印件、身份证复印件、行驶证复印件

03 业主委员会备案单

××小区业主委员会备案单

［街道（地区）办事处/乡镇人民政府］业备［×年］第×号

<table>
<tr><td>名称</td><td colspan="4">北京市__区（县）__业主委员会</td></tr>
<tr><td rowspan="5">物业项目基本信息</td><td>名称</td><td colspan="3"></td></tr>
<tr><td rowspan="2">类型</td><td colspan="2" rowspan="2">住宅□　办公□　商业□
其他：</td><td>建筑物总面积：__平方米</td></tr>
<tr><td>业主总人数：__人</td></tr>
<tr><td colspan="2">物业管理区域</td><td colspan="2">东至：
西至：
南至：
北至：</td></tr>
<tr><td colspan="2">业主大会办公用房</td><td colspan="2">地址：
建筑面积：__平方米</td></tr>
<tr><td colspan="3">首次业主大会会议召开时间</td><td colspan="2">____年____月____日至____年____月____日</td></tr>
<tr><td colspan="3">首次业主大会会议及表决形式</td><td colspan="2">1.集体讨论□
2.书面征求意见：（1）收发纸制表决票□
（2）业主公共决策平台□</td></tr>
<tr><td rowspan="2">备案材料清单</td><td colspan="4">1.管理规约□ 2.业主大会议事规则□ 3.业主大会决议□ 4.筹备组工作报告□</td></tr>
<tr><td colspan="4">备注（受理人填写）：</td></tr>
</table>

续表

<table>
<tr><td rowspan="6">业主委员会委员情况</td><td colspan="7">本业主委员会共__人，委员具体情况如下：</td></tr>
<tr><td>姓名</td><td>性别</td><td>职业</td><td>专有部分地址</td><td>联系电话</td><td>任期</td><td>职务</td></tr>
<tr><td></td><td></td><td></td><td></td><td></td><td></td><td>主任</td></tr>
<tr><td></td><td></td><td></td><td></td><td></td><td></td><td></td></tr>
<tr><td></td><td></td><td></td><td></td><td></td><td></td><td></td></tr>
<tr><td colspan="7">注：业主委员会委员身份证复印件附后</td></tr>
<tr><td>备案声明</td><td colspan="7">本业主委员会依法由业主大会选举产生，现委托（姓名），身份证号__________________，到贵单位办理业主委员会备案手续（身份证复印件附后）。受托人已认真阅读填表说明，并保证填报内容及提交的相关材料真实。如有隐瞒、提供材料不真实等行为，本业主委员会将承担由此引发的法律后果。
业主委员会全体委员签字：
受托人签字：
____年____月____日</td></tr>
<tr><td>备案单位意见</td><td colspan="7">该业主委员会提交的材料齐全，符合首次业主大会会议召开和形成决定的法定要求，符合备案条件，现予以备案。
经办人（签字）：
街道办事处/乡镇人民政府
____年____月____日</td></tr>
</table>

业主委员会备案单

[街道（地区）办事处/乡镇人民政府]业备[×××年]第×号

此备案单一式两份，由街道办事处/乡镇人民政府、业主委员会各留存一份。街道办事处、乡镇人民政府应当在备案（包括备案事项变更单）后7日内将备案材料抄送区县房屋行政主管部门，将有关情况书面通报物业所在地公安派出所、社区居民委员会。

备案事项变更单

____年____月____日

<table>
<tr><td>变更事项</td><td colspan="2">1.管理规约□　2.业主大会议事规则□　3.业主委员会委员□</td></tr>
<tr><td colspan="2">业主大会会议召开时间</td><td>____年____月____日至____年____月____日</td></tr>
<tr><td colspan="2">业主大会会议形式</td><td>集体讨论□ 书面征求意见 □
业主决定共同事项公共决策平台□</td></tr>
<tr><td rowspan="2">变更备案材料清单</td><td colspan="2">1.变更事项文本□　2.业主大会决议□　3.变更情况说明□</td></tr>
<tr><td colspan="2">备注(受理人填写):</td></tr>
<tr><td rowspan="2">变更事项简要情况</td><td colspan="2">本业主委员会于____年____月____日备案,备案号为(________,现备案事项发生如下变更,特此说明。)</td></tr>
<tr><td colspan="2">1.管理规约修改以下内容:
(1)
(2)
2.业主大会议事规则修改以下内容:
(1)
(2)
3.业主委员会委员变更:原业主委员会委员廖小波(姓名)、因个人原因不再担任委员,新增委员具体名单如下:
<table><tr><td>姓名</td><td>性别</td><td>职业</td><td>专有部分地址</td><td>联系电话</td><td>任期</td><td>职务</td></tr><tr><td></td><td></td><td></td><td></td><td></td><td></td><td></td></tr></table>注:新增业主委员会身份证复印件附后。</td></tr>
<tr><td>备案声明</td><td colspan="2">本业主委员会依法由业主大会选举产生,现委托______(姓名),身份证号________________,到贵单位办理业主委员会备案手续(身份证复印件附后)。受托人已认真阅读填表说明,并保证填报内容及提交的相关材料真实。如有隐瞒、提供材料不真实等行为,本业主委员会将承担由此引发的法律后果。
业主委员会全体委员签字:
受托人签字:
____年____月____日</td></tr>
<tr><td>备案单位意见</td><td colspan="2">该业主委员会提交的材料齐全,符合首次业主大会会议召开和形成决定的法定要求,符合备案条件,现予以备案。
经办人(签字):
街道办事处/乡镇人民政府
____年____月____日</td></tr>
</table>

业主委员会备案单填写说明

1.【编号】“[街道(地区)办事处/乡镇人民政府]”横线处填写街道(地区)办事处、乡镇人民政府名称。

“业备[______年]第______号”，第一个横线处填写年度，如“2010”；第二个横线处使用两位阿拉伯数字编号填写，如“01”。

2.【名称】填写区县名称和业主委员会名称。

3.【物业项目基本信息】

(1)物业项目名称、类型应当与前期物业服务合同名称一致；

(2)建筑物总面积和业主总人数应当按照《最高人民法院关于审理建筑物区分所有权纠纷案件适用法律若干问题的解释》(法释〔2020〕17号修正)第八条的规定计算；

(3)业主大会办公用房，2010年10月1日以后新建的住宅物业项目应当按照《北京市物业管理办法》第七条的规定配建物业服务用房。2010年10月1日前建设的住宅物业项目按其实际情况填写，没有用房的用“×”画掉。

4.【备案材料清单】

(1)已提交相应材料的，在相应材料名称后面“□”打“√”。

(2)备注：备案受理人可以对已提供的备案材料的有关情况进行补充说明。

5.【业主委员会委员情况】

(1)在“任期”栏内填写业主委员会委员的任期时限或者起止时间。如“4年”或者“2010年12月31日至2016年12月31日”。填写任期时限的，时限自备案之日起计算。

(2)“职务”栏内填写委员担任的相应职务，如“主任委员、副主任委员”。

6.【备案事项变更】

备案事项发生变更的，业主委员会应当及时办理变更备案，并按以下说明填写《备案事项变更单》：

（1）【变更事项】：按照实际变更事项在“□”打“√”。

（2）【备案材料清单】

①修改管理规约、业主大会议事规则的，应当提供变更后的文本；选举新的业主委员会委员的，应当提供新的业主委员会名单。

②变更情况说明：包括变更事项的全部内容、基本程序、相关的业主委员会决定、业主大会决定等。

③备注：备案受理人可以对已提供的备案材料的有关情况进行补充说明。

（3）【变更事项简要情况】：包括变更事项的类别、主要内容、变更程序等。

（4）【备案声明】：由现任业主委员会全体委员签字。

04 首次业主大会和业主委员会筹备组业主申请表

××小区请求组织指导
首次业主大会和业主委员会
筹备组业主联名申请书

××市××街道办事处/镇政府：

我是________市________区________街道________小区______号楼______室的业主，房屋建筑面积______平方米。

本______小区物业管理区域共计____户，专有面积____平方米，已交付业主的专有部分面积已经超过70%以上，本人联名书面申请召开首次业主大会并成立业主委员会，按照《××市物业管理办法》《业主大会和业主委员会指导规则》相关规定，现将____%业主，共计____人联名申请书呈上，请贵单位按照相关规定协助指定筹备组组长，在30日内协助本小区成立业主大会和业主委员会筹备组，并在90日之内召开首次业主大会。

特此申请。

发起业主（签字）：
联系电话：

年　　月　　日

附件为业主联名申请签字：

××小区业主联名申请成立首次业主大会筹备组签字

楼号	业主姓名	建筑面积	电话	同意签字	签字日期	备注

备注：本签字必须由业主本人签字，委托签字需要有委托书并附带身份证和房产证复印件。签字即代表同意申请成立业主大会筹备组。

05 关于物业服务不到位要求整改的函

致××物业管理公司：

本人×××，性别×，房号××××，于××（时间）购买××住房，××（时间）入住，××××年缴纳物业费，××××年没有缴纳，没缴纳原因是由于物业管理混乱，缺乏科学性、系统性，服务严重缺位。

证据如下：

不尊重业主意见：物业管理高层与别墅区业主没有沟通平台，小区设施规定涉及业主生活等重大变动在没有和业主充分沟通，征求大多数业主同意时擅自实施。没有对业主进行物业服务的满意度调查。对业主投诉意见处理不及时，处理结果情况迟迟不到位，停水停电等信息预先通知有时不及时。

收取高额水电费，但标准不明，不肯使用网上平台公开收费。

公共环境卫生差：蚊虫鼠蚁肆虐，公共区域动物粪便随处可见、路灯布满尘土、建筑垃圾无人管理造成安全隐患，地面垃圾桶久拖不到位，造成生活垃圾在小区到处可见。此事在业主中产生极坏影响，到目前也没有得到妥善解决；小区主干道、楼间道路脏，枯树叶、干土、泥巴随处可见。

对小区交通与车辆停放秩序的管理差，严重影响小区生活正常秩序和邻里关系。比如业主自家车位经常无故被占用。公共车位标注不明，地库标识不明，建筑垃圾和废弃物随意放置，没有巡逻管理人员执勤。

治安管理、消防管理差：安全防范差，缺乏对外来人员、小商小贩、闲杂人员等的检查，不设门卡，有门禁也形同虚设；没有向业主提供周知巡逻路线图时间表，且巡逻时间间隔过长，无法保证小区业主安全；物业配备的可视对讲系统基本功能无法提供，属于瘫痪状态，没有与门卫联系，访客来访沟通，没有报警等功能。

缺乏专业服务精神、专业素养：故意招聘低工资人员，目前保洁人员数量严重不足、年龄过大、素质低下。物业前台人员沟通能力差，服务效率低，办事能力都严重落后。

对公共区域绿地、花木、建筑小品的养护、维修和管理比较差。

对开发商遗留房屋建筑问题，物业有责任和义务协助业主妥善解决，在此方面效率不高。

对共用设施、设备的维修、养护、管理和运行服务不到位。

无理由强扣业主装修押金。

现要求在半个月时间内对上述问题进行整改，并如数退还业主装修押金，减免业主物业费。否则本人将保留诉讼权利。在未整改完成之前，本人物业费暂缓缴纳。

签名：

电话：

日期：

证据目录：照片、视频、录音、书面文件、其他

（以上有什么提供什么）

06 关于保修范围内的维修函件

致________房地产开发有限公司：

本人______，性别____，身份证号：____________________，于______年____月____日在贵司购买房屋，于______年____月____日收房，房屋坐落于______市______区______小区____号楼____单元____号。

本人从入住至今，该房屋出现众多问题。本人多次向贵司和物业公司电话及口头报修，至今除了告知已请示汇报及敷衍小修，根本没有实际解决问题。

该房屋问题如下：

1.____年____月开始房顶漏水，导致该房屋客厅西北角长____米，宽____米的吊顶损坏（请看证据1），家具损坏（请看证据2），装修受损（请看证据3）。

2.____年____月开始卧室西墙裂缝长度为____米（请看证据4），装修受损（请看证据5）。

3.____年____月开始卫生间漏水导致该楼下房屋顶棚损坏（请看证据6）。从入住至今没有开通正式水电，到现在还在物业购买临时水电（请看证据7）。园区人行路，绿化灯至今没有完善（请看证据8）。____年____月厨房主管道漏水导致该楼下房屋装修家具受损（请看证据9）。____年____月开始外墙漏水导致该房屋装修受损（请看证据10）。由于窗户安装有误，封闭不严等导致我本人不能正常使用（请看证据11）。

根据《民法典》《房屋建筑工程质量保修办法》《中华人民共和国建筑法》《建设工程质量管理条例》，房屋买卖合同等相关规定，在正常使用下，房屋建筑工程的最低保修期限为：一、地基基础和主体结构工程，为设计文件规定的该工程的合理使用年限；二、屋面防水工程、有防水要求的卫生间、房间和外墙面的防渗漏，为5年；三、供热与供冷系统，为2个采暖期、供冷期；四、电气系统、给排水管道、设备安装为2年；五、装修工程为2年。其他项目的保修期限由建设单位和施工单位约定。

贵司应该承担维修保修义务，并对我所造成的损失进行赔偿。

本人现郑重向贵司告知该房屋的损坏情况及损失情况，请贵司于6个月内彻底解决以上问题，并给予赔偿，否则本人将采用司法诉讼程序，并保留向记者及公众告知的权利。

业主：

日期：

抄送：×市房屋管理与建设委员会，街道办事处，质量技术监督局等相关单位

证据目录：

证据1：房顶漏水的照片和视频（略）

证据2：家具损失的照片和发票（略）

……

证据6：……

证据7：从物业购买水电的票据（略）

07 申请公开小区相关文件的函件

关于公开××小区相关文件的申请

致××物业公司：

本人张三，住某号楼某单元某室。根据《民法典》第二百七十一条、第二百八十二条、第九百四十三条，《最高人民法院关于审理建筑物区分所有权纠纷案件具体应用法律若干问题的解释》第十三条，《物业服务收费管理办法》第八条，《住房和城乡建设部等部门关于加强和改进住宅物业管理工作的通知》（建房规〔2020〕10号）等相关文件，本人享有知情权。

请贵司接到本函于7日内在__________小区内公告栏或显著位置公示：营业执照、建筑区划总平面图、管理人员持证上岗证书、__________小区管理规约、服务人员的基本情况、职责分工、联系方式、投诉机制、物业服务合同、物业服务等级、服务内容、服务标准、收费项目、收费依据、收费方式、计费起始时间、价格举报电话、消防等设备设施安全生产应急预案等物业管理工作必须公开事项。公开：______年____月至______年____月利用该小区公共区域、共用部位、共用设备设施的经营收益明细；公共区域、部位的养护记录，按照规

定办理的相关手续、建筑物及其附属设施的维修资金的筹集使用情况；配套设施和地下管网工程竣工图等竣工验收资料；国家供水、供电单位委托被告收取水电费的委托书、收费依据、收费标准、收支明细；小区停车管理方案、人员配备、建筑区划内的车位、车库的处分情况；______年至______年该小区内共用专业设备的养护记录，以及相关部门的检查合格准许使用文件；对公共区域绿化部位的养护记录；对楼体外墙、楼顶防水的养护记录；物业服务用房的使用情况。

如贵司未按照上述要求配合，我保留向有关部门投诉举报和诉讼的权利并告知全体业主和媒体参与！

此致

联系电话：

申请业主：

年　　月　　日

抄送：房管局物业科、街道办事处、社区、业主委员会

二、实用操作流程

01 如何成立业主委员会

1.为什么要成立业主委员会?

(1)业主委员会要维护我们业主的权利和义务。

(2)如果不成立业主委员会,我们小区的物业公司谁来监督?

(3)管理质量如何提高?

(4)我们小区的公共设施设备如何更好地维护?

(5)我们小区业主与物业公司和开发商打交道谁来牵头?

(6)我们小区的公共收益如何使用?

(7)可以说没有业主委员会,我们小区就是一盘散沙,什么事情都无法有顺序地开展了。

2.什么是业主大会?

根据《物业管理条例》第8条,物业管理区域内全体业主组成业主大会。

业主大会应当代表和维护物业管理区域内全体业主在物业管理活动中的合法权益。

3.什么是业主委员会?

根据《业主大会和业主委员会指导规则》第31条,业主委员会由业主大会会议选举产生,由5~11人单数组成。

4.什么是业主?

根据《物业管理条例》第6条,房屋的所有权人为业主。

5.成立业主大会的前提条件是什么?

根据《业主大会和业主委员会指导规则》第8条,物业管理区域内,已交付的专有部分面积超过建筑物总面积50%时。

6.怎样确定入住率(收房率)达到双过半?

入住率双过半即物业管理区域总建筑面积和人数入住率达到双过半。

7.物业管理区域的划分怎样确定?

根据《物业管理区域》第9条,一个物业管理区域成立一个业主大会。物业管理区域的划分应当考虑物业的共用设施设备、建筑物规模、社区建设等因素。具体办法由省、自治区、直辖市制定。

8.一个物业管理区域能成立几个业主大会和业主委员会?

根据《业主大会和业主委员会指导规则》第7条,业主大会根据物业管理区域的划分成立,一个物业管理区域成立一个业主大会。

只有一个业主的,或者业主人数较少且经全体业主同意,不成立业主大会的,由业主共同履行业主大会、业主委员会职责。

9.成立业主大会由谁发起?

根据《北京市物业管理办法》第14条,(1)建设单位召集占总人数5%以上。(2)专有部分占建筑物总面积5%以上的业主也可以自行向物业所在地街道办事处、乡镇人民政府提出书面申请成立业主大会。

10.怎样制作申请表?

参照范本:6.4 首次业主大会和业主委员会筹备组业主申请表。

11.资料递交给谁?

根据《业主大会和业主委员会指导规则》第8条,物业所在地的区、县房地产行政主管部门或者街道办事处、乡镇人民政府。

12.如果相关部门不接收文件怎么办?

把相关法律依据给他看,并给予讲解,如果对方不理会,可以直接通过录像、拍照或者以EMS的形式给其。

13.递交资料多长时间成立筹备组？

根据《业主大会和业主委员会指导规则》第9条，符合成立业主大会条件的，区、县房地产行政主管部门或者街道办事处、乡镇人民政府应当在收到业主提出筹备业主大会书面申请后60日内（有些地方是30日），负责组织、指导成立首次业主大会会议筹备组。

14.筹备组组长由谁担任？

筹备组组长由街道办事处、乡镇人民政府代表担任。

15.筹备组组长应该做什么工作？

筹备组组长发布通知招募组员并确定筹备组组员；组织召开筹备组工作会议；对已作出的决议签字确认；保管资料。

16.筹备组人员有几名，分别由谁担任？

原则上由5~11名单数（地方有所不同）组成，根据《业主大会和业主委员会指导规则》第10条，首次业主大会会议筹备组由业主代表、建设单位代表、街道办事处、乡镇人民政府代表和居民委员会代表组成。筹备组成员人数应为单数，其中业主代表人数不低于筹备组总人数的一半。

17.筹备组人员报名过多怎么办？

筹备组人员过多，由街道办事处或者社区居委会组织业主代表互相推选产生。

18.筹备组资料和资金谁提供？

根据《北京市物业管理办法》第16条，建设单位应当自首次业主大会会议筹备组成立之日起7日内向筹备组提供业主名册、业主专有部分面积、建筑物总面积等资料，并承担筹备及召开首次业主大会会议所需费用。

19.筹备组开会由谁组织？

根据《北京市物业管理办法》第15条，街道办事处、乡镇人民政府应当自接到申请之日起60日内，指定代表担任筹备组组长，组织成立首次业主大会会议筹备组，筹备组负责召集首次业主大会会议。

20.筹备业主大会的文件都要抄送给谁？

街道办事处、乡镇人民政府、房管局、社区居委会。

21.筹备组组长不作为怎么办？

过半筹备组成员提议，要求街道办事处给予更换，街道办事处应及时给予更换（更换组长所耽误的时间顺延）。

22.筹备组可以请专家协助成立吗？

可以。

23.专家的费用怎么出？

先由部分业主垫付，成立后可从公共收益中列支。

24.为什么请专家顾问？

因为专家顾问有丰富的经验和专业，他可以用最短的时间帮您成立业委会，而且会在方式方法和技巧上给您指导，包括所有的书面文件都有专家指导，不但省时省力，还能节省成本。

25.筹备组需要做的工作有哪些？

根据《业主大会和业主委员会指导规则》第12条，筹备组应当做好以下筹备工作：

（1）确认并公示业主身份、业主人数以及所拥有的专有部分面积；

（2）确定首次业主大会会议召开的时间、地点、形式和内容；

（3）草拟管理规约、业主大会议事规则；

（4）依法确定首次业主大会会议表决规则；

（5）制定业主委员会委员候选人产生办法，确定业主委员会委员候选人名单；

（6）制定业主委员会选举办法；

（7）完成召开首次业主大会会议的其他准备工作。

26.议事规则和业主规约怎么获得？

根据《业主大会和业主委员会指导规则》第12条，由筹备组草拟（范本由街道办事处提供），或者找有经验的专家或者律师帮助草拟。

27.制定管理规约应作出什么决定？

根据《业主大会和业主委员会指导规则》第18条，管理规约应当对下列主要事项作出规定：

（1）物业的使用、维护、管理；

（2）专项维修资金的筹集、管理和使用；

（3）物业共用部分的经营与收益分配；

（4）业主共同利益的维护；

（5）业主共同管理权的行使；

（6）业主应尽的义务；

（7）违反管理规约应当承担的责任。

28.制定议事规则应作出什么规定？

根据《业主大会和业主委员会指导规则》第19条，业主大会议事规则应当对下列主要事项作出规定：

（1）业主大会名称及相应的物业管理区域；

（2）业主委员会的职责；

（3）业主委员会议事规则；

（4）业主大会会议召开的形式、时间和议事方式；

（5）业主投票权数的确定方法；

（6）业主代表的产生方式；

（7）业主大会会议的表决程序；

（8）业主委员会委员的资格、人数和任期等；

（9）业主委员会换届程序、补选办法等；

（10）业主大会、业主委员会工作经费的筹集、使用和管理；

（11）业主大会、业主委员会印章的使用和管理。

29.业委会候选人由什么人担任？

根据《业主大会和业主委员会指导规则》第31条，业主委员会委员应当是物业管理区域内的业主。

30.业委会候选人需要什么条件?

根据《业主大会和业主委员会指导规则》第31条:

(1)具有完全民事行为能力;

(2)遵守国家有关法律、法规;

(3)遵守业主大会议事规则、管理规约,模范履行业主义务;

(4)热心公益事业,责任心强,公正廉洁;

(5)具有一定的组织能力;

(6)具备必要的工作时间。

31.业委会候选人由几人组成?

根据《业主大会和业主委员会指导规则》第31条,业主委员会由业主大会会议选举产生,由5~11人单数组成。

32.筹备组成立后多长时间召开首次业主大会?

根据《业主大会和业主委员会指导规则》第15条,筹备组应当自组成之日起90日内完成筹备工作,组织召开首次业主大会会议。

33.业主大会召开的形式有几种?

根据《物业管理条例》第12条,业主大会会议可以采用集体讨论的形式,也可以采用书面征求意见的形式。

34.业主大会召开的时间是多长时间?

会议时长由筹备组决定,但是建议时间不要少于1个月,不多于3个月,时间不够可以根据《业主大会议事规则》延长15天。

35.召开业主大会要提前多长时间发布通知?

根据《物业管理条例》第14条,召开业主大会会议,应当于会议召开15日以前通知全体业主。住宅小区的业主大会会议,应当同时告知相关的居民委员会。业主委员会应当做好业主大会会议记录。

36.召开业主大会要公示什么资料，需要公示多长时间？

根据《业主大会和业主委员会指导规则》第12条，筹备组应当做好以下筹备工作：

（1）确认并公示业主身份、业主人数以及所拥有的专有部分面积；

（2）确定首次业主大会会议召开的时间、地点、形式和内容；

（3）草拟管理规约、业主大会议事规则；

（4）依法确定首次业主大会会议表决规则；

（5）制定业主委员会委员候选人产生办法，确定业主委员会委员候选人名单；

（6）制定业主委员会选举办法；

（7）完成召开首次业主大会会议的其他准备工作。

除召开业主大会需提前15日告知，其余部分公示7日。

37.公示内容怎样取证？

张贴前后用水印相机拍摄远近照片各两张。

38.首次业主大会表决票样式？

业主大会选票

一、表决《管理规约》《业主大会议事规则》草案

《管理规约》	《业主大会议事规则》
同意□　　不同意□	同意□　　不同意□

二、是否同意以下参选业主委员会委员

序号	1	2	3	4	5	6
候选人						
同意						

选票填写说明：

（1）本选票必须用蓝、黑色钢笔或签字笔填写，字迹必须清晰工整，填写不

规范的选票视为弃权票。

(2)本小区业委会委员____人,____人为候补委员。

(3)请您在同意的候选人下面的投票栏处打“√”。

(4)请您在《管理规约》和《业主大会议事规则》下面的空格处打“√”。

(5)请您于________前,将选票投入设在____________的投票箱内。

(6)邮寄地址:____________________

房间号:____________ 建筑面积:________________

是否委托投票: 是□ 否□

业主签名:____________ 联系电话:____________

受托人签名:____________ 联系电话:____________

填写时间:____________

39.业委会任期是多久?

根据《业主大会和业主委员会指导规则》第32条,业主委员会委员实行任期制,每届任期不超过5年,可连选连任,业主委员会委员具有同等表决权。也可以根据议事规则自行确定时长。

40.议事规则、业主规约、业委会候选人要达到多少人同意方为有效?

根据《民法典》第278条,下列事项由业主共同决定:(1)制定和修改业主大会议事规则;(2)选举业主委员会或者更换业主委员会成员;(3)决定前款其他事项,应当经专有部分占建筑物总面积过半数的业主且占总人数过半数的业主同意。

41.业委会候选人参选票数的其中人员未达到双过半怎么办?

此人参选失败。

42.唱票筹备组要提前多长时间,通知那些人员及单位?

原则上1周,如果提前结束业主大会会议,至少提前1天。

通知人员:街道办事处、房管局、派出所、社区居委会、业主代表、业主。

43.唱票后要做什么文件?

唱标结果数据(参与人签字),业主大会决议。

44.主任和副主任怎样产生?

根据《业主大会和业主委员会指导规则》第32条,业主委员会应当自选举之日起7日内召开首次会议,推选业主委员会主任和副主任。

45.文件形成后要公示多长时间?

根据《业主大会和业主委员会指导规则》第40条,业主委员会会议应当制作书面记录并存档,业主委员会会议作出的决定,应当有参会委员的签字确认,并自作出决定之日起3日内在物业管理区域内公告。

46.备案单怎样制作?

参照范本6.3 业主委员会备案单。

47.备案需要提交的资料有哪些?

(1)业主委员会成立情况的书面报告(需社区、办事处同意证明);

(2)成立业委会筹备组的公告相关资料(关于成立业主大会筹备组的公告、筹备组成员推荐表、筹备组成员名单公示);

(3)小区业主清册(业主大会前最终确定的小区业主名单);

(4)业委会候选人条件和产生办法公告;

(5)业委会委员候选人推荐表及候选人确认表;

(6)业委会委员候选人名单公示;

(7)首次召开业主大会的公告(会议的时间、地点及内容);

(8)业主大会会议纪要[议事规则、管理规约、业主章程(草案)、参会人员名单及签到表];

(9)业主大会表决票及业委会委员选票汇总表;

(10)首次业主大会决定事项的公告;

(11)业委会委员名单公告;

(12)业委会委员基本情况(身份证、房屋所有权证,需社区居委会加盖与原件相符的章)；

(13)相关公示照片[关于成立业主大会筹备组的公告、业主大会筹备组成员名单公示、小区业主清册、业委会候选人条件和产生办法公告、议事规则(草案)、管理规约(草案)、业主章程(草案)、业委会委员候选人名单公示、首次召开业主大会的公告、首次业主大会决定事项的公告、业委会委员名单公告]；

(14)业主委员会备案登记表(一式四份)；

(15)其他应当提交的材料。

(注：所交材料一式三份，每张复印件需有申请单位盖章；所有证件需提供原件现场核对)

办理时限自受理申请之日起10日内。

收费标准：免费。

48.多长时间要向哪个部门进行备案？

根据《物业管理条例》第16条，业主委员会应当自选举产生之日起30日内，向物业所在地的区、县人民政府房地产行政主管部门和街道办事处、乡镇人民政府备案。

49.相关部门备案需要多长时间？

根据《北京市物业管理办法》第17条，业主大会选举产生业主委员会。业主委员会应当自选举产生之日起30日内，持以下材料向物业所在地街道办事处、乡镇人民政府备案：

材料齐全的，街道办事处、乡镇人民政府应当当场予以备案，有问题的30日内备案。

50.怎样刻章？

根据《业主大会和业主委员会指导规则》第34条，业主委员会办理备案手续后，可持备案证明向公安机关申请刻制业主大会印章和业主委员会印章。

51.有没有业主大会印章?

大多数地区没有,部分地区有,需向当地咨询。

52.开设账户需要什么资料和到哪些银行可以办理?

业委会备案单,委托书,主任身份证、印章,会计身份证、印章。

可以办理的银行:北京银行、中信银行、广发银行、招商银行、杭州银行、北京农商银行等。

02 更换物业的流程

1.确定物业服务合同的形式

在谈到更换物业之前,我们需要先了解我们的物业服务合同是哪种形式,是前期物业合同还是正常物业服务合同?因为这两种合同对合同期限是不同的解读。

什么是前期物业服务合同?前期物业服务合同是业主入住之前,开发商代替我们业主和物业公司签订的物业服务合同。

前期物业服务合同期限是多久呢?前期物业服务合同不受时间限制,不管签署的时间长短,签署的短了,到期转为事实服务合同;长了,自业主大会成立之日起作废。

什么是正常物业服务合同?正常物业服务合同是物业公司与业委会签订的服务合同,有时间限制,提前解约需要承担违约责任。

2.更换物业就一定能解决物业管理的问题了吗?

答案不好说。模式不改变,换了多少个物业公司还是有可能一样服务不好。

如果还是更换包干制,我建议还是不要换了。太多案例证明,换一个不如一个,不如不换,不换最起码现在的物业还能维持现状。如果非要换,我建议采用酬金制,这样才能能掌控小区的财、权、物,只要有了这些权利,物业才会按照合同执行，才会听我们的意见，我们才能真正做回小区的主人。

话说回来了，现在（部分）小区的物业就是光为了挣钱，不按照物业合同提供服务，怎样要求就是不改正。那我们也只能赶走，更换新的物业，那也是没有办法的办法了。

3.更换物业由谁来组织呢？

答案一定是业主委员会。有人说了，我们小区还没有成立业委会怎么办，可不可以用业主共同决定的形式，不用业主大会的形式呢？我只能说从法律角度讲"行"，但是从实操上来说可行性太低，因为没有业委会，需要街道或者社区帮助组织作出业主共同决定，他们会不会帮你们组织呢？就算帮我们组织，顺利作出决议，老物业不撤场，谁去法院起诉呢？单个业主肯定不行，街道社区会帮我们去打官司吗？他们更不愿意，难道我们一半以上的业主一起去法院吗？有人说一半以上的业主授权一个人，可以吗？当然可以，但是这些人会给你授权吗？会把身份证和产权证的复印件给你吗？所以说实操性不高，还是建议先成立业主大会和业委会。

4.业主委员会根据什么来解除物业服务合同呢？

根据《民法典》第278条，选聘和解聘物业服务企业或者其他管理人；应当经人数和专有面积双2/3参与，同意人数经专有部分占建筑物总面积过半数的业主且占总人数过半数的业主同意。

有了法律依据，现在我们说一说工作流程。第一，业委会要有一半的人认为有必要召开业主大会对现有物业是否更换作出决议（附件一）；第二，业委会成立本次业主大会的筹备组；第三，提前15天发布召开临时业主大会的通知（附件二），通知要包括召开业主大会的时间、地点、形式、会议主题等重要事项，并抄送给街道和社区等相关部门；第四，过了公告期召开书面的业主大会，让大家进行表决（附件三）；第五，表决结束后，组织业委会、业主、街道工作人员现场开箱验票，也就是我们说的唱票；第六，唱票达到双过半的业主不同意再和现物业续聘或者说解除合同的情况下，发布公告；第七，公告经过7天没有业主书面反对，此次业主大会就生效了。

生效后给物业发布交接函和解聘函件（附件四）要求物业公司在3个月内撤离本小区，和物业公司约定好交接日期和准备好交接时间及事项。

5.如果物业公司拒不撤场怎么办？

第一，上报房管局，房管局可以依据《物业管理条例》第58条，不移交有关资料的，由县级以上地方人民政府房地产行政主管部门责令限期改正；逾期仍不移交有关资料的，对建设单位、物业服务企业予以通报，并处1万元以上10万元以下的罚款。如在北京，原物业服务企业未按规定交接的，由区县房屋行政主管部门责令限期交接；逾期不交接的，可处3万元罚款。物业所在地街道办事处、乡镇人民政府及公安机关组织强制接管。

第二，根据《民法典》第949条规定，物业服务合同终止的，原物业服务人应当在约定期限或者合理期限内退出物业服务区域，将物业服务用房、相关设施、物业服务所必需的相关资料等交还给业主委员会、决定自行管理的业主或者其指定的人，配合新物业服务人做好交接工作，并如实告知物业的使用和管理状况。原物业服务人违反前款规定的，不得请求业主支付物业服务合同终止后的物业费；造成业主损失的，应当赔偿损失。

第三，根据《民法典》第946条规定，业主依照法定程序共同决定解聘物业服务人的，可以解除物业服务合同。决定解聘的，应当提前60日书面通知物业服务人，但是合同对通知期限另有约定的除外。依据前款规定解除合同造成物业服务人损失的，除不可归责于业主的事由外，业主应当赔偿损失。

6.如何选择新物业？

老物业走和新物业接管中间是有三个月的缓冲期的，也就是从业主大会生效期开始。那我们就需要马上组织成立竞争性谈判小组，小组成员由业委会两名、专家两名、业主两名、基层政府工作人员一名组成，这样有效地防止一方有暗标产生，防止不公正，做到多方制衡。

然后由竞争性谈判小组制定发布招聘物业竞争性谈判文件，同时让社会及业主广泛推荐符合条件的物业前来竞争。

之后由竞争性谈判小区成员筛选出合格的企业，通知在某个时间来进行竞争谈判，由小组按照条件打分，排列出前三名。

然后通知各参加谈判的企业，并同时把结果公示给全体业主，接受质疑和提供解答。

过了公示期，和第一名物业公司签署物业服务合同，但合同要注明真正生效还需双过半的业主同意。之后将第一名物业企业的合同、预算及相关证件手续在小区公示1周。业委会再次召开业主大会对选出的第一名企业进行表决，表决内容有合同、预算等。当然本次召开业主大会还需要业委会内部决议，提前15天发布公告，唱票、公示等。

当然第一名物业公司如果没有经过业主大会通过，还需要对第二名和第三名进行表决。业主大会对物业企业表决通过后，只需要拿着他们公司的手续和物业服务合同到房管局主管单位进行备案即可。但是多说一句，物业服务合同不备案不代表合同不生效。

最后就是业委会委托新物业和老物业进行交接查验。有人会问为什么是委托，难道不是他们应该做的吗？答案，不是。正确的是，老物业移交给业委会，业委会移交给新物业。

附件一：

××小区业委会会议决议

鉴于××物业管理公司为前期物业，合同期限于××××年××月××日已到期，业委会多次和××物业进行沟通协调物业服务改进等措施，物业公司拒不配合，加上多位业主反映此物业公司各种服务不到位，建议召开业主大会进行表决是否对此物业进行续聘！

××小区业主委员会于××××年××月××日召开业委会，针对以上问题做出充分讨论，最终决定按照《民法典》第二百七十八条，《××市物业管理条例》第六、七条规定，决定于××××年××月××日至××××年××月××日召开临时书面业主代表大会。

大会会议需要表决的内容：

1.表决是否同意不再和××物业公司进行物业合同续聘；

2.表决是否同意业委会组建招投标小组选聘物业，并选择1、2、3名，依次提交业主代表大会进行表决；

3.表决是否同意经业主代表大会通过的物业授权业委会制定并签署合同。

同意委员签字：

××××小区业主委员会

______年____月____日

抄送：××房管局、××街道办事处、××社区居委会。

附件二：

关于××小区召开临时业主大会的通知

由于部分业主提议，根据《民法典》第二百七十八条，《××市物业管理条例》第六、七条规定，业委会应对现物业是否续聘提交业主大会进行表决，决定召开临时业主大会，对以下项目进行表决。

一、会议议题

1.表决是否和××物业公司进行物业合同续聘（此条不同意继续表决第2项）；

2.表决是否同意业委会组建招投标小组选聘物业，并选择1、2、3名，依次提交业主代表大会进行表决；

3.表决是否同意经业主代表大会通过的物业授权业委会制定并签署合同。

二、会议规则

1.会议时间：××××年××月××日~××××年××月××日；

2.会议地点：××；

3.会议形式：书面会议；

4.会议方式：选票送达、上门填写、邮寄等；

5.参会人员：全体业主代表；

6.工作人员：业委会工作组及志愿者；

7.咨询电话：××××××××××。

为了我们共同的家园，请大家积极配合做好本次业主代表大会的工作，履行业主的权利和义务。

×××××业主委员会

______年____月____日

抄送：××房管局、××街道办事处、××社区居委会。

附件三：

表决票样式

××××小区业主大会第×次临时会议表决票

表决内容：

1.是否和××物业公司进行物业合同续聘（此条不同意继续表决第2项）；

同意□　　　　　　　　　　不同意□

2.是否同意业委会组建招投标小组选聘物业，并选择1、2、3名，依次提交业主代表大会进行表决；

同意□　　　　　　　　　　不同意□

3.是否同意经业主代表大会通过的物业授权业委会制定并签署合同。

同意□　　　　　　　　　　　　不同意□

投票说明：

(1)请在两个同意或不同意选项内容选择一个打“√”；

(2)弃权票计入多数票；

(3)委托投票必须有委托书和委托人身份证复印件。

业主代表个人信息：

楼座房号：__________建筑面积：__________平方米

投票人(签名)：__________

(如委托投票)委托投票的代理人(签名)：______________________

联系电话：

填写时间：______年____月____日

附件四：

××小区物业管理权限撤场交接通知书

致××物业公司：

根据某年某月某日业主代表大会的决议，本小区不再和贵司进行物业服务相关的合作！按照《民法典》《物业管理条例》《××市物业管理条例》等规定，请您在接到本通知三个月内撤出本小区。

同时请委派工作人员和业委会接洽决定交接内容及时间，对本小区包括但不限于管理用房、配套用房、设备设施的保修单、维修维保记录、业主资料、财务、公共收益等进行交接！

同时在交接期间请贵公司站好最后一班岗，对小区的服务提供良好的服务，感谢贵司这几年对小区做出的贡献。

如贵司在规定的时间未与我沟通及办理交接手续，由此所产生的一切后果由贵司承担，我会同时保留诉讼的权利！

此致

联系人：

联系电话：

××××业主委员会

______年____月____日

抄送：房管局、街道办事处、社区、派出所

03 住宅专项维修资金申请流程及工作内容

一、常见问题

1.什么是住宅专项维修资金？

住宅专项维修资金是指专项用于住宅共用部位、共用设施设备保修期满后的维修和更新、改造的资金。

2.住宅专项维修资金的使用范围是什么？

维修资金专项用于住宅共用部位，是指根据法律、法规和房屋买卖合同，由单幢住宅内业主或者单幢住宅内业主及与之结构相连的非住宅业主共有的部位，一般包括：住宅的基础、承重墙体、柱、梁、楼板、屋顶以及户外的墙面、门厅、楼梯间、走廊通道等。公用设施设备，是指根据法律、法规和房屋买卖合同，由住宅业主或者住宅业主及有关非住宅业主共有的附属设施设备，一般包括电梯、天线、照明、消防设施、绿地、道路、路灯、沟渠、池、井、非经营性车场车库、公益性文体设施和共用设施设备使用的房屋等。

3.物业管理费与住宅专项维修资金有什么不同？

物业管理费是物业管理公司依据《物业管理服务合同》为物业使用人或

所有人提供物业管理服务，物业使用人或所有人依据物业管理服务合同所支付的费用，其构成包括管理服务人员的薪金，物业共用部位、共用设施设备的日常运行、维护费用，以及物业管理区域清洁卫生、绿化养护、秩序维护费用等，不包括物业共用部位、共用设施设备的大修、中修及更新、改造费用。

4.什么时候需要续交住宅专项维修资金？

业主分户账面住宅专项维修资金余额不足首期交存额30%的，应当及时续交。

5.房屋转让时，住宅专项维修资金怎么办？

房屋所有权转让时，业主应当向受让人说明住宅专项维修资金交存和结余情况并出具有效证明，该房屋分户账中结余的住宅专项维修资金随房屋所有权同时过户。

6.公共维修资金使用怎么分摊？

由产权人按照各自拥有的建筑面积比例分摊。

7.可以走绿色通道（应急）的项目有哪些？

（1）屋面防水损坏造成渗漏的；

（2）电梯故障危及人身安全的；

（3）高层住宅水泵损坏导致供水中断的；

（4）楼体单侧外立面1/5以上有脱落危险的；

（5）专业排水设施因坍塌、堵塞、爆裂等造成功能障碍，危及人身财产安全的；

（6）消防系统出现功能障碍，消防管理部门要求对消防设施设备维修、更新、改造的。

8.为什么鼓励聘请造价咨询机构对使用专项维修资金的工程进行监督？

造价咨询机构主要对专项维修资金的工程预算进行审核，工程造价的预算审核是施工项目控制预算，合理确定工程造价的重要方法和必要手段，工作重点是审核工程量是否正确、单价是否合理、费用计取是否准确。通过对住宅专项维修资金工程造价预算进行细致、全面的审查和复核，可及时矫正工程预算书中存在的问题，进而达到合理确定和有效控制工程造价。

9.怎么理解房屋保修期?

房屋保修期是指物业开发建设单位在物业交付使用后，对业主承担保修责任的期限。

(1)关于保修期的长短。

① 建设部《商品房销售管理办法》第33条第1款规定:“房地产开发企业应当对所售商品房承担质量保修责任。当事人应当在合同中就保修范围、保修期限、保修责任等内容做出约定。保修期从交付之日起计算。”

② 商品住宅的保修期限不得低于建设工程承包单位向建设单位出具的质量保修书约定保修期的存续期;存续期少于《商品住宅实行住宅质量保证书和住宅使用说明书制度的规定》中确定的最低保修期限的，保修期不得低于《商品住宅实行住宅质量保证书和住宅使用说明书制度的规定》中确定的最低保修期限。

③ 非住宅商品房的保修期限不得低于建设工程承包单位向建设单位出具的质量保修书约定保修期的存续期。

(2)在正常使用条件下，建设工程的最低保修期限:

① 基础设施工程、房屋建筑的地基基础工程和主体结构工程，设计文件规定的该工程的合理使用年限(注:该年限可能会达到楼宇的使用年限);

② 屋面防水工程、有防水要求的卫生间、房间和外墙面的防渗漏，为5年;

③ 供热与供冷系统，为2个采暖期、供冷期;

④ 电气管线、给排水管道、设备安装和装修工程，为2年;

⑤ 其他项目的保修期限由发包方与承包方约定;

⑥ 建设工程的保修期，自竣工验收合格之日起计算。

二、申请主体

1.住宅专项维修资金尚未划转至业主大会专用账户的，由物业服务企业向物业所在区县建委或房管局物业或房屋安全管理部门提出申请；

2.维修资金已经划转至业主大会专用账户的，由业主委员会向物业所在区县建委或房管局物业或房屋安全管理部门提出申请；

3.业主委员会不愿意提出申请，业主委员会任期届满且换届未完成，名存实亡或业主委员会怠于履行职责的，由物业服务企业向物业所在区县建委或房管局物业或房屋安全管理部门提出申请；

4.物业服务企业、业主委员会未按规定申请应急维修的，由相关业主向区县建委或房管局物业或房屋安全管理部门提出代修申请。业主委员会、物业服务企业不履行申请职责的，事后要依法追究相关责任。

三、物业与业委会的责任

实施应急维修需要使用住宅专项维修资金的，无须经住宅专项维修资金列支。

范围内专有部分占建筑物总面积2/3以上的业主且占总人数2/3以上的业主同意，业主委员会应当在物业管理区域内的显著位置就专项维修资金用于应急维修的相关情况告知业主；没有业主委员会的，由物业服务企业告知。

商品房住宅小区或同一个物业管理区域，既有商品房又有房改房，实施应急维修，维修资金尚未划转至业主大会专用账户的，由物业服务企业组织实施；维修资金已经划转至业主大会专用账户的，由业主委员会或其委托的物业服务企业组织实施；因业主委员会、物业服务企业相互扯皮，不能履职，无法实施应急维修，严重影响业主生活的，由区县建委或房管局组织代修，或由区县建委、房管局与属地街道办事处、乡镇人民政府协商，由街道办事处、乡镇人民政府代修，同时追究物业服务企业和业主委员会的责任。

住宅专项维修资金尚未划转至业主大会专用账户的，由申请人持区县建委或房管局的批复材料到市住房资金管理中心区县管理部办理资金划转手续；维修资金已划转至业主大会专用账户的，由申请人持区县建委或房管局的批复材料到业主大会开户银行办理划转资金手续。

四、住宅专项维修资金管理系统使用流程图

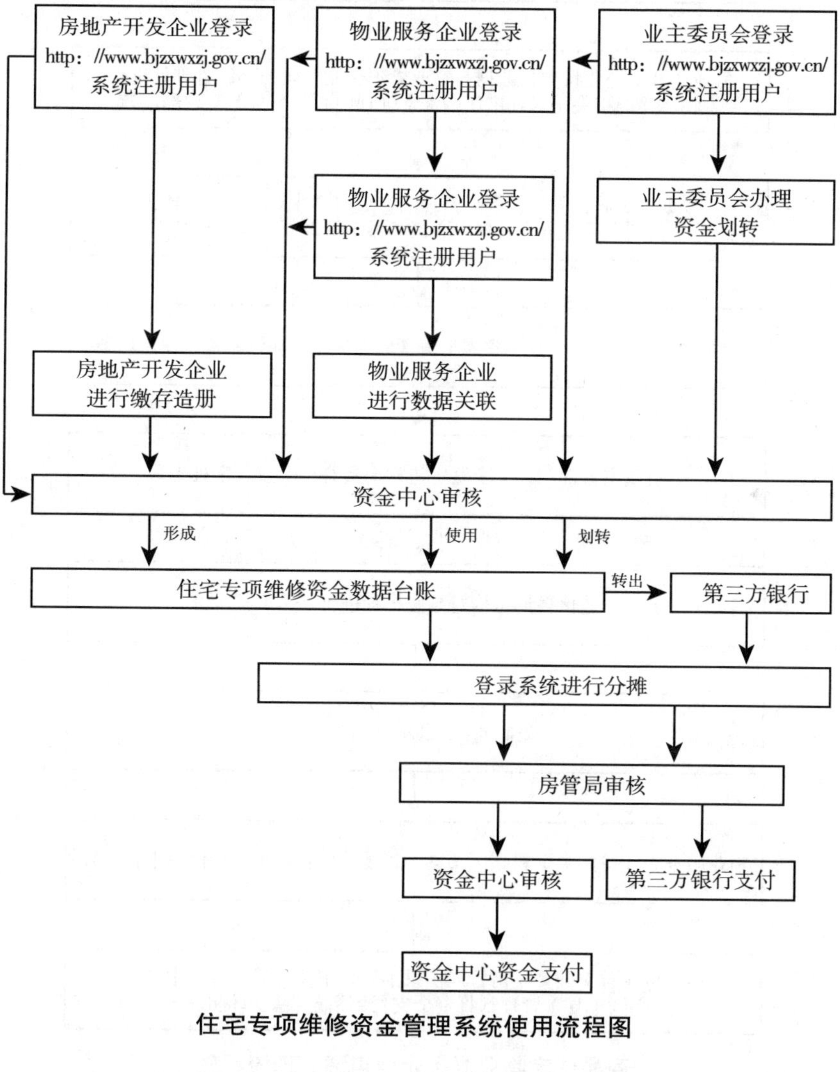

住宅专项维修资金管理系统使用流程图

五、住宅专项维修资金使用申请办理流程图

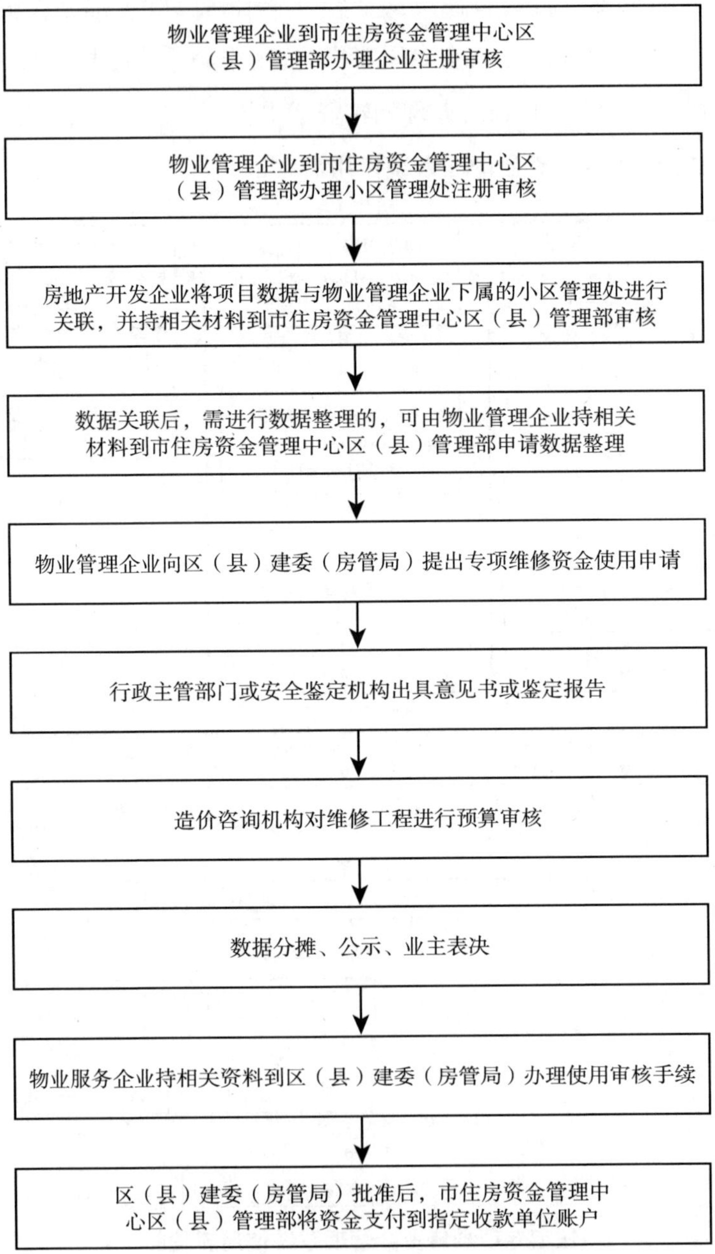

商品住宅物业服务企业申请办理流程图

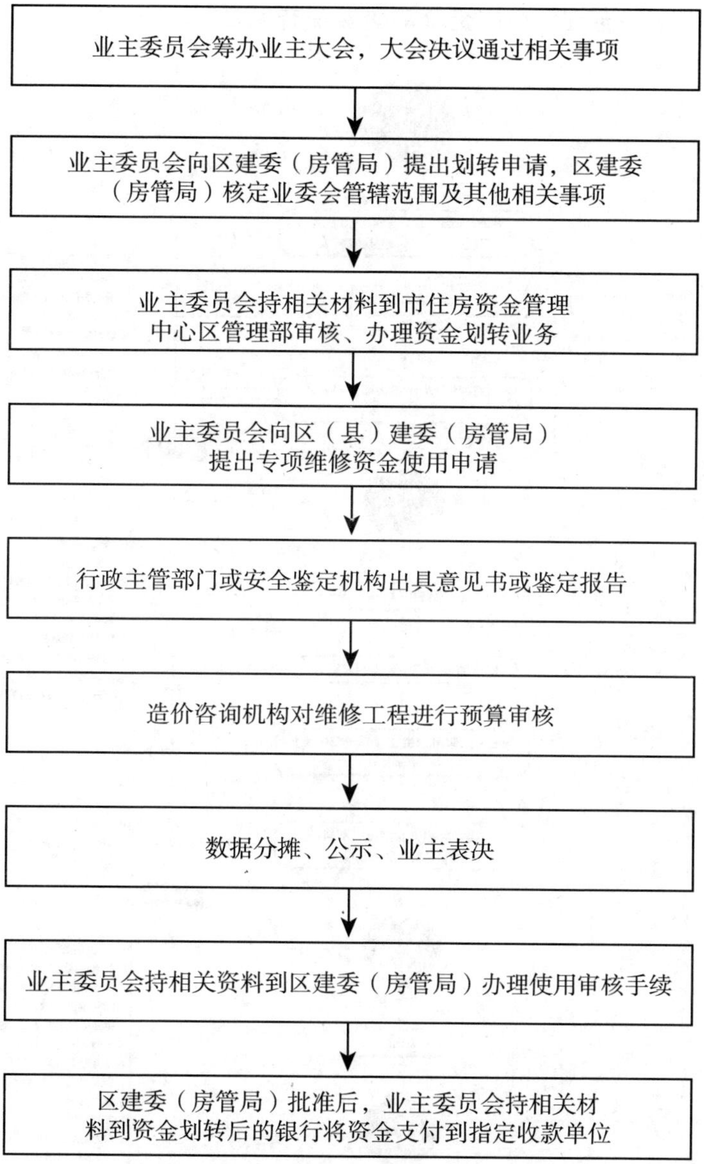

商品住宅业主委员会申请办理流程图

六、房管局住宅专项维修资金审核系统流程图

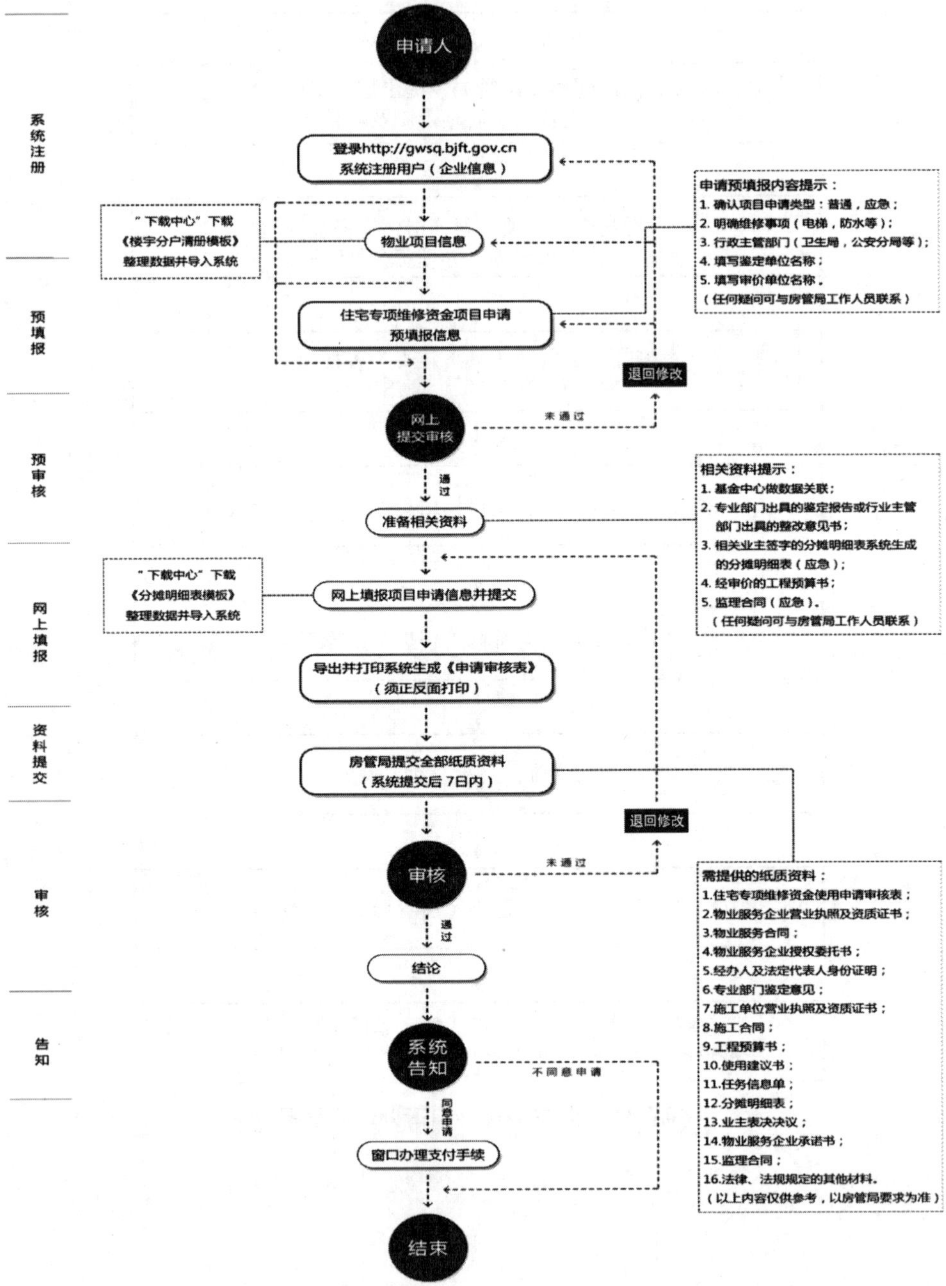

住宅专项维修资金支取审核系统办理流程图（申请端）

七、住宅专项维修资金使用审核需提供资料表

住宅专项维修资金使用审核需提供资料表

序号	材料准备	物业	业委会	备注
1	住宅专项维修资金使用申请审核表	●	●	加盖申请单位公章的原件三份
2	专业部门出具的鉴定报告或行业主管部门出具的整改意见书	●	●	原件
3	施工单位营业执照和资质证书副本	●	●	原件及加盖申请单位公章的复印件一份
4	施工合同	●	●	原件及加盖申请单位公章的复印件一份
5	专业工程造价咨询机构出具的工程预算书	●	●	原件
6	住宅专项维修资金使用建议	●	●	原件
7	住宅专项维修资金管理系统生成的任务单	●	●	加盖申请单位公章的原件两份
8	业主表决决议书	●	●	原件
9	监理合同（如）	●	●	
10	法律、法规规定的其他材料	●	●	
11	物业服务企业营业执照及资质证书	●		原件及加盖申请单位公章的复印件一份
12	物业服务合同/物业服务合同备案结果通知单	●		原件及加盖申请单位公章的复印件一份
13	物业服务企业授权委托书	●		原件
14	经办人及法定代表人身份证明	●		原件及加盖申请单位公章的复印件一份
15	业主签字的分摊明细表（普通）/系统生成的分摊明细表（应急）	●		原件
16	物业服务企业承诺书	●		原件
17	业主委员会备案表		●	原件及加盖申请单位公章的复印件一份
18	业主委员会授权委托书		●	原件

续表

序号	材料准备	物业	业委会	备注
19	经办人及业主委员会主任身份证明		●	原件及加盖申请单位公章的复印件一份
20	系统生成的分摊明细表		●	原件
21	业主委员会承诺书		●	原件

八、住宅专项维修资金使用申请办理流程

1.申请办理程序

申报前物业公司项目部到北京市资金管理中心所在区县管理部领取住宅专项维修资金“密钥盘”，完成业主信息和数据关联整理。

申请程序：

（1）鉴定机构出具鉴定报告或整改意见书；

（2）施工单位测定工程预算；

（3）申请单位提出使用建议公告（一般程序公示不少于15天，应急程序公示不少于7天）；

（4）工程预算送造价咨询机构审价；

（5）按照审价金额（含工程造价、鉴定费、审价费）进行分摊；

（6）按照系统分摊明细单入户签字（应急除外）；

（7）完成维修资金使用申请审核表和任务单；

（8）法人授权办理人的授权委托书（法人签字、公司盖章）；

（9）材料齐全持申请材料报到区房管局物业管理科（划转前业务提交原件材料1份，划转后业务提交原件和复印件各1份）；

（10）区房管局审核通过开出支付令，通知北京市住房资金管理中心所在区县管理部拨款，并告知申请单位。

2.业主委员会维修资金划转业务提供以下材料

（1）北京市商品房住宅专项维修资金划转申请表；

（2）业主维修资金分户清册；

(3)业委会备案单;

(4)业委会银行结算登记证;

(5)业主大会开户许可证;

(6)业主大会组织机构代码证;

(7)业主大会预留印鉴;

(8)业主委员会授权委托书(2/3以上业委会委员签字);

(9)业主委员会主任、副主任、受托办理人身份证复印件;

(10)房管局、划入银行、业主委员会三方协议;

(11)由属地街道确认的业主大会决议;

(12)物业服务合同和合同备案单;

(13)住宅专项维修资金使用管理制度;

(14)需说明的其他材料。

九、业委会资金划转后住宅专项维修资金办理程序

住宅专项维修资金划转业主大会管理后,需要使用住宅专项维修资金的,按 照以下程序办理:

1.物业服务企业提出使用方案,使用方案应当包括拟维修和更新、改造的项目、费用预算、列支范围、发生危及房屋安全等紧急情况以及其他需临时使用住宅专项维修资金的情况的处置办法等;

2.业主大会依法通过使用方案;

3.物业服务企业组织实施使用方案;

4.物业服务企业持有关材料向业主委员会提出列支住宅专项维修资金;

5.业主委员会依据使用方案审核同意,并报直辖市、市、县人民政府建设(房地产)主管部门备案;

6.业主委员会、负责管理公有住房住宅专项维修资金的部门向专户管理银行发出划转住宅专项维修资金的通知;

7.专户管理银行将所需住宅专项维修资金划转至维修单位。

十、物业日常服务工作

1.物业维修范围以及服务范围:

(1)共用部位和共用设施设备的使用、维修、养护和管理;

(2)电梯、智能系统等设备的运行服务;

(3)环境卫生清扫保洁和绿地、树木、绿化设施的养护、管理;

(4)物业装饰装修的管理;

(5)车辆行驶和停放秩序的服务、管理;

(6)物业管理区域内公共秩序的服务、管理;

(7)物业资料的查询服务和管理;

(8)双方约定的其他物业管理服务内容。

2.物业管理服务费包括什么?

物业管理服务费包括物业管理基本服务费和机电设施设备日常运行养护费。物业管理基本服务费是指普通住宅小区物业管理服务中综合管理、清洁卫生、公共秩序维护、绿化养护、共用部位养护五项服务所发生的费用。也就是物业维修范围产生的费用。

机电设施设备日常运行养护费是指普通住宅小区物业管理服务中的电梯、给排水系统、强弱电系统(电子防盗门、可视对讲门、电子巡更系统、住户报警、周界报警、电子显示屏、中央监控系统、景观灯等)、消防系统、避雷系统、航空障碍灯、水景(包括喷泉)等机电设施设备日常运行养护的费用。

Chapter 5

第五章

物业规范

——法律依据

一、物业管理相关法律法规节选

01 中华人民共和国民法典（节选）

（2020年5月28日十三届全国人大三次会议通过　自2021年1月1日起施行）

第一编　总　　则

第七章　代　　理

第一节　一般规定

第一百六十一条　民事主体可以通过代理人实施民事法律行为。

依照法律规定、当事人约定或者民事法律行为的性质，应当由本人亲自实施的民事法律行为，不得代理。

第一百六十二条　代理人在代理权限内，以被代理人名义实施的民事法律行为，对被代理人发生效力。

第一百六十三条　代理包括委托代理和法定代理。

委托代理人按照被代理人的委托行使代理权。法定代理人依照法律的规定行使代理权。

第一百六十四条　代理人不履行或者不完全履行职责，造成被代理人损害的，应当承担民事责任。

代理人和相对人恶意串通，损害被代理人合法权益的，代理人和相对人应当承担连带责任。

第二节　委托代理

第一百六十五条　委托代理授权采用书面形式的，授权委托书应当载明代理人的姓名或者名称、代理事项、权限和期限，并由被代理人签名或者盖章。

第一百六十六条 数人为同一代理事项的代理人的，应当共同行使代理权，但是当事人另有约定的除外。

第一百六十七条 代理人知道或者应当知道代理事项违法仍然实施代理行为，或者被代理人知道或者应当知道代理人的代理行为违法未作反对表示的，被代理人和代理人应当承担连带责任。

第一百六十八条 代理人不得以被代理人的名义与自己实施民事法律行为，但是被代理人同意或者追认的除外。

代理人不得以被代理人的名义与自己同时代理的其他人实施民事法律行为，但是被代理的双方同意或者追认的除外。

第一百六十九条 代理人需要转委托第三人代理的，应当取得被代理人的同意或者追认。

转委托代理经被代理人同意或者追认的，被代理人可以就代理事务直接指示转委托的第三人，代理人仅就第三人的选任以及对第三人的指示承担责任。

转委托代理未经被代理人同意或者追认的，代理人应当对转委托的第三人的行为承担责任；但是，在紧急情况下代理人为了维护被代理人的利益需要转委托第三人代理的除外。

第一百七十条 执行法人或者非法人组织工作任务的人员，就其职权范围内的事项，以法人或者非法人组织的名义实施的民事法律行为，对法人或者非法人组织发生效力。

法人或者非法人组织对执行其工作任务的人员职权范围的限制，不得对抗善意相对人。

第一百七十一条 行为人没有代理权、超越代理权或者代理权终止后，仍然实施代理行为，未经被代理人追认的，对被代理人不发生效力。

相对人可以催告被代理人自收到通知之日起三十日内予以追认。被代理人未作表示的，视为拒绝追认。行为人实施的行为被追认前，善意相对人有撤销的权利。撤销应当以通知的方式作出。

行为人实施的行为未被追认的，善意相对人有权请求行为人履行债务或者就其受到的损害请求行为人赔偿。但是，赔偿的范围不得超过被代理人追认时相对人所能获得的利益。

相对人知道或者应当知道行为人无权代理的，相对人和行为人按照各自的过错承担责任。

第一百七十二条 行为人没有代理权、超越代理权或者代理权终止后，仍然实施代理行为，相对人有理由相信行为人有代理权的，代理行为有效。

第三节 代理终止

第一百七十三条 有下列情形之一的，委托代理终止：

（一）代理期限届满或者代理事务完成；

（二）被代理人取消委托或者代理人辞去委托；

（三）代理人丧失民事行为能力；

（四）代理人或者被代理人死亡；

（五）作为代理人或者被代理人的法人、非法人组织终止。

第一百七十四条 被代理人死亡后，有下列情形之一的，委托代理人实施的代理行为有效：

（一）代理人不知道且不应当知道被代理人死亡；

（二）被代理人的继承人予以承认；

（三）授权中明确代理权在代理事务完成时终止；

（四）被代理人死亡前已经实施，为了被代理人的继承人的利益继续代理。

作为被代理人的法人、非法人组织终止的，参照适用前款规定。

第一百七十五条 有下列情形之一的，法定代理终止：

（一）被代理人取得或者恢复完全民事行为能力；

（二）代理人丧失民事行为能力；

（三）代理人或者被代理人死亡；

（四）法律规定的其他情形。

第八章 民事责任

第一百七十六条 民事主体依照法律规定或者按照当事人约定，履行民事义务，承担民事责任。

第一百七十七条 二人以上依法承担按份责任，能够确定责任大小的，各自承担相应的责任；难以确定责任大小的，平均承担责任。

第一百七十八条 二人以上依法承担连带责任的，权利人有权请求部分或者全部连带责任人承担责任。

连带责任人的责任份额根据各自责任大小确定；难以确定责任大小的，平均承担责任。

实际承担责任超过自己责任份额的连带责任人，有权向其他连带责任人追偿。

连带责任，由法律规定或者当事人约定。

第一百七十九条 承担民事责任的方式主要有：

（一）停止侵害；

（二）排除妨碍；

（三）消除危险；

（四）返还财产；

（五）恢复原状；

（六）修理、重作、更换；

（七）继续履行；

（八）赔偿损失；

（九）支付违约金；

（十）消除影响、恢复名誉；

（十一）赔礼道歉。

法律规定惩罚性赔偿的，依照其规定。

本条规定的承担民事责任的方式，可以单独适用，也可以合并适用。

第一百八十条 因不可抗力不能履行民事义务的，不承担民事责任。法律另有规定的，依照其规定。

不可抗力是不能预见、不能避免且不能克服的客观情况。

第一百八十一条 因正当防卫造成损害的，不承担民事责任。

正当防卫超过必要的限度，造成不应有的损害的，正当防卫人应当承担适当的民事责任。

第一百八十二条 因紧急避险造成损害的，由引起险情发生的人承担民事责任。

危险由自然原因引起的，紧急避险人不承担民事责任，可以给予适当补偿。

紧急避险采取措施不当或者超过必要的限度，造成不应有的损害的，紧急避险人应当承担适当的民事责任。

第一百八十三条 因保护他人民事权益使自己受到损害的，由侵权人承担民事责任，受益人可以给予适当补偿。没有侵权人、侵权人逃逸或者无力承担民事责任，受害人请求补偿的，受益人应当给予适当补偿。

第一百八十四条 因自愿实施紧急救助行为造成受助人损害的，救助人不承担民事责任。

第一百八十五条 侵害英雄烈士等的姓名、肖像、名誉、荣誉，损害社会公共利益的，应当承担民事责任。

第一百八十六条 因当事人一方的违约行为，损害对方人身权益、财产权益的，受损害方有权选择请求其承担违约责任或者侵权责任。

第一百八十七条 民事主体因同一行为应当承担民事责任、行政责任和刑事责任的，承担行政责任或者刑事责任不影响承担民事责任；民事主体的财产不足以支付的，优先用于承担民事责任。

第二编 物 权

第六章 业主的建筑物区分所有权

第二百七十一条 【建筑物区分所有权】业主对建筑物内的住宅、经营性用房等专有部分享有所有权，对专有部分以外的共有部分享有共有和共同管理的权利。

第二百七十二条 **【业主对专有部分的权利和义务】**对其建筑物专有部分享有占有、使用、收益和处分的权利。业主行使权利不得危及建筑物的安全，不得损害其他业主的合法权益。

第二百七十三条 **【业主对共有部分的权利和义务】**业主对建筑物专有部分以外的共有部分，享有权利；承担义务；不得以放弃权利为由不履行义务。

业主转让建筑物内的住宅、经营性用房，其对共有部分享有的共有和共同管理的权利一并转让。

第二百七十四条 **【建筑区划内道路、绿地等的权利归属】**建筑区划内的道路，属于业主共有，但是属于城镇公共道路的除外。建筑区划内的绿地，属于业主共有，但是属于城镇公共绿地或者明示属于个人的除外。建筑区划内的其他公共场所、公用设施和物业服务用房，属于业主共有。

第二百七十五条 **【车位、车库的归属】**建筑区划内，规划用于停放汽车的车位、车库的归属，由当事人通过出售、附赠或者出租等方式约定。

占用业主共有的道路或者其他场地用于停放汽车的车位，属于业主共有。

第二百七十六条 **【车位、车库的首要用途】**建筑区划内，规划用于停放汽车的车位、车库应当首先满足业主的需要。

第二百七十七条 【业主自治管理组织的设立及指导和协助】业主可以设立业主大会，选举业主委员会。业主大会、业主委员会成立的具体条件和程序，依照法律、法规的规定。

地方人民政府有关部门、居民委员会应当对设立业主大会和选举业主委员会给予指导和协助。

第二百七十八条 【业主共同决定事项及表决】下列事项由业主共同决定：

（一）制定和修改业主大会议事规则；

（二）制定和修改管理规约；

（三）选举业主委员会或者更换业主委员会成员；

（四）选聘和解聘物业服务企业或者其他管理人；

（五）使用建筑物及其附属设施的维修资金；

（六）筹集建筑物及其附属设施的维修资金；

（七）改建、重建建筑物及其附属设施；

（八）改变共有部分的用途或者利用共有部分从事经营活动；

（九）有关共有和共同管理权利的其他重大事项。

业主共同决定事项，应当由专有部分面积占比三分之二以上的业主且人数占比三分之二以上的业主参与表决。决定前款第六项至第八项规定的事项，应当经参与表决专有部分面积四分之三以上的业主且参与表决人数四分之三以上的业主同意。决定前款其他事项，应当经参与表决专有部分面积过半数的业主且参与表决人数过半数的业主同意。

第二百七十九条 【业主改变住宅用途的限制条件】业主不得违反法律、法规以及管理规约，将住宅改变为经营性用房。业主将住宅改变为经营性用房的；除遵守法律、法规以及管理规约外；应当经有利害关系的业主一致同意。

第二百八十条 【业主大会、业主委员会决定的效力】业主大会或者业主委员会的决定，对业主具有法律约束力。

业主大会或者业主委员会作出的决定侵害业主合法权益的，受侵害的业主可以请求人民法院予以撤销。

第二百八十一条 【建筑物及其附属设施维修资金的归属和处分】建筑物及其附属设施的维修资金，属于业主共有。经业主共同决定，可以用于电梯、屋顶、外墙、无障碍设施等共有部分的维修、更新和改造。建筑物及其附属设施的维修资金的筹集、使用情况应当定期公布。

紧急情况下需要维修建筑物及其附属设施的，业主大会或者业主委员会可以依法申请使用建筑物及其附属设施的维修资金。

第二百八十二条　【共有部分的收入分配】建设单位、物业服务企业或者其他管理人等利用业主的共有部分产生的收入，在扣除合理成本之后，属于业主共有。

第二百八十三条　【建筑物及其附属设施的费用分担和收益分配】建筑物及其附属设施的费用分摊、收益分配等事项，有约定的，按照约定；没有约定或者约定不明确的，按照业主专有部分面积所占比例确定。

第二百八十四条　【建筑物及其附属设施的管理主体】业主可以自行管理建筑物及其附属设施，也可以委托物业服务企业或者其他管理人管理。

对建设单位聘请的物业服务企业或者其他管理人，业主有权依法更换。

第二百八十五条　【业主和物业服务企业或其他管理人的关系】物业服务企业或者其他管理人根据业主的委托，依照本法第三编有关物业服务合同的规定管理建筑区划内的建筑物及其附属设施，接受业主的监督，并及时答复业主对物业服务情况提出的询问。

物业服务企业或者其他管理人应当执行政府依法实施的应急处置措施和其他管理措施，积极配合开展相关工作。

第二百八十六条　【业主的相关义务及责任】业主应当遵守法律、法规以及管理规约，相关行为应当符合节约资源、保护生态环境的要求。对于物业服务企业或者其他管理人执行政府依法实施的应急处置措施和其他管理措施，业主应当依法予以配合。

业主大会或者业主委员会，对任意弃置垃圾、排放污染物或者噪声、违反规定饲养动物、违章搭建、侵占通道、拒付物业费等损害他人合法权益的行为，有权依照法律、法规以及管理规约，请求行为人停止侵害、排除妨碍、消除危险、恢复原状、赔偿损失。

业主或者其他行为人拒不履行相关义务的，有关当事人可以向有关行政主管部门报告或者投诉，有关行政主管部门应当依法处理。

第二百八十七条　【业主合法权益的保护】业主对建设单位、物业服务企业或者其他管理人以及其他业主侵害自己合法权益的行为，有权请求其承担民事责任。

第三编　合　　同

第二十四章　物业服务合同

第九百三十七条　【物业服务合同定义】物业服务合同是物业服务人在物业服务区域

内，为业主提供建筑物及其附属设施的维修养护、环境卫生和相关秩序的管理维护等物业服务，业主支付物业费的合同。

物业服务人包括物业服务企业和其他管理人。

第九百三十八条 【物业服务合同内容和形式】物业服务合同的内容一般包括服务事项、服务质量、服务费用的标准和收取办法、维修资金的使用、服务用房的管理和使用、服务期限、服务交接等条款。

物业服务人公开作出的有利于业主的服务承诺，为物业服务合同的组成部分。

物业服务合同应当采用书面形式。

第九百三十九条 【物业服务合同的效力】建设单位依法与物业服务人订立的前期物业服务合同，以及业主委员会与业主大会依法选聘的物业服务人订立的物业服务合同，对业主具有法律约束力。

第九百四十条 【前期物业服务合同法定终止条件】建设单位依法与物业服务人订立的前期物业服务合同约定的服务期限届满前，业主委员会或者业主与新物业服务人订立的物业服务合同生效的，前期物业服务合同终止。

第九百四十一条 【物业服务转委托的条件和限制性条款】物业服务人将物业服务区域内的部分专项服务事项委托给专业性服务组织或者其他第三人的，应当就该部分专项服务事项向业主负责。

物业服务人不得将其应当提供的全部物业服务转委托给第三人，或者将全部物业服务支解后分别转委托给第三人。

第九百四十二条 【物业服务人的一般义务】物业服务人应当按照约定和物业的使用性质，妥善维修、养护、清洁、绿化和经营管理物业服务区域内的业主共有部分，维护物业服务区域内的基本秩序，采取合理措施保护业主的人身、财产安全。

对物业服务区域内违反有关治安、环保、消防等法律法规的行为，物业服务人应当及时采取合理措施制止、向有关行政主管部门报告并协助处理。

第九百四十三条 【物业服务人信息公开义务】物业服务人应当定期将服务的事项、负责人员、质量要求、收费项目、收费标准、履行情况，以及维修资金使用情况、业主共有部分的经营与收益情况等以合理方式向业主公开并向业主大会、业主委员会报告。

第九百四十四条 【业主支付物业费义务】业主应当按照约定向物业服务人支付物业费。物业服务人已经按照约定和有关规定提供服务的，业主不得以未接受或者无需接受相关物业服务为由拒绝支付物业费。

业主违反约定逾期不支付物业费的，物业服务人可以催告其在合理期限内支付；合理期限届满仍不支付的，物业服务人可以提起诉讼或者申请仲裁。

物业服务人不得采取停止供电、供水、供热、供燃气等方式催交物业费。

第九百四十五条　【业主告知、协助义务】业主装饰装修房屋的，应当事先告知物业服务人，遵守物业服务人提示的合理注意事项，并配合其进行必要的现场检查。

业主转让、出租物业专有部分、设立居住权或者依法改变共有部分用途的，应当及时将相关情况告知物业服务人。

第九百四十六条　【业主合同任意解除权】业主依照法定程序共同决定解聘物业服务人的，可以解除物业服务合同。决定解聘的，应当提前六十日书面通知物业服务人，但是合同对通知期限另有约定的除外。

依据前款规定解除合同造成物业服务人损失的，除不可归责于业主的事由外，业主应当赔偿损失。

第九百四十七条　【物业服务合同的续订】物业服务期限届满前，业主依法共同决定续聘的，应当与原物业服务人在合同期限届满前续订物业服务合同。

物业服务期限届满前，物业服务人不同意续聘的，应当在合同期限届满前九十日书面通知业主或者业主委员会，但是合同对通知期限另有约定的除外。

第九百四十八条　【不定期物业服务合同】物业服务期限届满后，业主没有依法作出续聘或者另聘物业服务人的决定，物业服务人继续提供物业服务的，原物业服务合同继续有效，但是服务期限为不定期。

当事人可以随时解除不定期物业服务合同，但是应当提前六十日书面通知对方。

第九百四十九条　【物业服务人的移交义务及法律责任】物业服务合同终止的，原物业服务人应当在约定期限或者合理期限内退出物业服务区域，将物业服务用房、相关设施、物业服务所必需的相关资料等交还给业主委员会、决定自行管理的业主或者其指定的人，配合新物业服务人做好交接工作，并如实告知物业的使用和管理状况。

原物业服务人违反前款规定的，不得请求业主支付物业服务合同终止后的物业费，造成业主损失的，应当赔偿损失。

第九百五十条　【物业服务人的后合同义务】物业服务合同终止后，在业主或者业主大会选聘的新物业服务人或者决定自行管理的业主接管之前，原物业服务人应当继续处理物业服务事项，并可以请求业主支付该期间的物业费。

第七编 侵权责任

第十章 建筑物和物件损害责任

第一千二百五十二条 【建筑物、构筑物或者其他设施倒塌、塌陷致害责任】建筑物、构筑物或者其他设施倒塌、塌陷造成他人损害的，由建设单位与施工单位承担连带责任，但是建设单位与施工单位能够证明不存在质量缺陷的除外。建设单位、施工单位赔偿后，有其他责任人的，有权向其他责任人追偿。

因所有人、管理人、使用人或者第三人的原因，建筑物、构筑物或者其他设施倒塌、塌陷造成他人损害的，由所有人、管理人、使用人或者第三人承担侵权责任。

第一千二百五十三条 【建筑物、构筑物或者其他设施及其搁置物、悬挂物脱落、坠落致害责任】建筑物、构筑物或者其他设施及其搁置物、悬挂物发生脱落、坠落造成他人损害，所有人、管理人或者使用人不能证明自己没有过错的，应当承担侵权责任。所有人、管理人或者使用人赔偿后，有其他责任人的，有权向其他责任人追偿。

第一千二百五十四条 【不明抛掷物、坠落物致害责任】禁止从建筑物中抛掷物品。从建筑物中抛掷物品或者从建筑物上坠落的物品造成他人损害的，由侵权人依法承担侵权责任；经调查难以确定具体侵权人的，除能够证明自己不是侵权人的外，由可能加害的建筑物使用人给予补偿。可能加害的建筑物使用人补偿后，有权向侵权人追偿。

物业服务企业等建筑物管理人应当采取必要的安全保障措施防止前款规定情形的发生，未采取必要的安全保障措施的，应当依法承担未履行安全保障义务的侵权责任。

发生本条第一款规定的情形的，公安等机关应当依法及时调查，查清责任人。

第一千二百五十五条 【堆放物倒塌、滚落或者滑落致害责任】堆放物倒塌、滚落或者滑落造成他人损害，堆放人不能证明自己没有过错的，应当承担侵权责任。

第一千二百五十六条 【在公共道路上堆放、倾倒、遗撒妨碍通行的物品致害责任】在公共道路上堆放、倾倒、遗撒妨碍通行的物品造成他人损害的，由行为人承担侵权责任。公共道路管理人不能证明已经尽到清理、防护、警示等义务的，应当承担相应的责任。

第一千二百五十七条 【林木折断、倾倒或者果实坠落等致人损害的侵权责任】因林木折断、倾倒或者果实坠落等造成他人损害，林木的所有人或者管理人不能证明自己没有过错的，应当承担侵权责任。

第一千二百五十八条 【公共场所或者道路上施工致害责任和窨井等地下设施致害责任】在公共场所或者道路上挖掘、修缮安装地下设施等造成他人损害，施工人不能证明已经设置明显标志和采取安全措施的，应当承担侵权责任。

窨井等地下设施造成他人损害，管理人不能证明尽到管理职责的，应当承担侵权责任。

02 中华人民共和国治安管理处罚法（节选）

（2005年8月28日第十届全国人民代表大会常务委员会第17次会议通过
根据2012年10月26日《全国人民代表大会常务委员会关于修改
〈中华人民共和国治安管理处罚法〉的决定》修正）

第二条 扰乱公共秩序，妨害公共安全，侵犯人身权利、财产权利，妨害社会管理，具有社会危害性，依照《中华人民共和国刑法》的规定构成犯罪的，依法追究刑事责任；尚不够刑事处罚的，由公安机关依照本法给予治安管理处罚。

第五条 治安管理处罚必须以事实为依据，与违反治安管理行为的性质、情节以及社会危害程度相当。

实施治安管理处罚，应当公开、公正，尊重和保障人权，保护公民的人格尊严。

办理治安案件应当坚持教育与处罚相结合的原则。

第九条 对于因民间纠纷引起的打架斗殴或者损毁他人财物等违反治安管理行为，情节较轻的，公安机关可以调解处理。经公安机关调解，当事人达成协议的，不予处罚。经调解未达成协议或者达成协议后不履行的，公安机关应当依照本法的规定对违反治安管理行为人给予处罚，并告知当事人可以就民事争议依法向人民法院提起民事诉讼。

第十条 治安管理处罚的种类分为：

（一）警告；

（二）罚款；

（三）行政拘留；

（四）吊销公安机关发放的许可证。

对违反治安管理的外国人，可以附加适用限期出境或者驱逐出境。

第十一条 办理治安案件所查获的毒品、淫秽物品等违禁品，赌具、赌资，吸食、注射毒品的用具以及直接用于实施违反治安管理行为的本人所有的工具，应当收缴，按照规定处理。

违反治安管理所得的财物，追缴退还被侵害人；没有被侵害人的，登记造册，公开拍卖或者按照国家有关规定处理，所得款项上缴国库。

第十八条 单位违反治安管理的，对其直接负责的主管人员和其他直接责任人员依照本法的规定处罚。其他法律、行政法规对同一行为规定给予单位处罚的，依照其规定处罚。

第十九条 违反治安管理有下列情形之一的，减轻处罚或者不予处罚：

（一）情节特别轻微的；

（二）主动消除或者减轻违法后果，并取得被侵害人谅解的；

（三）出于他人胁迫或者诱骗的；

（四）主动投案，向公安机关如实陈述自己的违法行为的；

（五）有立功表现的。

第二十条 违反治安管理有下列情形之一的，从重处罚：

（一）有较严重后果的；

（二）教唆、胁迫、诱骗他人违反治安管理的；

（三）对报案人、控告人、举报人、证人打击报复的；

（四）六个月内曾受过治安管理处罚的。

第二十一条 违反治安管理行为人有下列情形之一，依照本法应当给予行政拘留处罚的，不执行行政拘留处罚：

（一）已满十四周岁不满十六周岁的；

（二）已满十六周岁不满十八周岁，初次违反治安管理的；

（三）七十周岁以上的；

（四）怀孕或者哺乳自己不满一周岁婴儿的。

第二十二条 违反治安管理行为在六个月内没有被公安机关发现的，不再处罚。

前款规定的期限，从违反治安管理行为发生之日起计算；违反治安管理行为有连续或者继续状态的，从行为终了之日起计算。

第二十三条 有下列行为之一的，处警告或者二百元以下罚款；情节较重的，处五日以上十日以下拘留，可以并处五百元以下罚款：

（一）扰乱机关、团体、企业、事业单位秩序，致使工作、生产、营业、医疗、教学、科研不能正常进行，尚未造成严重损失的；

（二）扰乱车站、港口、码头、机场、商场、公园、展览馆或者其他公共场所秩序的；

（三）扰乱公共汽车、电车、火车、船舶、航空器或者其他公共交通工具上的秩序的；

（四）非法拦截或者强登、扒乘机动车、船舶、航空器以及其他交通工具，影响交通工具正常行驶的；

（五）破坏依法进行的选举秩序的。

聚众实施前款行为的，对首要分子处十日以上十五日以下拘留，可以并处一千元以下罚款。

第二十六条 有下列行为之一的，处五日以上十日以下拘留，可以并处五百元以下罚款；情节较重的，处十日以上十五日以下拘留，可以并处一千元以下罚款：

（一）结伙斗殴的；

（二）追逐、拦截他人的；

（三）强拿硬要或者任意损毁、占用公私财物的；

（四）其他寻衅滋事行为。

第四十二条 有下列行为之一的，处五日以下拘留或者五百元以下罚款；情节较重的，处五日以上十日以下拘留，可以并处五百元以下罚款：

（一）写恐吓信或者以其他方法威胁他人人身安全的；

（二）公然侮辱他人或者捏造事实诽谤他人的；

（三）捏造事实诬告陷害他人，企图使他人受到刑事追究或者受到治安管理处罚的；

（四）对证人及其近亲属进行威胁、侮辱、殴打或者打击报复的；

（五）多次发送淫秽、侮辱、恐吓或者其他信息，干扰他人正常生活的；

（六）偷窥、偷拍、窃听、散布他人隐私的。

第四十三条 殴打他人的，或者故意伤害他人身体的，处五日以上十日以下拘留，并处二百元以上五百元以下罚款；情节较轻的，处五日以下拘留或者五百元以下罚款。

有下列情形之一的，处十日以上十五日以下拘留，并处五百元以上一千元以下罚款：

（一）结伙殴打、伤害他人的；

（二）殴打、伤害残疾人、孕妇、不满十四周岁的人或者六十周岁以上的人的；

（三）多次殴打、伤害他人或者一次殴打、伤害多人的。

第四十六条 强买强卖商品，强迫他人提供服务或者强迫他人接受服务的，处五日以上十日以下拘留，并处二百元以上五百元以下罚款；情节较轻的，处五日以下拘留或者五百元以下罚款。

第五十四条 有下列行为之一的，处十日以上十五日以下拘留，并处五百元以上一千元以下罚款；情节较轻的，处五日以下拘留或者五百元以下罚款：

（一）违反国家规定，未经注册登记，以社会团体名义进行活动，被取缔后，仍进行活动的；

（二）被依法撤销登记的社会团体，仍以社会团体名义进行活动的；

（三）未经许可，擅自经营按照国家规定需要由公安机关许可的行业的。

有前款第三项行为的，予以取缔。

取得公安机关许可的经营者，违反国家有关管理规定，情节严重的，公安机关可以吊销许可证。

第五十七条 房屋出租人将房屋出租给无身份证件的人居住的，或者不按规定登记承租人姓名、身份证件种类和号码的，处二百元以上五百元以下罚款。

房屋出租人明知承租人利用出租房屋进行犯罪活动，不向公安机关报告的，处二百元以上五百元以下罚款；情节严重的，处五日以下拘留，可以并处五百元以下罚款。

第五十八条 违反关于社会生活噪声污染防治的法律规定，制造噪声干扰他人正常生活的，处警告；警告后不改正的，处二百元以上五百元以下罚款。

第六十条 有下列行为之一的，处五日以上十日以下拘留，并处二百元以上五百元以下罚款：

（一）隐藏、转移、变卖或者损毁行政执法机关依法扣押、查封、冻结的财物的；

（二）伪造、隐匿、毁灭证据或者提供虚假证言、谎报案情，影响行政执法机关依法办案的；

（三）明知是赃物而窝藏、转移或者代为销售的；

（四）被依法执行管制、剥夺政治权利或者在缓刑、保外就医等监外执行中的罪犯或者被依法采取刑事强制措施的人，有违反法律、行政法规和国务院公安部门有关监督管理规定的行为。

第七十五条 饲养动物，干扰他人正常生活的，处警告；警告后不改正的，或者放任动物恐吓他人的，处二百元以上五百元以下罚款。

驱使动物伤害他人的，依照本法第四十三条第一款的规定处罚。

第七十九条 公安机关及其人民警察对治安案件的调查，应当依法进行。严禁刑讯逼供或者采用威胁、引诱、欺骗等非法手段收集证据。

以非法手段收集的证据不得作为处罚的根据。

03 保安服务管理条例（节选）

（2009年9月28日国务院第82次常务会议通过　自2010年1月1日起施行
根据2020年12月11日《国务院关于修改和废止部分行政法规的决定》修正）

第二条　本条例所称保安服务是指：

（一）保安服务公司根据保安服务合同，派出保安员为客户单位提供的门卫、巡逻、守护、押运、随身护卫、安全检查以及安全技术防范、安全风险评估等服务；

（二）机关、团体、企业、事业单位招用人员从事的本单位门卫、巡逻、守护等安全防范工作；

（三）物业服务企业招用人员在物业管理区域内开展的门卫、巡逻、秩序维护等服务。

前款第（二）项、第（三）项中的机关、团体、企业、事业单位和物业服务企业，统称自行招用保安员的单位。

第六条　保安服务活动应当文明、合法，不得损害社会公共利益或者侵犯他人合法权益。

保安员依法从事保安服务活动，受法律保护。

第七条　对在保护公共财产和人民群众生命财产安全、预防和制止违法犯罪活动中有突出贡献的保安从业单位和保安员，公安机关和其他有关部门应当给予表彰、奖励。

第十三条　自行招用保安员的单位应当具有法人资格，有符合本条例规定条件的保安员，有健全的保安服务管理制度、岗位责任制度和保安员管理制度。

娱乐场所应当依照《娱乐场所管理条例》的规定，从保安服务公司聘用保安员，不得自行招用保安员。

第十四条　自行招用保安员的单位，应当自开始保安服务之日起30日内向所在地设区的市级人民政府公安机关备案，备案应当提供下列材料：

（一）法人资格证明；

（二）法定代表人（主要负责人）、分管负责人和保安员的基本情况；

（三）保安服务区域的基本情况；

（四）建立保安服务管理制度、岗位责任制度、保安员管理制度的情况。

自行招用保安员的单位不再招用保安员进行保安服务的，应当自停止保安服务之日起30日内到备案的公安机关撤销备案。

第十五条 自行招用保安员的单位不得在本单位以外或者物业管理区域以外提供保安服务。

第十六条 年满18周岁，身体健康，品行良好，具有初中以上学历的中国公民可以申领保安员证，从事保安服务工作。申请人经设区的市级人民政府公安机关考试、审查合格并留存指纹等人体生物信息的，发给保安员证。

提取、留存保安员指纹等人体生物信息的具体办法，由国务院公安部门规定。

第十七条 有下列情形之一的，不得担任保安员：

（一）曾被收容教育、强制隔离戒毒、劳动教养或者3次以上行政拘留的；

（二）曾因故意犯罪被刑事处罚的；

（三）被吊销保安员证未满3年的；

（四）曾两次被吊销保安员证的。

第十八条 保安从业单位应当招用符合保安员条件的人员担任保安员，并与被招用的保安员依法签订劳动合同。保安从业单位及其保安员应当依法参加社会保险。

保安从业单位应当根据保安服务岗位需要定期对保安员进行法律、保安专业知识和技能培训。

第二十五条 保安服务中使用的技术防范产品，应当符合有关的产品质量要求。保安服务中安装监控设备应当遵守国家有关技术规范，使用监控设备不得侵犯他人合法权益或者个人隐私。

保安服务中形成的监控影像资料、报警记录，应当至少留存30日备查，保安从业单位和客户单位不得删改或者扩散。

第二十六条 保安从业单位对保安服务中获知的国家秘密、商业秘密以及客户单位明确要求保密的信息，应当予以保密。

保安从业单位不得指使、纵容保安员阻碍依法执行公务、参与追索债务、采用暴力或者以暴力相威胁的手段处置纠纷。

第二十九条 在保安服务中，为履行保安服务职责，保安员可以采取下列措施：

（一）查验出入服务区域的人员的证件，登记出入的车辆和物品；

（二）在服务区域内进行巡逻、守护、安全检查、报警监控；

（三）在机场、车站、码头等公共场所对人员及其所携带的物品进行安全检查，维护公共秩序；

（四）执行武装守护押运任务，可以根据任务需要设立临时隔离区，但应当尽可能减少对公民正常活动的妨碍。

保安员应当及时制止发生在服务区域内的违法犯罪行为，对制止无效的违法犯罪行为应当立即报警，同时采取措施保护现场。

从事武装守护押运服务的保安员执行武装守护押运任务使用枪支，依据《专职守护押运人员枪支使用管理条例》的规定执行。

第三十条 保安员不得有下列行为：

（一）限制他人人身自由、搜查他人身体或者侮辱、殴打他人；

（二）扣押、没收他人证件、财物；

（三）阻碍依法执行公务；

（四）参与追索债务、采用暴力或者以暴力相威胁的手段处置纠纷；

（五）删改或者扩散保安服务中形成的监控影像资料、报警记录；

（六）侵犯个人隐私或者泄露在保安服务中获知的国家秘密、商业秘密以及客户单位明确要求保密的信息；

（七）违反法律、行政法规的其他行为。

04 中华人民共和国环境保护法（节选）

（2014年4月24日第十二届全国人民代表大会常委委员会第八次会议修订
自2015年1月1日起施行）

第一条 为保护和改善环境，防治污染和其他公害，保障公众健康，推进生态文明建设，促进经济社会可持续发展，制定本法。

第五条 环境保护坚持保护优先、预防为主、综合治理、公众参与、损害担责的原则。

第六条 一切单位和个人都有保护环境的义务。

地方各级人民政府应当对本行政区域的环境质量负责。

企业事业单位和其他生产经营者应当防止、减少环境污染和生态破坏，对所造成的损害依法承担责任。

公民应当增强环境保护意识，采取低碳、节俭的生活方式，自觉履行环境保护义务。

第十九条 编制有关开发利用规划，建设对环境有影响的项目，应当依法进行环境影响评价。

未依法进行环境影响评价的开发利用规划，不得组织实施；未依法进行环境影响评价的建设项目，不得开工建设。

第二十三条 企业事业单位和其他生产经营者，为改善环境，依照有关规定转产、搬迁、关闭的，人民政府应当予以支持。

第二十四条 县级以上人民政府环境保护主管部门及其委托的环境监察机构和其他负有环境保护监督管理职责的部门，有权对排放污染物的企业事业单位和其他生产经营者进行现场检查。被检查者应当如实反映情况，提供必要的资料。实施现场检查的部门、机构及其工作人员应当为被检查者保守商业秘密。

第二十五条 企业事业单位和其他生产经营者违反法律法规规定排放污染物，造成或者可能造成严重污染的，县级以上人民政府环境保护主管部门和其他负有环境保护监督管理职责的部门，可以查封、扣押造成污染物排放的设施、设备。

第三十八条 公民应当遵守环境保护法律法规，配合实施环境保护措施，按照规定对生活废弃物进行分类放置，减少日常生活对环境造成的损害。

第五十一条 各级人民政府应当统筹城乡建设污水处理设施及配套管网，固体废物的收集、运输和处置等环境卫生设施，危险废物集中处置设施、场所以及其他环境保护公共设施，并保障其正常运行。

第五十三条 公民、法人和其他组织依法享有获取环境信息、参与和监督环境保护的权利。

各级人民政府环境保护主管部门和其他负有环境保护监督管理职责的部门，应当依法公开环境信息、完善公众参与程序，为公民、法人和其他组织参与和监督环境保护提供便利。

第五十六条 对依法应当编制环境影响报告书的建设项目，建设单位应当在编制时向可能受影响的公众说明情况，充分征求意见。

负责审批建设项目环境影响评价文件的部门在收到建设项目环境影响报告书后，除涉及国家秘密和商业秘密的事项外，应当全文公开；发现建设项目未充分征求公众意见的，应当责成建设单位征求公众意见。

第五十七条 公民、法人和其他组织发现任何单位和个人有污染环境和破坏生态行为的，有权向环境保护主管部门或者其他负有环境保护监督管理职责的部门举报。

公民、法人和其他组织发现地方各级人民政府、县级以上人民政府环境保护主管部门和其他负有环境保护监督管理职责的部门不依法履行职责的，有权向其上级机关或者监察机关举报。

接受举报的机关应当对举报人的相关信息予以保密，保护举报人的合法权益。

第五十八条 对污染环境、破坏生态，损害社会公共利益的行为，符合下列条件的社会组织可以向人民法院提起诉讼：

（一）依法在设区的市级以上人民政府民政部门登记；

（二）专门从事环境保护公益活动连续五年以上且无违法记录。

符合前款规定的社会组织向人民法院提起诉讼，人民法院应当依法受理。

提起诉讼的社会组织不得通过诉讼牟取经济利益。

第六十六条 提起环境损害赔偿诉讼的时效期间为三年，从当事人知道或者应当知道其受到损害时起计算。

05 中华人民共和国特种设备安全法（节选）

（2013年6月29日第十二届全国人民代表大会常务委员会第三次会议通过
自2014年1月1日起施行）

第一条 为了加强特种设备安全工作，预防特种设备事故，保障人身和财产安全，促进经济社会发展，制定本法。

第三条 特种设备安全工作应当坚持安全第一、预防为主、节能环保、综合治理的原则。

第六条 国务院和地方各级人民政府应当加强对特种设备安全工作的领导，督促各有关部门依法履行监督管理职责。

县级以上地方各级人民政府应当建立协调机制，及时协调、解决特种设备安全监督管理中存在的问题。

第七条 特种设备生产、经营、使用单位应当遵守本法和其他有关法律、法规，建立、健全特种设备安全和节能责任制度，加强特种设备安全和节能管理，确保特种设备生产、经营、使用安全，符合节能要求。

第八条 特种设备生产、经营、使用、检验、检测应当遵守有关特种设备安全技术规范及相关标准。

特种设备安全技术规范由国务院负责特种设备安全监督治理的部门制定。

第十三条 特种设备生产、经营、使用单位及其主要负责人对其生产、经营、使用的特种设备安全负责。

特种设备生产、经营、使用单位应当按照国家有关规定配备特种设备安全治理人员、检测人员和作业人员，并对其进行必要的安全教育和技能培训。

第十四条 特种设备安全治理人员、检测人员和作业人员应当按照国家有关规定取得相应资格，方可从事相关工作。特种设备安全治理人员、检测人员和作业人员应当严格执行安全技术规范和治理制度，保证特种设备安全。

第十五条 特种设备生产、经营、使用单位对其生产、经营、使用的特种设备应当进行自行检测和维护保养，对国家规定实行检验的特种设备应当及时申报并接受检验。

第三十二条 特种设备使用单位应当使用取得许可生产并经检验合格的特种设备。

禁止使用国家明令淘汰和已经报废的特种设备。

第三十三条 特种设备使用单位应当在特种设备投入使用前或者投入使用后三十日内，向负责特种设备安全监督管理的部门办理使用登记，取得使用登记证书。登记标志应当置于该特种设备的显著位置。

第三十四条 特种设备使用单位应当建立岗位责任、隐患治理、应急救援等安全管理制度，制定操作规程，保证特种设备安全运行。

第三十五条 特种设备使用单位应当建立特种设备安全技术档案。安全技术档案应当包括以下内容：

（一）特种设备的设计文件、产品质量合格证明、安装及使用维护保养说明、监督检验证明等相关技术资料和文件；

（二）特种设备的定期检验和定期自行检查记录；

（三）特种设备的日常使用状况记录；

（四）特种设备及其附属仪器仪表的维护保养记录；

（五）特种设备的运行故障和事故记录。

第三十六条 电梯、客运索道、大型游乐设施等为公众提供服务的特种设备的运营使用单位，应当对特种设备的使用安全负责，设置特种设备安全管理机构或者配备专职的特种设备安全管理人员；其他特种设备使用单位，应当根据情况设置特种设备安全管理机构或者配备专职、兼职的特种设备安全管理人员。

第三十七条 特种设备的使用应当具有规定的安全距离、安全防护措施。

与特种设备安全相关的建筑物、附属设施，应当符合有关法律、行政法规的规定。

第三十九条 特种设备使用单位应当对其使用的特种设备进行经常性维护保养和定

期自行检查，并作出记录。

特种设备使用单位应当对其使用的特种设备的安全附件、安全保护装置进行定期校验、检修，并作出记录。

第四十条 特种设备使用单位应当按照安全技术规范的要求，在检验合格有效期届满前一个月向特种设备检验机构提出定期检验要求。

特种设备检验机构接到定期检验要求后，应当按照安全技术规范的要求及时进行安全性能检验。特种设备使用单位应当将定期检验标志置于该特种设备的显著位置。

未经定期检验或者检验不合格的特种设备，不得继续使用。

第四十一条 特种设备安全管理人员应当对特种设备使用状况进行经常性检查，发现问题应当立即处理；情况紧急时，可以决定停止使用特种设备并及时报告本单位有关负责人。

特种设备作业人员在作业过程中发现事故隐患或者其他不安全因素，应当立即向特种设备安全管理人员和单位有关负责人报告；特种设备运行不正常时，特种设备作业人员应当按照操作规程采取有效措施保证安全。

第四十二条 特种设备出现故障或者发生异常情况，特种设备使用单位应当对其进行全面检查，消除事故隐患，方可继续使用。

第四十三条 客运索道、大型游乐设施在每日投入使用前，其运营使用单位应当进行试运行和例行安全检查，并对安全附件和安全保护装置进行检查确认。

电梯、客运索道、大型游乐设施的运营使用单位应当将电梯、客运索道、大型游乐设施的安全使用说明、安全注意事项和警示标志置于易于为乘客注意的显著位置。

公众乘坐或者操作电梯、客运索道、大型游乐设施，应当遵守安全使用说明和安全注意事项的要求，服从有关工作人员的管理和指挥；遇有运行不正常时，应当按照安全指引，有序撤离。

第四十五条 电梯的维护保养应当由电梯制造单位或者依照本法取得许可的安装、改造、修理单位进行。

电梯的维护保养单位应当在维护保养中严格执行安全技术规范的要求，保证其维护保养的电梯的安全性能，并负责落实现场安全防护措施，保证施工安全。

电梯的维护保养单位应当对其维护保养的电梯的安全性能负责；接到故障通知后，应当立即赶赴现场，并采取必要的应急救援措施。

第四十六条 电梯投入使用后，电梯制造单位应当对其制造的电梯的安全运行情况进行跟踪调查和了解，对电梯的维护保养单位或者使用单位在维护保养和安全运行方面存在的问题，提出改进建议，并提供必要的技术帮助；发现电梯存在严重事故隐患时，应当及时告知电梯使用单位，并向负责特种设备安全监督管理的部门报告。电梯制造单位对调查和了解的情况，应当作出记录。

第四十七条 特种设备进行改造、修理，按照规定需要变更使用登记的，应当办理变更登记，方可继续使用。

第四十八条 特种设备存在严重事故隐患，无改造、修理价值，或者达到安全技术规范规定的其他报废条件的，特种设备使用单位应当依法履行报废义务，采取必要措施消除该特种设备的使用功能，并向原登记的负责特种设备安全监督管理的部门办理使用登记证书注销手续。

前款规定报废条件以外的特种设备，达到设计使用年限可以继续使用的，应当按照安全技术规范的要求通过检验或者安全评估，并办理使用登记证书变更，方可继续使用。允许继续使用的，应当采取加强检验、检测和维护保养等措施，确保使用安全。

第五十条 从事本法规定的监督检验、定期检验的特种设备检验机构，以及为特种设备生产、经营、使用提供检测服务的特种设备检测机构，应当具备下列条件，并经负责特种设备安全监督管理的部门核准，方可从事检验、检测工作：

（一）有与检验、检测工作相适应的检验、检测人员；

（二）有与检验、检测工作相适应的检验、检测仪器和设备；

（三）有健全的检验、检测管理制度和责任制度。

第七十条 特种设备发生事故后，事故发生单位应当按照应急预案采取措施，组织抢救，防止事故扩大，减少人员伤亡和财产损失，保护事故现场和有关证据，并及时向事故发生地县级以上人民政府负责特种设备安全监督管理的部门和有关部门报告。

县级以上人民政府负责特种设备安全监督管理的部门接到事故报告，应当尽快核实情况，立即向本级人民政府报告，并按照规定逐级上报。必要时，负责特种设备安全监督管理的部门可以越级上报事故情况。对特别重大事故、重大事故，国务院负责特种设备安全监督管理的部门应当立即报告国务院并通报国务院安全生产监督管理部门等有关部门。

与事故相关的单位和人员不得迟报、谎报或者瞒报事故情况，不得隐匿、毁灭有关证据或者故意破坏事故现场。

第八十三条 违反本法规定，特种设备使用单位有下列行为之一的，责令限期改正；逾期未改正的，责令停止使用有关特种设备，处一万元以上十万元以下罚款：

（一）使用特种设备未按照规定办理使用登记的；

（二）未建立特种设备安全技术档案或者安全技术档案不符合规定要求，或者未依法设置使用登记标志、定期检验标志的；

（三）未对其使用的特种设备进行经常性维护保养和定期自行检查，或者未对其使用的特种设备的安全附件、安全保护装置进行定期校验、检修，并作出记录的；

（四）未按照安全技术规范的要求及时申报并接受检验的；

（五）未按照安全技术规范的要求进行锅炉水（介）质处理的；

（六）未制定特种设备事故应急专项预案的。

第八十四条 违反本法规定，特种设备使用单位有下列行为之一的，责令停止使用有关特种设备，处三万元以上三十万元以下罚款：

（一）使用未取得许可生产，未经检验或者检验不合格的特种设备，或者国家明令淘汰、已经报废的特种设备的；

（二）特种设备出现故障或者发生异常情况，未对其进行全面检查、消除事故隐患，继续使用的；

（三）特种设备存在严重事故隐患，无改造、修理价值，或者达到安全技术规范规定的其他报废条件，未依法履行报废义务，并办理使用登记证书注销手续的。

第八十七条 违反本法规定，电梯、客运索道、大型游乐设施的运营使用单位有下列情形之一的，责令限期改正；逾期未改正的，责令停止使用有关特种设备或者停产停业整顿，处二万元以上十万元以下罚款：

（一）未设置特种设备安全管理机构或者配备专职的特种设备安全管理人员的；

（二）客运索道、大型游乐设施每日投入使用前，未进行试运行和例行安全检查，未对安全附件和安全保护装置进行检查确认的；

（三）未将电梯、客运索道、大型游乐设施的安全使用说明、安全注意事项和警示标志置于易于为乘客注意的显著位置的。

第八十九条 发生特种设备事故，有下列情形之一的，对单位处五万元以上二十万元以下罚款；对主要负责人处一万元以上五万元以下罚款；主要负责人属于国家工作人员的，并依法给予处分：

（一）发生特种设备事故时，不立即组织抢救或者在事故调查处理期间擅离职守或者逃匿的；

（二）对特种设备事故迟报、谎报或者瞒报的。

第九十二条 违反本法规定，特种设备安全管理人员、检测人员和作业人员不履行岗位职责，违反操作规程和有关安全规章制度，造成事故的，吊销相关人员的资格。

第一百零一条 本法自2014年1月1日起施行。

06 中华人民共和国消费者权益保护法(节选)

(1993年10月31日第八届全国人民代表大会常务委员会第四次会议通过
根据2009年8月27日第十一届全国人民代表大会常务委员会第十次会议《关于修改部分法律的决定》第一次修正 根据2013年10月25日第十二届全国人民代表大会常务委员会第五次会议《关于修改的决定》第二次修正)

第一章 总 则

第一条 为保护消费者的合法权益,维护社会经济秩序,促进社会主义市场经济健康发展,制定本法。

第二条 消费者为生活消费需要购买、使用商品或者接受服务,其权益受本法保护;本法未作规定的,受其他有关法律、法规保护。

第三条 经营者为消费者提供其生产、销售的商品或者提供服务,应当遵守本法;本法未作规定的,应当遵守其他有关法律、法规。

第四条 经营者与消费者进行交易,应当遵循自愿、平等、公平、诚实信用的原则。

第五条 国家保护消费者的合法权益不受侵害。

国家采取措施,保障消费者依法行使权利,维护消费者的合法权益。国家倡导文明、健康、节约资源和保护环境的消费方式,反对浪费。

第六条 保护消费者的合法权益是全社会的共同责任。

国家鼓励、支持一切组织和个人对损害消费者合法权益的行为进行社会监督。

大众传播媒介应当做好维护消费者合法权益的宣传,对损害消费者合法权益的行为进行舆论监督。

第二章 消费者的权利

第七条 消费者在购买、使用商品和接受服务时享有人身、财产安全不受损害的权利。

消费者有权要求经营者提供的商品和服务,符合保障人身、财产安全的要求。

第八条 消费者享有知悉其购买、使用的商品或者接受的服务的真实情况的权利。

消费者有权根据商品或者服务的不同情况,要求经营者提供商品的价格、产地、生产者、用途、性能、规格、等级、主要成份、生产日期、有效期限、检验合格证明、使用方法说明书、售后服务或者服务的内容、规格、费用等有关情况。

第九条 消费者享有自主选择商品或者服务的权利。

消费者有权自主选择提供商品或者服务的经营者，自主选择商品品种或者服务方式，自主决定购买或者不购买任何一种商品、接受或者不接受任何一项服务。

消费者在自主选择商品或者服务时，有权进行比较、鉴别和挑选。

第十条 消费者享有公平交易的权利。

消费者在购买商品或者接受服务时，有权获得质量保障、价格合理、计量正确等公平交易条件，有权拒绝经营者的强制交易行为。

第十一条 消费者因购买、使用商品或者接受服务受到人身、财产损害的，享有依法获得赔偿的权利。

第十二条 消费者享有依法成立维护自身合法权益的社会组织的权利。

第十三条 消费者享有获得有关消费和消费者权益保护方面的知识的权利。

消费者应当努力掌握所需商品或者服务的知识和使用技能，正确使用商品，提高自我保护意识。

第十五条 消费者享有对商品和服务以及保护消费者权益工作进行监督的权利。

消费者有权检举、控告侵害消费者权益的行为和国家机关及其工作人员在保护消费者权益工作中的违法失职行为，有权对保护消费者权益工作提出批评、建议。

第三章 经营者的义务

第十六条 经营者向消费者提供商品或者服务，应当依照本法和其他有关法律、法规的规定履行义务。

经营者和消费者有约定的，应当按照约定履行义务，但双方的约定不得违背法律、法规的规定。

经营者向消费者提供商品或者服务，应当恪守社会公德，诚信经营，保障消费者的合法权益；不得设定不公平、不合理的交易条件，不得强制交易。

第十八条 经营者应当保证其提供的商品或者服务符合保障人身、财产安全的要求。对可能危及人身、财产安全的商品和服务，应当向消费者作出真实的说明和明确的警示，并说明和标明正确使用商品或者接受服务的方法以及防止危害发生的方法。

宾馆、商场、餐馆、银行、机场、车站、港口、影剧院等经营场所的经营者，应当对消费者尽到安全保障义务。

第十九条 经营者发现其提供的商品或者服务存在缺陷，有危及人身、财产安全危险的，应当立即向有关行政部门报告和告知消费者，并采取停止销售、警示、召回、无害化处理、销毁、停止生产或者服务等措施。采取召回措施的，经营者应当承担消费者因商品被召回支出的必要费用。

第二十条 经营者向消费者提供有关商品或者服务的质量、性能、用途、有效期限等信息，应当真实、全面，不得作虚假或者引人误解的宣传。

经营者对消费者就其提供的商品或者服务的质量和使用方法等问题提出的询问，应当作出真实、明确的答复。

经营者提供商品或者服务应当明码标价。

第二十二条 经营者提供商品或者服务，应当按照国家有关规定或者商业惯例向消费者出具发票等购货凭证或者服务单据；消费者索要发票等购货凭证或者服务单据的，经营者必须出具。

第二十三条 经营者应当保证在正常使用商品或者接受服务的情况下其提供的商品或者服务应当具有的质量、性能、用途和有效期限；但消费者在购买该商品或者接受该服务前已经知道其存在瑕疵，且存在该瑕疵不违反法律强制性规定的除外。

经营者以广告、产品说明、实物样品或者其他方式表明商品或者服务的质量状况的，应当保证其提供的商品或者服务的实际质量与表明的质量状况相符。

经营者提供的机动车、计算机、电视机、电冰箱、空调器、洗衣机等耐用商品或者装饰装修等服务，消费者自接受商品或者服务之日起六个月内发现瑕疵、发生争议的，由经营者承担有关瑕疵的举证责任。

第二十四条 经营者提供的商品或者服务不符合质量要求的，消费者可以依照国家规定、当事人约定退货，或者要求经营者履行更换、修理等义务。没有国家规定和当事人约定的，消费者可以自收到商品之日起七日内退货；七日后符合法定解除合同条件的，消费者可以及时退货，不符合法定解除合同条件的，可以要求经营者履行更换、修理等义务。

依照前款规定进行退货、更换、修理的，经营者应当承担运输等必要费用。

第二十六条 经营者在经营活动中使用格式条款的，应当以显著方式提请消费者注意商品或者服务的数量和质量、价款或者费用、履行期限和方式、安全注意事项和风险警示、售后服务、民事责任等与消费者有重大利害关系的内容，并按照消费者的要求予以说明。

经营者不得以格式条款、通知、声明、店堂告示等方式，作出排除或者限制消费者权利、减轻或者免除经营者责任、加重消费者责任等对消费者不公平、不合理的规定，不得利用格式条款并借助技术手段强制交易。

格式条款、通知、声明、店堂告示等含有前款所列内容的，其内容无效。

第二十九条 经营者收集、使用消费者个人信息，应当遵循合法、正当、必要的原则，明示收集、使用信息的目的、方式和范围，并经消费者同意。经营者收集、使用消费者个人信息，应当公开其收集、使用规则，不得违反法律、法规的规定和双方的约定收集、使用信息。

经营者及其工作人员对收集的消费者个人信息必须严格保密，不得泄露、出售或者非法向他人提供。经营者应当采取技术措施和其他必要措施，确保信息安全，防止消费者个人信息泄露、丢失。在发生或者可能发生信息泄露、丢失的情况时，应当立即采取补救措施。

经营者未经消费者同意或者请求，或者消费者明确表示拒绝的，不得向其发送商业性信息。

第四章　国家对消费者合法权益的保护

第三十一条 各级人民政府应当加强领导，组织、协调、督促有关行政部门做好保护消费者合法权益的工作，落实保护消费者合法权益的职责。

各级人民政府应当加强监督，预防危害消费者人身、财产安全行为的发生，及时制止危害消费者人身、财产安全的行为。

第三十二条 各级人民政府工商行政管理部门和其他有关行政部门应当依照法律、法规的规定，在各自的职责范围内，采取措施，保护消费者的合法权益。

有关行政部门应当听取消费者和消费者协会等组织对经营者交易行为、商品和服务质量问题的意见，及时调查处理。

第三十四条 有关国家机关应当依照法律、法规的规定，惩处经营者在提供商品和服务中侵害消费者合法权益的违法犯罪行为。

第三十六条 消费者协会和其他消费者组织是依法成立的对商品和服务进行社会监督的保护消费者合法权益的社会组织。

第六章　争议的解决

第三十九条 消费者和经营者发生消费者权益争议的，可以通过下列途径解决：

（一）与经营者协商和解；

（二）请求消费者协会或者依法成立的其他调解组织调解；

（三）向有关行政部门投诉；

（四）根据与经营者达成的仲裁协议提请仲裁机构仲裁；

（五）向人民法院提起诉讼。

第四十条 消费者在购买、使用商品时，其合法权益受到损害的，可以向销售者要求赔偿。销售者赔偿后，属于生产者的责任或者属于向销售者提供商品的其他销售者的责任的，销售者有权向生产者或者其他销售者追偿。

消费者或者其他受害人因商品缺陷造成人身、财产损害的，可以向销售者要求赔偿，也可以向生产者要求赔偿。属于生产者责任的，销售者赔偿后，有权向生产者追偿。属于销售者责任的，生产者赔偿后，有权向销售者追偿。

消费者在接受服务时，其合法权益受到损害的，可以向服务者要求赔偿。

第四十一条 消费者在购买、使用商品或者接受服务时，其合法权益受到损害，因原企业分立、合并的，可以向变更后承受其权利义务的企业要求赔偿。

第四十二条 使用他人营业执照的违法经营者提供商品或者服务，损害消费者合法权益的，消费者可以向其要求赔偿，也可以向营业执照的持有人要求赔偿。

第四十五条 消费者因经营者利用虚假广告或者其他虚假宣传方式提供商品或者服务，其合法权益受到损害的，可以向经营者要求赔偿。广告经营者、发布者发布虚假广告的，消费者可以请求行政主管部门予以惩处。广告经营者、发布者不能提供经营者的真实名称、地址和有效联系方式的，应当承担赔偿责任。

广告经营者、发布者设计、制作、发布关系消费者生命健康商品或者服务的虚假广告，造成消费者损害的，应当与提供该商品或者服务的经营者承担连带责任。

社会团体或者其他组织、个人在关系消费者生命健康商品或者服务的虚假广告或者其他虚假宣传中向消费者推荐商品或者服务，造成消费者损害的，应当与提供该商品或者服务的经营者承担连带责任。

第四十六条 消费者向有关行政部门投诉的，该部门应当自收到投诉之日起七个工作日内，予以处理并告知消费者。

第四十七条 对侵害众多消费者合法权益的行为，中国消费者协会以及在省、自治区、直辖市设立的消费者协会，可以向人民法院提起诉讼。

第七章　法律责任

第四十八条 经营者提供商品或者服务有下列情形之一的，除本法另有规定外，应当依照其他有关法律、法规的规定，承担民事责任：

（一）商品或者服务存在缺陷的；

（二）不具备商品应当具备的使用性能而出售时未作说明的；

（三）不符合在商品或者其包装上注明采用的商品标准的；

（四）不符合商品说明、实物样品等方式表明的质量状况的；

（五）生产国家明令淘汰的商品或者销售失效、变质的商品的；

（六）销售的商品数量不足的；

（七）服务的内容和费用违反约定的；

（八）对消费者提出的修理、重作、更换、退货、补足商品数量、退还货款和服务费用或者赔偿损失的要求，故意拖延或者无理拒绝的；

（九）法律、法规规定的其他损害消费者权益的情形。

经营者对消费者未尽到安全保障义务，造成消费者损害的，应当承担侵权责任。

第四十九条 经营者提供商品或者服务，造成消费者或者其他受害人人身伤害的，应当赔偿医疗费、护理费、交通费等为治疗和康复支出的合理费用，以及因误工减少的收入。造成残疾的，还应当赔偿残疾生活辅助具费和残疾赔偿金。造成死亡的，还应当赔偿丧葬费和死亡赔偿金。

第五十条 经营者侵害消费者的人格尊严、侵犯消费者人身自由或者侵害消费者个人信息依法得到保护的权利的，应当停止侵害、恢复名誉、消除影响、赔礼道歉，并赔偿损失。

第五十一条 经营者有侮辱诽谤、搜查身体、侵犯人身自由等侵害消费者或者其他受害人人身权益的行为，造成严重精神损害的，受害人可以要求精神损害赔偿。

第五十二条 经营者提供商品或者服务，造成消费者财产损害的，应当依照法律规定或者当事人约定承担修理、重作、更换、退货、补足商品数量、退还货款和服务费用或者赔偿损失等民事责任。

第五十三条 经营者以预收款方式提供商品或者服务的，应当按照约定提供。未按照约定提供的，应当按照消费者的要求履行约定或者退回预付款；并应当承担预付款的利息、消费者必须支付的合理费用。

第五十四条 依法经有关行政部门认定为不合格的商品，消费者要求退货的，经营者应当负责退货。

第五十五条 经营者提供商品或者服务有欺诈行为的，应当按照消费者的要求增加赔偿其受到的损失，增加赔偿的金额为消费者购买商品的价款或者接受服务的费用的三倍；

增加赔偿的金额不足五百元的，为五百元。法律另有规定的，依照其规定。

经营者明知商品或者服务存在缺陷，仍然向消费者提供，造成消费者或者其他受害人死亡或者健康严重损害的，受害人有权要求经营者依照本法第四十九条、第五十一条等法律规定赔偿损失，并有权要求所受损失二倍以下的惩罚性赔偿。

第五十六条 经营者有下列情形之一，除承担相应的民事责任外，其他有关法律、法规对处罚机关和处罚方式有规定的，依照法律、法规的规定执行；法律、法规未作规定的，由工商行政管理部门或者其他有关行政部门责令改正，可以根据情节单处或者并处警告、没收违法所得、处以违法所得一倍以上十倍以下的罚款，没有违法所得的，处以五十万元以下的罚款；情节严重的，责令停业整顿、吊销营业执照：

（一）提供的商品或者服务不符合保障人身、财产安全要求的；

（二）在商品中掺杂、掺假，以假充真，以次充好，或者以不合格商品冒充合格商品的；

（三）生产国家明令淘汰的商品或者销售失效、变质的商品的；

（四）伪造商品的产地，伪造或者冒用他人的厂名、厂址，篡改生产日期，伪造或者冒用认证标志等质量标志的；

（五）销售的商品应当检验、检疫而未检验、检疫或者伪造检验、检疫结果的；

（六）对商品或者服务作虚假或者引人误解的宣传的；

（七）拒绝或者拖延有关行政部门责令对缺陷商品或者服务采取停止销售、警示、召回、无害化处理、销毁、停止生产或者服务等措施的；

（八）对消费者提出的修理、重作、更换、退货、补足商品数量、退还货款和服务费用或者赔偿损失的要求，故意拖延或者无理拒绝的；

（九）侵害消费者人格尊严、侵犯消费者人身自由或者侵害消费者个人信息依法得到保护的权利的；

（十）法律、法规规定的对损害消费者权益应当予以处罚的其他情形。

经营者有前款规定情形的，除依照法律、法规规定予以处罚外，处罚机关应当记入信用档案，向社会公布。

第五十七条 经营者违反本法规定提供商品或者服务，侵害消费者合法权益，构成犯罪的，依法追究刑事责任。

第五十八条 经营者违反本法规定，应当承担民事赔偿责任和缴纳罚款、罚金，其财产不足以同时支付的，先承担民事赔偿责任。

第五十九条 经营者对行政处罚决定不服的，可以依法申请行政复议或者提起行政诉讼。

第六十条 以暴力、威胁等方法阻碍有关行政部门工作人员依法执行职务的，依法追究刑事责任；拒绝、阻碍有关行政部门工作人员依法执行职务，未使用暴力、威胁方法的，由公安机关依照《中华人民共和国治安管理处罚法》的规定处罚。

第六十一条 国家机关工作人员玩忽职守或者包庇经营者侵害消费者合法权益的行为的，由其所在单位或者上级机关给予行政处分；情节严重，构成犯罪的，依法追究刑事责任。

07 中华人民共和国人民防空法（节选）

（1996年10月29日第八届全国人民代表大会常务委员会第二十二次会议通过
根据2009年8月27日第十一届全国人民代表大会常务委员会第十次会议
《全国人民代表大会常务委员会关于修改部分法律的决定》修正）

第五条 国家对人民防空设施建设按照有关规定给予优惠。

国家鼓励、支持企业事业组织、社会团体和个人，通过多种途径，投资进行人民防空工程建设；人民防空工程平时由投资者使用管理，收益归投资者所有。

第九条 国家保护人民防空设施不受侵害。禁止任何组织或者个人破坏、侵占人民防空设施。

第十八条 人民防空工程包括为保障战时人员与物资掩蔽、人民防空指挥、医疗救护等而单独修建的地下防护建筑，以及结合地面建筑修建的战时可用于防空的地下室。

第二十五条 人民防空主管部门对人民防空工程的维护管理进行监督检查。

公用的人民防空工程的维护管理由人民防空主管部门负责。

有关单位应当按照国家规定对已经修建或者使用的人民防空工程进行维护管理，使其保持良好使用状态。

第二十六条 国家鼓励平时利用人民防空工程为经济建设和人民生活服务。平时利用人民防空工程，不得影响其防空效能。

第二十七条 任何组织或者个人不得进行影响人民防空工程使用或者降低人民防空工程防护能力的作业，不得向人民防空工程内排入废水、废气和倾倒废弃物，不得在人民防空工程内生产、储存爆炸、剧毒、易燃、放射性和腐蚀性物品。

第四十九条 有下列行为之一的，由县级以上人民政府人民防空主管部门对当事人给予警告，并责令限期改正违法行为，可以对个人并处五千元以下的罚款、对单位并处一万元至五万元的罚款；造成损失的，应当依法赔偿损失：

（一）侵占人民防空工程的；

（二）不按照国家规定的防护标准和质量标准修建人民防空工程的；

（三）违反国家有关规定，改变人民防空工程主体结构、拆除人民防空工程设备设施或者采用其他方法危害人民防空工程的安全和使用效能的；

（四）拆除人民防空工程后拒不补建的；

（五）占用人民防空通信专用频率、使用与防空警报相同的音响信号或者擅自拆除人民防空通信、警报设备设施的；

（六）阻挠安装人民防空通信、警报设施，拒不改正的；

（七）向人民防空工程内排入废水、废气或者倾倒废弃物的。

08 中华人民共和国消防法（节选）

（1998年4月29日第九届全国人民代表大会常务委员会第二次会议通过
2008年10月28日第十一届全国人民代表大会常务委员会第五次会议修订
根据2019年4月23日第十三届全国人民代表大会常务委员会第十次会议
《关于修改〈中华人民共和国建筑法〉等八部法律的决定》修正
根据2021年4月29日第十三届全国人民代表大会常务委员会第二十八次会议
《关于修改〈中华人民共和国道路交通安全法〉等八部法律的决定》）

第十三条 国务院住房和城乡建设主管部门规定应当申请消防验收的建设工程竣工，建设单位应当向住房和城乡建设主管部门申请消防验收。

前款规定以外的其他建设工程，建设单位在验收后应当报住房和城乡建设主管部门备案，住房和城乡建设主管部门应当进行抽查。

依法应当进行消防验收的建设工程，未经消防验收或者消防验收不合格的，禁止投入使用；其他建设工程经依法抽查不合格的，应当停止使用。

第十六条 机关、团体、企业、事业等单位应当履行下列消防安全职责：

（一）落实消防安全责任制，制定本单位的消防安全制度、消防安全操作规程，制定灭火和应急疏散预案；

（二）按照国家标准、行业标准配置消防设施、器材，设置消防安全标志，并定期组织检验、维修，确保完好有效；

（三）对建筑消防设施每年至少进行一次全面检测，确保完好有效，检测记录应当完整准确，存档备查；

（四）保障疏散通道、安全出口、消防车通道畅通，保证防火防烟分区、防火间距符合消防技术标准；

（五）组织防火检查，及时消除火灾隐患；

（六）组织进行有针对性的消防演练；

（七）法律、法规规定的其他消防安全职责。

单位的主要负责人是本单位的消防安全责任人。

第十八条 同一建筑物由两个以上单位管理或者使用的，应当明确各方的消防安全责任，并确定责任人对共用的疏散通道、安全出口、建筑消防设施和消防车通道进行统一管理。

住宅区的物业服务企业应当对管理区域内的共用消防设施进行维护管理，提供消防安全防范服务。

第二十八条 任何单位、个人不得损坏、挪用或者擅自拆除、停用消防设施、器材，不得埋压、圈占、遮挡消火栓或者占用防火间距，不得占用、堵塞、封闭疏散通道、安全出口、消防车通道。人员密集场所的门窗不得设置影响逃生和灭火救援的障碍物。

第五十四条 消防救援机构在消防监督检查中发现火灾隐患的，应当通知有关单位或者个人立即采取措施消除隐患；不及时消除隐患可能严重威胁公共安全的，消防救援机构应当依照规定对危险部位或者场所采取临时查封措施。

第五十七条 住房和城乡建设主管部门、消防救援机构及其工作人员执行职务，应当自觉接受社会和公民的监督。

任何单位和个人都有权对住房和城乡建设主管部门、消防救援机构及其工作人员在执法中的违法行为进行检举、控告。收到检举、控告的机关，应当按照职责及时查处。

第五十八条 违反本法规定，有下列行为之一的，由住房和城乡建设主管部门、消防救援机构按照各自职权责令停止施工、停止使用或者停产停业，并处三万元以上三十万元以下罚款：

（一）依法应当进行消防设计审查的建设工程，未经依法审查或者审查不合格，擅自施工的；

（二）依法应当进行消防验收的建设工程，未经消防验收或者消防验收不合格，擅自投入使用的；

（三）本法第十三条规定的其他建设工程验收后经依法抽查不合格，不停止使用的；

（四）公众聚集场所未经消防救援机构许可，擅自投入使用、营业的，或者经核查发现场所使用、营业情况与承诺内容不符的。

核查发现公众聚集场所使用、营业情况与承诺内容不符，经责令限期改正，逾期不整改或者整改后仍达不到要求的，依法撤销相应许可。

建设单位未依照本法规定在验收后报住房和城乡建设主管部门备案的，由住房和城乡建设主管部门责令改正，处五千元以下罚款。

第六十条　单位违反本法规定，有下列行为之一的，责令改正，处五千元以上五万元以下罚款：

（一）消防设施、器材或者消防安全标志的配置、设置不符合国家标准、行业标准，或者未保持完好有效的；

（二）损坏、挪用或者擅自拆除、停用消防设施、器材的；

（三）占用、堵塞、封闭疏散通道、安全出口或者有其他妨碍安全疏散行为的；

（四）埋压、圈占、遮挡消火栓或者占用防火间距的；

（五）占用、堵塞、封闭消防车通道，妨碍消防车通行的；

（六）人员密集场所在门窗上设置影响逃生和灭火救援的障碍物的；

（七）对火灾隐患经消防救援机构通知后不及时采取措施消除的。

个人有前款第二项、第三项、第四项、第五项行为之一的，处警告或者五百元以下罚款。

有本条第一款第三项、第四项、第五项、第六项行为，经责令改正拒不改正的，强制执行，所需费用由违法行为人承担。

二、物业管理法律法规

01 物业管理条例

（2003年6月8日国务院令第379号公布
根据2007年8月26日《国务院关于修改〈物业管理条例〉的决定》第一次修订
根据2016年2月6日《国务院关于修改部分行政法规的决定》第二次修订
根据2018年4月4日《国务院关于修改和废止部分行政法规的决定》第三次修订）

第一章 总 则

第一条 【立法目的】为了规范物业管理活动，维护业主和物业服务企业的合法权益，改善人民群众的生活和工作环境，制定本条例。

第二条 【物业管理定义】本条例所称物业管理，是指业主通过选聘物业服务企业，由业主和物业服务企业按照物业服务合同约定，对房屋及配套的设施设备和相关场地进行维修、养护、管理，维护物业管理区域内的环境卫生和相关秩序的活动。

第三条 【选择物业服务企业的方式】国家提倡业主通过公开、公平、公正的市场竞争机制选择物业服务企业。

第四条 【物业管理与创新、科技进步的关系】国家鼓励采用新技术、新方法，依靠科技进步提高物业管理和服务水平。

第五条 【物业管理监督管理体制】国务院建设行政主管部门负责全国物业管理活动的监督管理工作。

县级以上地方人民政府房地产行政主管部门负责本行政区域内物业管理活动的监督管理工作。

第二章　业主及业主大会

第六条　【业主及业主权利】房屋的所有权人为业主。

业主在物业管理活动中，享有下列权利：

（一）按照物业服务合同的约定，接受物业服务企业提供的服务；

（二）提议召开业主大会会议，并就物业管理的有关事项提出建议；

（三）提出制定和修改管理规约、业主大会议事规则的建议；

（四）参加业主大会会议，行使投票权；

（五）选举业主委员会成员，并享有被选举权；

（六）监督业主委员会的工作；

（七）监督物业服务企业履行物业服务合同；

（八）对物业共用部位、共用设施设备和相关场地使用情况享有知情权和监督权；

（九）监督物业共用部位、共用设施设备专项维修资金（以下简称专项维修资金）的管理和使用；

（十）法律、法规规定的其他权利。

第七条　【业主义务】业主在物业管理活动中，履行下列义务：

（一）遵守管理规约、业主大会议事规则；

（二）遵守物业管理区域内物业共用部位和共用设施设备的使用、公共秩序和环境卫生的维护等方面的规章制度；

（三）执行业主大会的决定和业主大会授权业主委员会作出的决定；

（四）按照国家有关规定交纳专项维修资金；

（五）按时交纳物业服务费用；

（六）法律、法规规定的其他义务。

第八条　【业主大会的组成与宗旨】物业管理区域内全体业主组成业主大会。

业主大会应当代表和维护物业管理区域内全体业主在物业管理活动中的合法权益。

第九条　【物业管理区域划分】一个物业管理区域成立一个业主大会。

物业管理区域的划分应当考虑物业的共用设施设备、建筑物规模、社区建设等因素。具体办法由省、自治区、直辖市制定。

第十条　【业主大会的成立】同一个物业管理区域内的业主，应当在物业所在地的区、县人民政府房地产行政主管部门或者街道办事处、乡镇人民政府的指导下成立业主大会，并选举产生业主委员会。但是，只有一个业主的，或者业主人数较少且经全体业主一致同意，决定不成立业主大会的，由业主共同履行业主大会、业主委员会职责。

第十一条 【业主决定事项】下列事项由业主共同决定：

（一）制定和修改业主大会议事规则；

（二）制定和修改管理规约；

（三）选举业主委员会或者更换业主委员会成员；

（四）选聘和解聘物业服务企业；

（五）筹集和使用专项维修资金；

（六）改建、重建建筑物及其附属设施；

（七）有关共有和共同管理权利的其他重大事项。

第十二条 【业主大会会议】业主大会会议可以采用集体讨论的形式，也可以采用书面征求意见的形式；但是，应当有物业管理区域内专有部分占建筑物总面积过半数的业主且占总人数过半数的业主参加。

业主可以委托代理人参加业主大会会议。

业主大会决定本条例第十一条第（五）项和第（六）项规定的事项，应当经专有部分占建筑物总面积2/3以上的业主且占总人数2/3以上的业主同意；决定本条例第十一条规定的其他事项，应当经专有部分占建筑物总面积过半数的业主且占总人数过半数的业主同意。

业主大会或者业主委员会的决定，对业主具有约束力。

业主大会或者业主委员会作出的决定侵害业主合法权益的，受侵害的业主可以请求人民法院予以撤销。

第十三条 【业主大会会议制度】业主大会会议分为定期会议和临时会议。

业主大会定期会议应当按照业主大会议事规则的规定召开。经20%以上的业主提议，业主委员会应当组织召开业主大会临时会议。

第十四条 【召开业主大会会议的会前通知、告知和会议记录】召开业主大会会议，应当于会议召开15日以前通知全体业主。

住宅小区的业主大会会议，应当同时告知相关的居民委员会。

业主委员会应当做好业主大会会议记录。

第十五条 【业主委员会性质与职责】业主委员会执行业主大会的决定事项，履行下列职责：

（一）召集业主大会会议，报告物业管理的实施情况；

（二）代表业主与业主大会选聘的物业服务企业签订物业服务合同；

（三）及时了解业主、物业使用人的意见和建议，监督和协助物业服务企业履行物业服务合同；

（四）监督管理规约的实施；

（五）业主大会赋予的其他职责。

第十六条 【业主委员会备案制度】业主委员会应当自选举产生之日起30日内，向物业所在地的区、县人民政府房地产行政主管部门和街道办事处、乡镇人民政府备案。

业主委员会委员应当由热心公益事业、责任心强、具有一定组织能力的业主担任。

业主委员会主任、副主任在业主委员会成员中推选产生。

第十七条 【管理规约的内容和效力】管理规约应当对有关物业的使用、维护、管理，业主的共同利益，业主应当履行的义务，违反管理规约应当承担的责任等事项依法作出约定。

管理规约应当尊重社会公德，不得违反法律、法规或者损害社会公共利益。

管理规约对全体业主具有约束力。

第十八条 【业主大会议事规则】业主大会议事规则应当就业主大会的议事方式、表决程序、业主委员会的组成和成员任期等事项作出约定。

第十九条 【业主大会、业主委员会所作决定的限制】业主大会、业主委员会应当依法履行职责，不得作出与物业管理无关的决定，不得从事与物业管理无关的活动。

业主大会、业主委员会作出的决定违反法律、法规的，物业所在地的区、县人民政府房地产行政主管部门或者街道办事处、乡镇人民政府，应当责令限期改正或者撤销其决定，并通告全体业主。

第二十条 【业主大会、业主委员会与公安机关、居委会的关系】业主大会、业主委员会应当配合公安机关，与居民委员会相互协作，共同做好维护物业管理区域内的社会治安等相关工作。

在物业管理区域内，业主大会、业主委员会应当积极配合相关居民委员会依法履行自治管理职责，支持居民委员会开展工作，并接受其指导和监督。

住宅小区的业主大会、业主委员会作出的决定，应当告知相关的居民委员会，并认真听取居民委员会的建议。

第三章 前期物业管理

第二十一条 【前期物业服务合同】在业主、业主大会选聘物业服务企业之前，建设单位选聘物业服务企业的，应当签订书面的前期物业服务合同。

第二十二条 【临时管理规约】建设单位应当在销售物业之前，制定临时管理规约，对有关物业的使用、维护、管理，业主的共同利益，业主应当履行的义务，违反临时管理规约应当承担的责任等事项依法作出约定。

建设单位制定的临时管理规约，不得侵害物业买受人的合法权益。

第二十三条 【说明义务和承诺义务】建设单位应当在物业销售前将临时管理规约向物业买受人明示，并予以说明。

物业买受人在与建设单位签订物业买卖合同时，应当对遵守临时管理规约予以书面承诺。

第二十四条 【前期物业管理招投标】国家提倡建设单位按照房地产开发与物业管理相分离的原则，通过招投标的方式选聘物业服务企业。

住宅物业的建设单位，应当通过招投标的方式选聘物业服务企业；投标人少于3个或者住宅规模较小的，经物业所在地的区、县人民政府房地产行政主管部门批准，可以采用协议方式选聘物业服务企业。

第二十五条 【买卖合同内容要求】建设单位与物业买受人签订的买卖合同应当包含前期物业服务合同约定的内容。

第二十六条 【前期物业服务合同期限】前期物业服务合同可以约定期限；但是，期限未满、业主委员会与物业服务企业签订的物业服务合同生效的，前期物业服务合同终止。

第二十七条 【转让的限制性规定】业主依法享有的物业共用部位、共用设施设备的所有权或者使用权，建设单位不得擅自处分。

第二十八条 【共用部位、设施设备的查验】物业服务企业承接物业时，应当对物业共用部位、共用设施设备进行查验。

第二十九条 【物业资料移交】在办理物业承接验收手续时，建设单位应当向物业服务企业移交下列资料：

（一）竣工总平面图，单体建筑、结构、设备竣工图，配套设施、地下管网工程竣工图等竣工验收资料；

（二）设施设备的安装、使用和维护保养等技术资料；

（三）物业质量保修文件和物业使用说明文件；

（四）物业管理所必需的其他资料。

物业服务企业应当在前期物业服务合同终止时将上述资料移交给业主委员会。

第三十条 【物业管理用房】建设单位应当按照规定在物业管理区域内配置必要的物业管理用房。

第三十一条 【建设单位的物业保修责任】建设单位应当按照国家规定的保修期限和保修范围，承担物业的保修责任。

第四章 物业管理服务

第三十二条 【物业服务企业】从事物业管理活动的企业应当具有独立的法人资格。

国务院建设行政主管部门应当会同有关部门建立守信联合激励和失信联合惩戒机制，加强行业诚信管理。

第三十三条 【物业管理区域统一管理原则】一个物业管理区域由一个物业服务企业实施物业管理。

第三十四条 【物业服务合同】业主委员会应当与业主大会选聘的物业服务企业订立书面的物业服务合同。

物业服务合同应当对物业管理事项、服务质量、服务费用、双方的权利义务、专项维修资金的管理与使用、物业管理用房、合同期限、违约责任等内容进行约定。

第三十五条 【物业服务企业的义务和责任】物业服务企业应当按照物业服务合同的约定，提供相应的服务。

物业服务企业未能履行物业服务合同的约定，导致业主人身、财产安全受到损害的，应当依法承担相应的法律责任。

第三十六条 【物业承接验收和物业资料移交】物业服务企业承接物业时，应当与业主委员会办理物业验收手续。

业主委员会应当向物业服务企业移交本条例第二十九条第一款规定的资料。

第三十七条 【物业管理用房权属和用途】物业管理用房的所有权依法属于业主。未经业主大会同意，物业服务企业不得改变物业管理用房的用途。

第三十八条 【物业服务合同终止】物业服务合同终止时，物业服务企业应当将物业管理用房和本条例第二十九条第一款规定的资料交还给业主委员会。

物业服务合同终止时，业主大会选聘了新的物业服务企业的，物业服务企业之间应当做好交接工作。

第三十九条 【专项服务业务委托】物业服务企业可以将物业管理区域内的专项服务业务委托给专业性服务企业，但不得将该区域内的全部物业管理一并委托给他人。

第四十条　【物业服务费用】物业服务收费应当遵循合理、公开以及费用与服务水平相适应的原则，区别不同物业的性质和特点，由业主和物业服务企业按照国务院价格主管部门会同国务院建设行政主管部门制定的物业服务收费办法，在物业服务合同中约定。

第四十一条　【物业服务费用交纳】业主应当根据物业服务合同的约定交纳物业服务费用。业主与物业使用人约定由物业使用人交纳物业服务费用的，从其约定，业主负连带交纳责任。

已竣工但尚未出售或者尚未交给物业买受人的物业，物业服务费用由建设单位交纳。

第四十二条　【物业服务收费的监督】县级以上人民政府价格主管部门会同同级房地产行政主管部门，应当加强对物业服务收费的监督。

第四十三条　【特约服务】物业服务企业可以根据业主的委托提供物业服务合同约定以外的服务项目，服务报酬由双方约定。

第四十四条　【公用事业等单位收费】物业管理区域内，供水、供电、供气、供热、通信、有线电视等单位应当向最终用户收取有关费用。

物业服务企业接受委托代收前款费用的，不得向业主收取手续费等额外费用。

第四十五条　【对违法行为的制止和报告义务】对物业管理区域内违反有关治安、环保、物业装饰装修和使用等方面法律、法规规定的行为，物业服务企业应当制止，并及时向有关行政管理部门报告。

有关行政管理部门在接到物业服务企业的报告后，应当依法对违法行为予以制止或者依法处理。

第四十六条　【安全防范义务及物业保安人员】物业服务企业应当协助做好物业管理区域内的安全防范工作。发生安全事故时，物业服务企业在采取应急措施的同时，应当及时向有关行政管理部门报告，协助做好救助工作。

物业服务企业雇请保安人员的，应当遵守国家有关规定。保安人员在维护物业管理区域内的公共秩序时，应当履行职责，不得侵害公民的合法权益。

第四十七条　【物业使用人的权利义务责任】物业使用人在物业管理活动中的权利义务由业主和物业使用人约定，但不得违反法律、法规和管理规约的有关规定。

物业使用人违反本条例和管理规约的规定，有关业主应当承担连带责任。

第四十八条　【物业投诉制度】县级以上地方人民政府房地产行政主管部门应当及时处理业主、业主委员会、物业使用人和物业服务企业在物业管理活动中的投诉。

第五章 物业的使用与维护

第四十九条 【公共建筑和共用设施用途】物业管理区域内按照规划建设的公共建筑和共用设施，不得改变用途。

业主依法确需改变公共建筑和共用设施用途的，应当在依法办理有关手续后告知物业服务企业；物业服务企业确需改变公共建筑和共用设施用途的，应当提请业主大会讨论决定同意后，由业主依法办理有关手续。

第五十条 【道路、场地设施维护】业主、物业服务企业不得擅自占用、挖掘物业管理区域内的道路、场地，损害业主的共同利益。

因维修物业或者公共利益，业主确需临时占用、挖掘道路、场地的，应当征得业主委员会和物业服务企业的同意；物业服务企业确需临时占用、挖掘道路、场地的，应当征得业主委员会的同意。

业主、物业服务企业应当将临时占用、挖掘的道路、场地，在约定期限内恢复原状。

第五十一条 【供水、供电、供气、供热、通信、有线电视等单位的维修养护责任】供水、供电、供气、供热、通信、有线电视等单位，应当依法承担物业管理区域内相关管线和设施设备维修、养护的责任。

前款规定的单位因维修、养护等需要，临时占用、挖掘道路、场地的，应当及时恢复原状。

第五十二条 【房屋装饰装修】业主需要装饰装修房屋的，应当事先告知物业服务企业。

物业服务企业应当将房屋装饰装修中的禁止行为和注意事项告知业主。

第五十三条 【住房专项维修资金制度】住宅物业、住宅小区内的非住宅物业或者与单幢住宅楼结构相连的非住宅物业的业主，应当按照国家有关规定交纳专项维修资金。

专项维修资金属于业主所有，专项用于物业保修期满后物业共用部位、共用设施设备的维修和更新、改造，不得挪作他用。

专项维修资金收取、使用、管理的办法由国务院建设行政主管部门会同国务院财政部门制定。

第五十四条 【利用共用部位设施设备进行经营】利用物业共用部位、共用设施设备进行经营的，应当在征得相关业主、业主大会、物业服务企业的同意后，按照规定办理有关手续。业主所得收益应当主要用于补充专项维修资金，也可以按照业主大会的决定使用。

第五十五条 【存在安全隐患时的维修养护责任】物业存在安全隐患，危及公共利益及他人合法权益时，责任人应当及时维修养护，有关业主应当给予配合。

责任人不履行维修养护义务的，经业主大会同意，可以由物业服务企业维修养护，费用由责任人承担。

第六章 法律责任

第五十六条 【对建设单位违法选聘物业服务企业的处罚】违反本条例的规定，住宅物业的建设单位未通过招投标的方式选聘物业服务企业或者未经批准，擅自采用协议方式选聘物业服务企业的，由县级以上地方人民政府房地产行政主管部门责令限期改正，给予警告，可以并处10万元以下的罚款。

第五十七条 【建设单位擅自处分业主对于共用部位、共用设施设备的所有权或者使用权的法律责任】违反本条例的规定，建设单位擅自处分属于业主的物业共用部位、共用设施设备的所有权或者使用权的，由县级以上地方人民政府房地产行政主管部门处5万元以上20万元以下的罚款；给业主造成损失的，依法承担赔偿责任。

第五十八条 【对拒不按照法律、法规规定移交有关物业资料的处罚】违反本条例的规定，不移交有关资料的，由县级以上地方人民政府房地产行政主管部门责令限期改正；逾期仍不移交有关资料的，对建设单位、物业服务企业予以通报，处1万元以上10万元以下的罚款。

第五十九条 【物业服务企业将一个物业管理区域内的全部物业管理一并委托给他人的法律责任】违反本条例的规定，物业服务企业将一个物业管理区域内的全部物业管理一并委托给他人的，由县级以上地方人民政府房地产行政主管部门责令限期改正，处委托合同价款30%以上50%以下的罚款。委托所得收益，用于物业管理区域内物业共用部位、共用设施设备的维修、养护，剩余部分按照业主大会的决定使用；给业主造成损失的，依法承担赔偿责任。

第六十条 【对挪用专项维修资金的处罚】违反本条例的规定，挪用专项维修资金的，由县级以上地方人民政府房地产行政主管部门追回挪用的专项维修资金，给予警告，没收违法所得，可以并处挪用数额2倍以下的罚款；构成犯罪的，依法追究直接负责的主管人员和其他直接责任人员的刑事责任。

第六十一条 【对建设单位在物业管理区域内不按照规定配置必要的物业管理用房的处罚】违反本条例的规定，建设单位在物业管理区域内不按照规定配置必要的物业管理用房的，由县级以上地方人民政府房地产行政主管部门责令限期改正，给予警告，没收违法所得，并处10万元以上50万元以下的罚款。

第六十二条 【物业服务企业擅自改变物业管理用房用途的法律责任】违反本条例的规定，未经业主大会同意，物业服务企业擅自改变物业管理用房的用途的，由县级以上地方人民政府房地产行政主管部门责令限期改正，给予警告，并处1万元以上10万元以下的罚款；有收益的，所得收益用于物业管理区域内物业共用部位、共用设施设备的维修、养护，剩余部分按照业主大会的决定使用。

第六十三条 【物业使用与维护中的违法行为的法律责任】违反本条例的规定，有下列行为之一的，由县级以上地方人民政府房地产行政主管部门责令限期改正，给予警告，并按照本条第二款的规定处以罚款；所得收益，用于物业管理区域内物业共用部位、共用设施设备的维修、养护，剩余部分按照业主大会的决定使用：

（一）擅自改变物业管理区域内按照规划建设的公共建筑和共用设施用途的；

（二）擅自占用、挖掘物业管理区域内道路、场地，损害业主共同利益的；

（三）擅自利用物业共用部位、共用设施设备进行经营的。

个人有前款规定行为之一的，处1000元以上1万元以下的罚款；单位有前款规定行为之一的，处5万元以上20万元以下的罚款。

第六十四条 【业主逾期不交纳物业服务费的法律责任】违反物业服务合同约定，业主逾期不交纳物业服务费用的，业主委员会应当督促其限期交纳；逾期仍不交纳的，物业服务企业可以向人民法院起诉。

第六十五条 【业主以业主大会或业主委员会的名义从事违法活动的法律责任】业主以业主大会或者业主委员会的名义，从事违反法律、法规的活动，构成犯罪的，依法追究刑事责任；尚不构成犯罪的，依法给予治安管理处罚。

第六十六条 【行政机关工作人员在行政管理中的违法行为的法律责任】违反本条例的规定，国务院建设行政主管部门、县级以上地方人民政府房地产行政主管部门或者其他有关行政管理部门的工作人员利用职务上的便利，收受他人财物或者其他好处，不依法履行监督管理职责，或者发现违法行为不予查处，构成犯罪的，依法追究刑事责任；尚不构成犯罪的，依法给予行政处分。

第七章 附　　则

第六十七条 【生效日期】本条例自2003年9月1日起施行。

02 物业服务收费管理办法

（2003年11月13日国家发改委、建设部发布　发改价格〔2003〕1864号
自2004年1月1日起施行）

第一条　为规范物业服务收费行为，保障业主和物业管理企业的合法权益，根据《中华人民共和国价格法》和《物业管理条例》，制定本办法。

第二条　本办法所称物业服务收费，是指物业管理企业按照物业服务合同的约定，对房屋及配套的设施设备和相关场地进行维修、养护、管理，维护相关区域内的环境卫生和秩序，向业主所收取的费用。

第三条　国家提倡业主通过公开、公平、公正的市场竞争机制选择物业管理企业；鼓励物业管理企业开展正当的价格竞争，禁止价格欺诈，促进物业服务收费通过市场竞争形成。

第四条　国务院价格主管部门会同国务院建设行政主管部门负责全国物业服务收费的监督管理工作。

县级以上地方人民政府价格主管部门会同同级房地产行政主管部门负责本行政区域内物业服务收费的监督管理工作。

第五条　物业服务收费应当遵循合理、公开以及费用与服务水平相适应的原则。

第六条　物业服务收费应当区分不同物业的性质和特点分别实行政府指导价和市场调节价。具体定价形式由省、自治区、直辖市人民政府价格主管部门会同房地产行政主管部门确定。

第七条　物业服务收费实行政府指导价的，有定价权限的人民政府价格主管部门应当会同房地产行政主管部门根据物业管理服务等级标准等因素，制定相应的基准价及其浮动幅度，并定期公布。具体收费标准由业主与物业管理企业根据规定的基准价和浮动幅度在物业服务合同中约定。

实行市场调节价的物业服务收费，由业主与物业管理企业在物业服务合同中约定。

第八条　物业管理企业应当按照政府价格主管部门的规定实行明码标价，在物业管理区域内的显著位置，将服务内容、服务标准以及收费项目、收费标准等有关情况进行公示。

第九条　业主与物业管理企业可以采取包干制或者酬金制等形式约定物业服务费用。

包干制是指由业主向物业管理企业支付固定物业服务费用，盈余或者亏损均由物业管

理企业享有或者承担的物业服务计费方式。

酬金制是指在预收的物业服务资金中按约定比例或者约定数额提取酬金支付给物业管理企业，其余全部用于物业服务合同约定的支出，结余或者不足均由业主享有或者承担的物业服务计费方式。

第十条 建设单位与物业买受人签订的买卖合同，应当约定物业管理服务内容、服务标准、收费标准、计费方式及计费起始时间等内容，涉及物业买受人共同利益的约定应当一致。

第十一条 实行物业服务费用包干制的，物业服务费用的构成包括物业服务成本、法定税费和物业管理企业的利润。

实行物业服务费用酬金制的，预收的物业服务资金包括物业服务支出和物业管理企业的酬金。

物业服务成本或者物业服务支出构成一般包括以下部分：

1.管理服务人员的工资、社会保险和按规定提取的福利费等；

2.物业共用部位、共用设施设备的日常运行、维护费用；

3.物业管理区域清洁卫生费用；

4.物业管理区域绿化养护费用；

5.物业管理区域秩序维护费用；

6.办公费用；

7.物业管理企业固定资产折旧；

8.物业共用部位、共用设施设备及公众责任保险费用；

9.经业主同意的其他费用。

物业共用部位、共用设施设备的大修、中修和更新、改造费用，应当通过专项维修资金予以列支，不得计入物业服务支出或者物业服务成本。

第十二条 实行物业服务费用酬金制的，预收的物业服务支出属于代管性质，为所交纳的业主所有，物业管理企业不得将其用于物业服务合同约定以外的支出。

物业管理企业应当向业主大会或者全体业主公布物业服务资金年度预决算并每年不少于一次公布物业服务资金的收支情况。

业主或者业主大会对公布的物业服务资金年度预决算和物业服务资金的收支情况提出质询时，物业管理企业应当及时答复。

第十三条 物业服务收费采取酬金制方式，物业管理企业或者业主大会可以按照物业服务合同约定聘请专业机构对物业服务资金年度预决算和物业服务资金的收支情况进行审计。

第十四条 物业管理企业在物业服务中应当遵守国家的价格法律法规，严格履行物业服务合同，为业主提供质价相符的服务。

第十五条 业主应当按照物业服务合同的约定按时足额交纳物业服务费用或者物业服务资金。业主违反物业服务合同约定逾期不交纳服务费用或者物业服务资金的，业主委员会应当督促其限期交纳；逾期仍不交纳的，物业管理企业可以依法追缴。

业主与物业使用人约定由物业使用人交纳物业服务费用或者物业服务资金的，从其约定，业主负连带交纳责任。

物业发生产权转移时，业主或者物业使用人应当结清物业服务费用或者物业服务资金。

第十六条 纳入物业管理范围的已竣工但尚未出售，或者因开发建设单位原因未按时交给物业买受人的物业，物业服务费用或者物业服务资金由开发建设单位全额交纳。

第十七条 物业管理区域内，供水、供电、供气、供热、通讯、有线电视等单位应当向最终用户收取有关费用。物业管理企业接受委托代收上述费用的，可向委托单位收取手续费，不得向业主收取手续费等额外费用。

第十八条 利用物业共用部位、共用设施设备进行经营的，应当在征得相关业主、业主大会、物业管理企业的同意后，按照规定办理有关手续。业主所得收益应当主要用于补充专项维修资金，也可以按照业主大会的决定使用。

第十九条 物业管理企业已接受委托实施物业服务并相应收取服务费用的，其他部门和单位不得重复收取性质和内容相同的费用。

第二十条 物业管理企业根据业主的委托提供物业服务合同约定以外的服务，服务收费由双方约定。

第二十一条 政府价格主管部门会同房地产行政主管部门，应当加强对物业管理企业的服务内容、标准和收费项目、标准的监督。物业管理企业违反价格法律、法规和规定，由政府价格主管部门依据《中华人民共和国价格法》和《价格违法行为行政处罚规定》予以处罚。

第二十二条 各省、自治区、直辖市人民政府价格主管部门、房地产行政主管部门可以依据本办法制定具体实施办法，并报国家发展和改革委员会、建设部备案。

第二十三条 本办法由国家发展和改革委员会会同建设部负责解释。

第二十四条 本办法自2004年1月1日起执行，原国家计委、建设部印发的《城市住宅小区物业管理服务收费暂行办法》（计价费〔1996〕266号）同时废止。

03 住宅室内装饰装修管理办法

（2002年3月5日建设部令第110号发布　自2002年5月1日起施行

根据2011年1月26日住房和城乡建设部令第9号修订）

第一章　总　　则

第一条　为加强住宅室内装饰装修管理，保证装饰装修工程质量和安全，维护公共安全和公众利益，根据有关法律、法规，制定本办法。

第二条　在城市从事住宅室内装饰装修活动，实施对住宅室内装饰装修活动的监督管理，应当遵守本办法。

本办法所称住宅室内装饰装修，是指住宅竣工验收合格后，业主或者住宅使用人（以下简称装修人）对住宅室内进行装饰装修的建筑活动。

第三条　住宅室内装饰装修应当保证工程质量和安全，符合工程建设强制性标准。

第四条　国务院建设行政主管部门负责全国住宅室内装饰装修活动的管理工作。

省、自治区人民政府建设行政主管部门负责本行政区域内的住宅室内装饰装修活动的管理工作。

直辖市、市、县人民政府房地产行政主管部门负责本行政区域内的住宅室内装饰装修活动的管理工作。

第二章　一般规定

第五条　住宅室内装饰装修活动，禁止下列行为：

（一）未经原设计单位或者具有相应资质等级的设计单位提出设计方案，变动建筑主体和承重结构；

（二）将没有防水要求的房间或者阳台改为卫生间、厨房间；

（三）扩大承重墙上原有的门窗尺寸，拆除连接阳台的砖、混凝土墙体；

（四）损坏房屋原有节能设施，降低节能效果；

（五）其他影响建筑结构和使用安全的行为。

本办法所称建筑主体，是指建筑实体的结构构造，包括屋盖、楼盖、梁、柱、支撑、墙体、连接接点和基础等。

本办法所称承重结构，是指直接将本身自重与各种外加作用力系统地传递给基础地基的主要结构构件和其连接接点，包括承重墙体、立杆、柱、框架柱、支墩、楼板、梁、屋架、悬索等。

第六条 装修人从事住宅室内装饰装修活动，未经批准，不得有下列行为：

（一）搭建建筑物、构筑物；

（二）改变住宅外立面，在非承重外墙上开门、窗；

（三）拆改供暖管道和设施；

（四）拆改燃气管道和设施。

本条所列第（一）项、第（二）项行为，应当经城市规划行政主管部门批准；第（三）项行为，应当经供暖管理单位批准；第（四）项行为应当经燃气管理单位批准。

第七条 住宅室内装饰装修超过设计标准或者规范增加楼面荷载的，应当经原设计单位或者具有相应资质等级的设计单位提出设计方案。

第八条 改动卫生间、厨房间防水层的，应当按照防水标准制订施工方案，并做闭水试验。

第九条 装修人经原设计单位或者具有相应资质等级的设计单位提出设计方案变动建筑主体和承重结构的，或者装修活动涉及本办法第六条、第七条、第八条内容的，必须委托具有相应资质的装饰装修企业承担。

第十条 装饰装修企业必须按照工程建设强制性标准和其他技术标准施工，不得偷工减料，确保装饰装修工程质量。

第十一条 装饰装修企业从事住宅室内装饰装修活动，应当遵守施工安全操作规程，按照规定采取必要的安全防护和消防措施，不得擅自动用明火和进行焊接作业，保证作业人员和周围住房及财产的安全。

第十二条 装修人和装饰装修企业从事住宅室内装饰装修活动，不得侵占公共空间，不得损害公共部位和设施。

第三章 开工申报与监督

第十三条 装修人在住宅室内装饰装修工程开工前，应当向物业管理企业或者房屋管理机构（以下简称物业管理单位）申报登记。

非业主的住宅使用人对住宅室内进行装饰装修，应当取得业主的书面同意。

第十四条 申报登记应当提交下列材料：

（一）房屋所有权证（或者证明其合法权益的有效凭证）；

（二）申请人身份证件；

（三）装饰装修方案；

（四）变动建筑主体或者承重结构的，需提交原设计单位或者具有相应资质等级的设计单位提出的设计方案；

（五）涉及本办法第六条行为的，需提交有关部门的批准文件，涉及本办法第七条、第八条行为的，需提交设计方案或者施工方案；

（六）委托装饰装修企业施工的，需提供该企业相关资质证书的复印件。

非业主的住宅使用人，还需提供业主同意装饰装修的书面证明。

第十五条 物业管理单位应当将住宅室内装饰装修工程的禁止行为和注意事项告知装修人和装修人委托的装饰装修企业。

装修人对住宅进行装饰装修前，应当告知邻里。

第十六条 装修人，或者装修人和装饰装修企业，应当与物业管理单位签订住宅室内装饰装修管理服务协议。

住宅室内装饰装修管理服务协议应当包括下列内容：

（一）装饰装修工程的实施内容；

（二）装饰装修工程的实施期限；

（三）允许施工的时间；

（四）废弃物的清运与处置；

（五）住宅外立面设施及防盗窗的安装要求；

（六）禁止行为和注意事项；

（七）管理服务费用；

（八）违约责任；

（九）其他需要约定的事项。

第十七条 物业管理单位应当按照住宅室内装饰装修管理服务协议实施管理，发现装修人或者装饰装修企业有本办法第五条行为的，或者未经有关部门批准实施本办法第六条所列行为的，或者有违反本办法第七条、第八条、第九条规定行为的，应当立即制止；已造成事实后果或者拒不改正的，应当及时报告有关部门依法处理。对装修人或者装饰装修企业违反住宅室内装饰装修管理服务协议的，追究违约责任。

第十八条 有关部门接到物业管理单位关于装修人或者装饰装修企业有违反本办法行为的报告后，应当及时到现场检查核实，依法处理。

第十九条 禁止物业管理单位向装修人指派装饰装修企业或者强行推销装饰装修材料。

第二十条 装修人不得拒绝和阻碍物业管理单位依据住宅室内装饰装修管理服务协议的约定，对住宅室内装饰装修活动的监督检查。

第二十一条 任何单位和个人对住宅室内装饰装修中出现的影响公众利益的质量事故、质量缺陷以及其他影响周围住户正常生活的行为，都有权检举、控告、投诉。

第四章 委托与承接

第二十二条 承接住宅室内装饰装修工程的装饰装修企业，必须经建设行政主管部门资质审查，取得相应的建筑业企业资质证书，并在其资质等级许可的范围内承揽工程。

第二十三条 装修人委托企业承接其装饰装修工程的，应当选择具有相应资质等级的装饰装修企业。

第二十四条 装修人与装饰装修企业应当签订住宅室内装饰装修书面合同，明确双方的权利和义务。

住宅室内装饰装修合同应当包括下列主要内容：

（一）委托人和被委托人的姓名或者单位名称、住所地址、联系电话；

（二）住宅室内装饰装修的房屋间数、建筑面积，装饰装修的项目、方式、规格、质量要求以及质量验收方式；

（三）装饰装修工程的开工、竣工时间；

（四）装饰装修工程保修的内容、期限；

（五）装饰装修工程价格，计价和支付方式、时间；

（六）合同变更和解除的条件；

（七）违约责任及解决纠纷的途径；

（八）合同的生效时间；

（九）双方认为需要明确的其他条款。

第二十五条 住宅室内装饰装修工程发生纠纷的，可以协商或者调解解决。不愿协商、调解或者协商、调解不成的，可以依法申请仲裁或者向人民法院起诉。

第五章 室内环境质量

第二十六条 装饰装修企业从事住宅室内装饰装修活动，应当严格遵守规定的装饰装修施工时间，降低施工噪音，减少环境污染。

第二十七条 住宅室内装饰装修过程中所形成的各种固体、可燃液体等废物，应当按照规定的位置、方式和时间堆放和清运。严禁违反规定将各种固体、可燃液体等废物堆放于住宅垃圾道、楼道或者其他地方。

第二十八条 住宅室内装饰装修工程使用的材料和设备必须符合国家标准，有质量检验合格证明和有中文标识的产品名称、规格、型号、生产厂厂名、厂址等。禁止使用国家明令淘汰的建筑装饰装修材料和设备。

第二十九条 装修人委托企业对住宅室内进行装饰装修的，装饰装修工程竣工后，空气质量应当符合国家有关标准。装修人可以委托有资格的检测单位对空气质量进行检测。检测不合格的，装饰装修企业应当返工，并由责任人承担相应损失。

第六章　竣工验收与保修

第三十条 住宅室内装饰装修工程竣工后，装修人应当按照工程设计合同约定和相应的质量标准进行验收。验收合格后，装饰装修企业应当出具住宅室内装饰装修质量保修书。

物业管理单位应当按照装饰装修管理服务协议进行现场检查，对违反法律、法规和装饰装修管理服务协议的，应当要求装修人和装饰装修企业纠正，并将检查记录存档。

第三十一条 住宅室内装饰装修工程竣工后，装饰装修企业负责采购装饰装修材料及设备的，应当向业主提交说明书、保修单和环保说明书。

第三十二条 在正常使用条件下，住宅室内装饰装修工程的最低保修期限为二年，有防水要求的厨房、卫生间和外墙面的防渗漏为五年。保修期自住宅室内装饰装修工程竣工验收合格之日起计算。

第七章　法律责任

第三十三条 因住宅室内装饰装修活动造成相邻住宅的管道堵塞、渗漏水、停水停电、物品毁坏等，装修人应当负责修复和赔偿；属于装饰装修企业责任的，装修人可以向装饰装修企业追偿。

装修人擅自拆改供暖、燃气管道和设施造成损失的，由装修人负责赔偿。

第三十四条 装修人因住宅室内装饰装修活动侵占公共空间，对公共部位和设施造成损害的，由城市房地产行政主管部门责令改正，造成损失的，依法承担赔偿责任。

第三十五条 装修人未申报登记进行住宅室内装饰装修活动的，由城市房地产行政主管部门责令改正，处5百元以上1千元以下的罚款。

第三十六条 装修人违反本办法规定，将住宅室内装饰装修工程委托给不具有相应资质等级企业的，由城市房地产行政主管部门责令改正，处5百元以上1千元以下的罚款。

第三十七条 装饰装修企业自行采购或者向装修人推荐使用不符合国家标准的装饰装修材料，造成空气污染超标的，由城市房地产行政主管部门责令改正，造成损失的，依法承担赔偿责任。

第三十八条 住宅室内装饰装修活动有下列行为之一的，由城市房地产行政主管部门责令改正，并处罚款：

（一）将没有防水要求的房间或者阳台改为卫生间、厨房间的，或者拆除连接阳台的砖、混凝土墙体的，对装修人处5百元以上1千元以下的罚款，对装饰装修企业处1千元以上1万元以下的罚款；

（二）损坏房屋原有节能设施或者降低节能效果的，对装饰装修企业处1千元以上5千元以下的罚款；

（三）擅自拆改供暖、燃气管道和设施的，对装修人处5百元以上1千元以下的罚款；

（四）未经原设计单位或者具有相应资质等级的设计单位提出设计方案，擅自超过设计标准或者规范增加楼面荷载的，对装修人处5百元以上1千元以下的罚款，对装饰装修企业处1千元以上1万元以下的罚款。

第三十九条 未经城市规划行政主管部门批准，在住宅室内装饰装修活动中搭建建筑物、构筑物的，或者擅自改变住宅外立面、在非承重外墙上开门、窗的，由城市规划行政主管部门按照《城乡规划法》及相关法规的规定处罚。

第四十条 装修人或者装饰装修企业违反《建设工程质量管理条例》的，由建设行政主管部门按照有关规定处罚。

第四十一条 装饰装修企业违反国家有关安全生产规定和安全生产技术规程，不按照规定采取必要的安全防护和消防措施，擅自动用明火作业和进行焊接作业的，或者对建筑安全事故隐患不采取措施予以消除的，由建设行政主管部门责令改正，并处1千元以上1万元以下的罚款；情节严重的，责令停业整顿，并处1万元以上3万元以下的罚款；造成重大安全事故的，降低资质等级或者吊销资质证书。

第四十二条 物业管理单位发现装修人或者装饰装修企业有违反本办法规定的行为不及时向有关部门报告的，由房地产行政主管部门给予警告，可处装饰装修管理服务协议约定的装饰装修管理服务费2至3倍的罚款。

第四十三条 有关部门的工作人员接到物业管理单位对装修人或者装饰装修企业违法行为的报告后，未及时处理，玩忽职守的，依法给予行政处分。

第八章 附 则

第四十四条 工程投资额在30万元以下或者建筑面积在300平方米以下，可以不申请办理施工许可证的非住宅装饰装修活动参照本办法执行。

第四十五条 住宅竣工验收合格前的装饰装修工程管理，按照《建设工程质量管理条例》执行。

第四十六条 省、自治区、直辖市人民政府建设行政主管部门可以依据本办法，制定实施细则。

第四十七条 本办法由国务院建设行政主管部门负责解释。

第四十八条 本办法自2002年5月1日起施行。

04 物业承接查验办法

（2010年10月14日住房城乡建设部印发 建房〔2010〕165号
自2011年1月1日起施行）

第一条 为了规范物业承接查验行为，加强前期物业管理活动的指导和监督，维护业主的合法权益，根据《中华人民共和国物权法》、《中华人民共和国合同法》和《物业管理条例》等法律法规的规定，制定本办法。

第二条 本办法所称物业承接查验，是指承接新建物业前，物业服务企业和建设单位按照国家有关规定和前期物业服务合同的约定，共同对物业共用部位、共用设施设备进行检查和验收的活动。

第三条 物业承接查验应当遵循诚实信用、客观公正、权责分明以及保护业主共有财产的原则。

第四条 鼓励物业服务企业通过参与建设工程的设计、施工、分户验收和竣工验收等活动，向建设单位提供有关物业管理的建议，为实施物业承接查验创造有利条件。

第五条 国务院住房和城乡建设主管部门负责全国物业承接查验活动的指导和监督工作。

县级以上地方人民政府房地产行政主管部门负责本行政区域内物业承接查验活动的指导和监督工作。

第六条 建设单位与物业买受人签订的物业买卖合同，应当约定其所交付物业的共用部位、共用设施设备的配置和建设标准。

第七条 建设单位制定的临时管理规约，应当对全体业主同意授权物业服务企业代为查验物业共用部位、共用设施设备的事项作出约定。

第八条 建设单位与物业服务企业签订的前期物业服务合同，应当包含物业承接查验的内容。

前期物业服务合同就物业承接查验的内容没有约定或者约定不明确的，建设单位与物业服务企业可以协议补充。

不能达成补充协议的，按照国家标准、行业标准履行；没有国家标准、行业标准的，按照通常标准或者符合合同目的的特定标准履行。

第九条 建设单位应当按照国家有关规定和物业买卖合同的约定，移交权属明确、资料完整、质量合格、功能完备、配套齐全的物业。

第十条 建设单位应当在物业交付使用15日前，与选聘的物业服务企业完成物业共用部位、共用设施设备的承接查验工作。

第十一条 实施承接查验的物业，应当具备以下条件：

（一）建设工程竣工验收合格，取得规划、消防、环保等主管部门出具的认可或者准许使用文件，并经建设行政主管部门备案；

（二）供水、排水、供电、供气、供热、通信、公共照明、有线电视等市政公用设施设备按规划设计要求建成，供水、供电、供气、供热已安装独立计量表具；

（三）教育、邮政、医疗卫生、文化体育、环卫、社区服务等公共服务设施已按规划设计要求建成；

（四）道路、绿地和物业服务用房等公共配套设施按规划设计要求建成，并满足使用功能要求；

（五）电梯、二次供水、高压供电、消防设施、压力容器、电子监控系统等共用设施设备取得使用合格证书；

（六）物业使用、维护和管理的相关技术资料完整齐全；

（七）法律、法规规定的其他条件。

第十二条 实施物业承接查验，主要依据下列文件：

（一）物业买卖合同；

（二）临时管理规约；

（三）前期物业服务合同；

（四）物业规划设计方案；

（五）建设单位移交的图纸资料；

（六）建设工程质量法规、政策、标准和规范。

第十三条 物业承接查验按照下列程序进行：

（一）确定物业承接查验方案；

（二）移交有关图纸资料；

（三）查验共用部位、共用设施设备；

（四）解决查验发现的问题；

（五）确认现场查验结果；

（六）签订物业承接查验协议；

（七）办理物业交接手续。

第十四条 现场查验20日前，建设单位应当向物业服务企业移交下列资料：

（一）竣工总平面图，单体建筑、结构、设备竣工图，配套设施、地下管网工程竣工图等竣工验收资料；

（二）共用设施设备清单及其安装、使用和维护保养等技术资料；

（三）供水、供电、供气、供热、通信、有线电视等准许使用文件；

（四）物业质量保修文件和物业使用说明文件；

（五）承接查验所必需的其他资料。

未能全部移交前款所列资料的，建设单位应当列出未移交资料的详细清单并书面承诺补交的具体时限。

第十五条 物业服务企业应当对建设单位移交的资料进行清点和核查，重点核查共用设施设备出厂、安装、试验和运行的合格证明文件。

第十六条 物业服务企业应当对下列物业共用部位、共用设施设备进行现场检查和验收：

（一）共用部位：一般包括建筑物的基础、承重墙体、柱、梁、楼板、屋顶以及外墙、门厅、楼梯间、走廊、楼道、扶手、护栏、电梯井道、架空层及设备间等；

（二）共用设备：一般包括电梯、水泵、水箱、避雷设施、消防设备、楼道灯、电视天线、发电机、变配电设备、给排水管线、电线、供暖及空调设备等；

（三）共用设施：一般包括道路、绿地、人造景观、围墙、大门、信报箱、宣传栏、路灯、排水沟、渠、池、污水井、化粪池、垃圾容器、污水处理设施、机动车（非机动车）停车设施、休闲娱乐设施、消防设施、安防监控设施、人防设施、垃圾转运设施以及物业服务用房等。

第十七条 建设单位应当依法移交有关单位的供水、供电、供气、供热、通信和有线电视等共用设施设备，不作为物业服务企业现场检查和验收的内容。

第十八条 现场查验应当综合运用核对、观察、使用、检测和试验等方法，重点查验物业共用部位、共用设施设备的配置标准、外观质量和使用功能。

第十九条 现场查验应当形成书面记录。查验记录应当包括查验时间、项目名称、查验范围、查验方法、存在问题、修复情况以及查验结论等内容，查验记录应当由建设单位和物业服务企业参加查验的人员签字确认。

第二十条 现场查验中，物业服务企业应当将物业共用部位、共用设施设备的数量和质量不符合约定或者规定的情形，书面通知建设单位，建设单位应当及时解决并组织物业服务企业复验。

第二十一条 建设单位应当委派专业人员参与现场查验，与物业服务企业共同确认现场查验的结果，签订物业承接查验协议。

第二十二条 物业承接查验协议应当对物业承接查验基本情况、存在问题、解决方法及其时限、双方权利义务、违约责任等事项作出明确约定。

第二十三条 物业承接查验协议作为前期物业服务合同的补充协议，与前期物业服务合同具有同等法律效力。

第二十四条 建设单位应当在物业承接查验协议签订后10日内办理物业交接手续，向物业服务企业移交物业服务用房以及其他物业共用部位、共用设施设备。

第二十五条 物业承接查验协议生效后，当事人一方不履行协议约定的交接义务，导致前期物业服务合同无法履行的，应当承担违约责任。

第二十六条 交接工作应当形成书面记录。交接记录应当包括移交资料明细、物业共用部位、共用设施设备明细、交接时间、交接方式等内容。交接记录应当由建设单位和物业服务企业共同签章确认。

第二十七条 分期开发建设的物业项目，可以根据开发进度，对符合交付使用条件的物业分期承接查验。建设单位与物业服务企业应当在承接最后一期物业时，办理物业项目整体交接手续。

第二十八条 物业承接查验费用的承担，由建设单位和物业服务企业在前期物业服务合同中约定。没有约定或者约定不明确的，由建设单位承担。

第二十九条 物业服务企业应当自物业交接后30日内，持下列文件向物业所在地的区、县（市）房地产行政主管部门办理备案手续：

（一）前期物业服务合同；

（二）临时管理规约；

（三）物业承接查验协议；

（四）建设单位移交资料清单；

（五）查验记录；

（六）交接记录；

（七）其他承接查验有关的文件。

第三十条 建设单位和物业服务企业应当将物业承接查验备案情况书面告知业主。

第三十一条 物业承接查验可以邀请业主代表以及物业所在地房地产行政主管部门参加，可以聘请相关专业机构协助进行，物业承接查验的过程和结果可以公证。

第三十二条 物业交接后，建设单位未能按照物业承接查验协议的约定，及时解决物业共用部位、共用设施设备存在的问题，导致业主人身、财产安全受到损害的，应当依法承担相应的法律责任。

第三十三条 物业交接后，发现隐蔽工程质量问题，影响房屋结构安全和正常使用的，建设单位应当负责修复；给业主造成经济损失的，建设单位应当依法承担赔偿责任。

第三十四条 自物业交接之日起，物业服务企业应当全面履行前期物业服务合同约定的、法律法规规定的以及行业规范确定的维修、养护和管理义务，承担因管理服务不当致使物业共用部位、共用设施设备毁损或者灭失的责任。

第三十五条 物业服务企业应当将承接查验有关的文件、资料和记录建立档案并妥善保管。

物业承接查验档案属于全体业主所有。前期物业服务合同终止，业主大会选聘新的物业服务企业的，原物业服务企业应当在前期物业服务合同终止之日起10日内，向业主委员会移交物业承接查验档案。

第三十六条 建设单位应当按照国家规定的保修期限和保修范围，承担物业共用部位、共用设施设备的保修责任。

建设单位可以委托物业服务企业提供物业共用部位、共用设施设备的保修服务，服务内容和费用由双方约定。

第三十七条 建设单位不得凭借关联关系滥用股东权利，在物业承接查验中免除自身责任，加重物业服务企业的责任，损害物业买受人的权益。

第三十八条 建设单位不得以物业交付期限届满为由，要求物业服务企业承接不符合交用条件或者未经查验的物业。

第三十九条 物业服务企业擅自承接未经查验的物业，因物业共用部位、共用设施设备缺陷给业主造成损害的，物业服务企业应当承担相应的赔偿责任。

第四十条 建设单位与物业服务企业恶意串通、弄虚作假，在物业承接查验活动中共同侵害业主利益的，双方应当共同承担赔偿责任。

第四十一条 物业承接查验活动，业主享有知情权和监督权。物业所在地房地产行政主管部门应当及时处理业主对建设单位和物业服务企业承接查验行为的投诉。

第四十二条 建设单位、物业服务企业未按本办法履行承接查验义务的，由物业所在地房地产行政主管部门责令限期改正；逾期仍不改正的，作为不良经营行为记入企业信用档案，并予以通报。

第四十三条 建设单位不移交有关承接查验资料的，由物业所在地房地产行政主管部门责令限期改正；逾期仍不移交的，对建设单位予以通报，并按照《物业管理条例》第五十九条的规定处罚。

第四十四条 物业承接查验中发生的争议，可以申请物业所在地房地产行政主管部门调解，也可以委托有关行业协会调解。

第四十五条 前期物业服务合同终止后，业主委员会与业主大会选聘的物业服务企业之间的承接查验活动，可以参照执行本办法。

第四十六条 省、自治区、直辖市人民政府住房和城乡建设主管部门可以依据本办法，制定实施细则。

第四十七条 本办法由国务院住房和城乡建设主管部门负责解释。

第四十八条 本办法自2011年1月1日起施行。

05 住宅专项维修资金管理办法

（2007年12月4日建设部、财政部令第165号公布　自2008年2月1日起施行）

第一章　总　　则

第一条 为了加强对住宅专项维修资金的管理，保障住宅共用部位、共用设施设备的维修和正常使用，维护住宅专项维修资金所有者的合法权益，根据《物权法》、《物业管理条例》等法律、行政法规，制定本办法。

第二条 商品住宅、售后公有住房住宅专项维修资金的交存、使用、管理和监督，适用本办法。

本办法所称住宅专项维修资金，是指专项用于住宅共用部位、共用设施设备保修期满后的维修和更新、改造的资金。

第三条 本办法所称住宅共用部位，是指根据法律、法规和房屋买卖合同，由单幢住宅内业主或者单幢住宅内业主及与之结构相连的非住宅业主共有的部位，一般包括：住宅的基础、承重墙体、柱、梁、楼板、屋顶以及户外的墙面、门厅、楼梯间、走廊通道等。

本办法所称共用设施设备，是指根据法律、法规和房屋买卖合同，由住宅业主或者住宅业主及有关非住宅业主共有的附属设施设备，一般包括电梯、天线、照明、消防设施、绿地、道路、路灯、沟渠、池、井、非经营性车场车库、公益性文体设施和共用设施设备使用的房屋等。

第四条 住宅专项维修资金管理实行专户存储、专款专用、所有权人决策、政府监督的原则。

第五条 国务院建设主管部门会同国务院财政部门负责全国住宅专项维修资金的指导和监督工作。

县级以上地方人民政府建设（房地产）主管部门会同同级财政部门负责本行政区域内住宅专项维修资金的指导和监督工作。

第二章 交　　存

第六条 下列物业的业主应当按照本办法的规定交存住宅专项维修资金：

（一）住宅，但一个业主所有且与其他物业不具有共用部位、共用设施设备的除外；

（二）住宅小区内的非住宅或者住宅小区外与单幢住宅结构相连的非住宅。

前款所列物业属于出售公有住房的，售房单位应当按照本办法的规定交存住宅专项维修资金。

第七条 商品住宅的业主、非住宅的业主按照所拥有物业的建筑面积交存住宅专项维修资金，每平方米建筑面积交存首期住宅专项维修资金的数额为当地住宅建筑安装工程每平方米造价的5%至8%。

直辖市、市、县人民政府建设（房地产）主管部门应当根据本地区情况，合理确定、公布每平方米建筑面积交存首期住宅专项维修资金的数额，并适时调整。

第八条 出售公有住房的，按照下列规定交存住宅专项维修资金：

（一）业主按照所拥有物业的建筑面积交存住宅专项维修资金，每平方米建筑面积交存首期住宅专项维修资金的数额为当地房改成本价的2%。

（二）售房单位按照多层住宅不低于售房款的20%、高层住宅不低于售房款的30%，从售房款中一次性提取住宅专项维修资金。

第九条 业主交存的住宅专项维修资金属于业主所有。

从公有住房售房款中提取的住宅专项维修资金属于公有住房售房单位所有。

第十条 业主大会成立前，商品住宅业主、非住宅业主交存的住宅专项维修资金，由物业所在地直辖市、市、县人民政府建设（房地产）主管部门代管。

直辖市、市、县人民政府建设（房地产）主管部门应当委托所在地一家商业银行，作为本行政区域内住宅专项维修资金的专户管理银行，并在专户管理银行开立住宅专项维修资金专户。

开立住宅专项维修资金专户，应当以物业管理区域为单位设账，按房屋户门号设分户账；未划定物业管理区域的，以幢为单位设账，按房屋户门号设分户账。

第十一条 业主大会成立前，已售公有住房住宅专项维修资金，由物业所在地直辖市、市、县人民政府财政部门或者建设（房地产）主管部门负责管理。

负责管理公有住房住宅专项维修资金的部门应当委托所在地一家商业银行，作为本行政区域内公有住房住宅专项维修资金的专户管理银行，并在专户管理银行开立公有住房住宅专项维修资金专户。

开立公有住房住宅专项维修资金专户，应当按照售房单位设账，按幢设分账；其中，业主交存的住宅专项维修资金，按房屋户门号设分户账。

第十二条 商品住宅的业主应当在办理房屋入住手续前，将首期住宅专项维修资金存入住宅专项维修资金专户。

已售公有住房的业主应当在办理房屋入住手续前，将首期住宅专项维修资金存入公有住房住宅专项维修资金专户或者交由售房单位存入公有住房住宅专项维修资金专户。

公有住房售房单位应当在收到售房款之日起30日内，将提取的住宅专项维修资金存入公有住房住宅专项维修资金专户。

第十三条 未按本办法规定交存首期住宅专项维修资金的，开发建设单位或者公有住房售房单位不得将房屋交付购买人。

第十四条 专户管理银行、代收住宅专项维修资金的售房单位应当出具由财政部或者省、自治区、直辖市人民政府财政部门统一监制的住宅专项维修资金专用票据。

第十五条 业主大会成立后，应当按照下列规定划转业主交存的住宅专项维修资金：

（一）业主大会应当委托所在地一家商业银行作为本物业管理区域内住宅专项维修资金的专户管理银行，并在专户管理银行开立住宅专项维修资金专户。

开立住宅专项维修资金专户，应当以物业管理区域为单位设账，按房屋户门号设分户账。

（二）业主委员会应当通知所在地直辖市、市、县人民政府建设（房地产）主管部门；涉及已售公有住房的，应当通知负责管理公有住房住宅专项维修资金的部门。

（三）直辖市、市、县人民政府建设（房地产）主管部门或者负责管理公有住房住宅专项维修资金的部门应当在收到通知之日起30日内，通知专户管理银行将该物业管理区域内业主交存的住宅专项维修资金账面余额划转至业主大会开立的住宅专项维修资金账户，并将有关账目等移交业主委员会。

第十六条 住宅专项维修资金划转后的账目管理单位，由业主大会决定。业主大会应当建立住宅专项维修资金管理制度。

业主大会开立的住宅专项维修资金账户，应当接受所在地直辖市、市、县人民政府建设（房地产）主管部门的监督。

第十七条 业主分户账面住宅专项维修资金余额不足首期交存额30%的，应当及时续交。

成立业主大会的，续交方案由业主大会决定。

未成立业主大会的，续交的具体管理办法由直辖市、市、县人民政府建设（房地产）主管部门会同同级财政部门制定。

第三章 使 用

第十八条 住宅专项维修资金应当专项用于住宅共用部位、共用设施设备保修期满后的维修和更新、改造，不得挪作他用。

第十九条 住宅专项维修资金的使用，应当遵循方便快捷、公开透明、受益人和负担人相一致的原则。

第二十条 住宅共用部位、共用设施设备的维修和更新、改造费用，按照下列规定分摊：

（一）商品住宅之间或者商品住宅与非住宅之间共用部位、共用设施设备的维修和更新、改造费用，由相关业主按照各自拥有物业建筑面积的比例分摊。

（二）售后公有住房之间共用部位、共用设施设备的维修和更新、改造费用，由相关业主和公有住房售房单位按照所交存住宅专项维修资金的比例分摊；其中，应由业主承担的，再由相关业主按照各自拥有物业建筑面积的比例分摊。

（三）售后公有住房与商品住宅或者非住宅之间共用部位、共用设施设备的维修和更新、改造费用，先按照建筑面积比例分摊到各相关物业。其中，售后公有住房应分摊的费用，再由相关业主和公有住房售房单位按照所交存住宅专项维修资金的比例分摊。

第二十一条 住宅共用部位、共用设施设备维修和更新、改造，涉及尚未售出的商品住宅、非住宅或者公有住房的，开发建设单位或者公有住房单位应当按照尚未售出商品住宅或者公有住房的建筑面积，分摊维修和更新、改造费用。

第二十二条 住宅专项维修资金划转业主大会管理前，需要使用住宅专项维修资金的，按照以下程序办理：

（一）物业服务企业根据维修和更新、改造项目提出使用建议；没有物业服务企业的，由相关业主提出使用建议；

（二）住宅专项维修资金列支范围内专有部分占建筑物总面积三分之二以上的业主且占总人数三分之二以上的业主讨论通过使用建议；

（三）物业服务企业或者相关业主组织实施使用方案；

（四）物业服务企业或者相关业主持有关材料，向所在地直辖市、市、县人民政府建设（房地产）主管部门申请列支；其中，动用公有住房住宅专项维修资金的，向负责管理公有住房住宅专项维修资金的部门申请列支；

（五）直辖市、市、县人民政府建设（房地产）主管部门或者负责管理公有住房住宅专项维修资金的部门审核同意后，向专户管理银行发出划转住宅专项维修资金的通知；

（六）专户管理银行将所需住宅专项维修资金划转至维修单位。

第二十三条 住宅专项维修资金划转业主大会管理后，需要使用住宅专项维修资金的，按照以下程序办理：

（一）物业服务企业提出使用方案，使用方案应当包括拟维修和更新、改造的项目、费用预算、列支范围、发生危及房屋安全等紧急情况以及其他需临时使用住宅专项维修资金的情况的处置办法等；

（二）业主大会依法通过使用方案；

（三）物业服务企业组织实施使用方案；

（四）物业服务企业持有关材料向业主委员会提出列支住宅专项维修资金；其中，动用公有住房住宅专项维修资金的，向负责管理公有住房住宅专项维修资金的部门申请列支；

（五）业主委员会依据使用方案审核同意，并报直辖市、市、县人民政府建设（房地产）主管部门备案；动用公有住房住宅专项维修资金的，经负责管理公有住房住宅专项维修资金的部门审核同意；直辖市、市、县人民政府建设（房地产）主管部门或者负责管理公有住房住宅专项维修资金的部门发现不符合有关法律、法规、规章和使用方案的，应当责令改正；

（六）业主委员会、负责管理公有住房住宅专项维修资金的部门向专户管理银行发出划转住宅专项维修资金的通知；

（七）专户管理银行将所需住宅专项维修资金划转至维修单位。

第二十四条 发生危及房屋安全等紧急情况，需要立即对住宅共用部位、共用设施设备进行维修和更新、改造的，按照以下规定列支住宅专项维修资金：

（一）住宅专项维修资金划转业主大会管理前，按照本办法第二十二条第四项、第五项、第六项的规定办理；

（二）住宅专项维修资金划转业主大会管理后，按照本办法第二十三条第四项、第五项、第六项和第七项的规定办理。

发生前款情况后，未按规定实施维修和更新、改造的，直辖市、市、县人民政府建设（房地产）主管部门可以组织代修，维修费用从相关业主住宅专项维修资金分户账中列支；其中，涉及已售公有住房的，还应当从公有住房住宅专项维修资金中列支。

第二十五条 下列费用不得从住宅专项维修资金中列支：

（一）依法应当由建设单位或者施工单位承担的住宅共用部位、共用设施设备维修、更新和改造费用；

（二）依法应当由相关单位承担的供水、供电、供气、供热、通讯、有线电视等管线和设施设备的维修、养护费用；

（三）应当由当事人承担的因人为损坏住宅共用部位、共用设施设备所需的修复费用；

（四）根据物业服务合同约定，应当由物业服务企业承担的住宅共用部位、共用设施设备的维修和养护费用。

第二十六条 在保证住宅专项维修资金正常使用的前提下，可以按照国家有关规定将住宅专项维修资金用于购买国债。

利用住宅专项维修资金购买国债，应当在银行间债券市场或者商业银行柜台市场购买一级市场新发行的国债，并持有到期。

利用业主交存的住宅专项维修资金购买国债的，应当经业主大会同意；未成立业主大会的，应当经专有部分占建筑物总面积三分之二以上的业主且占总人数三分之二以上业主同意。

利用从公有住房售房款中提取的住宅专项维修资金购买国债的，应当根据售房单位的财政隶属关系，报经同级财政部门同意。

禁止利用住宅专项维修资金从事国债回购、委托理财业务或者将购买的国债用于质押、抵押等担保行为。

第二十七条 下列资金应当转入住宅专项维修资金滚存使用：

（一）住宅专项维修资金的存储利息；

（二）利用住宅专项维修资金购买国债的增值收益；

（三）利用住宅共用部位、共用设施设备进行经营的，业主所得收益，但业主大会另有决定的除外；

（四）住宅共用设施设备报废后回收的残值。

第四章 监督管理

第二十八条 房屋所有权转让时，业主应当向受让人说明住宅专项维修资金交存和结余情况并出具有效证明，该房屋分户账中结余的住宅专项维修资金随房屋所有权同时过户。

受让人应当持住宅专项维修资金过户的协议、房屋权属证书、身份证等到专户管理银行办理分户账更名手续。

第二十九条 房屋灭失的，按照以下规定返还住宅专项维修资金：

（一）房屋分户账中结余的住宅专项维修资金返还业主；

（二）售房单位交存的住宅专项维修资金账面余额返还售房单位；售房单位不存在的，按照售房单位财务隶属关系，收缴同级国库。

第三十条 直辖市、市、县人民政府建设（房地产）主管部门，负责管理公有住房住宅专项维修资金的部门及业主委员会，应当每年至少一次与专户管理银行核对住宅专项维修资金账目，并向业主、公有住房售房单位公布下列情况：

（一）住宅专项维修资金交存、使用、增值收益和结存的总额；

（二）发生列支的项目、费用和分摊情况；

（三）业主、公有住房售房单位分户账中住宅专项维修资金交存、使用、增值收益和结存的金额；

（四）其他有关住宅专项维修资金使用和管理的情况。

业主、公有住房售房单位对公布的情况有异议的，可以要求复核。

第三十一条 专户管理银行应当每年至少一次向直辖市、市、县人民政府建设（房地产）主管部门，负责管理公有住房住宅专项维修资金的部门及业主委员会发送住宅专项维修资金对账单。

直辖市、市、县建设（房地产）主管部门，负责管理公有住房住宅专项维修资金的部门及业主委员会对资金账户变化情况有异议的，可以要求专户管理银行进行复核。

专户管理银行应当建立住宅专项维修资金查询制度，接受业主、公有住房售房单位对其分户账中住宅专项维修资金使用、增值收益和账面余额的查询。

第三十二条 住宅专项维修资金的管理和使用，应当依法接受审计部门的审计监督。

第三十三条 住宅专项维修资金的财务管理和会计核算应当执行财政部有关规定。

财政部门应当加强对住宅专项维修资金收支财务管理和会计核算制度执行情况的监督。

第三十四条 住宅专项维修资金专用票据的购领、使用、保存、核销管理，应当按照财政部以及省、自治区、直辖市人民政府财政部门的有关规定执行，并接受财政部门的监督检查。

第五章 法律责任

第三十五条 公有住房售房单位有下列行为之一的，由县级以上地方人民政府财政部门会同同级建设（房地产）主管部门责令限期改正：

（一）未按本办法第八条、第十二条第三款规定交存住宅专项维修资金的；

（二）违反本办法第十三条规定将房屋交付买受人的；

（三）未按本办法第二十一条规定分摊维修、更新和改造费用的。

第三十六条 开发建设单位违反本办法第十三条规定将房屋交付买受人的，由县级以上地方人民政府建设（房地产）主管部门责令限期改正；逾期不改正的，处以3万元以下的罚款。

开发建设单位未按本办法第二十一条规定分摊维修、更新和改造费用的，由县级以上地方人民政府建设（房地产）主管部门责令限期改正；逾期不改正的，处以1万元以下的罚款。

第三十七条 违反本办法规定，挪用住宅专项维修资金的，由县级以上地方人民政府建设（房地产）主管部门追回挪用的住宅专项维修资金，没收违法所得，可以并处挪用金额2倍以下的罚款；构成犯罪的，依法追究直接负责的主管人员和其他直接责任人员的刑事责任。

物业服务企业挪用住宅专项维修资金，情节严重的，除按前款规定予以处罚外，还应由颁发资质证书的部门吊销资质证书。

直辖市、市、县人民政府建设（房地产）主管部门挪用住宅专项维修资金的，由上一级人民政府建设（房地产）主管部门追回挪用的住宅专项维修资金，对直接负责的主管人员和其他直接责任人员依法给予处分；构成犯罪的，依法追究刑事责任。

直辖市、市、县人民政府财政部门挪用住宅专项维修资金的，由上一级人民政府财政部门追回挪用的住宅专项维修资金，对直接负责的主管人员和其他直接责任人员依法给予处分；构成犯罪的，依法追究刑事责任。

第三十八条 直辖市、市、县人民政府建设（房地产）主管部门违反本办法第二十六条规定的，由上一级人民政府建设（房地产）主管部门责令限期改正，对直接负责的主管人员和其他直接责任人员依法给予处分；构成犯罪的，依法追究刑事责任。

直辖市、市、县人民政府财政部门违反本办法第二十六条规定的，由上一级人民政府财政部门责令限期改正，对直接负责的主管人员和其他直接责任人员依法给予处分；构成犯罪的，依法追究刑事责任。

业主大会违反本办法第二十六条规定的，由直辖市、市、县人民政府建设（房地产）主管部门责令改正。

第三十九条 对违反住宅专项维修资金专用票据管理规定的行为，按照《财政违法行为处罚处分条例》的有关规定追究法律责任。

第四十条 县级以上人民政府建设（房地产）主管部门、财政部门及其工作人员利用职务上的便利，收受他人财物或者其他好处，不依法履行监督管理职责，或者发现违法行为不予查处的，依法给予处分；构成犯罪的，依法追究刑事责任。

第六章 附 则

第四十一条 省、自治区、直辖市人民政府建设（房地产）主管部门会同同级财政部门可以依据本办法，制定实施细则。

第四十二条 本办法实施前，商品住宅、公有住房已经出售但未建立住宅专项维修资金的，应当补建。具体办法由省、自治区、直辖市人民政府建设（房地产）主管部门会同同级财政部门依据本办法制定。

第四十三条 本办法由国务院建设主管部门、财政部门共同解释。

第四十四条 本办法自2008年2月1日起施行，1998年12月16日建设部、财政部发布的《住宅共用部位共用设施设备维修基金管理办法》（建住房〔1998〕213号）同时废止。

06 商品房销售管理办法

（2001年3月14日建设部第38次部常务会议通过　自2001年6月1日起施行）

第一章　总　　则

第一条 为了规范商品房销售行为，保障商品房交易双方当事人的合法权益，根据《中华人民共和国城市房地产管理法》、《城市房地产开发经营管理条例》，制定本办法。

第二条 商品房销售及商品房销售管理应当遵守本办法。

第三条 商品房销售包括商品房现售和商品房预售。

本办法所称商品房现售，是指房地产开发企业将竣工验收合格的商品房出售给买受人，并由买受人支付房价款的行为。

本办法所称商品房预售，是指房地产开发企业将正在建设中的商品房预先出售给买受人，并由买受人支付定金或者房价款的行为。

第四条 房地产开发企业可以自行销售商品房，也可以委托房地产中介服务机构销售商品房。

第五条 国务院建设行政主管部门负责全国商品房的销售管理工作。

省、自治区人民政府建设行政主管部门负责本行政区域内商品房的销售管理工作。

直辖市、市、县人民政府建设行政主管部门、房地产行政主管部门（以下统称房地产开发主管部门）按照职责分工，负责本行政区域内商品房的销售管理工作。

第二章　销售条件

第六条 商品房预售实行预售许可制度。

商品房预售条件及商品房预售许可证明的办理程序，按照《城市房地产开发经营管理条例》和《城市商品房预售管理办法》的有关规定执行。

第七条 商品房现售，应当符合以下条件：

（一）现售商品房的房地产开发企业应当具有企业法人营业执照和房地产开发企业资质证书；

（二）取得土地使用权证书或者使用土地的批准文件；

（三）持有建设工程规划许可证和施工许可证；

（四）已通过竣工验收；

（五）拆迁安置已经落实；

（六）供水、供电、供热、燃气、通讯等配套基础设施具备交付使用条件，其他配套基础设施和公共设施具备交付使用条件或者已确定施工进度和交付日期；

（七）物业管理方案已经落实。

第八条 房地产开发企业应当在商品房现售前将房地产开发项目手册及符合商品房现售条件的有关证明文件报送房地产开发主管部门备案。

第九条 房地产开发企业销售设有抵押权的商品房，其抵押权的处理按照《中华人民共和国担保法》、《城市房地产抵押管理办法》的有关规定执行。

第十条 房地产开发企业不得在未解除商品房买卖合同前，将作为合同标的物的商品房再行销售给他人。

第十一条 房地产开发企业不得采取返本销售或者变相返本销售的方式销售商品房。

房地产开发企业不得采取售后包租或者变相售后包租的方式销售未竣工商品房。

第十二条 商品住宅按套销售，不得分割拆零销售。

第十三条 商品房销售时，房地产开发企业选聘了物业管理企业的，买受人应当在订立商品房买卖合同时与房地产开发企业选聘的物业管理企业订立有关物业管理的协议。

第三章 广告与合同

第十四条 房地产开发企业、房地产中介服务机构发布商品房销售宣传广告，应当执行《中华人民共和国广告法》、《房地产广告发布暂行规定》等有关规定，广告内容必须真实、合法、科学、准确。

第十五条 房地产开发企业、房地产中介服务机构发布的商品房销售广告和宣传资料所明示的事项，当事人应当在商品房买卖合同中约定。

第十六条 商品房销售时，房地产开发企业和买受人应当订立书面商品房买卖合同。

商品房买卖合同应当明确以下主要内容：

（一）当事人名称或者姓名和住所；

（二）商品房基本状况；

（三）商品房的销售方式；

（四）商品房价款的确定方式及总价款、付款方式、付款时间；

（五）交付使用条件及日期；

（六）装饰、设备标准承诺；

（七）供水、供电、供热、燃气、通讯、道路、绿化等配套基础设施和公共设施的交付承诺和有关权益、责任；

（八）公共配套建筑的产权归属；

（九）面积差异的处理方式；

（十）办理产权登记有关事宜；

（十一）解决争议的方法；

（十二）违约责任；

（十三）双方约定的其他事项。

第十七条 商品房销售价格由当事人协商议定，国家另有规定的除外。

第十八条 商品房销售可以按套（单元）计价，也可以按套内建筑面积或者建筑面积计价。

商品房建筑面积由套内建筑面积和分摊的共有建筑面积组成，套内建筑面积部分为独立产权，分摊的共有建筑面积部分为共有产权，买受人按照法律、法规的规定对其享有权利，承担责任。

按套（单元）计价或者按套内建筑面积计价的，商品房买卖合同中应当注明建筑面积和分摊的共有建筑面积。

第十九条 按套（单元）计价的现售房屋，当事人对现售房屋实地勘察后可以在合同中直接约定总价款。

按套（单元）计价的预售房屋，房地产开发企业应当在合同中附所售房屋的平面图。平面图应当标明详细尺寸，并约定误差范围。房屋交付时，套型与设计图纸一致，相关尺寸也在约定的误差范围内，维持总价款不变；套型与设计图纸不一致或者相关尺寸超出约定的误差范围，合同中未约定处理方式的，买受人可以退房或者与房地产开发企业重新约定总价款。买受人退房的，由房地产开发企业承担违约责任。

第二十条 按套内建筑面积或者建筑面积计价的，当事人应当在合同中载明合同约定面积与产权登记面积发生误差的处理方式。

合同未作约定的，按以下原则处理：

（一）面积误差比绝对值在3%以内（含3%）的，据实结算房价款；

（二）面积误差比绝对值超出3%时，买受人有权退房。买受人退房的，房地产开发企业应当在买受人提出退房之日起30日内将买受人已付房价款退还给买受人，同时支付已付房价款利息。买受人不退房的，产权登记面积大于合同约定面积时，面积误差比在3%以内（含3%）部分的房价款由买受人补足；超出3%部分的房价款由房地产开发企业承担，产权归买受人。产权登记面积小于合同约定面积时，面积误差比绝对值在3%以内（含3%）部分的房价款由房地产开发企业返还买受人；绝对值超出3%部分的房价款由房地产开发企业双倍返还买受人。

$$\text{面积误差比}=\frac{\text{产权登记面积}-\text{合同约定面积}}{\text{合同约定面积}}\times 100\%$$

因本办法第二十四条规定的规划设计变更造成面积差异，当事人不解除合同的，应当签署补充协议。

第二十一条 按建筑面积计价的，当事人应当在合同中约定套内建筑面积和分摊的共有建筑面积，并约定建筑面积不变而套内建筑面积发生误差以及建筑面积与套内建筑面积均发生误差时的处理方式。

第二十二条 不符合商品房销售条件的，房地产开发企业不得销售商品房，不得向买受人收取任何预订款性质费用。

符合商品房销售条件的，房地产开发企业在订立商品房买卖合同之前向买受人收取预订款性质费用的，订立商品房买卖合同时，所收费用应当抵作房价款；当事人未能订立商品房买卖合同的，房地产开发企业应当向买受人返还所收费用；当事人之间另有约定的，从其约定。

第二十三条 房地产开发企业应当在订立商品房买卖合同之前向买受人明示《商品房销售管理办法》和《商品房买卖合同示范文本》；预售商品房的，还必须明示《城市商品房预售管理办法》。

第二十四条 房地产开发企业应当按照批准的规划、设计建设商品房。商品房销售后，房地产开发企业不得擅自变更规划、设计。

经规划部门批准的规划变更、设计单位同意的设计变更导致商品房的结构型式、户型、空间尺寸、朝向变化，以及出现合同当事人约定的其他影响商品房质量或者使用功能情形的，房地产开发企业应当在变更确立之日起10日内，书面通知买受人。

买受人有权在通知到达之日起15日内做出是否退房的书面答复。买受人在通知到达之日起15日内未作书面答复的，视同接受规划、设计变更以及由此引起的房价款的变更。房地产开发企业未在规定时限内通知买受人的，买受人有权退房；买受人退房的，由房地产开发企业承担违约责任。

第四章　销售代理

第二十五条　房地产开发企业委托中介服务机构销售商品房的，受托机构应当是依法设立并取得工商营业执照的房地产中介服务机构。

房地产开发企业应当与受托房地产中介服务机构订立书面委托合同，委托合同应当载明委托期限、委托权限以及委托人和被委托人的权利、义务。

第二十六条　受托房地产中介服务机构销售商品房时，应当向买受人出示商品房的有关证明文件和商品房销售委托书。

第二十七条　受托房地产中介服务机构销售商品房时，应当如实向买受人介绍所代理销售商品房的有关情况。

受托房地产中介服务机构不得代理销售不符合销售条件的商品房。

第二十八条　受托房地产中介服务机构在代理销售商品房时不得收取佣金以外的其他费用。

第二十九条　商品房销售人员应当经过专业培训，方可从事商品房销售业务。

第五章　交　　付

第三十条　房地产开发企业应当按照合同约定，将符合交付使用条件的商品房按期交付给买受人。未能按期交付的，房地产开发企业应当承担违约责任。

因不可抗力或者当事人在合同中约定的其他原因，需延期交付的，房地产开发企业应当及时告知买受人。

第三十一条　房地产开发企业销售商品房时设置样板房的，应当说明实际交付的商品房质量、设备及装修与样板房是否一致，未作说明的，实际交付的商品房应当与样板房一致。

第三十二条 销售商品住宅时，房地产开发企业应当根据《商品住宅实行质量保证书和住宅使用说明书制度的规定》(以下简称《规定》)，向买受人提供《住宅质量保证书》、《住宅使用说明书》。

第三十三条 房地产开发企业应当对所售商品房承担质量保修责任。当事人应当在合同中就保修范围、保修期限、保修责任等内容做出约定。保修期从交付之日起计算。

商品住宅的保修期限不得低于建设工程承包单位向建设单位出具的质量保修书约定保修期的存续期；存续期少于《规定》中确定的最低保修期限的，保修期不得低于《规定》中确定的最低保修期限。

非住宅商品房的保修期限不得低于建设工程承包单位向建设单位出具的质量保修书约定保修期的存续期。

在保修期限内发生的属于保修范围的质量问题，房地产开发企业应当履行保修义务，并对造成的损失承担赔偿责任。因不可抗力或者使用不当造成的损坏，房地产开发企业不承担责任。

第三十四条 房地产开发企业应当在商品房交付使用前按项目委托具有房产测绘资格的单位实施测绘，测绘成果报房地产行政主管部门审核后用于房屋权属登记。

房地产开发企业应当在商品房交付使用之日起60日内，将需要由其提供的办理房屋权属登记的资料报送房屋所在地房地产行政主管部门。

房地产开发企业应当协助商品房买受人办理土地使用权变更和房屋所有权登记手续。

第三十五条 商品房交付使用后，买受人认为主体结构质量不合格的，可以依照有关规定委托工程质量检测机构重新核验。经核验，确属主体结构质量不合格的，买受人有权退房；给买受人造成损失的，房地产开发企业应当依法承担赔偿责任。

第六章 法律责任

第三十六条 未取得营业执照，擅自销售商品房的，由县级以上人民政府工商行政管理部门依照《城市房地产开发经营管理条例》的规定处罚。

第三十七条 未取得房地产开发企业资质证书，擅自销售商品房的，责令停止销售活动，处5万元以上10万元以下的罚款。

第三十八条 违反法律、法规规定，擅自预售商品房的，责令停止违法行为，没收违法所得；收取预付款的，可以并处已收取的预付款1%以下的罚款。

第三十九条 在未解除商品房买卖合同前，将作为合同标的物的商品房再行销售给他人的，处以警告，责令限期改正，并处2万元以上3万元以下罚款；构成犯罪的，依法追究刑事责任。

第四十条 房地产开发企业将未组织竣工验收、验收不合格或者对不合格按合格验收的商品房擅自交付使用的，按照《建设工程质量管理条例》的规定处罚。

第四十一条 房地产开发企业未按规定将测绘成果或者需要由其提供的办理房屋权属登记的资料报送房地产行政主管部门的，处以警告，责令限期改正，并可处以2万元以上3万元以下罚款。

第四十二条 房地产开发企业在销售商品房中有下列行为之一的，处以警告，责令限期改正，并可处以1万元以上3万元以下罚款。

（一）未按照规定的现售条件现售商品房的；

（二）未按照规定在商品房现售前将房地产开发项目手册及符合商品房现售条件的有关证明文件报送房地产开发主管部门备案的；

（三）返本销售或者变相返本销售商品房的；

（四）采取售后包租或者变相售后包租方式销售未竣工商品房的；

（五）分割拆零销售商品住宅的；

（六）不符合商品房销售条件，向买受人收取预订款性质费用的；

（七）未按照规定向买受人明示《商品房销售管理办法》、《商品房买卖合同示范文本》、《城市商品房预售管理办法》的；

（八）委托没有资格的机构代理销售商品房的。

第四十三条 房地产中介服务机构代理销售不符合销售条件的商品房的，处以警告，责令停止销售，并可处以2万元以上3万元以下罚款。

第四十四条 国家机关工作人员在商品房销售管理工作中玩忽职守、滥用职权、徇私舞弊，依法给予行政处分；构成犯罪的，依法追究刑事责任。

第七章 附　　则

第四十五条 本办法所称返本销售，是指房地产开发企业以定期向买受人返还购房款的方式销售商品房的行为。

本办法所称售后包租，是指房地产开发企业以在一定期限内承租或者代为出租买受人所购该企业商品房的方式销售商品房的行为。

本办法所称分割拆零销售，是指房地产开发企业以将成套的商品住宅分割为数部分分别出售给买受人的方式销售商品住宅的行为。

本办法所称产权登记面积，是指房地产行政主管部门确认登记的房屋面积。

第四十六条 省、自治区、直辖市人民政府建设行政主管部门可以根据本办法制定实施细则。

第四十七条 本办法由国务院建设行政主管部门负责解释。

第四十八条 本办法自2001年6月1日起施行。

07 城市商品房预售管理办法

（1994年11月15日建设部令第40号发布　根据2001年8月15日
《建设部关于修改〈城市商品房预售管理办法〉的决定》、
2004年7月20日《建设部关于修改〈城市商品房预售管理办法〉的决定》修正）

第一条 为加强商品房预售管理，维护商品房交易双方的合法权益，根据《中华人民共和国城市房地产管理法》、《城市房地产开发经营管理条例》，制定本办法。

第二条 本办法所称商品房预售是指房地产开发企业（以下简称开发企业）将正在建设中的房屋预先出售给承购人，由承购人支付定金或房价款的行为。

第三条 本办法适用于城市商品房预售的管理。

第四条 国务院建设行政主管部门归口管理全国城市商品房预售管理；

省、自治区建设行政主管部门归口管理本行政区域内城市商品房预售管理；

市、县人民政府建设行政主管部门或房地产行政主管部门（以下简称房地产管理部门）负责本行政区域内城市商品房预售管理。

第五条 商品房预售应当符合下列条件：

（一）已交付全部土地使用权出让金，取得土地使用权证书；

（二）持有建设工程规划许可证和施工许可证；

（三）按提供预售的商品房计算，投入开发建设的资金达到工程建设总投资的25%以上，并已经确定施工进度和竣工交付日期。

第六条 商品房预售实行许可制度。开发企业进行商品房预售，应当向房地产管理部门申请预售许可，取得《商品房预售许可证》。

未取得《商品房预售许可证》的，不得进行商品房预售。

第七条 开发企业申请预售许可，应当提交下列证件（复印件）及资料：

（一）商品房预售许可申请表；

（二）开发企业的《营业执照》和资质证书；

（三）土地使用权证、建设工程规划许可证、施工许可证；

（四）投入开发建设的资金占工程建设总投资的比例符合规定条件的证明；

（五）工程施工合同及关于施工进度的说明；

（六）商品房预售方案。预售方案应当说明预售商品房的位置、面积、竣工交付日期等内容，并应当附预售商品房分层平面图。

第八条 商品房预售许可依下列程序办理：

（一）受理。开发企业按本办法第七条的规定提交有关材料，材料齐全的，房地产管理部门应当当场出具受理通知书；材料不齐的，应当当场或者5日内一次性书面告知需要补充的材料。

（二）审核。房地产管理部门对开发企业提供的有关材料是否符合法定条件进行审核。

开发企业对所提交材料实质内容的真实性负责。

（三）许可。经审查，开发企业的申请符合法定条件的，房地产管理部门应当在受理之日起10日内，依法作出准予预售的行政许可书面决定，发送开发企业，并自作出决定之日起10日内向开发企业颁发、送达《商品房预售许可证》。

经审查，开发企业的申请不符合法定条件的，房地产管理部门应当在受理之日起10日内，依法作出不予许可的书面决定。书面决定应当说明理由，告知开发企业享有依法申请行政复议或者提起行政诉讼的权利，并送达开发企业。

商品房预售许可决定书、不予商品房预售许可决定书应当加盖房地产管理部门的行政许可专用印章，《商品房预售许可证》应当加盖房地产管理部门的印章。

（四）公示。房地产管理部门作出的准予商品房预售许可的决定，应当予以公开，公众有权查阅。

第九条 开发企业进行商品房预售，应当向承购人出示《商品房预售许可证》。售楼广告和说明书应当载明《商品房预售许可证》的批准文号。

第十条 商品房预售，开发企业应当与承购人签订商品房预售合同。开发企业应当自签约之日起30日内，向房地产管理部门和市、县人民政府土地管理部门办理商品房预售合同登记备案手续。

房地产管理部门应当积极应用网络信息技术，逐步推行商品房预售合同网上登记备案。

商品房预售合同登记备案手续可以委托代理人办理。委托代理人办理的，应当有书面委托书。

第十一条 开发企业预售商品房所得款项应当用于有关的工程建设。

商品房预售款监管的具体办法，由房地产管理部门制定。

第十二条 预售的商品房交付使用之日起90日内，承购人应当依法到房地产管理部门和市、县人民政府土地管理部门办理权属登记手续。开发企业应当予以协助，并提供必要的证明文件。

由于开发企业的原因，承购人未能在房屋交付使用之日起90日内取得房屋权属证书的，除开发企业和承购人有特殊约定外，开发企业应当承担违约责任。

第十三条 开发企业未取得《商品房预售许可证》预售商品房的，依照《城市房地产开发经营管理条例》第三十九条的规定处罚。

第十四条 开发企业不按规定使用商品房预售款项的，由房地产管理部门责令限期纠正，并可处以违法所得3倍以下但不超过3万元的罚款。

第十五条 开发企业隐瞒有关情况、提供虚假材料，或者采用欺骗、贿赂等不正当手段取得商品房预售许可的，由房地产管理部门责令停止预售，撤销商品房预售许可，并处3万元罚款。

第十六条 省、自治区建设行政主管部门、直辖市建设行政主管部门或房地产行政管理部门可以根据本办法制定实施细则。

第十七条 本办法由国务院建设行政主管部门负责解释。

第十八条 本办法自1995年1月1日起施行。

08 不动产登记暂行条例

（2014年11月24日国务院令第656号公布　自2015年3月1日起施行）

第一章　总　　则

第一条 为整合不动产登记职责，规范登记行为，方便群众申请登记，保护权利人合法权益，根据《中华人民共和国物权法》等法律，制定本条例。

第二条 本条例所称不动产登记，是指不动产登记机构依法将不动产权利归属和其他法定事项记载于不动产登记簿的行为。

本条例所称不动产，是指土地、海域以及房屋、林木等定着物。

第三条 不动产首次登记、变更登记、转移登记、注销登记、更正登记、异议登记、预告登记、查封登记等，适用本条例。

第四条 国家实行不动产统一登记制度。

不动产登记遵循严格管理、稳定连续、方便群众的原则。

不动产权利人已经依法享有的不动产权利，不因登记机构和登记程序的改变而受到影响。

第五条 下列不动产权利，依照本条例的规定办理登记：

（一）集体土地所有权；

（二）房屋等建筑物、构筑物所有权；

（三）森林、林木所有权；

（四）耕地、林地、草地等土地承包经营权；

（五）建设用地使用权；

（六）宅基地使用权；

（七）海域使用权；

（八）地役权；

（九）抵押权；

（十）法律规定需要登记的其他不动产权利。

第六条 国务院国土资源主管部门负责指导、监督全国不动产登记工作。

县级以上地方人民政府应当确定一个部门为本行政区域的不动产登记机构，负责不动产登记工作，并接受上级人民政府不动产登记主管部门的指导、监督。

第七条 不动产登记由不动产所在地的县级人民政府不动产登记机构办理；直辖市、设区的市人民政府可以确定本级不动产登记机构统一办理所属各区的不动产登记。

跨县级行政区域的不动产登记，由所跨县级行政区域的不动产登记机构分别办理。不能分别办理的，由所跨县级行政区域的不动产登记机构协商办理；协商不成的，由共同的上一级人民政府不动产登记主管部门指定办理。

国务院确定的重点国有林区的森林、林木和林地，国务院批准项目用海、用岛，中央国家机关使用的国有土地等不动产登记，由国务院国土资源主管部门会同有关部门规定。

第二章　不动产登记簿

第八条　不动产以不动产单元为基本单位进行登记。不动产单元具有唯一编码。

不动产登记机构应当按照国务院国土资源主管部门的规定设立统一的不动产登记簿。

不动产登记簿应当记载以下事项：

（一）不动产的坐落、界址、空间界限、面积、用途等自然状况；

（二）不动产权利的主体、类型、内容、来源、期限、权利变化等权属状况；

（三）涉及不动产权利限制、提示的事项；

（四）其他相关事项。

第九条　不动产登记簿应当采用电子介质，暂不具备条件的，可以采用纸质介质。不动产登记机构应当明确不动产登记簿唯一、合法的介质形式。

不动产登记簿采用电子介质的，应当定期进行异地备份，并具有唯一、确定的纸质转化形式。

第十条　不动产登记机构应当依法将各类登记事项准确、完整、清晰地记载于不动产登记簿。任何人不得损毁不动产登记簿，除依法予以更正外不得修改登记事项。

第十一条　不动产登记工作人员应当具备与不动产登记工作相适应的专业知识和业务能力。

不动产登记机构应当加强对不动产登记工作人员的管理和专业技术培训。

第十二条　不动产登记机构应当指定专人负责不动产登记簿的保管，并建立健全相应的安全责任制度。

采用纸质介质不动产登记簿的，应当配备必要的防盗、防火、防渍、防有害生物等安全保护设施。

采用电子介质不动产登记簿的，应当配备专门的存储设施，并采取信息网络安全防护措施。

第十三条　不动产登记簿由不动产登记机构永久保存。不动产登记簿损毁、灭失的，不动产登记机构应当依据原有登记资料予以重建。

行政区域变更或者不动产登记机构职能调整的，应当及时将不动产登记簿移交相应的不动产登记机构。

第三章　登 记 程 序

第十四条　因买卖、设定抵押权等申请不动产登记的，应当由当事人双方共同申请。

属于下列情形之一的，可以由当事人单方申请：

（一）尚未登记的不动产首次申请登记的；

（二）继承、接受遗赠取得不动产权利的；

（三）人民法院、仲裁委员会生效的法律文书或者人民政府生效的决定等设立、变更、转让、消灭不动产权利的；

（四）权利人姓名、名称或者自然状况发生变化，申请变更登记的；

（五）不动产灭失或者权利人放弃不动产权利，申请注销登记的；

（六）申请更正登记或者异议登记的；

（七）法律、行政法规规定可以由当事人单方申请的其他情形。

第十五条 当事人或者其代理人应当到不动产登记机构办公场所申请不动产登记。

不动产登记机构将申请登记事项记载于不动产登记簿前，申请人可以撤回登记申请。

第十六条 申请人应当提交下列材料，并对申请材料的真实性负责：

（一）登记申请书；

（二）申请人、代理人身份证明材料、授权委托书；

（三）相关的不动产权属来源证明材料、登记原因证明文件、不动产权属证书；

（四）不动产界址、空间界限、面积等材料；

（五）与他人利害关系的说明材料；

（六）法律、行政法规以及本条例实施细则规定的其他材料。

不动产登记机构应当在办公场所和门户网站公开申请登记所需材料目录和示范文本等信息。

第十七条 不动产登记机构收到不动产登记申请材料，应当分别按照下列情况办理：

（一）属于登记职责范围，申请材料齐全、符合法定形式，或者申请人按照要求提交全部补正申请材料的，应当受理并书面告知申请人；

（二）申请材料存在可以当场更正的错误的，应当告知申请人当场更正，申请人当场更正后，应当受理并书面告知申请人；

（三）申请材料不齐全或者不符合法定形式的，应当当场书面告知申请人不予受理并一次性告知需要补正的全部内容；

（四）申请登记的不动产不属于本机构登记范围的，应当当场书面告知申请人不予受理并告知申请人向有登记权的机构申请。

不动产登记机构未当场书面告知申请人不予受理的，视为受理。

第十八条 不动产登记机构受理不动产登记申请的，应当按照下列要求进行查验：

（一）不动产界址、空间界限、面积等材料与申请登记的不动产状况是否一致；

（二）有关证明材料、文件与申请登记的内容是否一致；

（三）登记申请是否违反法律、行政法规规定。

第十九条 属于下列情形之一的，不动产登记机构可以对申请登记的不动产进行实地查看：

（一）房屋等建筑物、构筑物所有权首次登记；

（二）在建建筑物抵押权登记；

（三）因不动产灭失导致的注销登记；

（四）不动产登记机构认为需要实地查看的其他情形。

对可能存在权属争议，或者可能涉及他人利害关系的登记申请，不动产登记机构可以向申请人、利害关系人或者有关单位进行调查。

不动产登记机构进行实地查看或者调查时，申请人、被调查人应当予以配合。

第二十条 不动产登记机构应当自受理登记申请之日起30个工作日内办结不动产登记手续，法律另有规定的除外。

第二十一条 登记事项自记载于不动产登记簿时完成登记。

不动产登记机构完成登记，应当依法向申请人核发不动产权属证书或者登记证明。

第二十二条 登记申请有下列情形之一的，不动产登记机构应当不予登记，并书面告知申请人：

（一）违反法律、行政法规规定的；

（二）存在尚未解决的权属争议的；

（三）申请登记的不动产权利超过规定期限的；

（四）法律、行政法规规定不予登记的其他情形。

第四章 登记信息共享与保护

第二十三条 国务院国土资源主管部门应当会同有关部门建立统一的不动产登记信息管理基础平台。

各级不动产登记机构登记的信息应当纳入统一的不动产登记信息管理基础平台，确保国家、省、市、县四级登记信息的实时共享。

第二十四条 不动产登记有关信息与住房城乡建设、农业、林业、海洋等部门审批信息、交易信息等应当实时互通共享。

不动产登记机构能够通过实时互通共享取得的信息，不得要求不动产登记申请人重复提交。

第二十五条 国土资源、公安、民政、财政、税务、工商、金融、审计、统计等部门应当加强不动产登记有关信息互通共享。

第二十六条 不动产登记机构、不动产登记信息共享单位及其工作人员应当对不动产登记信息保密；涉及国家秘密的不动产登记信息，应当依法采取必要的安全保密措施。

第二十七条 权利人、利害关系人可以依法查询、复制不动产登记资料，不动产登记机构应当提供。

有关国家机关可以依照法律、行政法规的规定查询、复制与调查处理事项有关的不动产登记资料。

第二十八条 查询不动产登记资料的单位、个人应当向不动产登记机构说明查询目的，不得将查询获得的不动产登记资料用于其他目的；未经权利人同意，不得泄露查询获得的不动产登记资料。

第五章 法律责任

第二十九条 不动产登记机构登记错误给他人造成损害，或者当事人提供虚假材料申请登记给他人造成损害的，依照《中华人民共和国物权法》的规定承担赔偿责任。

第三十条 不动产登记机构工作人员进行虚假登记，损毁、伪造不动产登记簿，擅自修改登记事项，或者有其他滥用职权、玩忽职守行为的，依法给予处分；给他人造成损害的，依法承担赔偿责任；构成犯罪的，依法追究刑事责任。

第三十一条 伪造、变造不动产权属证书、不动产登记证明，或者买卖、使用伪造、变造的不动产权属证书、不动产登记证明的，由不动产登记机构或者公安机关依法予以收缴；有违法所得的，没收违法所得；给他人造成损害的，依法承担赔偿责任；构成违反治安管理行为的，依法给予治安管理处罚；构成犯罪的，依法追究刑事责任。

第三十二条 不动产登记机构、不动产登记信息共享单位及其工作人员，查询不动产登记资料的单位或者个人违反国家规定，泄露不动产登记资料、登记信息，或者利用不动产登记资料、登记信息进行不正当活动，给他人造成损害的，依法承担赔偿责任；对有关责任人员依法给予处分；有关责任人员构成犯罪的，依法追究刑事责任。

09 业主大会和业主委员会指导规则

（2009年12月1日住房和城乡建设部印发　建房〔2009〕274号
自2010年1月1日起施行）

第一章　总　　则

第一条　规范业主大会和业主委员会的活动，维护业主的合法权益，根据《中华人民共和国物权法》、《物业管理条例》等法律法规的规定，制定本规则。

第二条　业主大会由物业管理区域内的全体业主组成，代表和维护物业管理区域内全体业主在物业管理活动中的合法权利，履行相应的义务。

第三条　业主委员会由业主大会依法选举产生，履行业主大会赋予的职责，执行业主大会决定的事项，接受业主的监督。

第四条　业主大会或者业主委员会的决定，对业主具有约束力。

业主大会和业主委员会应当依法履行职责，不得作出与物业管理无关的决定，不得从事与物业管理无关的活动。

第五条　业主大会和业主委员会，对业主损害他人合法权益和业主共同利益的行为，有权依照法律、法规以及管理规约，要求停止侵害、消除危险、排除妨害、赔偿损失。

第六条　物业所在地的区、县房地产行政主管部门和街道办事处、乡镇人民政府负责对设立业主大会和选举业主委员会给予指导和协助，负责对业主大会和业主委员会的日常活动进行指导和监督。

第二章　业主大会

第七条　业主大会根据物业管理区域的划分成立，一个物业管理区域成立一个业主大会。

只有一个业主的，或者业主人数较少且经全体业主同意，不成立业主大会的，由业主共同履行业主大会、业主委员会职责。

第八条　物业管理区域内，已交付的专有部分面积超过建筑物总面积50%时，建设单位应当按照物业所在地的区、县房地产行政主管部门或者街道办事处、乡镇人民政府的要求，及时报送下列筹备首次业主大会会议所需的文件资料：

（一）物业管理区域证明；

（二）房屋及建筑物面积清册；

（三）业主名册；

（四）建筑规划总平面图；

（五）交付使用共用设施设备的证明；

（六）物业服务用房配置证明；

（七）其他有关的文件资料。

第九条 符合成立业主大会条件的，区、县房地产行政主管部门或者街道办事处、乡镇人民政府应当在收到业主提出筹备业主大会书面申请后60日内，负责组织、指导成立首次业主大会会议筹备组。

第十条 首次业主大会会议筹备组由业主代表、建设单位代表、街道办事处、乡镇人民政府代表和居民委员会代表组成。筹备组成员人数应为单数，其中业主代表人数不低于筹备组总人数的一半，筹备组组长由街道办事处、乡镇人民政府代表担任。

第十一条 筹备组中业主代表的产生，由街道办事处、乡镇人民政府或者居民委员会组织业主推荐。

筹备组应当将成员名单以书面形式在物业管理区域内公告。业主对筹备组成员有异议的，由街道办事处、乡镇人民政府协调解决。

建设单位和物业服务企业应当配合协助筹备组开展工作。

第十二条 筹备组应当做好以下筹备工作：

（一）确认并公示业主身份、业主人数以及所拥有的专有部分面积；

（二）确定首次业主大会会议召开的时间、地点、形式和内容；

（三）草拟管理规约、业主大会议事规则；

（四）依法确定首次业主大会会议表决规则；

（五）制定业主委员会委员候选人产生办法，确定业主委员会委员候选人名单；

（六）制定业主委员会选举办法；

（七）完成召开首次业主大会会议的其他准备工作。

前款内容应当在首次业主大会会议召开15日前以书面形式在物业管理区域内公告。业主对公告内容有异议的，筹备组应当记录并作出答复。

第十三条 依法登记取得或者根据物权法第二章第三节规定取得建筑物专有部分所有权的人，应当认定为业主。

基于房屋买卖等民事法律行为，已经合法占有建筑物专有部分，但尚未依法办理所有权登记的人，可以认定为业主。

业主的投票权数由专有部分面积和业主人数确定。

第十四条 业主委员会委员候选人由业主推荐或者自荐。筹备组应当核查参选人的资格，根据物业规模、物权份额、委员的代表性和广泛性等因素，确定业主委员会委员候选人名单。

第十五条 筹备组应当自组成之日起90日内完成筹备工作，组织召开首次业主大会会议。

业主大会自首次业主大会会议表决通过管理规约、业主大会议事规则，并选举产生业主委员会之日起成立。

第十六条 划分为一个物业管理区域的分期开发的建设项目，先期开发部分符合条件的，可以成立业主大会，选举产生业主委员会。首次业主大会会议应当根据分期开发的物业面积和进度等因素，在业主大会议事规则中明确增补业主委员会委员的办法。

第十七条 业主大会决定以下事项：

（一）制定和修改业主大会议事规则；

（二）制定和修改管理规约；

（三）选举业主委员会或者更换业主委员会委员；

（四）制定物业服务内容、标准以及物业服务收费方案；

（五）选聘和解聘物业服务企业；

（六）筹集和使用专项维修资金；

（七）改建、重建建筑物及其附属设施；

（八）改变共有部分的用途；

（九）利用共有部分进行经营以及所得收益的分配与使用；

（十）法律法规或者管理规约确定应由业主共同决定的事项。

第十八条 管理规约应当对下列主要事项作出规定：

（一）物业的使用、维护、管理；

（二）专项维修资金的筹集、管理和使用；

（三）物业共用部分的经营与收益分配；

（四）业主共同利益的维护；

（五）业主共同管理权的行使；

（六）业主应尽的义务；

（七）违反管理规约应当承担的责任。

第十九条 业主大会议事规则应当对下列主要事项作出规定：

（一）业主大会名称及相应的物业管理区域；

（二）业主委员会的职责；

（三）业主委员会议事规则；

（四）业主大会会议召开的形式、时间和议事方式；

（五）业主投票权数的确定方法；

（六）业主代表的产生方式；

（七）业主大会会议的表决程序；

（八）业主委员会委员的资格、人数和任期等；

（九）业主委员会换届程序、补选办法等；

（十）业主大会、业主委员会工作经费的筹集、使用和管理；

（十一）业主大会、业主委员会印章的使用和管理。

第二十条 业主拒付物业服务费，不缴存专项维修资金以及实施其他损害业主共同权益行为的，业主大会可以在管理规约和业主大会议事规则中对其共同管理权的行使予以限制。

第二十一条 业主大会会议分为定期会议和临时会议。

业主大会定期会议应当按照业主大会议事规则的规定由业主委员会组织召开。

有下列情况之一的，业主委员会应当及时组织召开业主大会临时会议：

（一）经专有部分占建筑物总面积20%以上且占总人数20%以上业主提议的；

（二）发生重大事故或者紧急事件需要及时处理的；

（三）业主大会议事规则或者管理规约规定的其他情况。

第二十二条 业主大会会议可以采用集体讨论的形式，也可以采用书面征求意见的形式；但应当有物业管理区域内专有部分占建筑物总面积过半数的业主且占总人数过半数的业主参加。

采用书面征求意见形式的，应当将征求意见书送交每一位业主；无法送达的，应当在物业管理区域内公告。凡需投票表决的，表决意见应由业主本人签名。

第二十三条 业主大会确定业主投票权数，可以按照下列方法认定专有部分面积和建筑物总面积：

（一）专有部分面积按照不动产登记簿记载的面积计算；尚未进行登记的，暂按测绘机构的实测面积计算；尚未进行实测的，暂按房屋买卖合同记载的面积计算；

（二）建筑物总面积，按照前项的统计总和计算。

第二十四条 业主大会确定业主投票权数，可以按照下列方法认定业主人数和总人数：

（一）业主人数，按照专有部分的数量计算，一个专有部分按一人计算。但建设单位尚未出售和虽已出售但尚未交付的部分，以及同一买受人拥有一个以上专有部分的，按一人计算；

（二）总人数，按照前项的统计总和计算。

第二十五条 业主大会应当在业主大会议事规则中约定车位、摊位等特定空间是否计入用于确定业主投票权数的专有部分面积。

一个专有部分有两个以上所有权人的，应当推选一人行使表决权，但共有人所代表的业主人数为一人。

业主为无民事行为能力人或者限制民事行为能力人的，由其法定监护人行使投票权。

第二十六条 业主因故不能参加业主大会会议的，可以书面委托代理人参加业主大会会议。

未参与表决的业主，其投票权数是否可以计入已表决的多数票，由管理规约或者业主大会议事规则规定。

第二十七条 物业管理区域内业主人数较多的，可以幢、单元、楼层为单位，推选一名业主代表参加业主大会会议，推选及表决办法应当在业主大会议事规则中规定。

第二十八条 业主可以书面委托的形式，约定由其推选的业主代表在一定期限内代其行使共同管理权，具体委托内容、期限、权限和程序由业主大会议事规则规定。

第二十九条 业主大会会议决定筹集和使用专项维修资金以及改造、重建建筑物及其附属设施的，应当经专有部分占建筑物总面积三分之二以上的业主且占总人数三分之二以上的业主同意；决定本规则第十七条规定的其他共有和共同管理权利事项的，应当经专有部分占建筑物总面积过半数且占总人数过半数的业主同意。

第三十条 业主大会会议应当由业主委员会作出书面记录并存档。

业主大会的决定应当以书面形式在物业管理区域内及时公告。

第三章　业主委员会

第三十一条　业主委员会由业主大会会议选举产生，由5至11人单数组成。业主委员会委员应当是物业管理区域内的业主，并符合下列条件：

（一）具有完全民事行为能力；

（二）遵守国家有关法律、法规；

（三）遵守业主大会议事规则、管理规约，模范履行业主义务；

（四）热心公益事业，责任心强，公正廉洁；

（五）具有一定的组织能力；

（六）具备必要的工作时间。

第三十二条　业主委员会委员实行任期制，每届任期不超过5年，可连选连任，业主委员会委员具有同等表决权。

业主委员会应当自选举之日起7日内召开首次会议，推选业主委员会主任和副主任。

第三十三条　业主委员会应当自选举产生之日起30日内，持下列文件向物业所在地的区、县房地产行政主管部门和街道办事处、乡镇人民政府办理备案手续：

（一）业主大会成立和业主委员会选举的情况；

（二）管理规约；

（三）业主大会议事规则；

（四）业主大会决定的其他重大事项。

第三十四条　业主委员会办理备案手续后，可持备案证明向公安机关申请刻制业主大会印章和业主委员会印章。

业主委员会任期内，备案内容发生变更的，业主委员会应当自变更之日起30日内将变更内容书面报告备案部门。

第三十五条　业主委员会履行以下职责：

（一）执行业主大会的决定和决议；

（二）召集业主大会会议，报告物业管理实施情况；

（三）与业主大会选聘的物业服务企业签订物业服务合同；

（四）及时了解业主、物业使用人的意见和建议，监督和协助物业服务企业履行物业服务合同；

（五）监督管理规约的实施；

（六）督促业主交纳物业服务费及其他相关费用；

（七）组织和监督专项维修资金的筹集和使用；

（八）调解业主之间因物业使用、维护和管理产生的纠纷；

（九）业主大会赋予的其他职责。

第三十六条 业主委员会应当向业主公布下列情况和资料：

（一）管理规约、业主大会议事规则；

（二）业主大会和业主委员会的决定；

（三）物业服务合同；

（四）专项维修资金的筹集、使用情况；

（五）物业共有部分的使用和收益情况；

（六）占用业主共有的道路或者其他场地用于停放汽车车位的处分情况；

（七）业主大会和业主委员会工作经费的收支情况；

（八）其他应当向业主公开的情况和资料。

第三十七条 业主委员会应当按照业主大会议事规则的规定及业主大会的决定召开会议。经三分之一以上业主委员会委员的提议，应当在7日内召开业主委员会会议。

第三十八条 业主委员会会议由主任召集和主持，主任因故不能履行职责，可以委托副主任召集。

业主委员会会议应有过半数的委员出席，作出的决定必须经全体委员半数以上同意。

业主委员会委员不能委托代理人参加会议。

第三十九条 业主委员会应当于会议召开7日前，在物业管理区域内公告业主委员会会议的内容和议程，听取业主的意见和建议。

业主委员会会议应当制作书面记录并存档，业主委员会会议作出的决定，应当有参会委员的签字确认，并自作出决定之日起3日内在物业管理区域内公告。

第四十条 业主委员会应当建立工作档案，工作档案包括以下主要内容：

（一）业主大会、业主委员会的会议记录；

（二）业主大会、业主委员会的决定；

（三）业主大会议事规则、管理规约和物业服务合同；

（四）业主委员会选举及备案资料；

（五）专项维修资金筹集及使用账目；

（六）业主及业主代表的名册；

（七）业主的意见和建议。

第四十一条 业主委员会应当建立印章管理规定，并指定专人保管印章。

使用业主大会印章，应当根据业主大会议事规则的规定或者业主大会会议的决定；使用业主委员会印章，应当根据业主委员会会议的决定。

第四十二条 业主大会、业主委员会工作经费由全体业主承担。工作经费可以由业主分摊，也可以从物业共有部分经营所得收益中列支。工作经费的收支情况，应当定期在物业管理区域内公告，接受业主监督。

工作经费筹集、管理和使用的具体办法由业主大会决定。

第四十三条 有下列情况之一的，业主委员会委员资格自行终止：

（一）因物业转让、灭失等原因不再是业主的；

（二）丧失民事行为能力的；

（三）依法被限制人身自由的；

（四）法律、法规以及管理规约规定的其他情形。

第四十四条 业主委员会委员有下列情况之一的，由业主委员会三分之一以上委员或者持有20%以上投票权数的业主提议，业主大会或者业主委员会根据业主大会的授权，可以决定是否终止其委员资格：

（一）以书面方式提出辞职请求的；

（二）不履行委员职责的；

（三）利用委员资格谋取私利的；

（四）拒不履行业主义务的；

（五）侵害他人合法权益的；

（六）因其他原因不宜担任业主委员会委员的。

第四十五条 业主委员会委员资格终止的，应当自终止之日起3日内将其保管的档案资料、印章及其他属于全体业主所有的财物移交业主委员会。

第四十六条 业主委员会任期内，委员出现空缺时，应当及时补足。业主委员会委员候补办法由业主大会决定或者在业主大会议事规则中规定。业主委员会委员人数不足总数的二分之一时，应当召开业主大会临时会议，重新选举业主委员会。

第四十七条 业主委员会任期届满前3个月，应当组织召开业主大会会议，进行换届选举，并报告物业所在地的区、县房地产行政主管部门和街道办事处、乡镇人民政府。

第四十八条 业主委员会应当自任期届满之日起10日内，将其保管的档案资料、印章及其他属于业主大会所有的财物移交新一届业主委员会。

第四章　指导和监督

第四十九条　物业所在地的区、县房地产行政主管部门和街道办事处、乡镇人民政府应当积极开展物业管理政策法规的宣传和教育活动，及时处理业主、业主委员会在物业管理活动中的投诉。

第五十条　已交付使用的专有部分面积超过建筑物总面积50%，建设单位未按要求报送筹备首次业主大会会议相关文件资料的，物业所在地的区、县房地产行政主管部门或者街道办事处、乡镇人民政府有权责令建设单位限期改正。

第五十一条　业主委员会未按业主大会议事规则的规定组织召开业主大会定期会议，或者发生应当召开业主大会临时会议的情况，业主委员会不履行组织召开会议职责的，物业所在地的区、县房地产行政主管部门或者街道办事处、乡镇人民政府可以责令业主委员会限期召开；逾期仍不召开的，可以由物业所在地的居民委员会在街道办事处、乡镇人民政府的指导和监督下组织召开。

第五十二条　按照业主大会议事规则的规定或者三分之一以上委员提议，应当召开业主委员会会议的，业主委员会主任、副主任无正当理由不召集业主委员会会议的，物业所在地的区、县房地产行政主管部门或者街道办事处、乡镇人民政府可以指定业主委员会其他委员召集业主委员会会议。

第五十三条　召开业主大会会议，物业所在地的区、县房地产行政主管部门和街道办事处、乡镇人民政府应当给予指导和协助。

第五十四条　召开业主委员会会议，应当告知相关的居民委员会，并听取居民委员会的建议。

在物业管理区域内，业主大会、业主委员会应当积极配合相关居民委员会依法履行自治管理职责，支持居民委员会开展工作，并接受其指导和监督。

第五十五条　违反业主大会议事规则或者未经业主大会会议和业主委员会会议的决定，擅自使用业主大会印章、业主委员会印章的，物业所在地的街道办事处、乡镇人民政府应当责令限期改正，并通告全体业主；造成经济损失或者不良影响的，应当依法追究责任人的法律责任。

第五十六条　业主委员会委员资格终止，拒不移交所保管的档案资料、印章及其他属于全体业主所有的财物的，其他业主委员会委员可以请求物业所在地的公安机关协助移交。

业主委员会任期届满后，拒不移交所保管的档案资料、印章及其他属于全体业主所有的财物的，新一届业主委员会可以请求物业所在地的公安机关协助移交。

第五十七条 业主委员会在规定时间内不组织换届选举的，物业所在地的区、县房地产行政主管部门或者街道办事处、乡镇人民政府应当责令其限期组织换届选举；逾期仍不组织的，可以由物业所在地的居民委员会在街道办事处、乡镇人民政府的指导和监督下，组织换届选举工作。

第五十八条 因客观原因未能选举产生业主委员会或者业主委员会委员人数不足总数的二分之一的，新一届业主委员会产生之前，可以由物业所在地的居民委员会在街道办事处、乡镇人民政府的指导和监督下，代行业主委员会的职责。

第五十九条 业主大会、业主委员会作出的决定违反法律法规的，物业所在地的区、县房地产行政主管部门和街道办事处、乡镇人民政府应当责令限期改正或者撤销其决定，并通告全体业主。

第六十条 业主不得擅自以业主大会或者业主委员会的名义从事活动。业主以业主大会或者业主委员会的名义，从事违反法律、法规的活动，构成犯罪的，依法追究刑事责任；尚不构成犯罪的，依法给予治安管理处罚。

第六十一条 物业管理区域内，可以召开物业管理联席会议。物业管理联席会议由街道办事处、乡镇人民政府负责召集，由区、县房地产行政主管部门、公安派出所、居民委员会、业主委员会和物业服务企业等方面的代表参加，共同协调解决物业管理中遇到的问题。

第五章　附　　则

第六十二条 业主自行管理或者委托其他管理人管理物业，成立业主大会，选举业主委员会的，可参照执行本规则。

第六十三条 物业所在地的区、县房地产行政主管部门与街道办事处、乡镇人民政府在指导、监督业主大会和业主委员会工作中的具体职责分工，按各省、自治区、直辖市人民政府有关规定执行。

第六十四条 本规则自2010年1月1日起施行。《业主大会规程》(建住房〔2003〕131号)同时废止。

10 最高人民法院关于审理建筑物区分所有权纠纷案件适用法律若干问题的解释

（2009年3月23日由最高人民法院审判委员会第1464次会议通过
根据2020年12月23日最高人民法院审判委员会第1823次会议通过的《最高人民法院关于修改〈最高人民法院关于在民事审判工作中适用《中华人民共和国工会法》若干问题的解释〉等二十七件民事类司法解释的决定》修正）

为正确审理建筑物区分所有权纠纷案件，依法保护当事人的合法权益，根据《中华人民共和国民法典》等法律的规定，结合民事审判实践，制定本解释。

第一条 依法登记取得或者依据民法典第二百二十九条至第二百三十一条规定取得建筑物专有部分所有权的人，应当认定为民法典第二编第六章所称的业主。

基于与建设单位之间的商品房买卖民事法律行为，已经合法占有建筑物专有部分，但尚未依法办理所有权登记的人，可以认定为民法典第二编第六章所称的业主。

第二条 建筑区划内符合下列条件的房屋，以及车位、摊位等特定空间，应当认定为民法典第二编第六章所称的专有部分：

（一）具有构造上的独立性，能够明确区分；

（二）具有利用上的独立性，可以排他使用；

（三）能够登记成为特定业主所有权的客体。

规划上专属于特定房屋，且建设单位销售时已经根据规划列入该特定房屋买卖合同中的露台等，应当认定为前款所称的专有部分的组成部分。

本条第一款所称房屋，包括整栋建筑物。

第三条 除法律、行政法规规定的共有部分外，建筑区划内的以下部分，也应当认定为民法典第二编第六章所称的共有部分：

（一）建筑物的基础、承重结构、外墙、屋顶等基本结构部分，通道、楼梯、大堂等公共通行部分，消防、公共照明等附属设施、设备，避难层、设备层或者设备间等结构部分；

（二）其他不属于业主专有部分，也不属于市政公用部分或者其他权利人所有的场所及设施等。

建筑区划内的土地，依法由业主共同享有建设用地使用权，但属于业主专有的整栋建筑物的规划占地或者城镇公共道路、绿地占地除外。

第四条 业主基于对住宅、经营性用房等专有部分特定使用功能的合理需要，无偿利用屋顶以及与其专有部分相对应的外墙面等共有部分的，不应认定为侵权。但违反法律、法规、管理规约，损害他人合法权益的除外。

第五条 建设单位按照配置比例将车位、车库，以出售、附赠或者出租等方式处分给业主的，应当认定其行为符合民法典第二百七十六条有关“应当首先满足业主的需要”的规定。

前款所称配置比例是指规划确定的建筑区划内规划用于停放汽车的车位、车库与房屋套数的比例。

第六条 建筑区划内在规划用于停放汽车的车位之外，占用业主共有道路或者其他场地增设的车位，应当认定为民法典第二百七十五条第二款所称的车位。

第七条 处分共有部分，以及业主大会依法决定或者管理规约依法确定应由业主共同决定的事项，应当认定为民法典第二百七十八条第一款第（九）项规定的有关共有和共同管理权利的“其他重大事项”。

第八条 民法典第二百七十八条第二款和第二百八十三条规定的专有部分面积可以按照不动产登记簿记载的面积计算；尚未进行物权登记的，暂按测绘机构的实测面积计算；尚未进行实测的，暂按房屋买卖合同记载的面积计算。

第九条 民法典第二百七十八条第二款规定的业主人数可以按照专有部分的数量计算，一个专有部分按一人计算。但建设单位尚未出售和虽已出售但尚未交付的部分，以及同一买受人拥有一个以上专有部分的，按一人计算。

第十条 业主将住宅改变为经营性用房，未依据民法典第二百七十九条的规定经有利害关系的业主一致同意，有利害关系的业主请求排除妨害、消除危险、恢复原状或者赔偿损失的，人民法院应予支持。

将住宅改变为经营性用房的业主以多数有利害关系的业主同意其行为进行抗辩的，人民法院不予支持。

第十一条 业主将住宅改变为经营性用房，本栋建筑物内的其他业主，应当认定为民法典第二百七十九条所称“有利害关系的业主”。建筑区划内，本栋建筑物之外的业主，主张与自己有利害关系的，应证明其房屋价值、生活质量受到或者可能受到不利影响。

第十二条 业主以业主大会或者业主委员会作出的决定侵害其合法权益或者违反了法律规定的程序为由，依据民法典第二百八十条第二款的规定请求人民法院撤销该决定的，应当在知道或者应当知道业主大会或者业主委员会作出决定之日起一年内行使。

第十三条 业主请求公布、查阅下列应当向业主公开的情况和资料的，人民法院应予支持：

（一）建筑物及其附属设施的维修资金的筹集、使用情况；

（二）管理规约、业主大会议事规则，以及业主大会或者业主委员会的决定及会议记录；

（三）物业服务合同、共有部分的使用和收益情况；

（四）建筑区划内规划用于停放汽车的车位、车库的处分情况；

（五）其他应当向业主公开的情况和资料。

第十四条 建设单位、物业服务企业或者其他管理人等擅自占用、处分业主共有部分、改变其使用功能或者进行经营性活动，权利人请求排除妨害、恢复原状、确认处分行为无效或者赔偿损失的，人民法院应予支持。

属于前款所称擅自进行经营性活动的情形，权利人请求建设单位、物业服务企业或者其他管理人等将扣除合理成本之后的收益用于补充专项维修资金或者业主共同决定的其他用途的，人民法院应予支持。行为人对成本的支出及其合理性承担举证责任。

第十五条 业主或者其他行为人违反法律、法规、国家相关强制性标准、管理规约，或者违反业主大会、业主委员会依法作出的决定，实施下列行为的，可以认定为民法典第二百八十六条第二款所称的其他“损害他人合法权益的行为”：

（一）损害房屋承重结构，损害或者违章使用电力、燃气、消防设施，在建筑物内放置危险、放射性物品等危及建筑物安全或者妨碍建筑物正常使用；

（二）违反规定破坏、改变建筑物外墙面的形状、颜色等损害建筑物外观；

（三）违反规定进行房屋装饰装修；

（四）违章加建、改建，侵占、挖掘公共通道、道路、场地或者其他共有部分。

第十六条 建筑物区分所有权纠纷涉及专有部分的承租人、借用人等物业使用人的，参照本解释处理。

专有部分的承租人、借用人等物业使用人，根据法律、法规、管理规约、业主大会或者业主委员会依法作出的决定，以及其与业主的约定，享有相应权利，承担相应义务。

第十七条 本解释所称建设单位，包括包销期满，按照包销合同约定的包销价格购买尚未销售的物业后，以自己名义对外销售的包销人。

第十八条 人民法院审理建筑物区分所有权案件中，涉及有关物权归属争议的，应当以法律、行政法规为依据。

第十九条 本解释自2009年10月1日起施行。

因物权法施行后实施的行为引起的建筑物区分所有权纠纷案件，适用本解释。

本解释施行前已经终审，本解释施行后当事人申请再审或者按照审判监督程序决定再审的案件，不适用本解释。

11 最高人民法院关于审理商品房买卖合同纠纷案件适用法律若干问题的解释

（2003年3月24日由最高人民法院审判委员会第1267次会议通过
根据2020年12月23日最高人民法院审判委员会第1823次会议通过的《最高人民法院关于修改〈最高人民法院关于在民事审判工作中适用《中华人民共和国工会法》若干问题的解释〉等二十七件民事类司法解释的决定》修正）

为正确、及时审理商品房买卖合同纠纷案件，根据《中华人民共和国民法典》《中华人民共和国城市房地产管理法》等相关法律，结合民事审判实践，制定本解释。

第一条 本解释所称的商品房买卖合同，是指房地产开发企业（以下统称为出卖人）将尚未建成或者已竣工的房屋向社会销售并转移房屋所有权于买受人，买受人支付价款的合同。

第二条 出卖人未取得商品房预售许可证明，与买受人订立的商品房预售合同，应当认定无效，但是在起诉前取得商品房预售许可证明的，可以认定有效。

第三条 商品房的销售广告和宣传资料为要约邀请，但是出卖人就商品房开发规划范围内的房屋及相关设施所作的说明和允诺具体确定，并对商品房买卖合同的订立以及房屋价格的确定有重大影响的，构成要约。该说明和允诺即使未载入商品房买卖合同，亦应当为合同内容，当事人违反的，应当承担违约责任。

第四条 出卖人通过认购、订购、预订等方式向买受人收受定金作为订立商品房买卖合同担保的，如果因当事人一方原因未能订立商品房买卖合同，应当按照法律关于定金的规定处理；因不可归责于当事人双方的事由，导致商品房买卖合同未能订立的，出卖人应当将定金返还买受人。

第五条 商品房的认购、订购、预订等协议具备《商品房销售管理办法》第十六条规定的商品房买卖合同的主要内容，并且出卖人已经按照约定收受购房款的，该协议应当认定为商品房买卖合同。

第六条 当事人以商品房预售合同未按照法律、行政法规规定办理登记备案手续为由，请求确认合同无效的，不予支持。

当事人约定以办理登记备案手续为商品房预售合同生效条件的，从其约定，但当事人一方已经履行主要义务，对方接受的除外。

第七条 买受人以出卖人与第三人恶意串通，另行订立商品房买卖合同并将房屋交付使用，导致其无法取得房屋为由，请求确认出卖人与第三人订立的商品房买卖合同无效的，应予支持。

第八条 对房屋的转移占有，视为房屋的交付使用，但当事人另有约定的除外。

房屋毁损、灭失的风险，在交付使用前由出卖人承担，交付使用后由买受人承担；买受人接到出卖人的书面交房通知，无正当理由拒绝接收的，房屋毁损、灭失的风险自书面交房通知确定的交付使用之日起由买受人承担，但法律另有规定或者当事人另有约定的除外。

第九条 因房屋主体结构质量不合格不能交付使用，或者房屋交付使用后，房屋主体结构质量经核验确属不合格，买受人请求解除合同和赔偿损失的，应予支持。

第十条 因房屋质量问题严重影响正常居住使用，买受人请求解除合同和赔偿损失的，应予支持。交付使用的房屋存在质量问题，在保修期内，出卖人应当承担修复责任；出卖人拒绝修复或者在合理期限内拖延修复的，买受人可以自行或者委托他人修复。

修复费用及修复期间造成的其他损失由出卖人承担。

第十一条 根据民法典第五百六十三条的规定，出卖人迟延交付房屋或者买受人迟延支付购房款，经催告后在三个月的合理期限内仍未履行，解除权人请求解除合同的，应予支持，但当事人另有约定的除外。

法律没有规定或者当事人没有约定，经对方当事人催告后，解除权行使的合理期限为三个月。对方当事人没有催告的，解除权人自知道或者应当知道解除事由之日起一年内行使。逾期不行使的，解除权消灭。

第十二条 当事人以约定的违约金过高为由请求减少的，应当以违约金超过造成的损失30%为标准适当减少；当事人以约定的违约金低于造成的损失为由请求增加的，应当以违约造成的损失确定违约金数额。

第十三条 商品房买卖合同没有约定违约金数额或者损失赔偿额计算方法，违约金数额或者损失赔偿额可以参照以下标准确定：

逾期付款的，按照未付购房款总额，参照中国人民银行规定的金融机构计收逾期贷款利息的标准计算。

逾期交付使用房屋的，按照逾期交付使用房屋期间有关主管部门公布或者有资格的房地产评估机构评定的同地段同类房屋租金标准确定。

第十四条 由于出卖人的原因，买受人在下列期限届满未能取得不动产权属证书的，除当事人有特殊约定外，出卖人应当承担违约责任：

（一）商品房买卖合同约定的办理不动产登记的期限；

（二）商品房买卖合同的标的物为尚未建成房屋的，自房屋交付使用之日起90日；

（三）商品房买卖合同的标的物为已竣工房屋的，自合同订立之日起90日。合同没有约定违约金或者损失数额难以确定的，可以按照已付购房款总额，参照中国人民银行规定的金融机构计收逾期贷款利息的标准计算。

第十五条 商品房买卖合同约定或者城市房地产开发经营管理条例第三十二条规定的办理不动产登记的期限届满后超过一年，由于出卖人的原因，导致买受人无法办理不动产登记，买受人请求解除合同和赔偿损失的，应予支持。

第十六条 出卖人与包销人订立商品房包销合同，约定出卖人将其开发建设的房屋交由包销人以出卖人的名义销售的，包销期满未销售的房屋，由包销人按照合同约定的包销价格购买，但当事人另有约定的除外。

第十七条 出卖人自行销售已经约定由包销人包销的房屋，包销人请求出卖人赔偿损失的，应予支持，但当事人另有约定的除外。

第十八条 对于买受人因商品房买卖合同与出卖人发生的纠纷，人民法院应当通知包销人参加诉讼；出卖人、包销人和买受人对各自的权利义务有明确约定的，按照约定的内容确定各方的诉讼地位。

第十九条 商品房买卖合同约定，买受人以担保贷款方式付款、因当事人一方原因未能订立商品房担保贷款合同并导致商品房买卖合同不能继续履行的，对方当事人可以请求解除合同和赔偿损失。因不可归责于当事人双方的事由未能订立商品房担保贷款合同并导致商品房买卖合同不能继续履行的，当事人可以请求解除合同，出卖人应当将收受的购房款本金及其利息或者定金返还买受人。

第二十条 因商品房买卖合同被确认无效或者被撤销、解除，致使商品房担保贷款合同的目的无法实现，当事人请求解除商品房担保贷款合同的，应予支持。

第二十一条 以担保贷款为付款方式的商品房买卖合同的当事人一方请求确认商品房买卖合同无效或者撤销、解除合同的，如果担保权人作为有独立请求权第三人提出诉讼请求，应当与商品房担保贷款合同纠纷合并审理；未提出诉讼请求的，仅处理商品房买卖合同纠纷。担保权人就商品房担保贷款合同纠纷另行起诉的，可以与商品房买卖合同纠纷合并审理。

商品房买卖合同被确认无效或者被撤销、解除后，商品房担保贷款合同也被解除的、出卖人应当将收受的购房贷款和购房款的本金及利息分别返还担保权人和买受人。

第二十二条　买受人未按照商品房担保贷款合同的约定偿还贷款，亦未与担保权人办理不动产抵押登记手续，担保权人起诉买受人，请求处分商品房买卖合同项下买受人合同权利的，应当通知出卖人参加诉讼；担保权人同时起诉出卖人时，如果出卖人为商品房担保贷款合同提供保证的，应当列为共同被告。

第二十三条　买受人未按照商品房担保贷款合同的约定偿还贷款，但是已经取得不动产权属证书并与担保权人办理了不动产抵押登记手续，抵押权人请求买受人偿还贷款或者就抵押的房屋优先受偿的，不应当追加出卖人为当事人，但出卖人提供保证的除外。

第二十四条　本解释自2003年6月1日起施行。

《中华人民共和国城市房地产管理法》施行后订立的商品房买卖合同发生的纠纷案件，本解释公布施行后尚在一审、二审阶段的，适用本解释。

《中华人民共和国城市房地产管理法》施行后订立的商品房买卖合同发生的纠纷案件，在本解释公布施行前已经终审，当事人申请再审或者按照审判监督程序决定再审的，不适用本解释。

《中华人民共和国城市房地产管理法》施行前发生的商品房买卖行为，适用当时的法律、法规和《最高人民法院〈关于审理房地产管理法施行前房地产开发经营案件若干问题的解答〉》。

12 最高人民法院关于审理物业服务纠纷案件适用法律若干问题的解释

（2009年4月20日由最高人民法院审判委员会第1466次会议通过
根据2020年12月23日最高人民法院审判委员会第1823次会议通过的
《最高人民法院关于修改〈最高人民法院关于在民事审判工作中适用
《中华人民共和国工会法》若干问题的解释〉等二十七件民事类司法
解释的决定》修正）

为正确审理物业服务纠纷案件，依法保护当事人的合法权益，根据《中华人民共和国民法典》等法律规定，结合民事审判实践，制定本解释。

第一条 业主违反物业服务合同或者法律、法规、管理规约，实施妨碍物业服务与管理的行为，物业服务人请求业主承担停止侵害、排除妨碍、恢复原状等相应民事责任的，人民法院应予支持。

第二条 物业服务人违反物业服务合同约定或者法律、法规、部门规章规定，擅自扩大收费范围、提高收费标准或者重复收费，业主以违规收费为由提出抗辩的，人民法院应予支持。

业主请求物业服务人退还其已经收取的违规费用的，人民法院应予支持。

第三条 物业服务合同的权利义务终止后，业主请求物业服务人退还已经预收，但尚未提供物业服务期间的物业费的，人民法院应予支持。

第四条 因物业的承租人、借用人或者其他物业使用人实施违反物业服务合同，以及法律、法规或者管理规约的行为引起的物业服务纠纷，人民法院可以参照关于业主的规定处理。

第五条 本解释自2009年10月1日起施行。

本解释施行前已经终审，本解释施行后当事人申请再审或者按照审判监督程序决定再审的案件，不适用本解释。

13 最高人民法院关于依法妥善审理高空抛物、坠物案件的意见

（2019年10月21日　法发〔2019〕25号）

近年来，高空抛物、坠物事件不断发生，严重危害公共安全，侵害人民群众合法权益，影响社会和谐稳定。为充分发挥司法审判的惩罚、规范和预防功能，依法妥善审理高空抛物、坠物案件，切实维护人民群众“头顶上的安全”，保障人民安居乐业，维护社会公平正义，依据《中华人民共和国刑法》《中华人民共和国侵权责任法》等相关法律，提出如下意见。

一、加强源头治理，监督支持依法行政，有效预防和惩治高空抛物、坠物行为

1.树立预防和惩治高空抛物、坠物行为的基本理念。人民法院要切实贯彻以人民为中心的发展理念，将预防和惩治高空抛物、坠物行为作为当前和今后一段时期的重要任务，充分发挥司法职能作用，保护人民群众生命财产安全。要积极推动预防和惩治高空抛物、坠

物行为的综合治理、协同治理工作，及时排查整治安全隐患，确保人民群众“头顶上的安全”，不断增强人民群众的幸福感、安全感。要努力实现依法制裁、救济损害与维护公共安全、保障人民群众安居乐业的有机统一，促进社会和谐稳定。

2.积极推动将高空抛物、坠物行为的预防与惩治纳入诉源治理机制建设。切实发挥人民法院在诉源治理中的参与、推动、规范和保障作用，加强与公安、基层组织等的联动，积极推动和助力有关部门完善防范高空抛物、坠物的工作举措，形成有效合力。注重发挥司法建议作用，对在审理高空抛物、坠物案件中发现行政机关、基层组织、物业服务企业等有关单位存在的工作疏漏、隐患风险等问题，及时提出司法建议，督促整改。

3.充分发挥行政审判促进依法行政的职能作用。注重发挥行政审判对预防和惩治高空抛物、坠物行为的积极作用，切实保护受害人依法申请行政机关履行保护其人身权、财产权等合法权益法定职责的权利，监督行政机关依法行使行政职权、履行相应职责。受害人等行政相对方对行政机关在履职过程中违法行使职权或者不作为提起行政诉讼的，人民法院应当依法及时受理。

二、依法惩处构成犯罪的高空抛物、坠物行为，切实维护人民群众生命财产安全

4.充分认识高空抛物、坠物行为的社会危害性。高空抛物、坠物行为损害人民群众人身、财产安全，极易造成人身伤亡和财产损失，引发社会矛盾纠纷。人民法院要高度重视高空抛物、坠物行为的现实危害，深刻认识运用刑罚手段惩治情节和后果严重的高空抛物、坠物行为的必要性和重要性，依法惩治此类犯罪行为，有效防范、坚决遏制此类行为发生。

5.准确认定高空抛物犯罪。对于高空抛物行为，应当根据行为人的动机、抛物场所、抛掷物的情况以及造成的后果等因素，全面考量行为的社会危害程度，准确判断行为性质，正确适用罪名，准确裁量刑罚。

故意从高空抛弃物品，尚未造成严重后果，但足以危害公共安全的，依照刑法第一百一十四条规定的以危险方法危害公共安全罪定罪处罚；致人重伤、死亡或者使公私财产遭受重大损失的，依照刑法第一百一十五条第一款的规定处罚。为伤害、杀害特定人员实施上述行为的，依照故意伤害罪、故意杀人罪定罪处罚。

6.依法从重惩治高空抛物犯罪。具有下列情形之一的，应当从重处罚，一般不得适用缓刑：

（1）多次实施的；

（2）经劝阻仍继续实施的；

（3）受过刑事处罚或者行政处罚后又实施的；

(4)在人员密集场所实施的;

(5)其他情节严重的情形。

7.准确认定高空坠物犯罪。过失导致物品从高空坠落,致人死亡、重伤,符合刑法第二百三十三条、第二百三十五条规定的,依照过失致人死亡罪、过失致人重伤罪定罪处罚。在生产、作业中违反有关安全管理规定,从高空坠落物品,发生重大伤亡事故或者造成其他严重后果的,依照刑法第一百三十四条第一款的规定,以重大责任事故罪定罪处罚。

三、坚持司法为民、公正司法,依法妥善审理高空抛物、坠物民事案件

8.加强高空抛物、坠物民事案件的审判工作。人民法院在处理高空抛物、坠物民事案件时,要充分认识此类案件中侵权行为给人民群众生命、健康、财产造成的严重损害,把维护人民群众合法权益放在首位。针对此类案件直接侵权人查找难、影响面广、处理难度大等特点,要创新审判方式,坚持多措并举,依法严惩高空抛物行为人,充分保护受害人。

9.做好诉讼服务与立案释明工作。人民法院对高空抛物、坠物案件,要坚持有案必立、有诉必理,为受害人线上线下立案提供方便。在受理从建筑物中抛掷物品、坠落物品造成他人损害的纠纷案件时,要向当事人释明尽量提供具体明确的侵权人,尽量限缩"可能加害的建筑物使用人"范围,减轻当事人诉累。对侵权人不明又不能依法追加其他责任人的,引导当事人通过多元化纠纷解决机制化解矛盾、补偿损失。

10.综合运用民事诉讼证据规则。人民法院在适用侵权责任法第八十七条裁判案件时,对能够证明自己不是侵权人的"可能加害的建筑物使用人",依法予以免责。要加大依职权调查取证力度,积极主动向物业服务企业、周边群众、技术专家等询问查证,加强与公安部门、基层组织等沟通协调,充分运用日常生活经验法则,最大限度查找确定直接侵权人并依法判决其承担侵权责任。

11.区分坠落物、抛掷物的不同法律适用规则。建筑物及其搁置物、悬挂物发生脱落、坠落造成他人损害的,所有人、管理人或者使用人不能证明自己没有过错的,人民法院应当适用侵权责任法第八十五条的规定,依法判决其承担侵权责任;有其他责任人的,所有人、管理人或者使用人赔偿后向其他责任人主张追偿权的,人民法院应予支持。从建筑物中抛掷物品造成他人损害的,应当尽量查明直接侵权人,并依法判决其承担侵权责任。

12.依法确定物业服务企业的责任。物业服务企业不履行或者不完全履行物业服务合同约定或者法律法规规定、相关行业规范确定的维修、养护、管理和维护义务，造成建筑物及其搁置物、悬挂物发生脱落、坠落致使他人损害的，人民法院依法判决其承担侵权责任。有其他责任人的，物业服务企业承担责任后，向其他责任人行使追偿权的，人民法院应予支持。物业服务企业隐匿、销毁、篡改或者拒不向人民法院提供相应证据，导致案件事实难以认定的，应当承担相应的不利后果。

13.完善相关的审判程序机制。人民法院在审理疑难复杂或社会影响较大的高空抛物、坠物民事案件时，要充分运用人民陪审员、合议庭、主审法官会议等机制，充分发挥院、庭长的监督职责。涉及侵权责任法第八十七条适用的，可以提交院审判委员会讨论决定。

四、注重多元化解，坚持多措并举，不断完善预防和调处高空抛物、坠物纠纷的工作机制

14.充分发挥多元解纷机制的作用。人民法院应当将高空抛物、坠物民事案件的处理纳入到建设一站式多元解纷机制的整体工作中，加强诉前、诉中调解工作，有效化解矛盾纠纷，努力实现法律效果与社会效果相统一。要根据每一个高空抛物、坠物案件的具体特点，带着对受害人的真挚感情，为当事人解难题、办实事，尽力做好调解工作，力促案结事了人和。

15.推动完善社会救助工作。要充分运用诉讼费缓减免和司法救助制度，依法及时对经济上确有困难的高空抛物、坠物案件受害人给予救济。通过案件裁判、规则指引积极引导当事人参加社会保险转移风险、分担损失。支持各级政府有关部门探索建立高空抛物事故社会救助基金或者进行试点工作，对受害人损害进行合理分担。

16.积极完善工作举措。要通过多种形式特别是人民群众喜闻乐见的方式加强法治宣传，持续强化以案释法工作，充分发挥司法裁判规范、指导、评价、引领社会价值的重要作用，大力弘扬社会主义核心价值观，形成良好社会风尚。要深入调研高空抛物、坠物案件的司法适用疑难问题，认真总结审判经验。对审理高空抛物、坠物案件中发现的新情况、新问题，及时层报最高人民法院。

14 关于清理规范城镇供水供电供气供暖行业收费促进行业高质量发展的意见

（国办函〔2020〕129号）

供水供电供气供暖等公用事业，是城镇经济运行和社会发展的重要保障，具有显著的基础性、先导性和自然垄断性，直接关系社会公众利益和人民群众生活质量。近年来，我国城镇公用设施建设不断加强，公用事业市场化积极推进，服务覆盖率和服务质量持续上升，但仍存在部分地区服务收费的项目偏多、标准偏高、行为不规范，部分企业服务意识不强、服务质量和效率不高等问题。清理规范城镇供水供电供气供暖等行业收费，完善价格形成机制，有利于促进企业提高生产经营效率和市场竞争力、进一步优化营商环境，有利于吸引社会资本进入、降低实体经济成本、减轻社会负担和提高人民群众满意度。为贯彻落实党中央、国务院决策部署，理清价费关系、完善价格机制、提升服务质量，现就清理规范城镇供水供电供气供暖行业收费、促进行业高质量发展，提出以下意见。

一、总体要求

（一）指导思想。

以习近平新时代中国特色社会主义思想为指导，全面贯彻党的十九大和十九届二中、三中、四中、五中全会精神，深化供水供电供气供暖行业市场化改革，区分网络型自然垄断环节和竞争性环节，明确属性定位，合理界定政府、企业、用户的权利义务，进一步深化公用事业领域“放管服”改革，加快推进竞争性环节的市场化，提升对网络型自然垄断环节价格监管的科学化、精细化、规范化水平，有效发挥价格机制激励约束作用，降低城镇经济社会运行基础成本，不断提高水电气暖等产品和服务供给的质量和效率，增强人民群众获得感。

（二）基本原则。

——坚持权责对等。科学界定政府、企业、用户的权责关系，实现主体明确、价费清晰、权责相符。按照“谁运营、谁负责”、“谁受益、谁付费”原则，明确投资、建设、运营、维护、使用、监管等主体责任，引导公用事业属性合理定位和成本合理分担。

——坚持清费顺价。坚决清理取消各种形式的不合理收费，提供产品和服务的合理成本主要通过价格得到补偿。对实行政府定价或政府指导价的项目，合理确定成本构成，加强成本监审，完善价格形成机制，科学确定价格水平。

——坚持标本兼治。着眼长远，着力当下，既要抓紧解决供水供电供气供暖行业收费方面存在的突出问题，又要持续深化行业管理体制、企业经营机制改革，强化制度建设，完善政府监管体系，建立健全促进行业健康发展的长效机制。

——坚持稳步推进。统筹考虑各地区经济社会发展水平和社会承受能力，妥善处理经济效益与社会公平、企业发展与民生保障、改革与稳定的关系，因地制宜、稳慎推进，采取综合有效措施保障供水供电供气供热企业正常生产经营。

（三）主要目标。

到2025年，清理规范供水供电供气供暖行业收费取得明显成效，科学、规范、透明的价格形成机制基本建立，政府投入机制进一步健全，相关行业定价办法、成本监审办法、价格行为和服务规范全面覆盖，水电气暖等产品和服务供给的质量和效率明显提高。

二、清理取消不合理收费

（一）供水环节收费。取消供水企业及其所属或委托的安装工程公司在用水报装工程验收接入环节向用户收取的接水费、增容费、报装费等类似名目开户费用，以及开关闸费、竣工核验费、竣工导线测量费、管线探测费、勾头费、水钻工程费、碰头费、出图费等类似名目工程费用。

（二）供电环节收费。取消供电企业及其所属或委托的安装工程公司在用电报装工程验收接入环节向用户收取的移表费、计量装置赔偿费、环境监测费、高压电缆介损试验费、高压电缆震荡波试验费、低压电缆试验费、低压计量检测费、互感器试验费、网络自动化费、配电室试验费、开闭站集资费、调试费等类似名目费用。

（三）供气环节收费。取消燃气企业应通过配气价格回收成本的收费项目，包括：涉及建筑区划红线外市政管网资产的增压费、增容费等类似名目费用；涉及市政管网至建筑区划红线连接的接驳费、开通费、接线费、切线费、吹扫费、放散费等建设及验收接入环节费用；涉及建筑区划红线内至燃气表的设施维修维护、到期表具更换等费用。取消与建筑区划红线内燃气工程安装不相关或已纳入工程安装成本的收费项目，包括开口费、开户费、接口费、接入费、入网费、清管费、通气费、点火费等类似名目费用。

（四）供暖环节收费。取消北方采暖地区城镇集中供热企业向用户收取的接口费、集中管网建设费、并网配套费等类似名目费用。建筑区划红线内属于用户资产的供热设施经验收合格依法依规移交供热企业管理的，相关维修维护等费用由供热企业承担，纳入企业经营成本，不得另行向用户收取。

（五）接入工程费用。在城镇规划建设用地范围内，供水供电供气供热企业的投资界面应延伸至用户建筑区划红线，除法律法规和相关政策另有规定外，不得由用户承担建筑区划红线外发生的任何费用。从用户建筑区划红线连接至公共管网发生的入网工程建设，由供水供电供气供热企业承担的部分，纳入企业经营成本；按规定由政府承担的部分，应及时拨款委托供水供电供气供热企业建设，或者由政府直接投资建设。

（六）其他各类收费。严禁政府部门、相关机构对供水供电供气供暖计量装置强制检定收费；供水供电供气供热企业或用户自愿委托相关机构对计量装置进行检定的，按照“谁委托、谁付费”原则，检定费用由委托方支付，但计量装置经检定确有问题的，由供水供电供气供热企业承担检定费用，并免费为用户更换合格的计量装置。严禁向用户收取水电气热计量装置费用。任何单位代收供水供电供气供暖费时，严禁向用户加收额外费用。建筑区划红线内供水供电供气供暖管网的建设安装、更新改造、维修维护等费用已由政府承担的，不得再向用户收取。新建商品房、保障性住房等建筑区划红线内供水供电供气供暖管线及配套设备设施的建设安装费用统一纳入房屋开发建设成本，不得另外向买受人收取；投入使用后，可依法依规移交给供水供电供气供热企业实行专业化运营管理，相关运行维护等费用纳入企业经营成本。

以上收费项目，没有合法有效政策依据的全部取消；地方政府采取特许经营协议等方式授权供水供电供气供热企业以入网费、集中管网建设费、并网配套费等名目收取专项建设费用补偿收入的，应结合理顺水电气暖价格、建立健全补贴机制逐步取消，具体取消时间由各地确定。

三、加快完善价格形成机制

（一）完善供水价格机制。城镇供水价格应纳入地方定价目录，实行政府定价或政府指导价。加快建立健全以“准许成本加合理收益”为基础，有利于激励提升供水质量、促进节约用水的价格机制。建筑区划红线内供水（含二次加压调蓄）设施依法依规移交给供水企业管理的，其运行维护、修理更新等费用计入供水成本。在严格成本监审的基础上，综合考虑企业生产经营及行业发展需要、社会承受能力、促进全社会节水等因素，合理制定并动态调整供水价格。

（二）完善电价机制。结合国家电力体制改革，逐步理顺输配电价结构，加快形成结构优化、水平合理的输配电价体系。平稳推进上网电价机制改革，有序放开各类电源上网电价，完善跨省跨区电力价格市场化形成机制。有序放开除居民、农业、重要公用事业和公益性服务以外的用电价格，逐步取消工商业目录电价。完善峰谷分时电价政策，健全差别电价机制。深入研究并逐步解决电价政策性交叉补贴问题。

（三）完善配气价格机制。城镇配气价格应纳入地方定价目录，实行政府定价或政府指导价。加快核定独立配气价格，由燃气企业投资建设的市政管网、市政管网至建筑区划红线外的管网，企业自用的储气设施，以及其他与配气业务相关的设备设施等，纳入配气价格有效资产。建筑区划红线内按法律法规规定由燃气企业承担运行维护的成本，以及燃气表后至燃具前由燃气企业为排除安全隐患而开展的上门服务、安全检查、设施修理、材料更换等服务成本，纳入企业经营成本。

（四）完善供暖价格机制。城镇集中供暖价格应纳入地方定价目录，实行政府定价或政府指导价。合理制定并动态调整热力销售价格，稳步推进计量收费改革，具备条件的地区逐步实行基本热价和计量热价相结合的两部制热价，暂不具备条件的地区按供热面积计收热费。热电联产的供热企业，应将成本在电、热之间合理分摊。

四、严格规范价格收费行为

（一）明确可保留的收费项目。供水供电供气供热企业设施产权分界点以后至用水用电用气用热器具前，为满足用户个性化需求所提供的延伸服务等，应明确服务项目、服务内容，允许收取合理费用，实行明码标价。对市场竞争不充分、仍具有垄断性的少数经营服务性收费，可依法实行政府定价或政府指导价。城镇老旧小区水电气暖改造工程费用，可通过政府补贴、企业自筹、用户出资等方式筹措，具体方式和费用分摊方案由各地区结合实际确定。

（二）规范政府定价行为。制定完善城镇供水供电供气供暖成本监审和定价办法，明确成本构成，细化职工薪酬、折旧费、损耗等约束性指标，合理制定价格。少数实行政府定价或政府指导价的工程安装收费，要合理确定利润率，偏高的要尽快降低。高可靠性供电收费政策，由各地区结合实际明确。对自备电厂系统备用费，各地区应参照当地大工业输配电价中的基本电价水平，并根据省级电网输配电价合理制定。对余热、余压、余气自备电厂，继续减免系统备用费。加强成本和价格信息公开，保障用户知情权。

（三）规范经营者收费行为。供水供电供气供热企业应抄表到户、服务到户，严格按照政府规定的销售价格向终端用户收取水电气暖费用。对供水供电供气供热企业暂未直抄到户的终端用户，任何单位或个人不得在水电气暖费用中加收其他费用，对具备表计条件的终端用户，应按照政府规定的销售价格执行；对不具备表计条件的终端用户，水电气暖费用应由终端用户公平分摊。物业公共部位、共用设施和配套设施的运行维护费用等，应通过物业费、租金或公共收益解决，不得以水电气暖费用为基数加收服务类费用。经营者要建立健全各项收费及费用分摊相关信息的公示制度，及时向终端用户公开。严禁以强制服务、捆绑收费等形式收取不合理费用。严禁供水供电供气供热企业实施垄断行为，对违反反垄断法、妨碍市场公平竞争、损害其他市场主体和消费者利益的，按照相关法律法规予以处罚。

五、提升服务水平

（一）健全行业管理制度和技术标准体系。有关行业主管部门要加快完善供水供电供气供暖等城市基础设施规划、工程设计、工程建设、工程验收、运行维护等制度规定，明确工程验收标准和程序，加强标准协调衔接，加快形成系统性技术标准体系。对于已有技术标准的，要进一步梳理完善，及时调整不合理规定；对于尚无技术标准的，要加快制定，尽快出台。

（二）加快完善行业服务质量体系。有关行业主管部门要按照深化“放管服”改革要求，制定完善供水供电供气供暖行业服务质量规范和评价体系。加强行业服务质量管理，通过采取行业服务质量评估、公开通报行业服务情况等方式，提升行业整体服务质量。

（三）不断提高企业服务水平。供水供电供气供热企业要增强服务意识，提高工作效率和服务水平，向用户提供安全、便捷、稳定、价格合理的产品和服务。制定简捷、标准化的服务办理流程，公开服务标准、资费标准等信息，严格落实承诺制度，接受社会监督。积极推进“一站式”办理和“互联网+”服务模式，推动申请报装、维修、过户、缴费、开具发票等“一窗受理、一网通办、一站办结”，进一步压缩办理时限，鼓励有条件的地区推动有关服务事项进驻政务服务大厅。

六、改善发展环境

（一）提升市政配套基础设施规划建设管理水平。坚持市政配套基础设施先规划后建设、先地下后地上，加强专项规划编制，统筹城镇基础设施规划、建设和管理，确保老城区与新城区及园区互联互通，地上与地下整体协调，避免条块分割、多头管理。储备土地应进行必要的前期开发建设，完善与地块相关的道路及供水供电供气供热等配套基础设施建设方案，落实工程建设资金，确保市政配套基础设施与建设项目同步使用。与储备土地直接相关的市政配套基础设施建设费用可按规定纳入土地开发支出，不得由供水供电供气供热企业负担。

（二）加快放开经营服务市场。深化供水供电供气供暖行业体制机制改革，进一步放开市场准入限制，推动向规模化、集约化、跨地区经营方向发展，促进行业提质增效。支持通过政府和社会资本合作（PPP）、混合经营等方式，引导社会资本有序进入，增加市场供给。创新项目投资运营管理方式，实行投资、建设、运营和监管分开，促进设计施工、工程验收、运行维护等环节公平竞争。鼓励推进企业主营业务和工程设计施工业务分离，同步加强工程设计审查、施工监理、竣工验收等工作，确保工程质量。

（三）完善相关法律法规制度。鼓励各地区不断总结实践经验，根据国家有关法律法规，建立健全地方性法规，合理界定政府、企业、用户的权利义务。尤其对建筑区划红线内外的工程，要分清管网设施设备产权和运行维护、抢修、更新改造的责任，明晰管理边界，确保主体明确、权责相符。

七、切实抓好政策落实

（一）加强组织领导。各地区各部门要充分认识清理规范供水供电供气供暖行业收费的重要意义，切实提高政治站位，统一思想，强化责任担当。各地方人民政府要明确部门任务分工，建立联合工作机制，逐项细化分解工作任务；落实主体责任，取消收费项目后属于公共服务范围的，应通过财政补贴、价格补偿等方式保障公共服务供给。

（二）稳妥推进实施。各地区要结合实际制定出台具体实施方案，深化细化实化改革措施，兼顾各方利益，充分评估可能出现的风险，制定应对预案，稳妥把握节奏和力度，合理设置过渡期，确保不影响正常生产生活。特别是对需要理顺价格的，要精心选择合适时机，对低收入群体予以重点关注，加大财政投入力度，做好兜底保障工作，确保平稳落地。对采取特许经营等方式的供水供电供气供暖企业，要合理制定相关收费标准，明确政府付费和使用者付费的界限，妥善处理好价格补偿和政府补贴的关系，保障项目正常运营。

（三）强化监督检查。供水供电供气供热企业要按照“规范化、标准化、便民化”要求，全面梳理自查现行收费项目和标准，取消不合理收费项目，纠正强制性收费，降低偏高收费标准。市场监管部门要加强对供水供电供气供暖工程安装、维护维修领域的价格监管和反垄断执法，着力查处不执行政府定价或政府指导价、收取不合理费用以及达成实施垄断协议、滥用市场支配地位和滥用行政权力排除限制竞争等违法违规行为。对违法违规典型案例，要及时向社会公开曝光，发挥警示作用。

（四）加强宣传引导。各地区各部门要通过多种渠道、多种方式广泛宣传清理规范供水供电供气供暖行业收费、促进行业高质量发展的重要意义和典型经验做法，加强政策解读，及时回应社会关切，营造良好舆论氛围。

本意见自2021年3月1日起施行。

15 国家发展改革委关于放开部分服务价格意见的通知

（2014年12月17日　发改价格〔2014〕2755号）

司法部、财政部、住房城乡建设部、国家税务总局，各省、自治区、直辖市发展改革委、物价局：

为贯彻落实党的十八届三中全会精神，按照国务院常务会议部署，使市场在资源配置中起决定性作用，促进相关服务行业发展，现就放开部分地方实行定价管理的服务价格的意见通知如下：

一、对已具备竞争条件的以下7项服务价格，请各省、自治区、直辖市价格主管部门抓紧履行相关程序，放开价格。

（一）会计师事务所服务。会计师事务所提供的审计服务收费，即：审查企业会计报表并出具审计报告、验证企业资本并出具验资报告、办理企业合并、分立、清算事宜中的审计服务并出具有关报告等服务收费。

（二）资产评估服务。资产评估机构提供的法定资产评估收费，即：按法律法规和国家有关规定要求实施的资产评估服务收费。

（三）税务师事务所服务。税务师事务所提供的涉税鉴证服务收费，即：企业所得税汇算清缴纳税申报鉴证、企业财产损失所得税前扣除鉴证、企业所得税税前弥补亏损鉴证、土地增值税清算鉴证的服务收费。

（四）律师服务（刑事案件辩护和部分民事诉讼、行政诉讼、国家赔偿案件代理除外）。除律师事务所和基层法律服务机构（包括乡镇、街道法律服务所）提供的下列律师服务收费实行政府指导价外，其他律师服务收费实行市场调节价。1.担任刑事案件犯罪嫌疑人、被告人的辩护人以及刑事案件自诉人、被害人的代理人；2.担任公民请求支付劳动报酬、工伤赔偿，请求给付赡养费、抚养费、扶养费，请求发给抚恤金、救济金，请求给予社会保险待遇或最低生活保障待遇的民事诉讼、行政诉讼的代理人，以及担任涉及安全事故、环境污染、征地拆迁赔偿（补偿）等公共利益的群体性诉讼案件代理人；3.担任公民请求国家赔偿案件的代理人。

（五）房地产经纪服务。房地产经纪人接受委托，进行居间代理服务收取的佣金。

（六）非保障性住房物业服务。物业服务企业接受业主的委托，按照物业服务合同约定，对非保障性住房及配套的设施设备和相关场地进行维修、养护和管理，维护物业管理区域内的环境卫生和相关秩序的活动等向业主收取的费用。保障性住房、房改房、老旧住宅小区和前期物业管理服务收费，由各省级价格主管部门会同住房城乡建设行政主管部门根据实际情况决定实行政府指导价。放开保障性住房物业服务收费实行市场调节价的，应考虑保障对象的经济承受能力，同时建立补贴机制。

（七）住宅小区停车服务。物业服务企业或停车服务企业接受业主的委托，按照停车服务合同约定，向住宅小区业主或使用人提供停车场地、设施以及停车秩序管理服务所收取的费用。

二、各省、自治区、直辖市在放开上述7项服务价格时，应要求各经营者严格遵守《价格法》等法律法规，合法经营，为消费者等提供质量合格、价格合理的服务；严格落实明码标价制度，在经营场所醒目位置公示价目表和投诉举报电话等信息；不得利用优势地位，强制服务、强制收费，或只收费不服务、少服务多收费；不得在标价之外收取任何未予标明的费用。

三、各有关行业主管部门要按照本通知要求，加强对本行业相关经营主体服务行为监管。要建立健全服务标准规范，完善行业准入和退出机制，为市场主体创造公开、公平的市场环境，引导行业健康发展。要严格遵守《反垄断法》等法律法规，不得以任何理由限制服务、指定服务，或截留定价权。

四、各级价格主管部门要按照本通知要求，结合修订地方定价目录，清理废止本地区制定出台的相关服务价格文件，尽快放开相关服务价格，并做好政策宣传解释工作。要依法加强对有关服务市场价格行为的监管，坚决依法查处串通涨价、价格欺诈等不正当价格行为，维护正常市场价格秩序，保持价格水平基本稳定，保障市场主体合法权益。

16 住房和城乡建设部等部门关于加强和改进住宅物业管理工作的通知

（建房规〔2020〕10号）

各省、自治区、直辖市、新疆生产建设兵团住房和城乡建设厅（委、管委、局）、党委政法委、文明办、发展改革委、公安厅（局）、财政厅（局）、人力资源社会保障厅（局）、应急厅（局）、市场监管局（厅、委），各银保监局：

居住社区（住宅小区）是居民生活的主要空间，是基层社会治理的重要内容。住宅物业管理事关群众生活品质，事关城市安全运行和社会稳定。为深入贯彻党的十九大和十九届四中、五中全会精神，全面落实《中华人民共和国民法典》、《中共中央国务院关于加强和完善城乡社区治理的意见》和《中共中央办公厅印发〈关于加强和改进城市基层党的建设工作的意见〉的通知》有关要求，加快发展物业服务业，推动物业服务向高品质和多样化升级，满足人民群众不断增长的美好居住生活需要，现就加强和改进住宅物业管理工作通知如下。

一、融入基层社会治理体系

（一）坚持和加强党对物业管理工作的领导。推动业主委员会、物业服务企业成立党组织。建立党建引领下的社区居民委员会、业主委员会、物业服务企业协调运行机制，充分调动居民参与积极性，形成社区治理合力。推动业主委员会成员和物业项目负责人中的党员担任社区党组织兼职委员，符合条件的社区“两委”成员通过法定程序兼任业主委员会成员。鼓励流动党员、退休人员中的党员将组织关系转入社区党组织，推动市、区两级机关和企事业单位党组织、在职党员主动参与社区治理，有效服务群众。

（二）落实街道属地管理责任。街道要建立健全居住社区综合治理工作制度，明确工作目标，及时研究解决住宅物业管理重点和难点问题。鼓励街道建立物业管理工作机制，指导监督辖区内物业管理活动，积极推动业主设立业主大会、选举业主委员会，办理业主委员会备案，并依法依规监督业主委员会和物业服务企业履行职责。指导开展物业承接查验并公开结果，监督物业项目有序交接。突发公共事件应对期间，街道指导物业服务企业开展应对工作，并给予物资和资金支持。委托物业服务企业承担公共服务事项的，应当向物业服务企业支付相应费用。

（三）推动城市管理服务下沉。推动城市管理服务向居住社区延伸，依托城市综合管理服务平台，建立群众反映问题的受理处置机制。明确部门和单位职责清单，压实工作责任，及时查处物业服务区域内违章搭建、毁绿占绿、任意弃置垃圾、违反规定饲养动物、电动自行车违规停放充电、占用堵塞公共和消防通道等违法违规行为。依法明确供水、排水、供电、供气、供热、通信、有线电视等专业运营单位服务到最终用户，落实专业运营单位对物业服务区域内相关设施设备的维修、养护和更新责任。

（四）构建共建共治共享格局。街道要发挥居民的主体作用，调动社区社会组织、社会工作服务机构、社区志愿者、驻区单位的积极性，共同参与居住社区治理，构建共建共治共享的基层社会治理体系，实现决策共谋、发展共建、建设共管、效果共评、成果共享。畅通居民投诉渠道，健全12345热线投诉转办机制，提高投诉处置效能。加强物业管理调解组织建设，发挥基层综治中心和网格员作用，积极促进物业管理矛盾纠纷就地化解。

二、健全业主委员会治理结构

（五）优化业主委员会人员配置。街道负责指导成立业主大会筹备组、业主委员会换届改选小组，加强对业主委员会的人选推荐和审核把关。鼓励“两代表一委员”参选业主委员会成员，提高业主委员会成员中党员比例。探索建立业主委员会成员履职负面清单，出现负面清单情形的，暂停该成员履行职责，提请业主大会终止成员资格并公告全体业主。市、县住房和城乡建设部门、街道要加强业主委员会成员法律法规和业务培训，提高业主委员会成员依法依规履职能力。

（六）充分发挥业主委员会作用。业主大会可根据法律法规规定，通过议事规则和管理规约约定，授权业主委员会行使一定额度内业主共有部分经营收益支出、住宅专项维修资金（以下简称维修资金）使用决策权力。业主委员会应当督促业主遵守法律法规、议事规则、管理规约和业主大会决议，对业主违规违约行为进行劝阻。对多次催交仍拖欠物业费的业主，可根据管理规约规定的相应措施进行催交。探索将恶意拖欠物业费的行为纳入个人信用记录。

（七）规范业主委员会运行。业主委员会应当定期召开会议，在决定物业管理有关事项前，应公开征求业主意见，并报告社区党组织和居民委员会。业主大会可授权业主委员会聘请专职工作人员承担日常事务，明确工作职责和薪酬标准。探索建立业主委员会换届审计制度。

（八）加强对业主委员会监督。业主委员会每年向业主公布业主共有部分经营与收益、维修资金使用、经费开支等信息，保障业主的知情权和监督权。业主委员会作出违反法律法规和议事规则、管理规约的决定，街道应当责令限期整改，拒不整改的依法依规撤销其决定，并公告业主。业主委员会不依法履行职责，严重损害业主权益的，街道指导业主大会召开临时会议，重新选举业主委员会。加大对业主委员会成员违法违规行为查处力度，涉嫌犯罪的移交司法机关处理。

三、提升物业管理服务水平

（九）扩大物业管理覆盖范围。街道要及时积极推动业主设立业主大会，选举业主委员会，选聘物业服务企业，实行专业化物业管理。暂不具备设立业主大会条件的，探索组建由社区居民委员会、业主代表等参加的物业管理委员会，临时代替业主委员会开展工作。结合城镇老旧小区改造，引导居民协商确定老旧小区的管理模式，推动建立物业管理长效机制。鼓励物业服务企业统一管理在管项目周边老旧小区。暂不具备专业化物业管理条件的，由街道通过社区居民委员会托管、社会组织代管或居民自管等方式，逐步实现物业管理全覆盖。

（十）提升物业服务质量。全面落实物业服务企业服务质量主体责任。物业服务企业要健全服务质量保障体系，建立服务投诉快速处理机制，加强人员车辆管理，定期巡检和养护共用部位、共用设施设备，采取合理措施保护业主的人身、财产安全，做好绿化养护，协助规范垃圾投放并及时清扫清运，改善居住环境，提升居住品质，打造优秀物业服务项目。发挥物业行业协会作用，编制物业服务标准，规范从业人员行为。支持物业服务企业兼并重组，推动物业服务规模化、品牌化经营，提升整体服务水平。

（十一）完善物业服务价格形成机制。物业服务价格主要通过市场竞争形成，由业主与物业服务企业在物业服务合同中约定服务价格，可根据服务标准和物价指数等因素动态调整。提倡酬金制计费方式。城市住房和城乡建设部门要公布物业服务清单，明确物业服务内容和标准。物业行业协会要监测并定期公布物业服务成本信息和计价规则，供业主和物业服务企业协商物业费时参考。引导业主与物业服务企业通过合同约定物业服务价格调整方式。物业服务价格实行政府指导价的，由有定价权限的价格部门、住房和城乡建设部门制定并公布基准价及其浮动幅度，建立动态调整机制。

（十二）提升物业服务行业人员素质。推动物业服务人员职业技能等级认定工作。开展职业技能培训和竞赛，提高从业人员整体素质和技能水平。引导物业服务企业健全薪酬制度和员工激励制度，引入高技能人才和专业技术人才。物业服务企业在保障安全、业主共同决策同意的前提下，可利用闲置房屋用于员工住宿。符合条件的员工优先纳入住房保障范围。组织开展最美物业人宣传选树活动，增强从业人员荣誉感和归属感。

四、推动发展生活服务业

（十三）加强智慧物业管理服务能力建设。鼓励物业服务企业运用物联网、云计算、大数据、区块链和人工智能等技术，建设智慧物业管理服务平台，提升物业智慧管理服务水平。采集房屋、设施设备、业主委员会、物业服务企业等数据，共享城市管理数据，汇集购物、家政、养老等生活服务数据，确保数据不泄露、不滥用。依法依规与相关部门实现数据共享应用。

（十四）提升设施设备智能化管理水平。鼓励物业服务企业以智慧物业管理服务平台为支撑，通过在电梯、消防、给排水等重要设施设备布设传感器，实现数据实时采集。建立事件部件处置权责清单，明确处置业务流程和规范，实现智慧预警、智慧研判、智慧派单、智慧监督。

（十五）促进线上线下服务融合发展。鼓励有条件的物业服务企业向养老、托幼、家政、文化、健康、房屋经纪、快递收发等领域延伸，探索“物业服务+生活服务”模式，满足居民多样化多层次居住生活需求。引导物业服务企业通过智慧物业管理服务平台，提供定制化产品和个性化服务，实现一键预约、服务上门。物业服务企业开展养老、家政等生活性服务业务，可依规申请相应优惠扶持政策。

五、规范维修资金使用和管理

（十六）提高维修资金使用效率。优化维修资金使用流程，简化申请材料，缩短审核时限。建立紧急维修事项清单，符合清单内容的，业主委员会可直接申请使用维修资金，尚未产生业主委员会的，由街道组织代为维修，并从维修资金中列支相关费用。因供水、排水、消防、电梯等紧急事项使用维修资金的，维修工程竣工后，应当公开维修资金使用数额。探索维修资金购买电梯安全责任保险。

（十七）健全维修资金管理制度。提高维修资金管理机构专业化、规范化管理水平。采用公开招标方式，综合存款利率、资产规模和服务效能等因素，择优确定专户管理银行，控制专户管理银行数量。探索委托专业机构运营维修资金，提高资金收益水平，并将收益分配给业主。加快维修资金管理信息系统建设，方便业主实时查询。每年披露资金管理和使用情况，接受社会监督。加强维修资金监管，严肃查处侵占挪用资金等违法违规行为。

（十八）加大维修资金归集力度。推动新建商品房在办理网签备案时，由建设单位代为足额缴纳维修资金。加大对建设单位、物业服务企业代收维修资金的清缴力度。业主共有部分经营收益应当主要用于补充维修资金。逐步实行商品房与已售公房维修资金并轨管理。

六、强化物业服务监督管理

（十九）建立服务信息公开公示制度。物业服务企业应当在街道指导监督下，在物业服务区域显著位置设立物业服务信息监督公示栏，如实公布并及时更新物业项目负责人的基本情况、联系方式以及物业服务投诉电话、物业服务内容和标准、收费项目和标准、电梯和消防等设施设备维保单位和联系方式、车位车库使用情况、公共水电费分摊情况、物业费和业主共有部分经营收益收支情况、电梯维护保养支出情况等信息，可同时通过网络等方式告知业主公示内容。物业服务企业开展家政、养老等服务业务也应对外公示，按双方约定价格收取服务费用。物业服务企业不得收取公示收费项目以外的费用。

（二十）建立物业服务企业信用管理制度。建立物业服务信用评价制度，制定统一的信用评价标准，建设全国信用信息管理平台。根据合同履行、投诉处理、日常检查和街道意见等情况，采集相关信用信息，实施信用综合评价，依法依规公开企业信用记录和评价结果。依据企业信用状况，由城市住房和城乡建设部门授予信用星级标识，实行信用分级分类监管，强化信用信息在前期物业管理招标投标、业主大会选聘物业服务企业、政府采购等方面的应用。

（二十一）优化市场竞争环境。加强物业服务企业登记注册信息部门共享，探索建立健全物业服务合同备案、项目负责人备案制度。完善物业管理招标投标制度，加强招标投标代理机构、评标专家和招标投标活动监管。引导业主委员会通过公开招标方式选聘物业服务企业。住房和城乡建设部门在征求街道意见的基础上，建立物业服务企业红黑名单制度，推动形成优胜劣汰的市场环境。对严重违法违规、情节恶劣的物业服务企业和直接责任人员，依法清出市场。

各地区各部门要坚持以人民为中心的发展思想，把加强和改进住宅物业管理作为保障和改善民生、创新基层社会治理的重要举措，切实加强组织领导，优化机构设置，配齐专业人员，加强舆论宣传，落实工作责任，研究制定出台配套政策措施，确保本通知确定的各项任务落到实处。住房和城乡建设部将会同相关部门对贯彻落实情况进行评估，总结各地经验，及时完善住宅物业管理有关制度。

住房和城乡建设部　中央政法委　中央文明办　发展改革委　公安部
财政部　人力资源社会保障部　应急部　市场监管总局　银保监会
2020年12月25日

17 高层民用建筑消防安全管理规定

（2020年12月28日应急管理部第39次部务会议审议通过
2021年6月21日应急管理部令第5号公布　自2021年8月1日起施行）

第一章　总　　则

第一条　为了加强高层民用建筑消防安全管理，预防火灾和减少火灾危害，根据《中华人民共和国消防法》等法律、行政法规和国务院有关规定，制定本规定。

第二条　本规定适用于已经建成且依法投入使用的高层民用建筑（包括高层住宅建筑和高层公共建筑）的消防安全管理。

第三条　高层民用建筑消防安全管理贯彻预防为主、防消结合的方针，实行消防安全责任制。

建筑高度超过100米的高层民用建筑应当实行更加严格的消防安全管理。

第二章　消防安全职责

第四条　高层民用建筑的业主、使用人是高层民用建筑消防安全责任主体，对高层民用建筑的消防安全负责。高层民用建筑的业主、使用人是单位的，其法定代表人或者主要负责人是本单位的消防安全责任人。

高层民用建筑的业主、使用人可以委托物业服务企业或者消防技术服务机构等专业服务单位(以下统称消防服务单位)提供消防安全服务,并应当在服务合同中约定消防安全服务的具体内容。

第五条 同一高层民用建筑有两个及以上业主、使用人的,各业主、使用人对其专有部分的消防安全负责,对共有部分的消防安全共同负责。

同一高层民用建筑有两个及以上业主、使用人的,应当共同委托物业服务企业,或者明确一个业主、使用人作为统一管理人,对共有部分的消防安全实行统一管理,协调、指导业主、使用人共同做好整栋建筑的消防安全工作,并通过书面形式约定各方消防安全责任。

第六条 高层民用建筑以承包、租赁或者委托经营、管理等形式交由承包人、承租人、经营管理人使用的,当事人在订立承包、租赁、委托管理等合同时,应当明确各方消防安全责任。委托方、出租方依照法律规定,可以对承包方、承租方、受托方的消防安全工作统一协调、管理。

实行承包、租赁或者委托经营、管理时,业主应当提供符合消防安全要求的建筑物,督促使用人加强消防安全管理。

第七条 高层公共建筑的业主单位、使用单位应当履行下列消防安全职责:

(一)遵守消防法律法规,建立和落实消防安全管理制度;

(二)明确消防安全管理机构或者消防安全管理人员;

(三)组织开展防火巡查、检查,及时消除火灾隐患;

(四)确保疏散通道、安全出口、消防车通道畅通;

(五)对建筑消防设施、器材定期进行检验、维修,确保完好有效;

(六)组织消防宣传教育培训,制定灭火和应急疏散预案,定期组织消防演练;

(七)按照规定建立专职消防队、志愿消防队(微型消防站)等消防组织;

(八)法律、法规规定的其他消防安全职责。

委托物业服务企业,或者明确统一管理人实施消防安全管理的,物业服务企业或者统一管理人应当按照约定履行前款规定的消防安全职责,业主单位、使用单位应当督促并配合物业服务企业或者统一管理人做好消防安全工作。

第八条 高层公共建筑的业主、使用人、物业服务企业或者统一管理人应当明确专人担任消防安全管理人,负责整栋建筑的消防安全管理工作,并在建筑显著位置公示其姓名、联系方式和消防安全管理职责。

高层公共建筑的消防安全管理人应当履行下列消防安全管理职责：

（一）拟订年度消防工作计划，组织实施日常消防安全管理工作；

（二）组织开展防火检查、巡查和火灾隐患整改工作；

（三）组织实施对建筑共用消防设施设备的维护保养；

（四）管理专职消防队、志愿消防队（微型消防站）等消防组织；

（五）组织开展消防安全的宣传教育和培训；

（六）组织编制灭火和应急疏散综合预案并开展演练。

高层公共建筑的消防安全管理人应当具备与其职责相适应的消防安全知识和管理能力。对建筑高度超过100米的高层公共建筑，鼓励有关单位聘用相应级别的注册消防工程师或者相关工程类中级及以上专业技术职务的人员担任消防安全管理人。

第九条 高层住宅建筑的业主、使用人应当履行下列消防安全义务：

（一）遵守住宅小区防火安全公约和管理规约约定的消防安全事项；

（二）按照不动产权属证书载明的用途使用建筑；

（三）配合消防服务单位做好消防安全工作；

（四）按照法律规定承担消防服务费用以及建筑消防设施维修、更新和改造的相关费用；

（五）维护消防安全，保护消防设施，预防火灾，报告火警，成年人参加有组织的灭火工作；

（六）法律、法规规定的其他消防安全义务。

第十条 接受委托的高层住宅建筑的物业服务企业应当依法履行下列消防安全职责：

（一）落实消防安全责任，制定消防安全制度，拟订年度消防安全工作计划和组织保障方案；

（二）明确具体部门或者人员负责消防安全管理工作；

（三）对管理区域内的共用消防设施、器材和消防标志定期进行检测、维护保养，确保完好有效；

（四）组织开展防火巡查、检查，及时消除火灾隐患；

（五）保障疏散通道、安全出口、消防车通道畅通，对占用、堵塞、封闭疏散通道、安全出口、消防车通道等违规行为予以制止；制止无效的，及时报告消防救援机构等有关行政管理部门依法处理；

（六）督促业主、使用人履行消防安全义务；

（七）定期向所在住宅小区业主委员会和业主、使用人通报消防安全情况，提示消防安全风险；

（八）组织开展经常性的消防宣传教育；

（九）制定灭火和应急疏散预案，并定期组织演练；

（十）法律、法规规定和合同约定的其他消防安全职责。

第十一条 消防救援机构和其他负责消防监督检查的机构依法对高层民用建筑进行消防监督检查，督促业主、使用人、受委托的消防服务单位等落实消防安全责任；对监督检查中发现的火灾隐患，通知有关单位或者个人立即采取措施消除隐患。

消防救援机构应当加强高层民用建筑消防安全法律、法规的宣传，督促、指导有关单位做好高层民用建筑消防安全宣传教育工作。

第十二条 村民委员会、居民委员会应当依法组织制定防火安全公约，对高层民用建筑进行防火安全检查，协助人民政府和有关部门加强消防宣传教育；对老年人、未成年人、残疾人等开展有针对性的消防宣传教育，加强消防安全帮扶。

第十三条 供水、供电、供气、供热、通信、有线电视等专业运营单位依法对高层民用建筑内由其管理的设施设备消防安全负责，并定期进行检查和维护。

第三章 消防安全管理

第十四条 高层民用建筑施工期间，建设单位应当与施工单位明确施工现场的消防安全责任。施工期间应当严格落实现场防范措施，配置消防器材，指定专人监护，采取防火分隔措施，不得影响其他区域的人员安全疏散和建筑消防设施的正常使用。

高层民用建筑的业主、使用人不得擅自变更建筑使用功能、改变防火防烟分区，不得违反消防技术标准使用易燃、可燃装修装饰材料。

第十五条 高层民用建筑的业主、使用人或者物业服务企业、统一管理人应当对动用明火作业实行严格的消防安全管理，不得在具有火灾、爆炸危险的场所使用明火；因施工等特殊情况需要进行电焊、气焊等明火作业的，应当按照规定办理动火审批手续，落实现场监护人，配备消防器材，并在建筑主入口和作业现场显著位置公告。作业人员应当依法持证上岗，严格遵守消防安全规定，清除周围及下方的易燃、可燃物，采取防火隔离措施。作业完毕后，应当进行全面检查，消除遗留火种。

高层公共建筑内的商场、公共娱乐场所不得在营业期间动火施工。

高层公共建筑内应当确定禁火禁烟区域，并设置明显标志。

第十六条 高层民用建筑内电器设备的安装使用及其线路敷设、维护保养和检测应当符合消防技术标准及管理规定。

高层民用建筑业主、使用人或者消防服务单位，应当安排专业机构或者电工定期对管理区域内由其管理的电器设备及线路进行检查；对不符合安全要求的，应当及时维修、更换。

第十七条 高层民用建筑内燃气用具的安装使用及其管路敷设、维护保养和检测应当符合消防技术标准及管理规定。禁止违反燃气安全使用规定，擅自安装、改装、拆除燃气设备和用具。

高层民用建筑使用燃气应当采用管道供气方式。禁止在高层民用建筑地下部分使用液化石油气。

第十八条 禁止在高层民用建筑内违反国家规定生产、储存、经营甲、乙类火灾危险性物品。

第十九条 设有建筑外墙外保温系统的高层民用建筑，其管理单位应当在主入口及周边相关显著位置，设置提示性和警示性标识，标示外墙外保温材料的燃烧性能、防火要求。对高层民用建筑外墙外保温系统破损、开裂和脱落的，应当及时修复。高层民用建筑在进行外墙外保温系统施工时，建设单位应当采取必要的防火隔离以及限制住人和使用的措施，确保建筑内人员安全。

禁止使用易燃、可燃材料作为高层民用建筑外墙外保温材料。禁止在其建筑内及周边禁放区域燃放烟花爆竹；禁止在其外墙周围堆放可燃物。对于使用难燃外墙外保温材料或者采用与基层墙体、装饰层之间有空腔的建筑外墙外保温系统的高层民用建筑，禁止在其外墙动火用电。

第二十条 高层民用建筑的电缆井、管道井等竖向管井和电缆桥架应当在每层楼板处进行防火封堵，管井检查门应当采用防火门。

禁止占用电缆井、管道井，或者在电缆井、管道井等竖向管井堆放杂物。

第二十一条 高层民用建筑的户外广告牌、外装饰不得采用易燃、可燃材料，不得妨碍防烟排烟、逃生和灭火救援，不得改变或者破坏建筑立面防火结构。

禁止在高层民用建筑外窗设置影响逃生和灭火救援的障碍物。

建筑高度超过50米的高层民用建筑外墙上设置的装饰、广告牌应当采用不燃材料并易于破拆。

第二十二条 禁止在消防车通道、消防车登高操作场地设置构筑物、停车泊位、固定隔离桩等障碍物。

禁止在消防车通道上方、登高操作面设置妨碍消防车作业的架空管线、广告牌、装饰物等障碍物。

第二十三条 高层公共建筑内餐饮场所的经营单位应当及时对厨房灶具和排油烟罩设施进行清洗，排油烟管道每季度至少进行一次检查、清洗。

高层住宅建筑的公共排油烟管道应当定期检查，并采取防火措施。

第二十四条 除为满足高层民用建筑的使用功能所设置的自用物品暂存库房、档案室和资料室等附属库房外，禁止在高层民用建筑内设置其他库房。

高层民用建筑的附属库房应当采取相应的防火分隔措施，严格遵守有关消防安全管理规定。

第二十五条 高层民用建筑内的锅炉房、变配电室、空调机房、自备发电机房、储油间、消防水泵房、消防水箱间、防排烟风机房等设备用房应当按照消防技术标准设置，确定为消防安全重点部位，设置明显的防火标志，实行严格管理，并不得占用和堆放杂物。

第二十六条 高层民用建筑消防控制室应当由其管理单位实行24小时值班制度，每班不应少于2名值班人员。

消防控制室值班操作人员应当依法取得相应等级的消防行业特有工种职业资格证书，熟练掌握火警处置程序和要求，按照有关规定检查自动消防设施、联动控制设备运行情况，确保其处于正常工作状态。

消防控制室内应当保存高层民用建筑总平面布局图、平面布置图和消防设施系统图及控制逻辑关系说明、建筑消防设施维修保养记录和检测报告等资料。

第二十七条 高层公共建筑内有关单位、高层住宅建筑所在社区居民委员会或者物业服务企业按照规定建立的专职消防队、志愿消防队（微型消防站）等消防组织，应当配备必要的人员、场所和器材、装备，定期进行消防技能培训和演练，开展防火巡查、消防宣传，及时处置、扑救初起火灾。

第二十八条 高层民用建筑的疏散通道、安全出口应当保持畅通，禁止堆放物品、锁闭出口、设置障碍物。平时需要控制人员出入或者设有门禁系统的疏散门，应当保证发生火灾时易于开启，并在现场显著位置设置醒目的提示和使用标识。

高层民用建筑的常闭式防火门应当保持常闭，闭门器、顺序器等部件应当完好有效；常开式防火门应当保证发生火灾时自动关闭并反馈信号。

禁止圈占、遮挡消火栓，禁止在消火栓箱内堆放杂物，禁止在防火卷帘下堆放物品。

第二十九条 高层民用建筑内应当在显著位置设置标识，指示避难层（间）的位置。

禁止占用高层民用建筑避难层（间）和避难走道或者堆放杂物，禁止锁闭避难层（间）和避难走道出入口。

第三十条 高层公共建筑的业主、使用人应当按照国家标准、行业标准配备灭火器材以及自救呼吸器、逃生缓降器、逃生绳等逃生疏散设施器材。

高层住宅建筑应当在公共区域的显著位置摆放灭火器材，有条件的配置自救呼吸器、逃生绳、救援哨、疏散用手电筒等逃生疏散设施器材。

鼓励高层住宅建筑的居民家庭制定火灾疏散逃生计划，并配置必要的灭火和逃生疏散器材。

第三十一条 高层民用建筑的消防车通道、消防车登高操作场地、灭火救援窗、灭火救援破拆口、消防车取水口、室外消火栓、消防水泵接合器、常闭式防火门等应当设置明显的提示性、警示性标识。消防车通道、消防车登高操作场地、防火卷帘下方还应当在地面标识出禁止占用的区域范围。消火栓箱、灭火器箱上应当张贴使用方法的标识。

高层民用建筑的消防设施配电柜电源开关、消防设备用房内管道阀门等应当标识开、关状态；对需要保持常开或者常闭状态的阀门，应当采取铅封等限位措施。

第三十二条 不具备自主维护保养检测能力的高层民用建筑业主、使用人或者物业服务企业应当聘请具备从业条件的消防技术服务机构或者消防设施施工安装企业对建筑消防设施进行维护保养和检测；存在故障、缺损的，应当立即组织维修、更换，确保完好有效。

因维修等需要停用建筑消防设施的，高层民用建筑的管理单位应当严格履行内部审批手续，制定应急方案，落实防范措施，并在建筑入口处等显著位置公告。

第三十三条 高层公共建筑消防设施的维修、更新、改造的费用，由业主、使用人按照有关法律规定承担，共有部分按照专有部分建筑面积所占比例承担。

高层住宅建筑的消防设施日常运行、维护和维修、更新、改造费用，由业主依照法律规定承担；委托消防服务单位的，消防设施的日常运行、维护和检测费用应当纳入物业服务或者消防技术服务专项费用。共用消防设施的维修、更新、改造费用，可以依法从住宅专项维修资金列支。

第三十四条 高层民用建筑应当进行每日防火巡查，并填写巡查记录。其中，高层公共建筑内公众聚集场所在营业期间应当至少每2小时进行一次防火巡查，医院、养老院、寄宿制学校、幼儿园应当进行白天和夜间防火巡查，高层住宅建筑和高层公共建筑内的其他场所可以结合实际确定防火巡查的频次。

防火巡查应当包括下列内容：

（一）用火、用电、用气有无违章情况；

（二）安全出口、疏散通道、消防车通道畅通情况；

（三）消防设施、器材完好情况，常闭式防火门关闭情况；

（四）消防安全重点部位人员在岗在位等情况。

第三十五条 高层住宅建筑应当每月至少开展一次防火检查，高层公共建筑应当每半个月至少开展一次防火检查，并填写检查记录。

防火检查应当包括下列内容：

（一）安全出口和疏散设施情况；

（二）消防车通道、消防车登高操作场地和消防水源情况；

（三）灭火器材配置及有效情况；

（四）用火、用电、用气和危险品管理制度落实情况；

（五）消防控制室值班和消防设施运行情况；

（六）人员教育培训情况；

（七）重点部位管理情况；

（八）火灾隐患整改以及防范措施的落实等情况。

第三十六条 对防火巡查、检查发现的火灾隐患，高层民用建筑的业主、使用人、受委托的消防服务单位，应当立即采取措施予以整改。

对不能当场改正的火灾隐患，应当明确整改责任、期限，落实整改措施，整改期间应当采取临时防范措施，确保消防安全；必要时，应当暂时停止使用危险部位。

第三十七条 禁止在高层民用建筑公共门厅、疏散走道、楼梯间、安全出口停放电动自行车或者为电动自行车充电。

鼓励在高层住宅小区内设置电动自行车集中存放和充电的场所。电动自行车存放、充电场所应当独立设置，并与高层民用建筑保持安全距离；确需设置在高层民用建筑内的，应当与该建筑的其他部分进行防火分隔。

电动自行车存放、充电场所应当配备必要的消防器材，充电设施应当具备充满自动断电功能。

第三十八条 鼓励高层民用建筑推广应用物联网和智能化技术手段对电气、燃气消防安全和消防设施运行等进行监控和预警。

未设置自动消防设施的高层住宅建筑，鼓励因地制宜安装火灾报警和喷水灭火系统、火灾应急广播以及可燃气体探测、无线手动火灾报警、无线声光火灾警报等消防设施。

第三十九条 高层民用建筑的业主、使用人或者消防服务单位、统一管理人应当每年至少组织开展一次整栋建筑的消防安全评估。消防安全评估报告应当包括存在的消防安全问题、火灾隐患以及改进措施等内容。

第四十条 鼓励、引导高层公共建筑的业主、使用人投保火灾公众责任保险。

第四章 消防宣传教育和灭火疏散预案

第四十一条 高层公共建筑内的单位应当每半年至少对员工开展一次消防安全教育培训。

高层公共建筑内的单位应当对本单位员工进行上岗前消防安全培训，并对消防安全管理人员、消防控制室值班人员和操作人员、电工、保安员等重点岗位人员组织专门培训。

高层住宅建筑的物业服务企业应当每年至少对居住人员进行一次消防安全教育培训，进行一次疏散演练。

第四十二条 高层民用建筑应当在每层的显著位置张贴安全疏散示意图，公共区域电子显示屏应当播放消防安全提示和消防安全知识。

高层公共建筑除遵守本条第一款规定外，还应当在首层显著位置提示公众注意火灾危险，以及安全出口、疏散通道和灭火器材的位置。

高层住宅小区除遵守本条第一款规定外，还应当在显著位置设置消防安全宣传栏，在高层住宅建筑单元入口处提示安全用火、用电、用气，以及电动自行车存放、充电等消防安全常识。

第四十三条 高层民用建筑应当结合场所特点，分级分类编制灭火和应急疏散预案。

规模较大或者功能业态复杂，且有两个及以上业主、使用人或者多个职能部门的高层公共建筑，有关单位应当编制灭火和应急疏散总预案，各单位或者职能部门应当根据场所、功能分区、岗位实际编制专项灭火和应急疏散预案或者现场处置方案（以下统称分预案）。

灭火和应急疏散预案应当明确应急组织机构，确定承担通信联络、灭火、疏散和救护任务的人员及其职责，明确报警、联络、灭火、疏散等处置程序和措施。

第四十四条 高层民用建筑的业主、使用人、受委托的消防服务单位应当结合实际，按照灭火和应急疏散总预案和分预案分别组织实施消防演练。

高层民用建筑应当每年至少进行一次全要素综合演练，建筑高度超过100米的高层公共建筑应当每半年至少进行一次全要素综合演练。编制分预案的，有关单位和职能部门应当每季度至少进行一次综合演练或者专项灭火、疏散演练。

演练前，有关单位应当告知演练范围内的人员并进行公告；演练时，应当设置明显标识；演练结束后，应当进行总结评估，并及时对预案进行修订和完善。

第四十五条 高层公共建筑内的人员密集场所应当按照楼层、区域确定疏散引导员，负责在火灾发生时组织、引导在场人员安全疏散。

第四十六条 火灾发生时，发现火灾的人员应当立即拨打119电话报警。

火灾发生后，高层民用建筑的业主、使用人、消防服务单位应当迅速启动灭火和应急疏散预案，组织人员疏散，扑救初起火灾。

火灾扑灭后，高层民用建筑的业主、使用人、消防服务单位应当组织保护火灾现场，协助火灾调查。

第五章 法律责任

第四十七条 违反本规定，有下列行为之一的，由消防救援机构责令改正，对经营性单位和个人处2000元以上10000元以下罚款，对非经营性单位和个人处500元以上1000元以下罚款：

（一）在高层民用建筑内进行电焊、气焊等明火作业，未履行动火审批手续、进行公告，或者未落实消防现场监护措施的；

（二）高层民用建筑设置的户外广告牌、外装饰妨碍防烟排烟、逃生和灭火救援，或者改变、破坏建筑立面防火结构的；

（三）未设置外墙外保温材料提示性和警示性标识，或者未及时修复破损、开裂和脱落的外墙外保温系统的；

（四）未按照规定落实消防控制室值班制度，或者安排不具备相应条件的人员值班的；

（五）未按照规定建立专职消防队、志愿消防队等消防组织的；

（六）因维修等需要停用建筑消防设施未进行公告、未制定应急预案或者未落实防范措施的；

（七）在高层民用建筑的公共门厅、疏散走道、楼梯间、安全出口停放电动自行车或者为电动自行车充电，拒不改正的。

第四十八条 违反本规定的其他消防安全违法行为，依照《中华人民共和国消防法》第六十条、第六十一条、第六十四条、第六十五条、第六十六条、第六十七条、第六十八条、

第六十九条和有关法律法规予以处罚；构成犯罪的，依法追究刑事责任。

第四十九条 消防救援机构及其工作人员在高层民用建筑消防监督检查中，滥用职权、玩忽职守、徇私舞弊的，对直接负责的主管人员和其他直接责任人员依法给予处分；构成犯罪的，依法追究刑事责任。

第六章 附 则

第五十条 本规定下列用语的含义：

（一）高层住宅建筑，是指建筑高度大于27米的住宅建筑。

（二）高层公共建筑，是指建筑高度大于24米的非单层公共建筑，包括宿舍建筑、公寓建筑、办公建筑、科研建筑、文化建筑、商业建筑、体育建筑、医疗建筑、交通建筑、旅游建筑、通信建筑等。

（三）业主，是指高层民用建筑的所有权人，包括单位和个人。

（四）使用人，是指高层民用建筑的承租人和其他实际使用人，包括单位和个人。

第五十一条 本规定自2021年8月1日起施行。

代后记

路军港专访：只会告诉您方法，不会讲大道理

房地产相关行业出身，性格直爽，喜欢揽事，不拘泥于细节，非主动地开始业委会工作，充分利用媒体的资源，直至履职结束，一直缠身在和“老物业”的法律纠纷中，没法避免“流言蜚语”。干完一届业委会主任不寻求连任，这些是原北京市大兴区宏大北园小区业委会主任——路军港身上最为明显的特征。在当前这样一个大部分物业管理企业喊亏损，热心业主满腹委屈，整个住宅物业管理行业略显“低迷，不被重视”的大环境下，也就不难理解“能做满一届业委会委员的都是英雄”(舒可心，《中国业主组织常见的周期性“组建—散伙”现象》)背后的无奈与辛酸，古语有言，以小窥大。同理，一个行业发展的状况往往和一个人的发展轨迹有着惊人的相似之处，这是《现代物业》采访路军港时感触最深的地方。

因为“较劲”和物业管理扯上关系

路军港于2008年开始入住北京市大兴区宏大北园小区，和大多数的“热心业主”一样，路军港也因忍受不了“前期物业管理”下的小区“脏、乱、差”开始醒悟和抗争。2009年，身为小区QQ群主的路军港，开始和一批同样热心的业主们共同谋划成立业主大会，选举业委会的大计。在一次饭桌会议上，因为性格热情、豪爽，同时有着“房地产相关产业”从业经历的路军港，已然成为众“热心业主”们所公认的“领头羊”，正在大家期待“美好明天”就要来临时，也

有人对成立业主大会，选举业委会的前景不那么看好：“成立不了业委会，别跟着掺和：(1)政府不支持，(2)开发商不是小势力，听没听说某某山庄业委会主任腿都被人打折了”，面对这样的一个小插曲，路军港回忆当时的情景“所有人都往后‘退’了一步。刚开始很多人支持，后来都闭嘴了”，由于业委会工作的公益性，有本职工作的路军港也没太多精力可以分摊到别处，但本来对“领头羊”持犹豫态度的他却决定迎“难”而上，“不是说成立业委会难吗？那我非得成立一个给你们看看”。用他自己的话说，是因为“较劲”走上了“小区业主自治”的道路。

和目前大多数的小区一样，无论是出于政策的不完善，还是“老物管势力”的阻拦，能够到最后成功地召开业主大会选举业委会，这中间的过程必然充满了曲折，“接到过很多威胁电话，我根本不怕，就在电话里跟对方吵，你有本事你亲自来”。面对这样的威胁电话，路军港不无得意地表示：“他们就是，软的欺，硬的怕，我不怕，也没出什么事。”

2010年路军港作为小区第一届业委会主任，正式走马上任。当时的宏大北园小区“停车管理混乱、门禁、监控、绿化统统不好使，很多共用的设施设备也已进入到‘大修期’”，借着业委会成立的契机，以路军港为代表的业委会向老物管，列了一张足有“20个项目”的维修清单。对此，老物管的反应较为冷淡，表示“将会跟领导汇报沟通”，眼看就是推诿扯皮的节奏。无奈之下，“业委会只能先攻小区比较棘手的问题，‘停车’和‘安保’”，在居委会、业委会、老物管等多方代表参加的会议上，老物管率先表态，“停车是全国的问题，这个我们解决不了，现在小区的收费率太低，根本没钱去增设安保人员，有本事你们自己管，或者先让业主们交物管费”。眼看会议又要陷入僵局，无意打太极的路军港则表示：“我们管就我们管，你们没有本事管好，我们做给你们看看。”对此，老物管当场表态“我们会跟领导反映”。

几天后，老物管在小区内贴出了一张告示，“今后小区的停车和安保将由‘业委会’负责，我们相关的人员将在明早撤出”，“寥寥数语，没有提前知会，也没有正式的交接手续”。这给宏大北园小区业委会出了一个大难题，“当天晚上，我们业委会一夜没睡，连夜招来停车管理人员，钱都是几个‘业主代表’垫付的”，第二天一早10点准时进行交接，而1个月后业委会通过业主大会表决把停车管理承包给专业的停车公司，同时跟停车公司商谈好的合同里，其中一条是停车公司，先行支付12万元将业委会成员们之前拼凑、垫付的钱退还了，当然前提是在第一年的停车管理费上给予停车公司一定的优惠，就这样业委会将小区长期存在的两大棘手难题解决了。

“我干业委会是先跟‘业主’较劲，再跟‘老物管’较劲，你不说这事干不成吗？我非得干给你们看”。本想解决了老物管声称“没法解决”的问题后，再来跟老物管谈改善小区的条件时，业委会也更加理直气壮。情况却远不如路军港所想的那么简单。

小区的良好运作离不开业委会跟物管公司的配合

最终，因双方的诉求难以达到统一，宏大北园小区和“老物管”的缘分走到了尽头，2011年5月老物管宣布撤出，宏大北园小区的“前期物业管理期”也正式结束，但是遗留的问题，并没有让以路军港为代表的业委会感到乐观，吐故纳新的“物管交接”后，小区必然要经历“阵痛”（直到2013年，路军港业委会主任任职的最后一年，宏大北园小区要求老物管赔偿损坏的公共设施、立体车库的官司还未结束），这也让宏大北园在选聘新物管的过程中充满了坎坷。

“当初交接时，我们小区也不算老小区。但小区的共用设施设备的情况很差。基本上是不行了，而绿地的草高得人蹲下的话都找不到。”在这种较为严峻的形式下，路军港很擅长借助媒体资源，小区交接之初，通过请媒体来小区做报道，引起社会关注而结识了并请来了评估公司，招标公司，对新物管公开选聘招标，并在小区内成功地推行了酬金制，后来又通过微博等（新媒体），认识了众多物业管理同仁，大家给予了我们很大的帮助。

但是谈到小区如何走上正轨时，路军港很认真地说“还是要看业委会和物管的配合”，当初选聘新物管时，因为小区的情况不太理想，大公司不愿意接管，且也本着“不能撵了狼又来了个老虎”的原则，最终敲定的新物管是一家刚成立的小公司，但是前后派来的两任项目经理，都没法达到宏大北园小区业委会的要求，无奈路军港决定“全职”地参与到小区的日常管理当中，“利用三个月的时间，修复前面损坏的监控、门禁、道闸、绿化、供水等设施设备，小区的状况在逐步地改善”。而这期间，物管公司则先行垫付了40万元资金，“当初选这家公司的原因是他们愿意先垫资金，但如果我不跟着全程参与，指出需要整改的地方，让物管公司主动掏钱是很困难的”。

虽然小区的整体面貌得到了改善，但小区物管费的交费率却没得到提升，“被老物管吓怕了，担心交钱（物管费）就不干活。问服务怎么样？业主回答还行吧，又问啥时候交物管费，就说再等等吧”，路军港表示，毕竟小区推行的是酬金制，物管费收不上来的话，业委会将要承担很大的风险。

基于此，宏大北园小区业委会每周抽出时间约谈不交费的业主，监事会、停车公司、保安队长、居委会、物管公司的代表也参与到座谈中来。而每周的座谈会相当于一个现场办公会议，“我们请业主说出他不交费的理由，然后逐个去解决他的理由。比如说房顶漏水，我们会分清责任，是开发商、物管还是谁的责任？如果不是物管的责任，那你就别找物管了，我们业委会来帮你协调解决问题。如果是物管的责任，我们就限定物管在多长时间内，把这个问题给解决了，后来有些业主不敢来了，有些业主不交费是没有理由的，但又因为各个部门都在，不交不好意思”。再后来，对于少数无故拖欠物管费的业主，“就只能走法律诉讼的程序了。这样小区的交费率切切实实地提高了”。

增加公共收益巧妙斡旋各方利益

“业主的流言蜚语在全国的业委会成员中没有几个能避免的”，面对“好处费”等敏感词汇，路军港并不避讳，“业主们应该团结在一起，没有根据的话不要乱传，但如果有证据，欢迎到法院来起诉我”。

老物管撤走之初，宏大北园小区一部电梯一年的广告收益为300元，“我们是觉得有点低，但是自己去谈的时候发现也不高”。而路军港很会利用团体优势，在洽谈广告的时候经常拉着周边小区的业委会主任一起去，“我谈的电梯广告是一年1500元”，相比较之前，电梯收益已经有很大的提升，但路军港并不知足，“签合同的前一天，我跟广告商打电话，问他们公司有没有公关费？他们说会跟领导汇报一下，结果最后说私底下给我和另外一小区业委会主任，一人2000元钱”。这下应该称心如意了吧？而在签合同的当天，路军港又变卦了，“直接跟广告公司说，2000元钱我也不要了，咱这合同就改成1650元，而我们的广告合同最后就是这个价”。

宏大北园小区业主们自建的立体车库，已被众多媒体报道称其为“全国首例”，但是这个“全国首例”除了名气上的风光之外，也对于立体车库的建成起到了实实在在的推动作用。

宏大北园属于典型的“车多位少”的小区，“建立体车库也是没有车位的业主主动提出的”，但是60个车位的项目对于众多立体车库厂家而言是一个小项目。同时，再加上宏大北园小区的“分期付款”吸引力不强，而且厂家跟业委会签合同，如果这钱业委会收不上来，厂家该找谁要？总言之，成为“全国首例”并不是一件容易的事情。

曾有媒体仅以“忽悠”二字报道一家青岛的厂家接受路军港的“邀请”，愿意接下宏大北园小区的这个单，但是具体的“忽悠”细节是怎样的？路军港向《现代物业》独家透露：“首先跟厂家签约的不是我们业委会，而是我们小区的停车公司，这样厂家就不会害怕我们收不上来钱，而停车公司之所以愿意承担这个风险做担保，是因为我们跟停车公司签协议，把建成之后的立体车库的经营管理权交给他们”。而在签约之后，青岛的生产厂家并没有重视这个项目，所以立体车库的进度一直很慢。这时路军港擅于利用媒体资源的特长再一次得到发挥，“毕竟这事属全国较为领先的，如果你不说自己是‘首例’，没人知道”，在全国“停车难”的大环境下，宏大北园小区业主“自筹资金建立体车库”的新闻就显得尤为耀眼，先后经多家媒体的报道之后，“厂家不得不重视了，毕竟这个广告效果已经出来了”。

总结经验

正如路军港自己坦言，“业主的流言蜚语在全国的业委会成员中没有几个能避免的”，对于自己的评价，路军港更认同是“实干家”的称号，问其为何“不再连任”业委会主任时，路军港用“寒心”二字来表达。他也表示：“刚开始干业委会经验不足，有很多时候只想着‘为业主好’就行，但最重要的是要按正常程序来走，以免留下不必要的麻烦。”业委会主任，精力有限，能力有限。“而小区是大家的，希望业主们不要有‘顺风车’的心态”。

直到任期结束，还纠缠在和“老物管”的法律纠纷中，也因当前政策、业主意识等外部因素，路军港的首届业委会主任任期内难免留有遗憾。但路军港并没有就此和“物业管理”分道扬镳，“赋闲在家”的他频繁参加央视、北京卫视、《北京晚报》等国内多家主流媒体的节目，与更多的人分享“小区业主自治”的经验，而同时在微博上，路军港已小有名气（抖音、快手粉丝一百多万），他也更乐意对一些新“冒泡”的小区进行帮助和经验分享。纵观其任职经历，路军港在与相关同仁进行交流时，常说的一句话：“只会告诉您方法，不会讲大道理。”